Böhlau

Dieter Segert

Das 41. Jahr

Eine andere Geschichte der DDR

Böhlau Verlag Wien · Köln · Weimar

Gedruckt mit Unterstützung durch:

Bundesministerium für Wissenschaft und Forschung, Wien;
Rosa-Luxemburg-Stiftung, Berlin.

Bibliografische Information der Deutschen Bibliothek.
Die Deutsche Bibliothek verzeichnet diese Publikation
in der Deutschen Nationalbibliografie; detaillierte
bibliografische Daten sind im Internet über
http://dnb.ddb.de abrufbar.

ISBN 978-3-205-78154-7

Umschlaggestaltung: Michael Haderer

Gedruckt auf umweltfreundlichem, chlor- und säurefrei gebleichtem Papier.

Druck: CPI Moravia, Tschechische Republik

Inhalt

II. Anfänge und Übergänge

Vorwort:

„Erste erfolgreiche deutsche Revolution" werden die Ereignisse des Herbstes 1989 in der DDR genannt. Allerdings wird heute fast immer aus der Sicht des 3. Oktober 1990 über sie berichtet, das nationale Moment überzeichnet. Anderes wurde vergessen oder verdrängt. Wir wissen heute vieles über die Ausreisenden und die großen Demonstrationen, weniger bekannt ist das Geschehen im 41. Jahr sowie der darin lebendige Traum von einer anderen DDR, die wirklich demokratisch wäre. Er wird heute kaum erzählt, ebenso wenig wie die in den Blick geraten, die sich dafür engagierten.

Das nachfolgende Buch erzählt Geschichten und Geschichte über jenes Jahr aus der Sicht eines Ostdeutschen, der sich im Herbst 1989 innerhalb einer Basisbewegung der SED an der Humboldt-Universität für dieses Ziel engagierte. Es ist gleichzeitig eine Art Gruppenbiografie von reformorientierten DDR-Intellektuellen. Viele Menschen, mit denen der Autor damals, vor 19 Jahren, zusammentraf, in jenem ungewöhnlich warmen Herbst mit seinen Aufregungen, Hoffnungen, Ängsten, Illusionen, tauchen in seinen Erzählungen auf. Es sind Berliner Wissenschaftler und Künstler. Sie stehen aber für eine breitere Schicht, deren Überzeugungen die DDR als Staat gestützt und zu ihrem Wandel beigetragen haben. Im ersten Teil des Buches stehen jene „vergessenen Akteure des Jahres 1989" im Mittelpunkt der erzählten Geschichten.

Das 41. Jahr reicht aber bis zum 3. Oktober 1990 und teilweise in die Zeit danach hinein. Wie man an der Humboldt-Universität und in der neuen DDR versucht hat, den Prozess der deutschen Einheit aus einer schwierigen Situation heraus zu gestalten, darüber wird im zweiten Teil des Buches berichtet. Die einseitige Art, in der die Geschichte der DDR bisher in Deutschland erinnert wird, hat zu jener „Nötigung zur Identitätsverleugnung" geführt, auf die der Sozialpsychologe Hans-Dieter Schmidt aufmerksam gemacht hat. Die Verdrängung der Erfahrungen, die DDR-Bürger vor 1989 und in jenem 41. Jahr gemacht haben, sowie ihrer persönlichen Verantwortung für die damals getroffenen Entscheidungen, war in vielen Fällen die Eintrittskarte zu einer neuen Karriere im vereinigten Deutschland. Wie diese Nötigung und die damit verbundenen blinden Flecken in der Erinnerung aus Sicht des Autors zustande kamen, auch davon handelt der zweite Teil des Buches.

Der vorliegende Text versucht nicht, alle weißen Flecken in der Erinnerung an die DDR im Umbruch zu bearbeiten. Er nähert sich dem Gegenstand durch die Erzählung von Geschichten, die persönlich sind und doch politisch. Über politische wie auch moralische Verantwortung wird dabei gesprochen werden. Sie wird an dem gemessen, was in dem gegebenen Rahmen der DDR-Institutionen möglich erschien. Dazu muss man das Funktionieren der alten DDR genauer analysieren, als es bisher ausgehend von der These vom „Unrechtsstaat DDR" oder der „DDR als zweiter deutscher Diktatur" möglich ist.

Der Autor nimmt für sich in Anspruch, den Kopf aus dem Strudel der Ereignisse herausgehoben zu haben. Er schreibt diese Gruppenbiografie, die ihn als Person einschließt, mit Hilfe des Reflexionsvermögens eines Sozialwissenschaftlers. Er schreibt sie aus der Distanz eines Menschen, der es geschafft hat, sich in schwieriger Lage zu behaupten. Das gilt auch für seine wissenschaftliche Biografie: Er war im Herbst 1989 in der DDR als Hochschullehrer berufen worden, ein weiteres Mal 1993 in der neuen Bundesrepublik und ist seit 2005 Professor für Politikwissenschaft an der Universität Wien.

Mir bleibt am Ende einer schönen, aber sehr anstrengenden Schreibarbeit nur die Verpflichtung, denen zu danken, die mir dabei geholfen haben, das Buch zu schreiben. Ich danke meinen Gesprächspartnern Michael Daxner, Frank Hörnigk, Sieglinde Jänicke, Dieter Klein, Rainer Land, Hans Misselwitz, Tina Olteanu, Winfried Schultze, Sven Vollrath und Rosemarie Will für ihre mir wichtigen Erinnerungen, kritischen Hinweise und Kommentare.

Ein persönliches Erinnerungsbuch ist immer in der Hoffnung geschrieben, dass es auch jüngeren Lesern etwas zu sagen hat. Ganz besonders hoffe ich, meinen Söhnen etwas von dem erklären zu können, was mich 1989 und 1990 davon abgehalten hat, mich ihnen immer so intensiv zuzuwenden, wie ich es damals gerne gewollt hätte. Ihnen, Tom und Florian, ist dieses Buch deshalb ganz besonders zugeeignet.

Wien, den 1. Juni 2008

1. Blätterfall, Mauerfall

Die Nacht vom 9. zum 10. November 1989 gehört zu den wenigen politischen Ereignissen, zu denen vielen Menschen gleichermaßen bewegende Geschichten einfallen. Der „Mauerfall" in Berlin ist eines der großen Bilder des 20. Jahrhunderts. Möglicherweise erinnern sich sogar weit mehr Menschen daran als an den Bau dieser Grenzanlage 28 Jahre vorher. Dieser Mauerfall im November 1989 ist ein starkes Symbol für das Unvorhergesehene in der Geschichte, für das überraschende Ende des „kurzen 20. Jahrhunderts".

Wer ist verantwortlich für dieses unerhörte Ereignis? Inzwischen gibt es viele Antworten, viele Analysen.[1] Günter Schabowski, damals für Öffentlichkeit zuständiges Mitglied des Politbüros der SED, der eine ihm kurzfristig übergebene Presseerklärung sowie die Fragen der Journalisten dazu falsch verstand? Der befehlshabende Offizier an der Bornholmer Straße, der das Tor öffnete, weil die Menschen, die das Missverständnis Schabowskis ernst genommen hatten, zu sehr drückten und er keinerlei Befehle von der militärischen Führung bekam? Die sowjetische Staatsführung, die entschied, die geöffnete Mauer nicht gleich wieder mit militärischer Macht zu schließen? Oder der Wille der vielen Ausreisenden und Demonstrierenden aus der DDR-Bevölkerung, sich nicht mehr als unmündig behandeln zu lassen durch eine politische Klasse, der man keine Autorität mehr zuerkannte?

Jedenfalls war der Mauerfall auch der Beginn vom Ende des zweiten deutschen Staates, das endgültig besiegelt wurde, als die Sowjetunion in den Verhandlungen mit der Bundesrepublik und deren NATO-Verbündeten ihr im letzten Krieg gewonnenes Faustpfand aufgab. Nebenan, in der rheinischen Provinz, musste allerdings jemand noch das Rauschen des „Mantels der Geschichte" hören, damit das geschehen konnte. Helmut Kohl, ein Machtmensch, legte knapp drei Wochen danach seinen Zehn-Punkte-Plan für Deutschland vor und drängte von da ab immer stärker auf die deutsche Einheit.

---

1 Sehr informativ sind die verschiedenen Bücher von Hans-Hermann Hertle zum Thema. Es gibt aber auch schon literarische Satiren, die bekannteste ist die von Thomas Brussig: *Helden wie wir*, Berlin: Volk und Welt 1995.

War dieser Mauerfall wirklich das Ende der DDR? Und was war das für ein Staat, für den ein Grenzwall scheinbar die wichtigste Voraussetzung für seine Existenz war? War die befestigte Grenze tatsächlich seine wichtigste Grundlage? Wie gewinnen Staaten überhaupt an Dauer? Ich werde hier keine ausführliche theoretische Argumentation vorlegen, nur ein Argument erwähnen: Ganz wichtig, schrieb Max Weber, ist der Glauben der Beherrschten an die Legitimität der organisierten Herrschaftsverhältnisse.[2]

Als die Mauer fiel, war vieles im Innern des Staates DDR schon marode geworden. Dieses komplexe Geschehen kann hier nicht hinreichend entwirrt werden, es wird nur skizziert, soweit mein Thema, das letzte Jahr der DDR, es unbedingt erforderlich macht. Wie jeder Staat brauchte und erzeugte die DDR einen Glauben an die Legitimität der Herrschaft, keine moderne Macht kann nur auf Gewalt aufbauen. Das spezifische dieses Legitimitätsglaubens war mit der These vom „besseren Deutschland" verbunden.

Es gab nach 1945 Grund genug, Deutschland bessern zu wollen. Ohne den Vergleich mit dem anderen Deutschland, dem größeren, ist dieses die DDR betreffende Wort aber nicht zu verstehen. Die antifaschistische Legitimation der DDR schöpfte sich nicht allein aus den Biografien ihrer Führungsriege, die größtenteils aus dem kommunistischen oder sozialdemokratischen Widerstand kam[3], sondern auch aus der Differenz zum Umgang mit dem Erbe des Dritten Reiches nebenan. Die Eliten des Hitler-Staates wurden in der Bundesrepublik Deutschland auch verfolgt, aber ihre Helfer, darunter viele wichtige Funktionsträger des Regimes, blieben unbehelligt und machten nach 1945 erneut Karriere. Auch wenn man nach 1990 immer wieder von denen hörte, die in der DDR zu neuen Ehren kamen – Vincenz Müller, General der Wehrmacht und dann Chef des Hauptstabes der NVA, der DDR-

---

2 Weber unterscheidet den Glauben an die Kraft der Tradition, an das Charisma des Herrschers bzw. eine Wertordnung oder die Hoffnung auf Förderung der eigenen Interessen als verschiedene Idealtypen von Legitimitätsglauben. (*Geschichtliche Grundbegriffe. Historisches Lexikon der politisch-sozialen Sprache in Deutschland*, hrsg. von Otto Brunner/Werner Conze/ Werner Koselleck, Band 3, Stuttgart 1982, S. 679).

3 Von den 16 Mitgliedern des Politbüros der SED, die auf dem VIII. Parteitag 1971 gewählt wurden, waren alle, die vor 1918 geboren waren, außer Willy Stoph, nach 1933 entweder im Exil, als Kämpfer der Internationalen Brigaden in Spanien, im KZ oder Zuchthaus gewesen, darunter Honecker, Axen und Sindermann über lange Jahre. Zwei der Mitglieder, Ebert und Mückenberger, waren vor 1945 Sozialdemokraten gewesen.

Armee, wurde beispielsweise genannt –, so bleibt es doch eine historische Tatsache, dass sich die größere Zahl solcher Aufstiege im Westen Deutschlands vollzog. In der DDR kam die neue Elite zu großen Teilen aus der Arbeiterbewegung und dem Widerstand gegen das „Dritte Reich".

Auch die konservativen politischen Traditionen des deutschen Staates wurden in der Bundesrepublik eher gepflegt als in der DDR. Das galt bis zu den politisch-kulturellen Umbrüchen 1968, symbolisch war ein Ende auch dadurch gegeben, dass 1969 in der Bundesrepublik Willy Brandt Kanzler wurde, jemand, der nach 1933 in der schwedischen Emigration war, selbst den Widerstand gegen Hitler gelebt hatte.

Bis zum Ende der DDR war aber in Teilen der Bevölkerung, insbesondere in ihrer Intelligenz, die Überzeugung vorhanden, man habe im eigenen Staat zumindest ernsthaft versucht, aus der Katastrophe des „Dritten Reiches" Wichtiges zu lernen. Die politischen Probleme dieses Antifaschismus, der aus der einen Diktatur wenig für den Wert der persönlichen Freiheit gelernt hatte, sind nach 1989 ausführlich debattiert worden. An seiner schieren Existenz und der Glaubwürdigkeit der Repräsentanten in der Parteispitze über mehrere Jahrzehnte hingegen kann man, wie mir scheint, auch heute nicht ernsthaft zweifeln.

Das Schlagwort vom „besseren Deutschland" meint aber auch den sozialistischen Anspruch der DDR. Die Herrschaft der SED wurde sehr lange aus einer versprochenen Zukunft legitimiert. Der Kommunismus sollte alle Gebrechen des Kapitalismus heilen können. Eine Chance für jeden versprach dieses Programm, am schönsten war das in dem Satz aus dem *Kommunistischen Manifest* zusammengefasst:[4] „An die Stelle der alten bürgerlichen Gesellschaft mit ihren Klassen und Klassengegensätzen tritt eine Assoziation, worin die freie Entwicklung eines jeden die Bedingung für die freie Entwicklung aller ist." Als Bildung und gleiche Gesundheitsvorsorge, Arbeit und Einkommen für alle wurde das verstanden, ungeachtet ihrer sozialen Herkunft. Die bisher im Schatten standen, sollten besonders gefördert werden. „Der Fortschritt einer Gesellschaft", hatte Charles Fourier geschrieben, „misst sich am Grad der Emanzipation der Frauen." Das sollte in der DDR vorgelebt werden. „Frauen-

---

4 Karl Marx/Friedrich Engels: „Manifest der Kommunistischen Partei", in: *Werke*, Bd. 4, Berlin: Dietz-Verlag 1964, S. 482.

förderungspläne" zur Weiterbildung berufstätiger Frauen waren eines der Instrumente dafür. Auch nach außen wollte die DDR eine andere Politik verwirklichen: Frieden sowie Solidarität mit dem gerechten Kampf der Völker gegen koloniale Unterdrückung. Eine elementare Sehnsucht nach Frieden herrschte bei denen, die den Krieg erlebt hatten. Deutschland war nach 1945 eine tief vom Krieg und seinen Leiden geprägte Gesellschaft. Der Frieden sollte von nun an dauerhaft werden. Auch mein Großvater, beileibe kein Kommunist, war davon so sehr überzeugt, dass er mir diese Überzeugung im persönlichen Gespräch mitgab: Durch die Enteignung der Konzerne gäbe es im Sozialismus niemanden, der am Krieg verdiene, und damit würde Frieden erst möglich werden. Solidarität gehörte ebenso zum Alltag der DDR-Bürger. Die Kinder schrieben Karten an Angela Davis, Nelson Mandela und Luis Corvalán[5], als jene in Gefängnissen saßen.

Die DDR war, kurz gesagt, eine Diktatur, die sich durch den Glauben an Ziele legitimierte, die für viele Menschen positiv waren. Sie musste trotzdem irgendwann diesen Wechsel auf die Zukunft einlösen. Erst nach dem Mauerfall 1989 wurde eindeutig klar, dass diese Zukunft nicht mehr stattfinden würde.

Nicht „Ulbricht und Honecker wird man erinnern", schreibt Hans Mayer, der bekannte Literaturwissenschaftler, auf Seite 250 seines Buches *Der Turm von Babel*[6], wenn man über die vierzig Jahre der DDR nachdenkt, über jenes andere deutsche Staatsgebilde, „sondern viele Menschen, die es am Leben hielten, und immer wieder auch Anlaß fanden, ihm zu vertrauen". Das aber schrieb Hans Mayer, der 1963 jene DDR so unerträglich fand, dass er sie verließ.[7] Sein Buch erschien im Jahr 1991. Diese Einschätzung des ausgewiesenen Literaturkritikers trifft sich mit meiner Erfahrung. Es gab viele Menschen in mehreren Generationen, die der DDR Vertrauen schenkten, ihre Hoffnungen mit diesem gesellschaftlichen Projekt verbanden.

---

5 *Angela Davis* (*1944) ist eine US-amerikanische Kommunistin, die wegen der Unterstützung von George Jackson selbst in Untersuchungshaft genommen wurde. *Nelson Mandela* (*1918) war im ANC in Südafrika aktiv, er wurde Führer der bewaffneten Organisation des ANC, als solcher 1962 verhaftet und saß bis 1990 im Gefängnis; er wurde erster Präsident des von Apartheid befreiten Südafrikas. *Luis Corvalán* (*1916), Führer der Kommunistischen Partei Chiles in der Zeit der Regierung der Unidad Popular unter Salvador Allende; nach dem Militärputsch im September 1973 saß er bis 1976 im Gefängnis.

6 Zuerst 1991 erschienen. Ich zitiere aus der Ausgabe des Suhrkamp Taschenbuch Verlags, die 1993 erschienen ist.

Es gab neben den verkündeten großen Zielen viele weitere „Anlässe", um ihr, der DDR, zu vertrauen. Die Sechziger- und Siebzigerjahre, nach dem Bau der Mauer, die zunächst dem Staat eine gewisse Stabilität gab, waren Jahrzehnte, in denen es im Alltagsleben langsam, aber stetig voranging. Die Legitimation des Staates durch das lichte Ziel einer zukünftigen kommunistischen Gesellschaft, durch eine Ideologie, deren Kehrseite der verbissene Kampf gegen Abweichler im Glauben war, wurde im Laufe dieser Jahre durch den Grundsatz ergänzt, allen solle es bereits in der Gegenwart besser gehen. Ich weiß noch, es waren die Jahre, in denen meine Eltern Fernseher, Kühlschrank und Waschmaschine kaufen konnten, Letztere allerdings ermöglicht durch meine Tante im Westen, die diese bei „Genex"[8] für uns kaufte. Zeitweise hoffte man, das Leben könne in der DDR in naher Zukunft sogar besser werden als nebenan, in der reichen Bundesrepublik. Die Losung dafür hieß unter Ulbricht: „Überholen ohne einzuholen".

Das allerdings scheiterte erkennbar. Zwar wurde die Versorgung mit Lebensmitteln langsam besser, Fernseher und Waschmaschinen, auch Autos (meist die bekannte Marke „Trabant", weniger häufig „Wartburg") kamen in größerer Zahl in die Familien. Allerdings übernahm sich die DDR-Führung unter Honecker dabei wirtschaftlich. Auf diese Weise gewann sie stärker die Herzen ihrer Bürger, verlor allerdings den Wettbewerb mit dem Westen auf dem Feld der ökonomischen Effizienz.

---

7   Zur Person von *Hans Mayer* (1907–2001): Er war Literaturwissenschaftler, Jurist und Sozialforscher; 1933 Emigration aus Deutschland nach Frankreich und in die Schweiz. 1945 Rückkehr und zunächst in der Amerikanischen Besatzungszone journalistisch tätig. 1948 mit Stefan Hermlin in die Sowjetische Besatzungszone. Er wurde an der Universität Leipzig Professor für Literaturwissenschaft. Ab 1956 zunehmende Konflikte mit der SED-Führung. 1963 blieb er in der Bundesrepublik, wo er ab 1965 bis 1973 in Hannover als Professor lehrte. Nach seiner Emeritierung übersiedelte er nach Tübingen. Mayer war einer der wichtigsten Literaturkritiker des 20. Jahrhunderts.

8   Das war eine Organisation, bei der Westdeutsche mit Devisen knappe Konsumgüter (die meisten allerdings aus DDR-Produktion) für ihre Verwandten in der DDR einkaufen konnten. In den späten Sechzigerjahren musste man sich in der DDR für das gewünschte Konsumgut anmelden und einige Zeit bis zur Auslieferung warten, bei Autos blieb dieser Zustand bis zum Ende des Staates erhalten. Die Waschmaschinen gehörten in den Sechzigerjahren zumindest in Salzwedel zu den Gütern mit Warteliste. Über Genex und mittels „Westmark" hingegen kam das Produkt sofort.

Gerade die Niederlage auf wirtschaftlichem Gebiet war am Ende das wichtigste Argument gegen die Weiterexistenz des Staates DDR.[9] Dieses Argument baute sich während der Achtzigerjahre langsam auf, um dann im Herbst 1989 auf einmal durchzustarten. Die Informationspolitik der SED-Führung selbst trug dazu in erheblichem Maße bei. Die wirtschaftlichen Rückstände wurden allzu sichtbar, die Regierung gab in der Krise des Staates, am 30. 11. 1989, die hohe Außenverschuldung der DDR im Umfang von 10 Milliarden Dollar öffentlich bekannt.[10] Die „Dienstklasse der DDR" hatte an den Wert ökonomischer Leistungen geglaubt, im Sinne der vereinfachten Marx'schen These von der Dominanz der „Basis" über den „Überbau". Auch das war ein Erfolg der ideologischen Schulung der SED. So konnte die wirtschaftliche Niederlage als Scheitern des gesamten Projektes verstanden werden.

Damit ist ein Akteur genannt worden, der in dieser Erzählung einen zentralen Platz einnehmen wird, die „Dienstklasse". Diese soziale Gruppe hatte eine sehr wichtige Funktion für die Stabilität der Macht der SED-Führung.[11] Die Herrschaft im Realsozialismus war kein zweigliedriges Verhältnis, keine Beziehung allein zwischen politischer Elite und Bevölkerung. Zwischen beide schob sich jene mehr oder weniger umfangreiche soziale Gruppe, die als „Dienstklasse" bezeichnet wird. Sie setzte sich aus den Trägern höherer sowie mittlerer Leitungsfunktionen der unterschiedlichsten gesellschaftlichen Bereiche zusammen. Wenn man einen weiten Staatsbegriff wie bei Louis Althusser zugrunde legt, dann kann sie auch als Bedienungspersonal der „Staatsapparate" begriffen werden. Dieses „Personal" erfüllte Funktionen angefangen von der unmittelbaren Sicherung der Macht bis zur Verbreitung der Ideologie. Die „Dienstklasse" besetzte die mittlere Leitungsebene in Armee und Sicherheits-

---

9 Das war nicht nur ein Argument der besorgten SED-Intelligenz vor 1989, sondern, wie ich 1992 auf einer Konferenz von Wolfgang Ullmann, einem der Gründer von „Demokratie Jetzt", hörte, auch eine von den DDR-Oppositionellen vertretene These.

10 Christa Luft, die Wirtschaftsministerin der Modrow-Regierung, nahm am 30. 11. dazu im Fernsehen Stellung. Siehe Hannes Bahrmann/Christoph Links: *Chronik der Wende. Die DDR zwischen 7. Oktober und 18. Dezember 1989*, Berlin 1994, S. 154.

11 Der Begriff der Dienstklasse bezeichnet die Gruppe von Menschen, die die Elite bei der Durchsetzung ihres Herrschaftsanspruchs unmittelbar unterstützt. Zur „Dienstklasse" im Staatssozialismus vgl. u. a. Michael Brie: „Staatssozialistische Länder Europas im Vergleich", in: Helmut Wiesenthal (Hrsg.): *Einheit als Privileg*, Frankfurt/M. 1996, S. 39–104. Der Begriff wurde bezogen auf die Sowjetunion bereits von Werner Hofmann verwendet in seiner Arbeit: *Die Arbeitsverfassung der Sowjetunion*, Berlin 1956.

diensten, die der Leitung der Wirtschaft in Ministerien und Betrieben bis in
die Schulen und anderen kulturellen Institutionen hinein. Wenn Künstler und
Wissenschaftler teilhatten an der Produktion von Legitimation der Macht,
gehörten sie ebenfalls zur „Dienstklasse", zu ihrem sinnstiftenden Teil.

Mitgliedschaft in der SED und „Dienstklasse" überlappten sich. Nicht alle
mehr als 2 Millionen SED-Mitglieder waren allerdings der „Dienstklasse"
zugehörig. Die meisten der 43 Prozent Arbeiter in der SED-Mitgliedschaft er-
füllten größtenteils nur marginale Funktionen in der Vermittlung von Macht,
und auch nicht jeder einzelne der 22 Prozent großen Gruppe der Angestellten
ohne Fach- oder Hochschulabschluss in der Partei war in bedeutender Weise
daran beteiligt.[12] Dafür war aber auch ein Teil der mehr als 400.000 Mitglieder der anderen DDR-Parteien („Blockparteien") Teil jener „Dienstklasse der
DDR", zumindest, wenn sie als Bürgermeister, stellvertretende Betriebsleiter,
Minister oder in akademischen Funktionen an der Vermittlung der Macht der
SED-Führung in die Gesellschaft mitwirkten.

Für die „Dienstklasse" insgesamt war Loyalität gegenüber der SED-Führung und den Institutionen des Staates charakteristisch. Sie gründete auf dem
geteilten Glauben an die Rechtmäßigkeit der gesellschaftlichen Ziele der politischen Elite. Die Bevölkerung, das „Volk" hingegen teilte diese Art von freiwilliger Disziplin nicht. In der breiten Masse der Bürgerinnen und Bürger
zählten eher Nützlichkeitserwägungen gepaart mit allgemeinen Zukunfts-
hoffnungen. Wenn es nützlich war, fügte man sich dem Druck der Machthaber, man konnte sich aber auch verweigern, wenn das ohne Schaden ging.
Gegenbewegungen blieben hingegen auf einige Tage im Juni 1953 und im
Herbst 1989 beschränkt.

Die alte DDR war in ihrer Grundstruktur ein Herrschaftsverhältnis mit
sehr starker Zentralisierung der Entscheidungen. Fast alles, auch viele Kleinig-
keiten, wurde in Berlin, auf den Sitzungen des Politbüros oder an der Spitze
der Ministerien, entschieden. Diese Machtstruktur funktionierte nur, weil es
eine umfassende Kontrolle über die veröffentlichte Meinung und den großen
Sicherheitsapparat gab. Zusätzlich dazu wirkte die Kaderpolitik als mächtiges

---

12   Die Daten zur sozialen Zusammensetzung der SED-Mitgliedschaft stammen aus meinem Bei-
     trag „The German PDS: Regional party or a Second Social-Democratic Party in Germany?", in:
     The Communist Successor Parties of Central and Eastern Europe, hrsg. von András Bozóki und John
     T. Ishiyama, Armonk, N.Y. 2002, S. 166–187, hier S. 177.

Herrschafts- und Disziplinierungsmittel. Wer sich anpasste, hatte den Anreiz einer persönlichen Karriere. Kontrolle wurde auch innerhalb des umfassenden Gehäuses der gesellschaftlichen Organisationen ausgeübt, in denen auch viele Bürger Mitglieder waren, aber jeder einzelne Angehörige der „Dienstklasse" sein musste. Der Schmierstoff dieser vielschichtigen Machtapparate war jene freiwillige Unterstützung der Macht durch die große Masse der „Dienstklasse", deren Loyalität gegenüber der Politik der SED-Führung.

Ich nähere mich so meiner Fragestellung: Wann begann das, was beim Fall der Mauer im Monat November, dem Monat des Blätterfalls, *sichtbar* wurde? Wann begann das Ende der DDR? Meine These lautet: Die Erosion des Machtverhältnisses ist nicht allein aus dem in der Krise entstehenden Wunsch nach der deutschen Einheit erklärbar. Sie war daran gebunden, dass eine Mehrheit jener „Dienstklasse" der DDR der SED-Führung ihre Loyalität aufkündigte. Ohne diesen Prozess lässt sich nicht verstehen, warum jene wohlgerüstete Herrschaft so einfach und klanglos schwand. Nur so wird das friedliche Ende dieser keineswegs zahnlosen Diktatur verständlich: Der Politologe Müller-Enbergs hat einmal akribisch alle Gruppen des Sicherheitspersonals der DDR aufgezählt: die Armee hatte 170.000 Angehörige, die Grenztruppen 50.000, bei der Staatssicherheit waren 1989 über 90.000 Personen, mindestens 110.000 informelle Mitarbeiter wurden von Offizieren der Staatssicherheit geführt, die Polizei hatte, den Betriebsschutz eingeschlossen, eine Stärke von 95.000 Mann, die Kampfgruppen hatten 400.000 Mitglieder.[13] Die Frage drängt sich auf, warum unter diesen Bedingungen der Übergang überhaupt friedlich verlief. Und die Antwort, dass dies keine Selbstverständlichkeit war, sondern noch erklärt werden muss, liegt auf der Hand. Aus einem Erklärungsmodell, das die DDR auf das Verhältnis SED – Volk oder gar Staatssicherheit und Volk, Letzteres als Opfer, reduziert, ist das friedliche Ende der Diktatur nicht erklärbar.

Meine andere Interpretation des Endes der DDR baut auf einem Modell sich gegenseitig aufschaukelnder, parallel zueinander entwickelnder Krisenprozesse auf. Einerseits entwickelte sich ein langsam zunehmender Prozess der

---

13 Helmut Müller-Enbergs: „Garanten äußerer und innerer Sicherheit", in: Matthias Judt (Hrsg.): *DDR-Geschichte in Dokumenten. Beschlüsse, Berichte, interne Materialien, Alltagszeugnisse*, Berlin: Ch. Links 1997, S. 431–492, die Zahlen finden sich auf den Seiten S. 435, 439, 440, 441.

sozialen Unzufriedenheit der Bevölkerung, der sich in zunehmender Unzufriedenheit und auch in einer steigenden Zahl von Ausreiseanträgen nieder-
schlug, andererseits gab es die sehr aktiven, kleinen Gruppen von Oppositionellen, die die DDR ändern, aber nicht zerstören wollen, schließlich
entwickelten sich öffentliche Proteste und Demonstrationen. Dazu kam dann
dieser Prozess der Selbstaufgabe der „Dienstklasse", des Versiegens ihrer Loyalität gegenüber der SED-Führung. In diesem Buch steht der letzte Prozess im
Mittelpunkt, weil er in der bisherigen Geschichtsschreibung der am meisten
vernachlässigte ist.

Diese Abwendung von der SED-Führung seitens der hier im Mittelpunkt
stehenden sozialen Gruppe entwickelte sich über mehrere Stationen hinweg
und hatte verschiedene Anlässe. Nur aus der Retrospektive schimmert zunehmend das Ende des Staates durch. Insgesamt handelte es sich um eine Art Kri-
senzyklus, in dem verschiedene Akteure antraten und voneinander lernten.
Jede einzelne Krise war in einer bestimmten Phase mit der Aufkündigung der
Disziplin durch Teile der „Dienstklasse" charakterisiert. Aus diesem Blickwin-
kel kommt für den Herbst 1989 der sogenannte „Aufstand der Parteibasis"[14]
in den Blick, wobei mit jener „Basis" die Mitgliedschaft der SED gemeint ist,
die sich damals gegen die eigene Führung wandte.

Legitimitätskrisen der Macht der kommunistischen Elite entstanden aus
Widersprüchen zwischen den verkündeten Ziele und den erreichten gesellschaftlichen Veränderungen. Sie wurden gefördert durch das Auseinanderklaffen zwischen den Propagandawelten und den Erfahrungen der Bevölkerung
wie der „Dienstklasse". Im Juni 1953 war die Krise der DDR, vor dem Hintergrund einer Erschütterung der Machtelite durch den Tod Stalins, des charis-
matischen Führers in Moskau, aus den hohen Belastungen der Bevölkerung
durch eine sehr anspruchsvolle Wirtschaftspolitik entstanden. Auf die Proteste der Arbeiter reagierten Teile der vermittelnden Schichten des Staates, auch
der kulturellen Intelligenz, mit der Forderung nach einer Korrektur der fehler-
haften Politik. Die akute Krise wurde überwunden, wobei grundlegende strukturelle Probleme nicht gelöst wurden und sich demzufolge fortschleppten.

---

14   Der Begriff stammt von Thomas Falkner und wurde von ihm in dem mit Gregor Gysi verfassten
     Buch *Sturm aufs Große Haus*, Berlin 1990, S. 50 ff. benutzt.

17

Die nächste Krise, in den Jahren 1956 bis 1957, ging hingegen von der „Dienstklasse" aus: Die Erschütterung des Systems war durch den 20. Parteitag der KPdSU, vor allem durch das Geheimreferat Chruschtschows mit der Kritik an Stalin in der letzten Nacht des Parteikongresses, verursacht. Später im Jahr kamen offene Krisen in anderen Staaten des eigenen Lagers, in Polen und Ungarn, dazu. In Polen hatte sich in der Krise der reformorientierte National-kommunist Władysław Gomułka durchgesetzt, in Ungarn trat zeitweise Imre Nagy[15] an die Spitze der Regierung, um dann am Ende der Krise verurteilt und 1958 hingerichtet zu werden. In der DDR gab es kaum einen Reformer an der Spitze, aber viele Reformintellektuelle, die den Wind der Veränderung nutzen wollten. Die SED-Parteispitze um Ulbricht setzte letztmalig auf harte Repres-sion: Wolfgang Harich und Walter Janka, Ernst Bloch und Hans Mayer, Uwe-Jens Heuer und Hermann Klenner, Erich Loest und Ralf Schröder hießen die Gegner, mit denen man in unterschiedlicher Weise abrechnete. Die einen landeten im Gefängnis, die anderen wurden immer mehr in ihren beruflichen Möglichkeiten in der DDR eingeengt und gingen in den Westen, die nächsten wurden zur Erziehung in die „Produktion" geschickt.[16]

Die nächste Krise kam, als die Grenze geschlossen war, 1965. Im sowjeti-schen System insgesamt war das die Periode, als nach dem Putsch gegen Chruschtschow nun die Zeit der Herrschaft der etablierten bürokratischen Apparate unter Breschnew einsetzte. In der DDR wurden in jener Zeit die

---

15 *I. Nagy* (1896–1958) war 1953–1955 sowie im Herbst 1956 Ministerpräsident Ungarns, er wur-de nach der Niederschlagung des Volksaufstandes zum Tode verurteilt und umgebracht. *W. Gomułka* (1905–1982) war Generalsekretär der PPR (Polnische Arbeiterpartei), 1956 bis 1970 Erster Sekretär der PZPR (Polnische Vereinigte Arbeiterpartei); er war Begründer einer stärker national orientierten Politik der kommunistischen Staatspartei.

16 *W. Harich* (Gesellschaftswissenschaftler und Literaturwissenschaftler), *W. Janka* (Teilnehmer an den Internationalen Brigaden während des Spanienkrieges, nach 1945 Verlagsdirektor des Auf-bau-Verlages), *E. Loest* (Schriftsteller) und *R. Schröder* (Leipziger Literaturwissenschaftler und später einer der besten Übersetzer russischsprachiger Belletristik) wurden 1957 wegen Opposi-tion gegen die SED-Führung unter Ulbricht unter verschiedenen Anschuldigungen zu mehre-ren Jahren Gefängnis verurteilt. *E. Bloch* (Philosoph) und *H. Maier* (Literaturwissenschaftler, Jurist und Sozialwissenschaftler) lehrten beide an der Universität in Leipzig, wurden nach 1956 wegen ihrer undogmatischen Ansichten isoliert und bedrängt und verließen 1961 bzw. 1963 die DDR. *U.-J. Heuer* und *H. Klenner* wurden auf der Babelsberger Konferenz der Rechtswissen-schaftler 1958 kritisiert und zeitweise aus der wissenschaftlichen Arbeit ausgeschlossen. Heuer wurde an das Vertragsgericht, Klenner in die praktische kommunalpolitische Arbeit delegiert, nach einigen Jahren konnten sie ihre wissenschaftliche Arbeit fortsetzen.

gerade begonnene Wirtschaftsreform verlangsamt und die kulturelle Liberalisierung der vorangegangenen Jahre gestoppt. In der Tschechoslowakei hingegen gingen die Reformen noch ein paar Jahre weiter, beschleunigten sich sogar im Jahr 1968.

Warum die Reformzeit in der DDR so schnell zu Ende ging, hat wohl mit geostrategischen Überlegungen zu tun: Die SED-Spitze sah die DDR angesichts des starken deutschen Nachbarn als gefährdeten Frontstaat des sozialistischen Systems an. Man lauschte bis auf die Jahre nach 1985 besonders folgsam auf Kursänderungen in der sowjetischen Führung. Auch Erschütterungen in einem der sozialistischen Nachbarstaaten wurden stets dazu genutzt, im Innern die Reihen zu schließen, nach potenziellen „Gegnern" oder auch nur „unzuverlässigen Verbündeten" zu suchen. Die innere Disziplinierungsmaschine wurde jedes Mal angeworfen, kam schnell in Fahrt, lief dann mehr oder weniger auf Hochtouren. Das war eher ein Zeichen der Schwäche als der Stärke.

Bei jedem erheblichen Krisenereignis im eigenen Land oder bei den sozialistischen Nachbarn – 1953, 1956–57, 1965, 1968, 1980–81 – entfesselte die SED-Führung Disziplinierungskampagnen auch gegenüber der „Dienstklasse". Der Machtapparat teilte Schläge aus gegen auffällig gewordene einzelne Repräsentanten dieser Gruppe, die aber im Kern auf das Verhalten der ganzen Gruppe zielten. Der formelle Mechanismus war ähnlich dem im klassischen Stalin'schen System, aber die Art der Repression wandelte sich in ihren Formen und ihr Ausmaß verringerte sich im Laufe der Zeit deutlich. Im Ergebnis dieser Disziplinierungsaktionen wurde das Gleichgewicht im alten System immer wieder einigermaßen hergestellt. Alle Beteiligten lernten daraus, allerdings Unterschiedliches: Einige gaben das eigene Denken auf, andere entdeckten, dass es eine deutliche Differenz zwischen dem „realen Sozialismus" und dem ursprünglichen Programm einer sozialistischen Umwälzung gab. Die Erfahrung dieser Differenz liegt der Debatte über die verschiedenen Wege und Modelle des Sozialismus zugrunde. Jene Teile der „Dienstklasse", die nach einer grundsätzlichen Alternative innerhalb des sozialistischen Programms zu suchen begannen, dachten auch über bessere Methoden der Auseinandersetzung mit den Herrschenden nach. Die Mehrheit betrachtete sich aber nicht als grundsätzliche Opposition.

Der innere Lernprozess der „Dienstklasse" ist ein wesentlicher Teil der Geschichte der DDR, der bisher wenig erforscht worden ist. Es wurde nach

1990 sehr viel Arbeit geleistet, um die Geschichte des nichtkommunistischen und antikommunistischen Widerstandes zu untersuchen. Die Herrschaftsgeschichte, vor allem die des Ministeriums für Staatssicherheit, wurde aufwendig geschrieben. Aber es blieben wesentliche blinde Flecken. Das gegenüber der Macht loyale Milieu, das hier als „Dienstklasse" bezeichnet wird, wurde weitgehend ignoriert. In diesem Buch steht diese Gruppe im Mittelpunkt der Erzählung.

Zunächst muss man akzeptieren, dass es Lernprozesse waren, in denen Menschen ihre Positionen grundlegend veränderten. Robert Havemann hat seinen eigenen Wandlungsprozess deutlich benannt: vom Stalinisten zum Anti-Stalinisten. So war es zumindest für die erste Generation von Kommunisten, die bereits an der Einrichtung des politischen Machtsystems teilgenommen hatte. Sie hatte das sowjetische System als Lehre aus der vorangegangenen Geschichte des Vormarsches des Faschismus und Nationalsozialismus in Europa und aus dem blutigen Krieg akzeptiert und mitgetragen.

Die prominenten Opfer der Repressalien der 1950er-Jahre hatten vorher nicht selten an der Konstruktion der Terrormaschinerie mitgewirkt. Nachdem sie ihr zum Opfer gefallen waren, lernten die, die es überlebten, und wurden Träger der antistalinistischen Reformen. Während des „Prager Frühlings" 1968 in der Tschechoslowakei gehörten die in den frühen Fünfzigerjahren bestraften und danach rehabilitierten Kommunisten Josef Smrkovský, František Kriegel, Eduard Goldstücker und Josef Pavel zu den aktivsten Reformern. In Ungarn waren Imre Nagy, aber auch János Kádár solche lernende Elitenangehörige, in Polen gehörte Władisław Gomułka zu dieser Gruppe. Die späteren Generationen hatten nicht solche Leichen im Keller, aber sie gingen ebenfalls den weiten Weg von loyalen Trägern des Systems zu energischen Reformern oder aber wandten sich vom sozialistischen Programm ab.

Die Reformer in den verschiedenen sozialistischen Ländern haben ihre Kraft nicht nur aus den persönlichen Niederlagen bezogen, sondern auch aus der Widersprüchlichkeit des sozialistischen Programms. Die großen Krisen des Staatssozialismus waren immer auch begleitet von Deutungsschlachten um Marx. In den Debatten der 1960er-Jahre ging es um wesentliche Themen: den Humanismus des revolutionären Programms, die Entfremdung im Sozialismus als zentrales Problem, die Bürokratiekritik des „jungen Marx". Im Unterschied zu anderen sozialistischen Ländern blieben die Reformer in der

SED auch noch in den Siebziger- und Achtzigerjahren an Marx und den sozialistischen Idealen orientiert. Das betrifft Harich etwa, aber auch Havemann und Bahro.[17] Man kann Stabilität und Wandel in der DDR nicht hinreichend verstehen, wenn man diese internen Diskurse übersieht.

Zwar blieb fast bis zum Herbst 1989 die institutionelle Macht der dogmatischen Führung ungebrochen, aber der untergründige reformerische Diskurs wurde von jeder neuen Generation wieder aufgenommen. Die Herrschenden wollten den gegebenen Zustand legitimieren, die Reformer in der SED dagegen hoben dessen Unzulänglichkeiten hervor, das Defizit an Demokratie, die unzureichende öffentliche Debatte, die mangelnde Initiative. Die Herrschenden betonten den „realen" Sozialismus und meinten damit: einen anderen könne es eben nicht geben. Die Reformer verwiesen auf die uneingelösten Ziele des ursprünglichen sozialistischen Programms. Die einen wollten die gegebene DDR legitimieren, die anderen hingegen verwiesen auf die unausgeschöpften Möglichkeiten von Staat und Demokratie.

Ich werde in diesem Buch über das Ende der DDR schreiben. Ich erzähle Geschichten, die dieses Ende in ein anderes Licht rücken als jenes, was seit 1990 auf diese Periode fällt. Der Literaturkritiker Hans Mayer hat gegen die geschichtliche Erzählung des deutschen „Mainstreams" in seinem Buch „Turm von Babel" seine Sicht gesetzt und an die Hoffnungen erinnert, die mit dem Anfang des „Projektes DDR" verbunden waren: „Ende schlecht, alles schlecht? Beim Anblick jener ebenso grausamen wie unverständigen alten Männer, die in wenigen Stunden nicht bloß entmachtet waren, sondern sich durch Rücktritt zu entmachten hatten, scheint es leicht zu sein, das Personal dieses Staates und der ihm vorausgehenden sowjetischen Besatzungszone auch moralisch und charakterologisch vom Ende her zu deuten."[18]

Mayer hat zwei Argumente genannt, die für mich und diesen Text wichtig sind. Sie finden sich am Schluss seines Buches. Zum einen erinnert er – wie

---

17 *Robert Havemann*, Chemiker, Kommunist, Widerstandskämpfer gegen das Dritte Reich, geriet wegen seiner undogmatischen marxistischen Ansichten 1964 mit der SED-Führung in Konflikt, ihm wurden seine akademischen Titel aberkannt und er wurde unter Hausarrest gestellt. *Rudolf Bahro*, Philosoph und Gesellschaftswissenschaftler, geriet als Journalist 1967 wegen der Veröffentlichung eines Stückes von Volker Braun (Kipper Paul Bauch) in Konflikt mit der Zensur, musste seinen Beruf aufgeben, veröffentlichte 1977 sein kritisches Werk „Die Alternative", wurde dafür zu acht Jahren Gefängnis verurteilt und später in die Bundesrepublik abgeschoben.

18 Hans Mayer: *Turm von Babel*, Frankfurt/M. 1993 (1. Auflage 1991), S. 17.

schon erwähnt – daran, dass viele Menschen das Projekt DDR „am Leben hielten, und immer wieder auch Anlaß fanden, ihm zu vertrauen." Über Gründe für jene Loyalität von vielen Menschen gegenüber dem „Projekt DDR" habe ich gerade geschrieben. Bis heute wird in Deutschland die DDR fast ausschließlich mit dem Begriff einer „zweiten deutsche Diktatur" verbunden. Wenn die DDR aber nichts als eine blutige Diktatur gewesen wäre, woher käme dann das Vertrauen, von dem Mayer sprach und an das ich mich erinnern kann?

„War der Untergang der DDR unvermeidbar?", so lautet, in eine Frage gefasst, das zweite Argument Mayers. Eine Antwort, die wohl aus seiner Sicht kein einfaches Nein ist, erwartete der Autor 1991 erst von den Nachgeborenen.[19] In dieser Frage geht es darum, ob es eine Alternative zur vollzogenen Art der deutschen Vereinigung gegeben hätte. Mayers Frage kann man auch so formulieren: Welche politischen Möglichkeiten steckten in den Initiativen jenes 41. Jahres der DDR? Das wird mich in diesem Buch vielfältig beschäftigen. Ich habe eine Gruppenbiografie der reformerischen DDR-Intelligenz zu schreiben versucht, die politische Biografie einer Gruppe, die mit der SED verbunden war und die eine alternative DDR anstrebte. Was haben wir verpasst, wo und warum sind wir gescheitert? Ich sehe mich dabei als Mitglied dieser Gruppe, das Buch ist auch meine eigene politische Biografie. Ich stützte mich außer auf meine Erinnerungen auf tagebuchartige Aufzeichnungen, dazu kommen Gespräche mit Mitakteuren aus jener Zeit an der Humboldt-Universität Berlin.

Das Verschwinden der DDR schien angesichts der Konflikte und Labilitäten des Staates immer wieder zu drohen. Hans Mayer interpretiert in seinem Buch ein gleichnamiges Gedicht von Johannes R. Becher, „Turm von Babel", als eine Ahnung dieses Endes: Mit *der Lüge* beginnt das Ende. Weil angesichts der sichtbar werdenden Lügen der Führung auch der Glaube der Dienstklasse an das eigene Programm erodiert. Bei Becher heißt es: „Das Wort wird zur Vokabel, um sinnlos zu verhallen. Es wird der Turm von Babel im Sturz zu nichts zerfallen." Mayer setzt hinzu: „Zum Schluß glaubt keiner der Sklaven mehr an die Direktiven und verlogenen Utopien."[20] Bis auf dieses falsche Wort

---

19 Ebenda, S. 256, 265.
20 Ebenda, S. 262.

von den „Sklaven", das das aktive Tun und Entscheiden der Dienstklasse unterschätzt, kann ich der Deutung Mayers völlig zustimmen.

Bei der Analyse des Versuches, die DDR als Staat und Gesellschaft zu reformieren, wird allerdings deutlich werden, dass dieses Ende der alten DDR auch einen anderen Anfang als den möglich gemacht hat, den die westdeutsche politische Klasse 1990 mithilfe ihrer überlegenen wirtschaftlichen Macht und ihrer größeren politischen Autorität innerhalb der DDR-Bevölkerung schließlich durchgesetzt hat. Ein so verstandenes Ende der alten DDR öffnete den Raum für mehrere Zukünfte. Diese Zukünfte, diese gesellschaftlichen Alternativen sowohl zur alten DDR wie zur Art des Vollzugs der deutschen Einheit, lassen sich im demokratischen Neuanfang des letzten Jahres der DDR, welches ihr 41. war, aufspüren. Jenes 41. Jahr begann früh, schon im Widerhall der sowjetischen Perestroika in der DDR-Intelligenz, es warf seine Schatten weit voraus.

I. Die alte DDR regt sich

2. Die vergessenen Akteure des Jahres 1989

Wie funktionierte eigentlich in der DDR die Herrschaft der SED-Führung? In den üblichen Darstellungen wird die Rolle der Zwangsmittel, die sich in der großen Zahl der Mitarbeiter der Apparate der äußeren und inneren Sicherheit ausdrückt, in den Mittelpunkt gerückt. Zu den Instrumenten der Herrschaft gehörten natürlich die Grenzanlagen, Waffen, Gefängnisse, Abhörapparate. Was hingegen häufig vergessen wird, ist die besondere Rolle, die die Überzeugungen einer breiten Schicht für die stabile Existenz des Staates spielten, welche als vermittelnde Gruppe zwischen Herrschende und Bevölkerung trat. Sie wird hier als „Dienstklasse" bezeichnet. Zu ihr gehören größere Teile der Mitgliedschaft der SED, aber auch Teile aus der Mitgliedschaft der DDR-Blockparteien CDU, DBD, LDPD und NDPD[1]. Nur wenn man diese Schicht und ihr Handeln analysiert, kann man begreifen, wie die Diktatur funktionierte. Als die Loyalität jener Dienstklasse gegenüber der SED-Führung schwand, geriet die Diktatur in eine Krise. Welchen Einfluss sie auf das Ende der DDR hatte, ist bisher viel zu wenig untersucht worden. Wenn man die PDS (heute „Linkspartei"), zu deren Traditionen das Handeln jener Gruppe gehört, einmal ausklammert, dann muss man feststellen: dem eigenständigen Handeln

---

1   Die Abkürzungen heißen in Langform: Christlich-Demokratische Union (CDU, 1945 gegründet), Demokratische Bauernpartei Deutschlands (DBD, 1948), Liberal-Demokratische Partei Deutschlands (LDP bzw. LDPD, 1945) und National-Demokratische Partei Deutschlands (NDPD, 1948). Die SED wurde 1946 aus den 1945 wieder zugelassenen KPD und SPD gegründet, die dazu gehörige Langform lautete: Sozialistische Einheitspartei Deutschlands.

von SED-Mitgliedern wird in der deutschen Geschichtsschreibung wenig Aufmerksamkeit geschenkt. Ich spreche deshalb auch von den „vergessenen Akteuren" des Herbstes 1989. Besonders die sich politisch rührende SED-Mitgliedschaft und ihr Beitrag zum Wandel des Jahres 1989 sollen hier im Zentrum der Aufmerksamkeit stehen.

Wenn man unter diesem Gesichtspunkt das Ende der alten DDR betrachtet, dann tritt eine Erneuerungsbewegung in der SED in den Vordergrund, die sich im Herbst 1989 entwickelt hat. Die Erneuerungsbewegung verkörperte noch ein Handeln innerhalb des Systems, ging allerdings schon in dessen Verfall über. Ich will von diesem Neuen, an dem ich beteiligt war, erzählen. Dazu muss ich aber vorher etwas zum alten System sagen, vor dessen Hintergrund das Neue erst zutage tritt: Herrschaft wurde in der SED dadurch ermöglicht, dass sich die Mitglieder freiwillig unterordneten, die Spiele mitspielten nach den Regeln, die von oben vorgegeben wurden und die schon lange, seit Stalins Zeiten, üblich waren. Jeden Montag gab es Parteigruppensitzungen, jeden Monat eine Versammlung der übergeordneten Einheit, der „Abteilungsparteiorganisation" (APO) oder der „Grundorganisation" (GO). Es gab Wahlen der Leitungen, Rechenschaftsberichte, Auseinandersetzungen mit Regelverstößen, Parteistrafen von einer Rüge bis zum Ausschluss, hehre Prinzipien wie den „demokratischen Zentralismus".

Ich war als junger Mensch in den Sechzigerjahren aus einem aufstiegsorientierten sozialen Milieu in eine Atmosphäre der freudigen Zustimmung zu allem, was von oben, von den Autoritäten kommt, hineingewachsen und habe lange gebraucht, bevor ich auch „Nein!" sagen lernte. Dieses Bestehen auf einem eigenen Urteil war der schüchterne Anfang einer eigenständigen politischen Entwicklung. Lange Zeit suchte ich dann im einsamen Nachdenken und in Gesprächen mit wenigen Freunden eine Antwort auf meine Zweifel, ohne diese öffentlich zu äußern. In der zweiten Hälfte der 80er-Jahre, der Zeit der sowjetischen Perestroika, ergriff ich dann schon öfter in der eigenen Parteiorganisation das Wort. Im Sommer und Herbst 1989 erst begann ich wirklich zielstrebig zu handeln. Mein Ziel war, dass die Mitglieder zum Souverän ihrer Partei werden sollten. Die „Basis" sollte von „der Partei" Besitz ergreifen. 2,3 Millionen Mitglieder der SED waren auch das Volk! Das war meine damalige Vorstellung von Demokratie und politischer Befreiung.

26

Rütteln an der Tür zur Macht

Ich erinnere mich an den Abend des 3. 12. 1989. Es war der Tag, an dem die Führung der SED vollständig zurücktrat und ein Arbeitsausschuss seine Tätigkeit zur Vorbereitung des Sonderparteitages aufnahm. Dies wurde demonstrierenden Berliner SED-Mitgliedern am Nachmittag vor dem Gebäude des ZK von Günter Schabowski[2] mitgeteilt. Ich befand mich auch auf der Demonstration. An diesem Wochenende, am 2. und 3. Dezember 1989, waren auf Kreisdelegiertenkonferenzen viele Parteitagsdelegierte gewählt worden. Mich hatte die SED-Organisation der Humboldt-Universität am Sonnabend gewählt. In der Akademie der Wissenschaften sollte später am Abend eine Tagung der Berliner Parteitagsdelegierten stattfinden, um mögliche Vorlagen für den Sonderparteitag zu diskutieren. Einberufen worden war sie von unten, durch die Parteitagsdelegierten der Akademie der Wissenschaften, nicht durch die Bezirksleitung Berlin, der eine solche Aufgabe üblicherweise zukam.

Abstimmungskarte für den
SED-Sonderparteitag,
Dezember 1989

Drei der Berliner Delegierten, der neue SED-Kreissekretär der Akademie der Wissenschaften, Michail Nelken, ein alter Freund von mir; der gerade neu gewählte Parteisekretär des Rundfunks der DDR, Thomas Falkner, den ich kurz vorher bei der Gründung der „Plattform WF", von der noch die Rede sein wird, kennengelernt hatte; und ich, einer von zehn Delegierten der Humboldt-Universität[3], gingen vorher zum Zentralkomitee der SED.

---

2   *Günter Schabowski* (*1929) arbeitete nach 1945 als Journalist, war seit 1984 Mitglied des höchsten Führungsgremiums der SED, ihres Politbüros. Er war zwischen 1985 und 1989 1. Sekretär der SED-Bezirksleitung Berlin. Zusammen mit Krenz hatte er im Oktober 1989 Honecker gestürzt. In der neuen Führung war er für die Massenmedien und die Öffentlichkeit zuständig.

3   Ich hatte als sechster unter 27 Kandidaten 259 Stimmen erhalten (siehe den *Bericht der Humboldt-Universität* Nr. 14 – 1989/90, S. 2) – ich kann mich noch gut daran erinnern, wie ich bangte, ob es denn reiche, ich wollte offensichtlich dieses Mal unbedingt dabei sein.

Wir hatten zu wenige Informationen über die neue provisorische Führung der Partei, die um 16 Uhr gebildet worden war, wollten erkunden, was dort vor sich ging, um auf der Tagung am späteren Abend davon berichten zu können. Wichtig ist zu wissen, es war absolut unüblich, dass man als einfaches Parteimitglied oder niedrigrangiger Funktionär ungerufen ins Zentralkomitee ging. Man wurde gerufen.

Das Gebäude des ZK, noch heute sichtbar als hinterer Teil des Auswärtigen Amtes, war ein düsterer Bau aus den Dreißigerjahren, damals mit großen, schweren Eingangstüren, die vom Wachregiment der Staatssicherheit „Felix Dzierzynski" bewacht wurden. Wir näherten uns dem Eingang aus Richtung der Jägerstraße. Beim ersten Anlauf klappte es nicht. Wir kamen nicht hinein. Ich rüttelte an der verschlossenen Tür. Ein anderer hatte bekanntlich am Zaun des deutschen Kanzleramtes gerüttelt: Gerhard Schröder war damals etwa so alt wie ich im Dezember 1989. Nur wollten wir beide etwas ganz anderes. Er wollte seinen Anspruch auf den Olymp der Macht symbolisieren, ich wollte real ins Gebäude der Macht hineingelangen, allerdings nur deshalb, um den SED-Mitgliedern endlich den erforderlichen Einfluss auf die anstehenden Entscheidungen ihrer Partei zu sichern.

Zwei Uniformierte kamen und schauten argwöhnisch.[4] Die Wachposten ließen uns nicht hinein, verwiesen beim Gespräch durch die einen Spalt geöffnete Tür auf das sogenannte Konsultationszentrum, wo es Kontakte ins ZK geben sollte. Mir kam das gleich komisch vor, aber wir gingen trotzdem mangels Alternative hin. Im Konsultationszentrum, das den merkwürdigen Namen „Haus 10" trug, in einer Seitenstraße, konnte oder wollte man uns dann auch nicht helfen. Wir warteten, man beriet. Laufend kamen und gingen an diesem Abend andere SED-Mitglieder, suchten Informationen, stellten Forderungen. Es stellte sich dann heraus, dass es gar keinen direkten Zugang von dort ins ZK-Gebäude gab. Und der Arbeitsausschuss zur Vorbereitung des Sonderparteitages der SED tagte in der 2. Etage jenes Gebäudes, im ovalen Sitzungssaal des Politbüros. Wir gingen also zurück dorthin, woher wir gerade gekommen waren. Für das, was folgte, werde ich ein Stück des Textes von Falkner zitieren:[5]

---

4 Ich kann meine Erinnerungen durch ein Buch von Thomas Falkner auffrischen, das 1990, also in kurzem zeitlichen Abstand zu den Ereignissen, erschienen ist: Gregor Gysi/Thomas Falkner: *Sturm aufs Große Haus. Der Untergang der SED*, Berlin: Edition Fischerinsel 1990, S. 84 ff.
5 Ebenda, S. 85 f.

Dieter Segert stellt seinen Fuß in die Tür und will sich hineindrängen. Der Uniformierte greift ihn an und stößt ihn derb zurück. Ich kann ihn gerade noch auffangen. Michail Nelken hält die Tür auf. „Ich bin Parteitagsdelegierter, das hier ist mein Haus, nicht Ihres", ruft er voller Wut. Der Büttel verzieht kein Gesicht und schickt sich an, die Tür zuzuziehen. Wir halten dagegen. Da erscheint von hinten ein Zivilist, ein etwas älterer Mann, und ruft „Hereinlassen!" […] Der ältere Zivilist ist verschwunden. Ich versuche die naive Tour: „Im Haus 10 hat man uns gesagt, die Genossen erwarten uns im Sitzungssaal! Wir sollten hier rein." „Das wird gerade geklärt", erhalte ich zur Antwort. […] Als wir drei Eindringlinge überlegen, ob wir alle oder zwei von uns nicht doch lieber wieder zurück in die Akademie gehen, wird uns klargemacht, daß wir zu warten haben. Aus der Dunkelheit des ZK-Foyers blicken wir hinaus in die Finsternis vor dem Haus. Die Demonstranten haben unmittelbar vor der Türfront ihre Transparente abgelegt, so daß man die Schrift von innen lesen kann: „SED-Verfassungsfeind", „Keinen Schalck mehr im Nacken!" … „Ich will meine Beiträge wieder!" … Der ältere Zivilist kommt wieder. Man könne uns nicht empfangen, erklärt er. Dafür werden wir aber auch nicht länger festgehalten, dürfen gehen. Segert bittet noch dringend eine Nachricht an Dieter Klein zu übermitteln.[6]

Wir gaben auf und gingen ohne Resultat in die Akademie der Wissenschaften zur Arbeitstagung der Delegierten. Wir hatten aber doch eine Wirkung erzielt. Nachdem die Sitzung der Berliner Parteitagsdelegierten begonnen hatte, rief man uns aus dem ZK an und kündigte das Mitglied des Arbeitsausschusses Markus Wolf an. Er kam an diesem Abend aus dem ZK-Gebäude zu uns und erläuterte, was der Arbeitsausschuss gerade erörtert hatte: Der Parteitag sollte um eine Woche vorgezogen werden. Man hatte eine Kommission zur Untersuchung von Machtmissbrauch und Korruption gebildet, an deren Spitze der Anwalt Gregor Gysi, auch ein Mitglied des Arbeitsausschusses, stand.

Ganz klar im Einzelnen ist bis heute nicht, was zwischen der 12. ZK-Sitzung und der Einsetzung des Arbeitsausschusses geschehen war. Wer hatte den Arbeitsausschuss, in diesem Augenblick immerhin die provisorische Führung der größten politischen Partei des Landes, die die meisten Minister der Regie-

---

6 Auf dem Zettel informierte ich ihn über die Beratung der Berliner Delegierten und bat ihn dringend, uns Informationen über die politischen Ziele und praktischen Vorhaben des Arbeitsausschusses zu geben. *Dieter Klein* (*1931) war mir aus meiner Arbeit an der Humboldt-Universität gut vertraut. Er war Ökonom, seit 1978 Prorektor für Gesellschaftswissenschaften der Universität. Er unterstützte unsere Forschungsarbeit zu einer Reform des Sozialismus. Von ihm handelt besonders der Abschnitt „Vom Mut des Prorektors".

rung stellte, eigentlich gebildet? Es gibt verschiedene Erzählungen, vielleicht sogar schon Mythen.[7] Am wahrscheinlichsten scheint mir die folgende: Es handelte sich beim Arbeitsausschuss offensichtlich um eine Übernahme der Macht in der SED durch die im November neu gewählten, teilweise sogar recht jungen Bezirkssekretäre, wenn man an Roland Claus (*1954, Halle) oder Heinz Vietze (*1947, Potsdam) denkt, vor allem aber waren es Funktionäre aus der zweiten oder dritten Reihe. Ein paar Persönlichkeiten von außerhalb des Apparates nahm man hinein, eben jenen Markus Wolf, der zwar in der Staatssicherheit, nicht aber in der SED gewirkt hatte, oder auch Dr. Eva Maleck-Lewy, eine Philosophin und eine der Gründerinnen des Unabhängigen Frauenverbandes, Prof. Dieter Klein, unseren Vertrauten von der Humboldt-Universität, den Anwalt Dr. Gregor Gysi, Prof. Lothar Bisky, Rektor der Babelsberger Filmhochschule, nachträglich wurde noch Andreas Thun von der „Plattform WF", die wir mit gegründet hatten, kooptiert. Der Vorsitzende wurde Herbert Kroker, ein von Günter Mittag, dem damaligen Sekretär für Wirtschaftsfragen im Politbüro der SED, gemaßregelter ehemaliger Kombinatsdirektor, der im November 1989 zum Bezirksvorsitzenden der Partei in Erfurt gewählt worden war.

Insofern war die Einsetzung des Arbeitsausschusses anstelle des alten Politbüros nicht nur den Aktivitäten der Mitgliederbewegung in der SED geschuldet. Auf jeden Fall aber haben wir seine Zusammensetzung beeinflusst – und damit auch die weitere Entwicklung der SED. Anstelle von Egon Krenz und Günter Schabowski waren nun die Professoren Lothar Bisky und Dieter Klein, der Anwalt Gregor Gysi, der Ingenieur Andreas Thun und die Aktivistin der Frauenbewegung Eva Maleck-Lewy in der Führung der Partei, und die Erneuerung der SED hatte an Tempo gewonnen.

Das war die Geschichte davon, wie wir an der Tür der Macht gerüttelt hatten und nicht hineinkamen. Zwei Tage später öffneten sich die Türen von innen, denn das Personal hatte inzwischen gewechselt. Am Dienstag, den 5. Dezember, bat Dieter Klein meinen Kollegen Michael Brie und mich ins

---

7 Vgl. zum Arbeitsausschuss die Einführung in den *Protokollband des Außerordentlichen Parteitags der SED/PDS*, hrsg. durch Lothar Hornbogen, Detlef Nakath und Gerd-Rüdiger Stephan, Berlin: Karl Dietz Verlag 1999, S. 20 ff.; dort ist in FN 25 auch die namentliche Zusammensetzung des Arbeitsausschusses nachzulesen. Es gibt verschiedene Varianten darüber, wer den Arbeitsausschuss einberufen haben soll, die Verfasser der Einführung sprechen von verschiedenen „Legenden" (S. 21 f.).

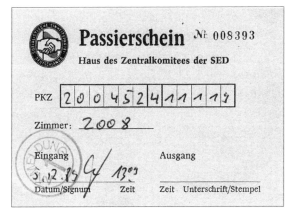

Passierschein für den Sitz der SED-Führung in Berlin. An diesem Tag wurden die Wachen abgezogen – der Ausgangsvermerk fehlt deshalb.

ZK-Gebäude, in dem er inzwischen im Zimmer von Günter Schabowski (und vorher Joachim Herrmann) saß, damit wir ihn bei der Ausarbeitung von Parteitagsmaterialien unterstützen. Den Ausweis, der mir (wie ich lese: um 13.09 Uhr) beim Betreten des Gebäudes durch die Wache am Eingang ausgestellt wurde, besitze ich noch, denn im Gegensatz zu den üblichen Gepflogenheiten wollte ihn keiner mehr zurückhaben. Als ich nach einigen Stunden hinausging, gab es schon keine Posten mehr. Sie waren im Laufe des Nachmittags abgezogen worden. Man war wohl zu Recht zu der Meinung gekommen, dass es kein Zeichen für die angestrebte Erneuerung war, sich vom Wachregiment der Staatssicherheit vor dem Volk (und den eigenen Genossen) schützen zu lassen.

Ich werde noch genauer auf meinen Weg vom pflichtbewussten Parteimitglied zum eigenständig Handelnden für eine Umgestaltung dieser mächtigen Staatspartei eingehen. Hier geht es mir zunächst darum, das von mir und anderen SED-Mitgliedern empfundene Gefühl der Verantwortung und der Freiheit, das ich erstmals im Herbst 1989 und gleich so stark wie nie vorher oder nachher in meinem Leben empfunden habe, zu erklären. Das Rütteln an der Tür des ZK geschah aus der Verantwortung heraus, die ich, die wir in jenen Tagen empfanden. Es war *unser* Sonderparteitag, wir hatten ihn, wie es in der Erklärung der „Plattform WF" heißt, „gegen die Führung der Wendepolitiker und den ihr hörigen Parteiapparat erzwingen müssen".[8] Wir haben diesen Herbst mit den Papieren unseres Sozialismusprojektes, von dem auch noch die

---

8 Vgl. den Text der Plattform WF bei Falkner (FN 4), S. 62.

Rede sein wird, eine Zeit lang mitgeprägt. Nun war ich auf der Kreisdelegiertenkonferenz der SED an der Humboldt-Universität als einer von ihren zehn
Delegierten gewählt worden, in freier und geheimer Abstimmung und ausgewählt aus den vielen anderen, die diese Aufgabe auch gerne erfüllt hätten. Ich
fühlte den Auftrag, der mir mitgegeben worden war von meinen Genossen aus
der Sektion Philosophie und denen anderer Sektionen an der Humboldt-Universität, die meine Kandidatur unterstützt hatten. Sie hatten vorher von mir
wissen wollen, was meine Absichten auf dem Parteitag war; es war der erste
Wahlkampf meines Lebens gewesen.

Welch andere Würde als die der Delegierten üblicher SED-Parteitage vorher, die von den Bezirksleitungen der Partei nach einem vom zentralen Parteiapparat vorgegebenen Delegiertenschlüssel ihr Mandat von oben, nicht von
den Mitgliedern erhalten hatten! Ihnen war nur eine falsche Würde verliehen
worden, meist durch Armbanduhren oder andere Geschenke und durch hohle
Rituale unterstützt. Wir, in dieser chaotischen Zeit des Jahres 1989, verspürten
dagegen eine echte Verantwortung: Wer, wenn nicht wir, wann, wenn nicht
jetzt?! Ich fühlte mich diesem demokratisch erworbenen Mandat viel mehr
verpflichtet als früheren Aufträgen. Das war es, was mich dazu brachte, die
Autorität der bewaffneten Türsteher zu ignorieren, soweit es ging.

Wir waren mit dem Sonderparteitag, so meine damalige Vorstellung, kurz
vor dem Ziel, eine selbstbestimmte Gestaltung der DDR zu erreichen. Davon
sollte uns keine Gewalt der alten Macht mehr abhalten. Deshalb wollten wir,
die drei Delegierten des Sonderparteitages, an diesem Abend des 3. Dezember
ins ZK-Gebäude. Wir waren der Meinung, die Legitimation der alten Führung (und auch der Arbeitsausschuss war, obwohl einige uns vertraute Personen drinsaßen, mit der alten Führung irgendwie verbunden) sei endgültig verbraucht, die einzige legitime Macht sei nunmehr in den Händen der von den
Grundorganisationen und Kreisdelegiertenkonferenzen gewählten Hunderten
Parteitagsdelegierten. Um es genauer zu sagen: ich meine hier nur die Macht
in der SED, nicht die im Land. Diese größere Legitimation der Delegierten
sollte, so unsere Vorstellung, auch an der Spitze der SED repräsentiert werden.
Wie das genau gehen sollte, wussten wir noch nicht. Wir hatten jedenfalls den
Eindruck, dass wir nicht bis zum Parteitag warten konnten. Wir wollten uns
den Zugang zur Macht, zum Gebäude des ZK, nicht durch untergeordnete
Kräfte verbieten lassen.

Auch aus heutiger Sicht scheint mir: Das war ein richtiges Gefühl. Allerdings erscheint mir heute vieles andere unfertig und nicht zu Ende gedacht. Natürlich waren die Bezirkssekretäre, die den Arbeitsausschuss bildeten, ebenfalls stärker legitimiert als die alte Führung, jene Gruppe um Krenz, Lorenz und Schabowski. Die Bezirkssekretäre im Arbeitsausschuss, so der Leipziger Dr. Roland Wölzel und der Hallenser Roland Claus, waren zudem an diesem Wochenende auch zu Delegierten des Sonderparteitags gewählt worden und so ebenfalls legitimiert. Sie waren uns also doch ähnlich.

Vor allem aber waren unsere eigenen Vorstellungen davon, wie man die Macht im Staat, die den Händen der Regierenden immer mehr entglitt, aufnehmen konnte, wie sie neu gestaltet werden musste, noch zu sehr durch unsere Erfahrungen als Mitglieder dieser nichtdemokratischen Partei bestimmt. Keiner von uns (die hier namentlich erwähnt wurden) kam damals auf die Idee, mit den anderen Kräften des Herbstes, den Führungen der neuen Gruppen, aktiv Beziehungen aufzunehmen; wir blieben unter uns.[9] Das war aus heutiger Sicht einer der wesentlichen politischen Fehler des Erneuerungsversuches der DDR im Herbst 1989. Unser Handlungsspielraum hatte sich gegenüber den vergangenen Jahren ungeheuer geweitet, war von einem Gefühl des Aufbruchs und der autonomen Entscheidung erfüllt, aber wir waren dabei immer noch auf der Hinterbühne verblieben. Auf der Vorderbühne jedoch wurde das entscheidende Stück bereits gespielt. Der Bundeskanzler des anderen deutschen Staates hatte Ende November seinen „Zehn-Punkte-Plan" verkündet, wenn auch noch mit dem Ziel, in Deutschland konföderative Strukturen und später einen deutschen Bundesstaat zu bilden. Bevor ich aber darauf eingehen werde, möchte ich die Zeit 1988/1989 in Erinnerung rufen, eine Chronik ihrer Ereignisse und Akteure schreiben.

---

9 Über die Ursachen dieser Entfremdung, die durchaus gegenseitig war, haben Rainer Land und Ralf Possekel 1994 eine Studie verfasst: *Namenlose Stimmen waren uns voraus. Politische Diskurse von Intellektuellen aus der DDR*, Bochum: Winkler 1994. Die Denkversuche, die weiter gingen als unsere Handlungen, habe ich im Abschnitt über den „Aufstand der SED-Basis" dargestellt.

Vom Sputnikschock zum Sonderparteitag

In einer Chronik der Ereignisse in der DDR zwischen Ende 1988 und Ende 1989 müssen folgende *vier Hauptphasen* unterschieden werden: Zuerst hebt sich die Phase zwischen Herbst 1988 und Anfang Mai 1989, als Kommunalwahlen stattfanden und der ungarisch-österreichische Grenzzaun durchschnitten wurde, ab. Sie wurde bestimmt durch den Versuch der alten SED-Führung, ihre Ablehnung der sowjetischen Perestroika in eine konservative Gegenoffensive hinüberzuleiten, was aber misslang. Diese Politik der SED-Führung wurde symbolisiert durch das Verbot einer Verbreitung der sowjetischen Zeitschrift *Sputnik* in der DDR, woran sich in gewisser Hinsicht ein zweiter, ganz eigenartiger „Sputnikschock" ablesen lässt. Die zweite Phase geht von Mai bis Mitte September 1989. In ihr wird die Krise der alten DDR einer größeren Zahl von Menschen im Land bewusst. An seinem Ende bildet sich das „Neue Forum", das in seinem Anliegen von wichtigen Gruppen und Persönlichkeiten der politisch engagierten künstlerischen Intelligenz der DDR unterstützt wurde. Seine Gründung leitete in die nächste Phase über. Die Flucht Tausender DDR-Bürgerinnen und -Bürger über Ungarn und die Prager Botschaft der BRD ist der wesentliche Katalysator dieser Phase. Schließlich kommt, drittens, der Zeitraum von der Gründung des „Neuen Forums" bis Mitte Oktober 1989 ins Bild, in dem eine neue Aktionsform der Bevölkerung der DDR entsteht, die regelmäßigen ungenehmigten Demonstrationen, vor allem als Montagsdemonstrationen in Leipzig öffentlich wirksam. Abgeschlossen wird diese Phase mit dem Sturz Honeckers am 18. Oktober. Danach entwickelt sich, viertens, eine Phase der politischen Instabilität, in der verschiedene autonome Akteure auftreten, die neue Führung unter Krenz und Schabowski der Öffentlichkeit hinterherläuft, aber die Macht schneller verfällt, als sie aufgebaut werden kann. Die chaotische Öffnung der Grenze ist das zentrale Ereignis dieser Phase. Am Ende steht der Sonderparteitag der SED, der durch die Parteibasis gegen den Willen der Führung erzwungen wird.

Im Sommer und Herbst 1988 zeichnete sich eine Legitimationskrise der SED-Herrschaft ab, die zunächst in ihren Ursachen beschrieben werden soll. Wie sich heute aus damals nicht öffentlichen Meinungsumfragen ablesen lässt, sank die Zustimmung der Bevölkerung zu den Zielen der SED deutlich. Aus Umfragen unter Lehrlingen lässt sich vermuten, dass es 1988 einen allgemeinen Stimmungsumschwung gegeben hat: Ihre Identifikation mit der DDR hatte 1986 noch bei über 90 Prozent gelegen, dabei identifizierten sich 48 Prozent von ihnen stark mit dem Staat; im Mai 1988 sank sie nun unter 90 Prozent, wobei v. a. die starke Identifikation mit der DDR auf 28 Prozent einbrach; und im Oktober desselben Jahres lag die allgemeine Identifikation schon bei 72 Prozent, davon nur noch 18 Prozent stark ausgeprägt. Die Zustimmung zur Aussage „Der Sozialismus wird sich in der ganzen Welt durchsetzen" entwickelte sich im selben Zeitraum wie folgt: 1984 stimmten 92 Prozent der Befragten zu, in der Umfrage im Mai 1988 hingegen nur noch 42 Prozent, wobei lediglich 10 Prozent von der Aussage völlig überzeugt waren, 32 Prozent hingegen nur mit Einschränkungen.[10]

Diese Legitimationskrise der Herrschaft, die hier in Meinungsumfragen unter Lehrlingen sichtbar wird, hatte mit der sowjetischen Perestroika und der Reaktion der alten SED-Führung darauf zu tun. Einerseits hatten sich bei den mit der DDR eng verbundenen Bürgerinnen und Bürgern seit 1987 Sympathien mit der Politik des neuen KPdSU-Generalsekretärs, Michail Gorbatschow, ausgebreitet. Besonders stark waren die Affinitäten für diese Politik unter der Intelligenz, die der SED verbunden war. Gorbatschow war den Aufmerksamen gleich zu Anfang, bei seiner Einsetzung als Generalsekretär der KPdSU im März 1985, durch seine andere Sprache aufgefallen. Er sprach ganz anders als üblicherweise diese Funktionäre, welche abgenutzte Begriffe und hölzerne Phrasen verwendeten. Dann waren für viele politisch engagierte SED-Mitglieder auch seine Abrüstungsinitiativen beeindruckend. Im Januar 1987 verkündete er, dass unsere Gesellschaft die „Demokratie wie die Luft zum Atmen" benötige. Diese Entwicklung unter Gorbatschow hatte also Hoffnungen geweckt. Gerade deshalb aber führte die Ablehnung der sowjetischen Perestroika durch die SED zu Frustrationen und kippte in eine Legitimationskrise der SED-Herrschaft um.

---

10   Vgl. die Zahlen der Umfragen in Peter Förster/Günter Roski: *DDR zwischen Wende und Wahl. Meinungsforscher analysieren den Umbruch 1990*, Berlin 1990, S. 39, 41. Im Sommer 1988 vollzog sich auch bezogen auf die Aussage „Ich lebe gern in der DDR" ein drastischer Wandel: Im Mai hatten noch 94 Prozent (davon 43 Prozent vollkommen) dem zugestimmt, im Oktober waren davon zwar noch 88 Prozent überzeugt, aber nur noch 23 Prozent vollkommen (ebenda, S. 41). Die Umfragen wurden durch das Zentralinstitut für Jugendforschung durchgeführt, einer Einrichtung der Leitung der FDJ, der Jugendorganisation der DDR. Sie waren ursprünglich nur für den internen Gebrauch innerhalb dieser Führung bestimmt.

Während Teile der Mitgliedschaft ihre eigene kritisch-solidarische Sicht auf den realen Sozialismus in der sowjetischen Politik der Perestroika wiedererkannten, behauptete die Führung der SED, jene Politik sei allein Ausdruck der besonderen sowjetischen Probleme. Warum war das so? Vor allem war jene Abneigung der SED-Führung gegenüber der Perestroika in ihrer konservativen politischen Haltung verwurzelt, sie hatte aber auch eine persönliche Komponente: Von der persönlichen Abneigung Honeckers gegen Gorbatschow hörten wir wiederholt gerüchteweise. Er sei in seinem Bestreben, die DDR eigenständig außenpolitisch zu vertreten, gebremst worden. Man hatte ihm in Moskau gezeigt, dass er abhängig war, und ihn gezwungen, seinen eigentlich für 1986 geplanten Besuch in der Bundesrepublik um ein Jahr zu verschieben.[11] Es zirkulierten offensichtlich in der „inneren Partei", im zentralen Parteiapparat der SED, interne Kritiken der aktuellen sowjetischen Politik. Wir bekamen diese Stimmung brühwarm über die gegenüber Gorbatschow kritischen Bemerkungen eines an der Sektion Philosophie arbeitenden Schwiegersohns von Willy Stoph[12] mit. In einem Interview des Sekretärs der Partei für Kultur und Wissenschaft, Kurt Hager, für den *Stern*, das am 10. April auch in der zentralen SED-Zeitung *Neues Deutschland* nachgedruckt wurde, war jene Abneigung dann auch öffentlich geworden. Hager antwortete auf die Frage nach der Stellung der SED-Führung zur sowjetischen Perestroika: „Würden Sie, wenn Ihr Nachbar seine Wohnung tapeziert, sich verpflichtet fühlen, Ihre Wohnung ebenfalls zu tapezieren?" Man begann, seitens der SED-Führung die sowjetische Debatte zu zensieren. Ein Beleg dafür war, dass das Buch Gorbatschows *Umgestaltung und neues Denken für unser Land und für die ganze Welt* zwar im Herbst 1987 im Dietz-Verlag erschien, diese Auflage aber nur „unter dem Ladentisch" erhältlich war. Ich bekam diesen wichtigen Text des sowjetischen Parteiführers in deutscher Übersetzung charakteristischerweise zuerst bei einem Bekannten in die Hand, der als Redakteur bei der *Berliner Zeitung* arbeitete und sich das Gorbatschow-Buch in seiner westdeutschen Ausgabe hatte besorgen können.

---

11 Gorbatschow hatte damals noch ein gestörtes Verhältnis zu Helmut Kohl, da ihn dieser kurz vorher mit Josef Goebbels verglichen hatte. Aber auch aus imperialen Gründen war Gorbatschow nicht am Vorpreschen Honeckers in der Westpolitik interessiert.

12 Stoph war Vorsitzender des Ministerrates der DDR, also Regierungschef. Der bei uns arbeitende Schwiegersohn Stophs war Lothar Herzfeld.

Eine der Losungen der Demo vom 4.11., die daran erinnert, dass SED-Politbüromitglied Hager
die sowjetische Prestroika mit den Worten ablehnte:
„Würden Sie, wenn Ihr Nachbar seine Wohnung renoviert, auch tapezieren?"

Die entscheidende Wirkung solcher Zensur durch die SED-Führung war, dass die Zustimmung unter Teilen der Bevölkerung zur sowjetischen Perestroika nicht in eine Unterstützung des DDR-Sozialismus umgemünzt werden konnte. Auf diese Weise verstärkten sich gerade angesichts der Hoffnungen auf die Perestroika noch zusätzlich die latenten Krisenmomente der SED-Politik, die in den 1980er-Jahren vor allem durch wirtschaftliche Schwierigkeiten der DDR entstanden waren. Die Sozialpolitik Honeckers verlor ihre stabilisierende Wirkung. Parallel dazu war die Anziehungskraft der bundesdeutschen Konsumgesellschaft stärker geworden. Seit Mitte der 1980er-Jahre reisten viele DDR-Bürger unterhalb des Rentenalters erstmals in die Bundesrepublik und waren vom Kosmos des Konsums beeindruckt. Um einen Vergleich zu ermöglichen, wie sehr die Reiseerlaubnis ausgeweitet wurde, folgende Zahlen: Während der späten 70er-Jahre durften jährlich durchschnittlich 1,6 Mio. Rentner und 40.000 Ostdeutsche unterhalb des Rentenalters westdeutsche Verwandte besuchen. 1988 reisten ca. 5,8 Mio. DDR-Bürger und -Bürgerinnen in den Westen, davon war die Hälfte unterhalb des Rentenalters.[13]

---

13 Zahlen aus Konrad H. Jarausch: *Die unverhoffte Einheit. 1989–1990*, Frankfurt/M. 1995, S. 33.

Wer aus einer Mangelgesellschaft kam, musste die westliche Warenfülle überzeugend finden. Ein Freund von mir, Parteisekretär bei der DDR-Reichsbahn, schwärmte nach einem Besuch 1988 von seiner Reise und zeigte mir dabei ein Radio, das ihn – besonders beeindruckend angesichts der hohen Preise für Unterhaltungselektronik bei uns – fast nichts gekostet hatte.

Mir persönlich war Gorbatschow und seine Perestroika wie ein Wunder vorgekommen: er war der lang erwartete Reformer, der von der Spitze her den Sozialismus erneuerte. Der Widerstand der Dogmatiker, der in der SED besonders stark war, bestätigte nur meine Hoffnung. Wir begannen 1987/88 unser „Sozialismusprojekt", von dem noch die Rede sein wird. Ich propagierte nicht nur vor Studenten, sondern auch in Versammlungen außerhalb der Sektion die Neuheiten aus der Sowjetunion. Da ich Russisch las und die „Prawda" abonniert hatte, konnte ich selbst dann, wenn die SED-Führung beschloss, wichtige Artikel anders als früher üblich nicht in der SED-Presse zu veröffentlichen, den anderen über den Fortgang des Prozesses berichten. Nachdem im Herbst 1988 von Sieglinde Jänicke und mir eine Arbeit zur Demokratie im Dietz-Verlag[14] erschien, wurde ich häufiger in Berlin als Referent eingeladen. Ich trat seit dem Herbst 1988 u. a. vor FDJ-Funktionären der Charité auf, im Verlag „Volk und Wissen", wurde zu Parteiversammlungen Berliner Theater eingeladen, so ins Berliner Ensemble und Deutsche Theater. Überall spürte ich die Freude an der ungewohnten Debatte, das Aufwachen des kritischen Denkens.

Die SED-Führung geriet also von zwei Seiten aus unter Druck: Die Moskauer Reformen trafen auf die Sympathie von Teilen der Parteiintelligenz, das Modell des Konsumsozialismus, das seit Anfang der 1970er Jahre Honeckers Führung eine gewisse Unterstützung in der Bevölkerung verschafft hatte, war aufgrund ernsthafter wirtschaftlicher Probleme am Bröckeln. In dieser Situation startete die SED-Führung im Herbst 1988 eine konservative Offensive: Am 19. November wurde eine sowjetische Zeitschrift, die auch von vielen SED-Mitgliedern gelesen wurde, der *Sputnik*, in der DDR verboten, weil darin die Debatte über die sowjetische Geschichte so offen, wie sie in jenem Jahr lief, wiedergegeben wurde.[15] Die Proteste, die sich gegen dieses Verbot aus den

---

14 Sieglinde Jänicke/Dieter Segert: *Hab ich auch was zu sagen? Nachdenken über Demokratie*, Berlin 1988. Der Dietz-Verlag war der zentrale Parteiverlag der SED. Dieses Buch war von uns bereits im Herbst 1986 fertiggestellt worden, die Produktionszeit war damals sehr lange.

15 Es ging der SED-Führung v. a. darum, die sowjetische revisionistische Debatte zur Geschichte

Reihen der SED erhoben, wurden ignoriert oder sogar per Disziplinarverfahren unterbunden. Die Parteiführung beschloss außerdem für das nächste Jahr einen Umtausch der Parteimitgliederausweise, in dessen Verlauf jedes Parteimitglied auf seine Verbundenheit mit den Zielen der SED-Politik geprüft werden sollte, und drohte in einer in den Parteiversammlungen verlesenen internen Parteiinformation, man werde gegen „Meckerer und Nörgeler" vorgehen und mit den „Knieweichen" abrechnen. Kritik an der eigenen Linie wurde als „Gequake wildgewordener Spießer" verunglimpft. Im Frühjahr 1989 erfuhren wir unter der Hand von Dieter Klein, dass in Dresden seit Anfang des Jahres eine Arbeitsgruppe des ZK die Arbeit der Bezirksleitung Dresden, der Hans Modrow vorstand, untersuchen sollte. Diese Arbeitsgruppe war von Günter Mittag, der als Vertrauter Erich Honeckers galt, eingesetzt worden, um Modrow zu beschädigen. Dieter Klein selbst wurde im Frühjahr 1989 in einer Rede des Rektors der Parteihochschule als „Oberrevisionist" bezeichnet.

Die Offensive der konservativen Kräfte reduzierte sich allerdings nicht auf Drohungen und Repressionen. Auf der Tagung des Zentralkomitees der SED im Dezember 1988 wurde eine neue zentrale Losung verkündet, die vom „Sozialismus in den Farben der DDR". Das war ein zweideutiger Begriff: Einerseits war es ein Angebot an national orientierte Bürger mitzumachen, andererseits der Beleg für die Entschlossenheit Honeckers, auf keinen Fall von Gorbatschows Perestroika zu lernen. Da die konservative SED-Führung aber auch die These untermauern wollte, man benötige keine Perestroika, weil die SED selbst schon immer reformorientiert gewesen sei, setzte man auch gewisse Reformen in Gang. Während in den Fünfzigerjahren die bis dahin existierenden Verwaltungsgerichte abgeschafft worden waren, wodurch den Bürgern für ihre Proteste gegen Verwaltungsentscheidungen nur noch der Weg einer untertänigsten Eingabe an die staatliche Verwaltung blieb, eröffnete man nunmehr die Möglichkeit, Verwaltungsentscheidungen unter bestimmten Bedingungen vor allgemeinen Gerichten anfechten zu können. Weiterhin trat am 1. Januar 1989 eine neue Reiseverordnung in Kraft, die die Möglichkeiten für DDR-Bürger, in den Westen zu reisen, erheblich erweiterte. Die für 1989 vorgese-

---

der KPdSU von der Bevölkerung, nicht zuletzt von der SED-Mitgliedschaft, fernzuhalten. So hieß es in der offiziellen Begründung des Verbots des *Sputnik*: „Der Sputnik bringt keinen Beitrag, der der Festigung der deutsch-sowjetischen Freundschaft dient, statt dessen verzerrende Beiträge zur Geschichte."

henen Kommunalwahlen sollten demokratisiert werden: mehr Demokratie allerdings nicht als echte Wahlmöglichkeit, aber doch etwas mehr Einfluss der Bevölkerung auf den Prozess der Aufstellung von Kandidaten.

Besonders die letzte Maßnahme kehrte sich gegen die SED-Führung. Man nahm sie beim Wort, und aus der Gegenwehr entstand dann eine Vertiefung der Legitimationskrise der Herrschaft. Bei der öffentlichen Kandidatenaufstellung wurde durch die Gruppen „unter dem Dach der Kirche", die in den 1980er-Jahren entstanden waren[16], versucht, eigene Kandidatenvorschläge einzubringen. Damit begaben sie sich aus dem kirchlichen Schutzraum hinaus. Vor allem beobachteten sie dann am Wahltag, dem 7. Mai 1989, in Großstädten wie Berlin und Leipzig die Auszählung der Stimmabgabe und protestierten gegen den dabei sichtbar werdenden Wahlbetrug.[17] Es wurde an einigen Orten Strafanzeige gegen Unbekannt gestellt wegen Wahlfälschung. An jedem nachfolgenden 7. des Monats wurde bis zum 7. Oktober 1989 an verschiedenen Orten der DDR, auch auf dem Berliner Alexanderplatz, von kleinen Gruppen Entschlossener öffentlich protestiert. Das war eine für die SED-Führung symbolisch schmerzhafte Intervention, da das letztgenannte Datum mit dem 40. Jahrestag der Staatsgründung zusammenfiel und für die Jubelfeiern reserviert bleiben sollte.

Es war eine typische Krisensituation: Alle Versuche der Herrschenden, die Macht wieder fester in die Hand zu bekommen, führten in eine Vertiefung der Krise. Vier Gruppen vor allem wurden besonders wichtig für die offene poli-

---

16 Anfang der 1980er-Jahre entstand zunächst eine unabhängige Friedensbewegung in der DDR, die den Kampf gegen Aufrüstung beider Systeme und gegen die Militarisierung des Lebens in der DDR führte. Es gab auch Menschenrechts-, Umwelt- und Frauengruppen. Diese Gruppen wurden durch die DDR-Führung geduldet, wenn auch durch die Staatssicherheit umfassend unter Kontrolle gehalten. Sie bewegten sich im Schutzraum kirchlicher Veranstaltungen, vor allem die im Bund der evangelischen Kirchen der DDR zusammengeschlossenen Kirchen gaben ihnen Schutz. Daher kommt der Begriff „unter dem Dach der Kirche".

17 Es handelte sich um 10 bis 20 Prozent an Gegenstimmen in beobachteten einzelnen großstädtischen Wahllokalen. Auch die Zahl der Nichtwähler war höher als offiziell zugegeben. Die Unzufriedenheit, die sich darin äußerte, hatte auch die DDR-nahen Kreise ergriffen. So verwies die Staatssicherheit in ihrer Auswertung der Kommunalwahlen nicht nur auf die gestiegene Aktivität der Kirchenvertreter, sondern auch auf die gewachsene Zahl von Nichtwählern und Gegenstimmen vor allem unter den Studierenden der Kunsthochschule Weißensee, aber auch an der Humboldt-Universität. Siehe dazu den entsprechenden Bericht in *Ich liebe euch doch alle! Befehle und Lageberichte des MfS, Januar bis November 1989*, hrsg. von Armin Mitter und Stefan Wolle, Berlin 1990, S. 101 f.

tische Krise im Herbst 1989: Zum einen waren das die „Ausreiser", Menschen, die die DDR verlassen wollten, Ausreiseanträge stellten oder aber ab dem Sommer in Ungarn die Grenze nach Österreich überschritten. Zweitens soll auf die schon genannten Friedens-, Menschenrechts- und Umweltgruppen verwiesen werden, die sich in den Achtzigerjahren gebildet hatten und die nun den Raum der evangelischen Kirchen verließen. Drittens waren es die mit der zweiten Gruppe verbundenen unangemeldeten Demonstrationen, deren wichtigste die am 9. Oktober 1989 in Leipzig war, an der 70.000 Menschen teilnahmen. Erst jetzt, viertens, kommt die Gruppe ins Bild, die in diesem Buch im Mittelpunkt steht, der Teil der SED-Mitgliedschaft, der mit der Politik ihrer Führung unzufrieden war. Vor dem weiteren Gang der Erzählung zur Gruppe der Kritiker in der Partei sollen die anderen Gruppen zumindest kurz skizziert werden.

Am schmerzlichsten für die SED-Führung war sicher jene anschwellende Ausreisebewegung, weil sie das Scheitern der seit 1961 betriebenen Stabilisierungspolitik sichtbar machte. Trotz aller Schachzüge wie der schubweisen Ausweitung des Umfangs von erteilten Ausreisegenehmigungen im Jahre 1984, als erstmals 35.000 Ausreisen genehmigt wurden, und im letzten Jahr der alten DDR, als es im ersten Halbjahr zu 39.000 Genehmigungen kam, stieg die Zahl derer, die Anträge auf Ausreise aus der DDR stellten, kontinuierlich an. 1987 registrierte das Innenministerium 105.000, im folgenden Jahr 113.500 und im Sommer 1989 gab es bereits über 130.000 Ausreiseanträge.[18]

Im Mai 1989 ging der SED-Führung auch noch ein wichtiger internationaler Verbündeter verloren: Bisher waren nicht nur die DDR-Grenzen, sondern auch die Westgrenzen der anderen sozialistischen Staaten für DDR-Bürger unüberwindbar gewesen. Nun hatte die reformorientierte neue ungarische Führung unter Ministerpräsident Nemeth und Außenminister Horn dem Westen gegenüber eine neue Politik begonnen und setzte durch das Zerschneiden des Stacheldrahts an der Grenze zu Österreich dafür im Mai 1989 ein deutliches Symbol. Ungarn aber war ein beliebtes Reiseland für Touristen aus der DDR, die dafür zwar ein Visum bei der Polizei beantragen mussten, was aber in der Regel kein Problem darstellte. So kam der Sommer 1989 und

---

18 Diese Angaben stammen aus dem Buch von Jarausch (FN 13), S. 34–35. Von diesen 133.274 Anträgen wurden im ersten Halbjahr ca. 39.000 genehmigt. Die Grundtendenz stellt Jarausch wie folgt dar: „Statt das Ausreiseverlangen langfristig zu verringern, erhöhten kleine Konzessionen den Andrang" (ebenda).

die SED-Führung konnte das Problem nicht länger ignorieren. Junge und gut ausgebildete Menschen verließen zu Tausenden die DDR über Ungarn in Richtung Westdeutschland.[19] Die Ausreisebewegung wurde ab September 1989 zu einer der brennendsten Fragen der DDR-Politik.

Die politisch energischsten Gegner bekam die SED-Führung in Gestalt der Gruppen „unter dem Dach der Kirche", welche sich aus den kirchlichen Friedensseminaren Anfang der Achtzigerjahre entwickelt hatten. Sie hatten insbesondere die Freiräume im Umfeld des Honecker-Besuches 1987 in der Bundesrepublik für ihre Aktivitäten gut genutzt. Honecker, der offensichtlich den internationalen Erfolg suchte, wollte den Anschein eines weltoffenen Landes nicht zerstören und ließ zu, dass es öffentliche Friedensaktivitäten dieser Gruppen im Rahmen des Olof-Palme-Friedensmarsches in der DDR geben konnte. Als dann die SED-Führung nach dem Honecker-Besuch in der BRD ihre Duldungspolitik beendete, setzten sich jene Gruppen dagegen energisch zu Wehr: Sie protestierten mit Mahnwachen gegen die Schließung der Umweltbibliothek in der Berliner Zionskirche und nahmen mit eigenständigen Losungen an der traditionellen Luxemburg-Liebknecht-Demonstration im Januar 1988 teil. Die öffentliche Einmischung in die Kommunalwahlen im Mai 1989 stellte eine Steigerung ihrer Aktivität dar. Die Führung der Staatssicherheit war im Frühsommer 1989, wie sich in einem zusammenfassenden Bericht vom Juni zeigt, besonders dadurch alarmiert, dass einerseits viele Landesbischöfe des Bundes der evangelischen Kirchen der DDR den Protest der kleineren oppositionellen Gruppierungen unterstützten, andererseits sich aber auch einzelne SED-Mitglieder in den Protest einschalteten.[20]

Die Staatssicherheit, die sich bemühte, die Unzufriedenheit dadurch zu bekämpfen, dass sie Menschen, die diese am deutlichsten zum Ausdruck brachten, nicht nur beobachtete und Repressalien unterzog, sondern sie auch zu isolieren oder sogar in den Augen der Öffentlichkeit zu kriminalisieren versuchte, scheiterte spätestens in diesen Protesten des Jahres 1989. Am 10. Sep-

---

19 Am 11. September wurde die Grenze zu Österreich für DDR-Bürger, die ausreisen wollen, geöffnet. 22.000 nutzten noch in diesem Monat diese Gelegenheit. Angabe aus: Per Byman: „Revolution durch Flucht?", Masterarbeit an der Universität Uppsala, 1990, S. 51. Ich hatte den Autoren Byman bei einem Forschungsaufenthalt an der Humboldt Universität im Jahr 1989 kennengelernt.

20 Siehe Mitter und Wolle: *Ich liebe euch doch alle!* (FN 17), S. 99 f.

tember wurde mit dem Neuen Forum (NF) dann die erste größere neue politische Organisation gegründet, die sich als Plattform für einen Dialog von Bürgern aller Parteien über die Krise der DDR verstand. 30 Unterschriften trägt der Gründungsaufruf.[21] Das NF wollte legal wirken und strebte eine Registrierung als gesellschaftliche Vereinigung an. Die Themen, die im Gründungsaufruf des NF angesprochen wurden, beherrschten die Diskussion während der ersten Wochen des Herbstes 1989: Die gestörte Kommunikation zwischen Staat und Gesellschaft wurde angesprochen, die Fluchtbewegung, die ernsten wirtschaftlichen Probleme der DDR. SED-Mitglieder wurden seitens des NF ausdrücklich eingeladen, an dieser Initiative teilzunehmen.

Wie entwickelten sich nach dem Beginn der konservativen Offensive auf dem 7. ZK-Plenum im Dezember 1988 die Aktivitäten der kritischen SED-Mitglieder? Von einer einheitlichen Reaktion der Parteimitglieder auf die Offensive der Staatsführung kann man nicht sprechen. Zwar gab es in den parteiinternen Versammlungen, so wie ich es bei den Philosophen der Humboldt-Universität wahrnahm, eine Bereitschaft Einzelner, Kritik an der Politik unverblümt zu äußern, was zumindest eine Duldung dieser Vorstöße durch die Versammlung und die Leitungen dieser Versammlungen voraussetzte.[22] Die Sympathie gegenüber der Perestroika und die Neugierde gegenüber Reformbemühungen in Ungarn und Polen blieben trotz der konservativen Gegenstöße erhalten. Jedoch ein grundlegender Aufbruch oder gar die Bildung einer Reformbewegung kann nicht festgestellt werden. Einzelne Parteimitglie-

---

21 Einer der Gründer des Neuen Forums, der Jurist Rolf Henrich, hatte einen reformsozialistischen Hintergrund. Er veröffentlichte 1989 sein Buch *Der vormundschaftliche Staat* im Westen, ihm wurde seine Anwaltslizenz entzogen und er wurde dafür aus der SED ausgeschlossen. In seinen in der *Zeit* veröffentlichten Erinnerungen an 1989 berichtet Jens Reich über den Einfluss des politischen Konzepts Henrichs auf die Gründung des Neuen Forum , siehe *Die Zeit*, 9. 9. 1994, S. 6.

22 In den Materialien eines DFG-Projektes „Der SED-Reformdiskurs der achtziger Jahre" (Bearbeiter: Erhard Crome, Lutz Kirschner, Rainer Land) gibt es die Abschriften von Berichten der Parteiorganisation Lehrkörper der Sektion marxistisch-leninistische Philosophie, in denen man davon etwas ahnen kann. So steht in dem Bericht über die Parteiversammlung Dezember 1988: „Das Verbot des Sputniks findet bei der Mehrzahl der Genossen keine Zustimmung." Im Monatsbericht Juli 1989 ist zu lesen: „Kritisiert wurde, daß die Reaktion auf die Ereignisse in China [Niederschlagung der Demokratiebewegung im Juni – D. S.] auf dem 8. Plenum zu einseitig und undifferenziert sei. […] Kritisch wurde weiterhin vermerkt, daß keine Position zur massiven Kritik an den Volkswahlen bezogen wurde" (beides aus der Dokumentation zu diesem Projekt, Bestand Land, Bd. 4).

der kündigten ihre Loyalität auf, traten aus der SED aus. Auch in der SED-Mitgliedschaft gab es Kritik an den Kommunalwahlen, sie drang aber nicht aus der SED hinaus. Jüngere Parteimitglieder kritisierten die Durchführung des Pfingsttreffens der FDJ[23], FDJ-Mitglieder weigerten sich überhaupt, daran teilzunehmen. Es beschäftigte die FDJ-Kreisleitung ziemlich lange, überhaupt ausreichend viele FDJ-Mitglieder zur Teilnahme zu motivieren. Man versuchte, auf die Gestaltung des Programms Einfluss zu nehmen, ein offenes Gespräch über Missstände und Probleme zu ermöglichen. Besonders großen Unmut gab es unter den Studierenden der Kulturwissenschaften. Erst zu Beginn des neuen Studienjahres, im September 1989, wurde die Unzufriedenheit jedoch auch über die Mauern der Universität hinausgetragen.

Als sich mit der Ausreisewelle im September über die offene ungarische Grenze und mit der ausgehandelten Ausreise aus der besetzten westdeutschen Botschaft in Prag die Krise auch in den Augen der kritischen SED-Mitgliedschaft zuspitzte, setzte die Parteiführung dem noch eins drauf, indem sie über die Medien versuchte, die Ausreisewelle als Werk westlicher Geheimdienste darzustellen. Der negative Höhepunkt dieser Kampagne war ein – wahrscheinlich von Erich Honecker geschriebener – Kommentar der SED-Zeitung *Neues Deutschland* zu den aus der westdeutschen Botschaft in Prag ausreisenden Tausenden DDR-Bürgern, in welchem zynisch erklärt wurde: „Wir weinen ihnen keine Träne nach!"

In dieser Situation wurde die Haltung der SED-nahen Intelligenz für die Krise des Herbstes 1989 wichtiger: besonders einige prominente Künstler brachten ihre Kritik offen zum Ausdruck. Am 14. September erklärte der Berliner Schriftstellerverband seine Sorge angesichts der Fluchtbewegung und wandte sich gegen die Position der SED-Führung, die behauptet hatte, es müsse nichts an der eigenen Politik geändert werden. Wichtige Rockmusiker („Unterhaltungskünstler") der DDR stellten sich am 18. September ebenfalls hinter den Aufruf des „Neuen Forums" (NF) zum nötigen Beginn eines politischen Dialogs. In den folgenden Tagen schlossen sich zwei Bezirksverbände Bildender Künstler (Rostock und Dresden) diesen Erklärungen an. Auf Kon-

---

23 Eine Tradition der FDJ war die Durchführung von Jugendtreffen, u. a. von Pfingsttreffen (bezeichnet nach dem Zeitpunkt des Stattfindens). Diese Tradition versuchte die SED wiederzubeleben in der Hoffnung, bei den Jugendlichen wie in früheren Zeiten dadurch den Enthusiasmus für den Sozialismus anzufachen. 1989 misslang das gründlich – die Zeiten hatten sich geändert.

zerten und während Theateraufführungen wurden die Aufrufe des NF und der Unterhaltungskünstler verlesen. Eine interne Information der Staatssicherheit vom 9. Oktober 1989 sprach von 30.000 Personen, die an öffentlichen (d. h. in diesem Falle: nichtkirchlichen) Veranstaltungen teilgenommen hatten, auf denen diese Resolutionen vorgetragen wurden.[24] An diesen zahlreichen Stellungnahmen lässt sich ablesen, dass es sich in der dritten der dargestellten Entwicklungsphasen zwischen Mitte September und Mitte Oktober 1989 nicht mehr nur um Proteste Einzelner handelte. Ganze Gruppen der intellektuellen Dienstklasse verließen jetzt das Gehäuse der Hörigkeit und begannen ihre Politik eigenständig zu formulieren.

Der wichtigste Ertrag dieser Bewegung aus der SED-nahen Intelligenz war, dass sich nunmehr eine eigenständige mediale Öffentlichkeit der DDR zu formieren begann. Das war eine Neuerung in zwei Richtungen. Zum einen wurde damit das Monopol der SED-Führung auf veröffentlichte Meinung durchbrochen. Zum anderen entstand aber auch dem „Westfernsehen" eine Konkurrenz. Die Existenz des Fernsehens und Rundfunks der benachbarten Bundesrepublik war immer wichtig gewesen, um die Allmacht der ideologischen Steuerung durch die SED-Führung einzuschränken. Dennoch blieben jene Westmedien in den Augen von mit der DDR enger verbundenen Bürgern nicht frei von dem Verdacht, dort würde eine Politik gegen eine eigenständige DDR betrieben.

Erst als Ende September 1989 die Möglichkeit eines ungehinderten Meinungsaustausches in der nunmehr selbst geschaffenen eigenen Öffentlichkeit von Versammlungen, Konzerten und Theateraufführungen entstanden war, kam es zu wichtigen Synergieeffekten der verschiedenen, bisher unabhängig voneinander agierenden Akteursgruppen, vor allem zwischen den kritischen DDR-Intellektuellen und den neuen politischen Gruppen der Opposition. Für die SED selbst, die ja als Staatspartei einen besonders unmittelbaren Einfluss auf die Handlungsfähigkeit des Machtapparates hatte, stellte diese eigene DDR-Öffentlichkeit einen wichtigen Raum dar, in dem sich eine politische Bewegung gegen die reformunwillige SED-Führung in Gang setzen konnte. Sie spielte so lange eine wichtige Rolle, wie sich die Journalisten der Zeitungen und Sender noch nicht aus der Unterordnung unter die Propaganda der Par-

---

24 Siehe Mitter und Wolle: *Ich liebe euch doch alle!* (FN 17), S. 215.

teiführung befreit hatten. Das geschah erst nach dem Rücktritt von Honecker, Mittag und Hermann am 18. 10. 1989 und erreichte seinen eigentlichen Zenit Ende November, als über die Siedlung der DDR-Oberen in der Waldsiedlung Wandlitz sowie über die Geschäfte des Bereiches KoKo und seines Leiters Alexander Schalck-Golodkowski berichtet wurde.

Die Mitgliedschaft der „Blockparteien" gehörte ebenfalls zumindest teilweise zur „Dienstklasse" der DDR. Auch in diesen Parteien, v. a. der LDPD und der CDU, entwickelte sich im Laufe der dritten Phase der Entwicklung seit September 1989 eine öffentlich sichtbare Kritik an der SED-Führung. Die inhaltlichen Positionen solcher Aktivitäten wie des „Briefes aus Weimar", geschrieben von vier Funktionären der CDU und am 10. September veröffentlicht, sind mit den Forderungen und Vorschlägen des NF und der Künstlerverbände identisch. Für die beiden Parteien selbst und ihre organisationsinterne Identität hatten und haben diese kritischen Initiativen von Teilen der Mitgliedschaft und des Funktionärskörpers natürlich trotzdem eine große eigenständige Bedeutung.

Der nächste mächtige Anstoß zur Veränderung kam dann aber wieder nicht aus den Reihen der DDR-Dienstklasse, sondern aus der Bevölkerung. Im September hatten sich die schon längere Zeit durchgeführten Friedensgebete in Leipziger Kirchen zu Straßendemonstrationen entwickelt, die immer am Montag nach dem Gottesdienst stattfanden. Aus der Nikolaikirche drängten am 4. September viele Menschen auf die Straße. Die „Ausreiser", die auf den Gottesdiensten Trost und Unterstützung gegen die staatliche Willkür gegenüber ihren Anträgen auf Ausreise gesucht hatten, riefen auf der Straße: „Wir wollen raus!" Andere Teilnehmer der Demonstration entgegneten nach Wahrnehmung des Superintendenten Magirius an diesem Tag zum ersten Mal: „Wir bleiben hier!"[25] Die Sicherheitsorgane versuchten, die Demonstration nach dem Gottesdienst zu verhindern. Das gelang aber bald nicht mehr. Am 25. September nahmen ca. anderthalb Tausend, am nächsten Montag über fünfzehntausend Bürger und Bürgerinnen teil.

Der 9. Oktober, ein Tag nach dem Ende der Feierlichkeiten zum 40. Jahrestag der DDR, wird allgemein als entscheidendes Datum wahrgenommen.

---

25 Friedrich Magirius: „,Selig sind die, die Frieden stiften …' Friedensgebete in St. Nikolai zu Leipzig", in: *Dona nobis pacem. Fürbitten und Friedensgebete Herbst '89 in Leipzig*, Berlin: Evangelische Verlagsanstalt 1990, S. 13.

Die Staatsmacht hatte sich auf die gewaltsame Niederwerfung der Demonstration in Leipzig vorbereitet. Truppen und Kampfgruppen waren in der Stadt und um sie herum zusammengezogen. Die Krankenhäuser waren auf die möglichen Opfer der gewaltsamen Auseinandersetzung eingestellt. Mit den Montagsdemonstrationen war eine nächste mächtige Form einer unabhängigen Öffentlichkeit entstanden, die die politische Auseinandersetzung in diesem Herbst 1989 beeinflusste. In ihr wirkte die allgemeine Unzufriedenheit in der Bevölkerung ebenso wie die Akteure der neuen Gruppen, die aus dem Schutz der Kirche hervortraten. Das NF war eine davon, andere waren die bis Anfang Oktober gegründeten Gruppen „Demokratie Jetzt" (DJ), „Demokratischer Aufbruch" (DA) und „Sozialdemokratie in der DDR" (SDP). Die Parteiintelligenz spielte in den Demonstrationen als organisierte Gruppe zunächst nur eine geringe Rolle. Allerdings verlief die entscheidende Demonstration am 9. Oktober auch deshalb trotz des Aufgebots von Militär und anderen Sicherheitskräften friedlich, weil es am selben Tag einen über den Stadtfunk verbreiteten gemeinsamen Aufruf von drei Sekretären der SED-Bezirksleitung Leipzig, Meier, Pommert und Wölzel, sowie des Chefdirigenten des Gewandhaus-Orchesters, Masur, des Pfarrers Zimmermann und des Kabarettisten Lange (Mitbegründer der „academixer") zur Besonnenheit und zum friedlichen Dialog gab. Insofern waren verantwortungsvolle Angehörige der Dienstklasse doch auch an diesem zentralen Ereignis des Herbstes 1989 beteiligt.

Erst in der vierten Phase der Entwicklung der DDR-Krise, nach der Ablösung Honeckers, entstanden dann in der Mitgliedschaft der SED selbst aus den zaghaften Gehversuchen einzelner und weniger Parteigruppierungen ernsthafte Initiativen, eine Art Basisbewegung. Einerseits wurde die gewonnene Freiheit der öffentlichen Meinungsäußerung für die eigenen Initiativen genutzt, wobei man auch die Form der unangemeldeten Demonstration für sich entdeckte, wie bei einer Protestversammlung vor dem ZK-Gebäude am 8. November 1989. Darüber wird noch zu berichten sein. Auch das „Sozialismusprojekt an der Humboldt-Universität", an dessen Gründung ich beteiligt war, veranstaltete ab dem 31. Oktober regelmäßige eigene Pressekonferenzen. In dieser Zeit wurde die Einberufung eines Sonderparteitages zum Hauptziel dieser Bewegung der Mitglieder der SED. In der SED entwickelte sich im Herbst 1989 die – neben der Reformzirkelbewegung in der ungarischen Staatspartei USAP – stärkste Basisbewegung einer kommunistischen Staatspartei in Osteuropa. Dass die SED die Legitimationskrise der alten DDR überhaupt überleben konnte, allerdings als grundlegend veränderte Partei, war zu großen Teilen dieser SED-Basisbewegung des Herbstes 1989 und des Winters 1989/90 zu verdanken. Die Erneuerung der Partei wurde aber erst dann wirksam, als bereits mit der offenen Grenze und der Nutzung dieser neuen Situation durch die politische Klasse der Bundesrepublik Deutschland die Chancen auf eine Erneuerung einer eigenständigen DDR deutlich geschwunden waren.

Das Unmögliche versuchen – das Sozialismusprojekt an der Humboldt-Universität

Im Herbst 1989 erlebte ich als Teil einer Reformbewegung der SED die Lust und Qual öffentlicher Aufmerksamkeit. Für einen kurzen Augenblick boten Thesen meiner wissenschaftliche Arbeit für andere Orientierung, sogar Hoffnung. Das „Sozialismusprojekt an der Humboldt-Universität" errang in diesen Wochen Popularität und seine Begründer, Michael Brie, Rainer Land und ich, Ansehen im Land.

Wie kamen wir, eine Gruppe von Sozialwissenschaftlern, zu solcher öffentlichen Aufmerksamkeit? Wie wurde das Projekt überhaupt möglich, woher kam der Handlungsspielraum? Wie kamen wir trotz der starren Strukturen der alten DDR zu einem eigenständigen Handeln als Wissenschaftler? Bei der Suche nach einer Antwort werde ich versuchen, das Netzwerk sozialer Beziehungen, das diese Arbeit ermöglichte und sich über einen längeren Zeitraum entwickelt hatte, zu rekonstruieren.

Wenn man sich mit Vertretern der „Reformintelligenz" der SED beschäftigt, muss man zunächst deren politischen Platz bestimmen. Die Reformer bildeten keine grundsätzliche Opposition zum System. Sie wollten das System nicht stürzen, sondern es verbessern. Die DDR sollte grundsätzlich verändert werden, damit sie erhalten werden konnte. Aus ihrer Sicht war diese nötige Veränderung durch falsche Sichtweisen sowie eine engstirnige Politik der aktuellen Führung bedingt. Wenn man sich mit jener jüngeren Generation von Reformern aus der SED beschäftigt, der die Initiatoren des Sozialismusprojektes zugeordnet waren, so muss man wissen, dass wir auf den Schultern

einer ersten Reformergeneration standen. Jene hatte sich aus der „Aufbaugeneration der DDR" heraus entwickelt, also aus einer Gruppe, deren Mitglieder am Ende des II. Weltkrieges meist 15 bis 20 Jahre alt waren.

Diese Personen hatten konkrete Konzepte der Veränderung formuliert,
auch ihre Ansprüche und ihr Selbstverständnis haben uns in vielfältiger Hinsicht geprägt. Wenn man sich mit unserer Leistung (und unseren Grenzen)
beschäftigen will, darf man diese andere Generation vor uns nicht vergessen.[26]

Ich habe diese Verwandtschaft wahrgenommen und – wo das möglich war
– auch das direkte Gespräch mit jenen Älteren gesucht. Diese kritischen
Gesellschaftswissenschaftler wie Uwe-Jens Heuer, Gerd Irrlitz, Peter Ruben
oder Hans Wagner[27] waren für uns wichtig – auch als Beleg dafür, dass eine
solche kritische Denkweise unter den Bedingungen der starken Kontrolle in
der DDR überhaupt möglich war. Außerdem kam eine eigenständige DDR-

---

26 Ich will hier nur auf einige Texte verweisen, in denen diese erste Generation von Reformern ana-
    lysiert wird: zur Gruppe um Harich und Janka siehe u. a. Werner Mittenzwei: *Die Intellektuellen.*
    Literatur und Politik in Ostdeutschland 1945–2000, Leipzig 2001, besonders S. 135 ff.; stärker
    auf die gesamte Mitgliedschaft der SED bezogen hat Wilfriede Otto dieselben Prozesse der Her-
    ausbildung widerständiger Haltungen in den 50er-Jahren analysiert (siehe u. a. ihre Arbeit:
    „Widerspruch und Widerstand in der SED", in: *Ansichten zur Geschichte der DDR,* Band 1, hrsg.
    von Dietmar Keller, Hans Modrow und Herbert Wolf, S. 129–148, Berlin 1993). Darüber hinaus
    muss man auf das Reformdenken der 60er-Jahre verweisen, ebenfalls von Vertretern der ersten
    Reformergeneration repräsentiert; ich habe mich, bezogen auf Uwe-Jens Heuer, hierzu bereits
    geäußert („Mehr Demokratie und Effizienz – ein Jurist als Reformer: Uwe-Jens Heuer", in:
    Rechtliche Wirtschaftskontrolle in der Planökonomie. Das Beispiel der DDR, hrsg. von G. Krause,
    Baden-Baden 2002, S. 53–75). Aus jenem Jahrzehnt muss natürlich auch Robert Havemann
    erwähnt werden sowie Rudolph Bahro, der allerdings sein in dieser Hinsicht wichtigstes Buch
    (Die Alternative) erst 1977 veröffentlicht hat. Zum inhaltlichen Zusammenhang von erster und
    nächster Generation der Reformer haben Rainer Land und Ralf Possekel ihr Buch *Fremde*
    Stimmen waren uns voraus (FN 9) geschrieben. Für die zweite Generation von Reformern ist das
    DFG-Projekt von Erhard Crome, Rainer Land und Lutz Kirschner zum SED-Reformdiskurs in
    den Achtzigerjahren, das 1999 abgeschlossen wurde, wichtig (zusammenfassend siehe E. Crome/
    L. Kirschner: „Der SED-Reformdiskurs der achtziger Jahre. Zu Deutungen, Kontexten und
    einem neuen Archiv", in: *Linksnet* vom 10. 6. 2000 (http://www.linksnet.de/artikel.php?id=271
    [gelesen am 15. 5. 2008]).

27 *Uwe-Jens Heuer* (*1927), Jurist, Wirtschaftsrechtler; nach einem ersten Arbeitsort an der Hum-
    boldt-Universität und Konflikten auf der Babelsberger Konferenz der Rechtswissenschaften
    1958 strafversetzt an das Vertragsgericht der DDR, danach Arbeit am Institut für Wirtschafts-
    führung in Rahnsdorf und an der Akademie der Wissenschaften. *Gerd Irrlitz* (*1935), Philoso-
    phiehistoriker, Assistent bei Bloch in Leipzig, dann „in die Praxis" ins Chemiewerk Buna ge-
    schickt, danach Akademie der Wissenschaften und Humboldt-Universität. *Peter Ruben* (*1933),

Literatur dazu, die uns alle begleitete und stützte: Autoren wie Bert Brecht, Heiner Müller und Volker Braun, Stefan Heym, Christa Wolf und Christoph Hein. Die DDR schien uns nie ein „Artefakt"[28] zu sein oder gar nur etwas durch die Niederlage im Krieg von außen Aufgezwungenes.

Dass das „Sozialismusprojekt an der Humboldt-Universität" in der offiziellen Wissenschaftslandschaft überhaupt möglich gewesen ist, führt zu einer interessanten Frage der Analyse der besonderen Art von Diktatur, die die DDR gewesen ist: Wie bildete sich der Raum für Entscheidungen und Handlungen, der in den offiziellen Institutionen gar nicht vorgesehen war? Ein solches wissenschaftliches Projekt setzte die Bildung eines Netzwerkes von gewisser Dauer voraus, es mussten Verhandlungen durchgestanden, Kompromisse erzielt, diese gegen Angriffe verteidigt werden. Das war mit einem spezifischen „Gang durch die Institutionen" verbunden.

Ich werde im Folgenden die wichtigsten Personen charakterisieren, über sie Geschichten erzählen, die wesentlichen Etappen der Bildung eines Handlungsraumes für das kritische „Sozialismusprojekt an der Humboldt-Universität" darstellen.

Die Initiatoren des Projekts lernen sich kennen

Um mit Michael Brie (*1954) zu beginnen: Er hatte in Leningrad zwei Jahre Philosophie studiert, war dann mit seiner Frau Tanja, einer Tschechin, zurückgekommen. Ab 1974 setzte er sein Studium an der Sektion Philosophie der Humboldt-Universität fort. Michael gehörte zu einer Familie von Kommunisten, sein Vater Horst Brie kam aus der Emigration in London und gehörte zu den Anfang der Fünfzigerjahre abgestraften Westemigranten. 1955 rehabilitiert, war er in den letzten Jahrzehnten der DDR Botschafter der DDR in

---

Philosoph, während des Philosophiestudiums 1958 aus der SED ausgeschlossen, exmatrikuliert und „in die Praxis" geschickt, 1961 Fortsetzung des Studiums, danach Arbeit an der Humboldt-Universität und der Akademie der Wissenschaften, 1981 erneute Konflikte, erneuter Ausschluss aus der SED, Einschränkung der Publikationsmöglichkeiten. *Hans Wagner* (*1929), Wirtschaftswissenschaftler an der Humboldt-Universität, in den 1970er-Jahren Zusammenarbeit mit Peter Ruben, 1980/81 dadurch politische Schwierigkeiten.

28 Hartmut Zimmermann, ein wichtiger DDR-Forscher der Freien Universität Berlin (West), hat mir nach 1990 einmal erzählt, dass er die DDR stets als Artefakt empfunden hatte.

Private Feier der Dissertation B von Dieter Segert im Jahr 1985, v. l. n. r.: Tanja und Michael Brie, Sieglinde Jänicke, Maria-Luisa Rojas.

„westlichen Ländern", zuerst in Japan, dann in Griechenland. Michael und ich kannten uns schon familiär, als wir 1983 gemeinsam für ein halbes Jahr nach Moskau gingen. Ich saß an meiner „Dissertation B" (so hieß in der DDR zu meiner Zeit die Habilitation), hatte mir dieses halbe Jahr erkämpft oder, wenn man so will, erkauft durch die vorherige Übernahme einer politischen Funktion an der Sektion Philosophie der Humboldt-Universität. Ich hatte diesen Forschungsaufenthalt danach zur Bedingung der Übernahme der Funktion gemacht. Dieser Aufenthalt in Moskau führte uns menschlich zusammen.

Michael war ein eher verschlossener Mensch. Politische Ansichten mit einer gewissen Brisanz erzählte er in der Zeit, als wir uns kennenlernten, nie in geschlossenen Räumen, schon gar nicht zu Hause, sondern beim Spazierengehen. Ich erinnere mich noch an einen Spaziergang zum Spreetunnel in Friedrichshagen, auf dem ich zum ersten Mal erkannte, dass wir eine ähnlich grundsätzliche Kritik der herrschenden politischen Zustände in der SED hatten. Ich war auch vorsichtig, aber wenn ich zu jemandem Vertrauen gefasst hatte, fiel diese Vorsicht weg. Im Gegenteil, ich versuchte dann von den Erkenntnissen, die ich mühsam gewonnen hatte, möglichst viel abzugeben.

Ich erinnere mich an eine intensive Debatte weit vor dem Beginn unseres gemeinsamen Sozialismusprojektes, die zunächst durch ihren Ort im Gedächtnis blieb: sie fand auf einem über Feldwege rumpelnden LKW statt. Michael und ich waren beide Mitglieder der Betriebskampfgruppen an der Humboldt-Universität, so wie fast alle männlichen Institutsangehörigen. Wir verbrachten jeweils einige Wochenenden im Jahr an der frischen Luft und übten die Verteidigung irgendwelcher Objekte gegen einen imaginären angreifenden Feind. Diese Übungen nutzten wir in den Pausen zu theoretischen oder politischen Debatten. Im Marxismus, in Hegel'scher Tradition, ist es wichtig, Dinge „auf den Begriff zu bringen". Darunter wurde eine wichtige Stufe von Erkenntnis verstanden, eine Interpretation von Erfahrungen durch eine stringente Theorie. „Begriffe sind Knotenpunkte im Netz der Erkenntnis", heißt es bei Lenin.

In diesem Verständnis lag dem einzelnen Erkenntnisvorgang eine ganzheitliche Konzeption darüber zugrunde, wie die Welt im Allgemeinen funktioniert.

An diesem Sonnabend des Jahres 1982 ging es uns beiden auf der Holzbank an der Ladewand des Lastwagens auf dem Weg ins Manövergebiet um die schlichte Frage, was denn der Staat ist. Wie lässt sich seine Existenz durch den Historischen Materialismus erklären? Wo in den gesellschaftlichen Verhältnissen hat er seine Grundlage? Die These vom Staat als Überbau erklärt ja eigentlich nur seine gegenüber der Wirtschaft zweitrangige Stellung. Warum aber ist er notwendig und woher kommt er vor allem im Sozialismus? Warum gewinnt er im Sozialismus diese Vielzahl an Funktionen und diese enormen Ausmaße als Repressionsapparat? Warum begann nicht gleich nach der Abschaffung der Ausbeutung der Prozess seines Absterbens, wie Marx es gedacht hatte?

Dem Ganzen lag noch die naive Annahme zugrunde, wir würden mit dem Marx'schen Konzept von Gesellschaft bereits über eine allgemeingültige Theorie verfügen, die es uns erlaubte, die verschiedensten gesellschaftlichen Einzelerscheinungen begründet abzuleiten. Allerdings war diese Theorie unabgeschlossen. Marx selbst hatte keine Staatstheorie entwickelt. Im „Kapital" fanden sich ein paar Ansätze, aus denen heraus zu begründen wäre, dass Politik, auch der Staat, in bestimmten Phasen der Formationsentwicklung eine konstituierende Rolle für die wirtschaftliche Entwicklung spielt; jene Punkte versuchte ich herauszufinden und die Bedeutung dieses Zusammenhangs von Ökonomie und Politik für die sozialistische Gegenwart zu erkennen. In Marx' Texten zur Revolution in Frankreich nach 1848, besonders im „18. Brumaire des Louis Bonaparte", fanden sich ebenfalls interessante Überlegungen zur Klassentheorie, mit denen es möglich schien, eine allgemeine Theorie der Politik zu entwickeln.

In Moskau hatten wir dann mehr Zeit zu intensiven Debatten. Wir trafen uns einmal in der Woche zum gemeinsamen Essen in der Stadt oder direkt in der Bibliothek, diskutierten unsere Leseerlebnisse und einige Thesen unserer

Arbeiten. Michael hatte die Gewerkschaftsdebatte in der sowjetischen KP zwischen deren X. und XI. Parteitag, Anfang der 1920er-Jahre, als interessanten Forschungsgegenstand entdeckt, und wir näherten uns über diesen Gegenstand den Widersprüchen der politischen Interessen und den Mechanismen ihrer Austragung in einem sozialistischen politischen System.

1983 hatte sich ein Lufthauch der Veränderung in der KPdSU, der sowjetischen Staatspartei, erhoben. Juri Andropow wurde Ende 1982, in der Nachfolge Leonid Breschnjews, zum Parteiführer. Diese Veränderungen wurden zunächst in umherschwirrenden Gerüchten deutlich. Man erzählte sich von Razzien in einer „Banja", einer Sauna, im Zentrum, in der die Polizei während der Arbeitszeit hochrangige Nomenklaturkader angetroffen habe. Das Neue zeigte sich darin: Sie waren für diese Disziplinlosigkeit auch bestraft worden. Damals begann auch die Aufdeckung der „usbekischen Baumwollmafia". Die Untersuchungsbehörden hatten aufgedeckt, dass in Usbekistan die gesamte Führung der regionalen Kommunistischen Partei an einem riesigen Betrugsgeschäft beteiligt war. Sie rechneten beim Zentralstaat viel mehr Baumwolle ab, als Usbekistan überhaupt geliefert hatte. Die daraus erwachsenden Gewinne verteilte man untereinander. Auch Breschnjews Schwiegersohn soll damals in dieses Netzwerk einbezogen gewesen sein. Die Untersuchungen waren in vollem Gange, wurden dann aber nicht mehr zu Ende geführt, denn Andropow war, kaum ein Jahr nach seinem Amtsantritt, schon schwer krank. In jener kurzen Zwischenzeit wurde schon Einiges vom später praktizierten anfänglichen Programm Gorbatschows ausprobiert: eine ehrlichere Bilanz der Versäumnisse, ein energisches Programm der technischen Erneuerung der Wirtschaft und der Kampf gegen Korruption unter den Kadern gehörten dazu. Andropow hatte offensichtlich Gorbatschow auf seine Rolle vorbereitet, aber da er zu schnell starb, kam dann doch noch ein Erbe der alten Politik Breschnews, Konstantin Tschernenko, auf den Posten des Generalsekretärs, und der Stillstand, der „Zastoi" der letzten Lebensjahre Breschnjews, verlängerte sich um ein weiteres Jahr.

Jedenfalls war es gerade in dieser Zwischenzeit interessant, in Moskau zu sein. Michael hatte auch Kontakte zur sowjetischen Akademie der Wissenschaften. Er trug seine Thesen zur Entwicklung des Eigentums im Sozialismus in der Arbeitsgruppe von Prof. Anatoli Butenko vor.[29] Ich hatte später, in der

---

29 Michael Brie schrieb damals ebenfalls seine Habilitationsschrift, die 1985 unter dem Titel „Ent-

Arbeitsgruppe Heuer, noch Gelegenheit, Butenkos Gedanken und Konzepte sowie die um ihn versammelten kritischen Geister, zu denen auch die heute bekannteren Politologen Lilija Ševzova und Evgenij Ambarcumow (zeitweilig ein Berater Gorbatschows) gehörten, kennenzulernen.

Michael Brie war in dieser Zeit eindeutig derjenige von uns beiden, der die meisten aufregenden Ideen in unsere Gespräche einbrachte. Ich saß allerdings auch an einem sehr interessanten und wichtigen Thema, ich wollte die umfassende Verstaatlichung und Bürokratisierung der politischen Macht des sowjetischen Sozialismus kritisieren und suchte nach einem Konzept, um diese Kritik in einer offiziell akzeptierten Weise begründen zu können. Zu diesem Zeitpunkt war ich entschlossen, den Stier bei den Hörnern zu packen. Da die Parteiideologen besonders bei aktuellen Themen aufpassten, wichen viele meiner ambitionierten Freunde in eine weniger brisante Zeitperiode aus – die Geschichte der Philosophie eignete sich besser für eingepackte Wahrheiten, die das Publikum dann doch verstand. Die Themen, die sich mit der Gegenwart befassten, blieben so alleiniges Spielfeld der Dogmatiker. Dem wollte ich mich nicht fügen. Damit aber musste ich mich zu Gegenständen äußern, zu denen die Zensoren sich kompetent glaubten. Es ging um die Umdeutung von scheinbar Bekanntem. Im Kern ging es darum, die Geschichte der eigenen Gesellschaft, von der Oktoberrevolution angefangen, auf andere Weise zu erzählen.

Ich wollte die „Klassiker des Marxismus-Leninismus" als Kronzeugen der eigenen Absichten nutzen, indem ich bei ihnen Argumente für die Begründung meiner abweichenden Positionen suchte. Michael Brie und mir schien damals der „späte Lenin" einiges dafür zu bieten. Wir lasen die letzten Arbeiten in der Zeit seiner Krankheit: seine Briefe an den Parteitag, seine Schriften zur Genossenschaftsfrage und zur Arbeiter- und Bauerninspektion und eben auch jene Debatten zur Gewerkschaftsfrage, die 1921–1922, also kurz vor den genannten letzten Texten, geschrieben worden waren.

Lenin wird heute häufig pauschal als Wegbereiter Stalins abgetan, aber unter ihm hatte es, anders als später in der Stalin'schen Partei, noch Debatten um den richtigen Weg einer sozialistischen Gesellschaft gegeben. Trotzki hatte sich in der Gewerkschaftsdebatte geäußert, Alexander Schljapnikow, Alexan-

---

wicklungsstufen des sozialistischen Eigentums" an der Humboldt-Universität verteidigt wurde. 1990 wurde sie in ihrer überarbeiteten Fassung unter dem Titel *Wer ist Eigentümer im Sozialismus?* im Dietz-Verlag Berlin veröffentlicht.

dra Kollontai, Lenin natürlich auch, jeweils mit spezifischen Argumenten und unterschiedlichen Lösungsvorschlägen. 1921 wurden in der Krise des Sowjetstaates Wege aus der Sackgasse gesucht. Die vorangegangene Politik wurde als Notlösung, als „Kriegskommunismus" gegeißelt. Wir vermuteten damals noch, dass Anfang der 1920er-Jahre in der Sowjetunion nicht nur eine alternative Wirtschaftspolitik konzipiert worden war, sondern sich auch Ansätze für einen anderen Umgang mit der Pluralität von Interessen finden lassen würden. Das hat sich später als Irrtum herausgestellt: Lenin hat sich gerade in jener Zeit einer neuen Wirtschaftspolitik deutlich gegen einen Neuanfang auf dem Gebiet der Politik ausgesprochen.

Die Lebendigkeit in jener sowjetischen kommunistischen Partei unter Führung Lenins schien uns weit stärker als in der SED, die wir erlebten, ausgeprägt gewesen zu sein. Es war allerdings kein Zufall, dass nach und nach alle Lebendigkeit auch in der KPdSU abgestorben war. Das Ende jener innerparteilichen Vielfalt schien uns noch unter Lenin gelegt worden zu sein. Der 10. Parteitag der KPdSU hatte 1921 ein Verbot der Bildung von Fraktionen in der Phase der Vorbereitung von Parteitagen ausgesprochen. Jenes „Fraktionsverbot" war nach unserer Einschätzung die Grundlage jener undemokratischen Praktiken, die wir aus der SED kannten und ablehnten. In der uns bekannten Parteiarbeit konnte schon jede öffentliche Widerrede gegen einen Beschluss irgendeiner höheren Leitung als Versuch der Fraktionsbildung denunziert und disziplinarisch verfolgt werden. So wurde eine lebendige interne Debatte über politische Alternativen grundsätzlich ausgeschlossen. Wenn wir also in einem gewissen Sinne uns auf ein solches „Zurück zu Lenin!" einließen, so stützten wir uns nur auf einige Momente der Lenin'schen Politik, solche, die uns für eine Kritik der Gegenwart sinnvoll erschienen und die später in bestimmten Ansätzen der Chruschtschow'schen Politik der Liberalisierung neu auflebten. Andropow hatte so argumentiert, Gorbatschow nahm das später noch einmal auf.

Und ein weiterer Punkt war wichtig: Wir konnten in Moskau unmittelbar wahrnehmen, dass der stärkste Impuls zur Veränderung aus der sowjetischen Staatssicherheit kam, denn Andropow war lange Jahre Chef dieser Einrichtung gewesen. Das verwunderte uns damals nicht. Dort, im Innern der Macht, gab es offensichtlich ebenfalls verschiedene Gruppierungen. Andropow war jemand, der von Verantwortung für das sozialistische Projekt geleitet gegen die starken Elitenetzwerke der Korruption (wir nannten sie damals „Politbürokratie") vorging, die die Gesellschaft in der Zeit der Stagnation überwucherten und den Geist des ursprünglichen sozialistischen Programms zu ersticken drohten. Diese Erfahrung verdichtete sich zu einer grundlegenden Erwartung: Eine Reform der Gesellschaft musste *von oben* angestoßen werden, sie bedurfte allerdings dann auch einer lange vorbereiteten Bewegung auf allen Ebenen der Staatspartei. Diese Erwartung wirkte bis ins Jahr 1989 fort. Wir als Gesellschaftswissenschaftler sahen uns vor allen anderen in der Pflicht, eine solche irgendwann einmal von oben angestoßene Reformdebatte inhaltlich vorzubereiten.

In diesen Jahren waren Michael Brie und ich in verschiedenen wissenschaftlichen Diskussionsgruppen engagiert, u. a. der Arbeitsgruppe des Philosophen Peter Ruben und des Ökonomen Hans Wagner. Jene Arbeitsgruppe beschäftigte sich mit den Ursachen der stockenden Intensivierung der Produktion. Sie war durch eine lebendige Diskussionsatmosphäre vor allem zwischen den jüngeren Wissenschaftlerinnen und Wissenschaftlern aus verschiedenen Sektionen der Universität gekennzeichnet. Ich hatte einige Texte geschrieben, in denen ich mich bemüht hatte, aus dem ökonomischen Wandel den Antrieb für jene Erweiterung der Demokratie abzuleiten, die ich als für die Weiterentwicklung des Sozialismus so unumgänglich ansah.[30] In diesem Bemühen lag auch die Hoffnung, die Parteioberen würden, in der Verfolgung der wirtschaftlichen Ziele, die ihnen offensichtlich sehr wichtig waren, irgendwann von selbst erkennen oder sich zumindest von Argumenten davon überzeugen lassen, dass eine neue Stufe der Produktivität auch ein moderneres, vor allem ein demokratischeres politisches System erforderte.

In den Debatte bei Hans Wagner habe ich dann wohl die Bekanntschaft mit Rainer Land (*1952) gemacht, einem Philosophen, der sich in seiner Dissertation mit Fragen der wirtschaftlichen Reproduktion des Kapitalismus und bei dieser Gelegenheit mit Joseph Schumpeter beschäftigt hatte[31] und der – um einem politischen Konflikt, der ihm im Zusammenhang mit der Auseinan-

---

30 So die Artikel „Zur Analyse des Zusammenhangs von sozialistischer Intensivierung und Demokratieentwicklung", in: *Berichte der HUB*, 15/1986, S. 67–75, sowie „Aktuelle theoretische Positionen zur sozialistischen Demokratie", in: *Deutsche Zeitschrift für Philosophie*, 1/1987, S. 71–76.

31 Die von ihm 1985 an der Humboldt-Universität verteidigte Dissertation trägt den Titel: „Zum Zusammenhang von innerer Logik und sozialökonomischer Determination der Produktivkraftentwicklung in der monopolistischen Bewegungsform des Kapitals: theoretisch-methodologische Fragen." Sie wurde angesichts ihres herausragenden Niveaus zugleich als Habilitationsschrift anerkannt.

dersetzung um Peter Ruben an der Sektion Philosophie drohte, auszuweichen – mit Unterstützung Dieter Kleins an die Sektion Wirtschaftswissenschaften gegangen war. Rainer Land ging 1987 dann als „sozialistischer Entwicklungshelfer" für den Aufbau der universitären Lehre in Kabul nach Afghanistan. Unsere Freundschaft rührte daher, dass ich ihm sowohl menschlich als auch politisch zur Seite stand, als er diesen Afghanistan-Einsatz aus privaten Gründen bereits nach einigen Monaten im Herbst 1987 abbrach. Rainer war in seinen Entscheidungen sehr eigenständig, durchaus eigenwillig, so auch später im Arbeitszusammenhang des Sozialismusprojektes. Die damals entstandene persönliche Freundschaft verbindet uns bis heute.

Vom Nutzen des Vergleichens

Wirklich voran in meinem Denken über die Defizite und Entwicklungsmöglichkeiten der Demokratie im Sozialismus kam ich allerdings erst dann, als ich ab 1985 aus der Deutung der dramatischen Geschichte des staatlichen Sozialismus in die empirische Beobachtung seiner Gegenwart wechselte. Das wurde in einer Forschungsgruppe möglich, die sich mit dem Vergleich von Staat, Recht und Wirtschaft der anderen sozialistischen Länder beschäftigen sollte und unter der Leitung des Wirtschaftsrechtlers Uwe-Jens Heuer stand.[32] Die Reformbiografie des Projektleiters und seine Erfahrungen garantierten zusammen mit dieser formellen Anbindung an zentrale Institutionen der SED-Führung in der Projektgruppe eine Atmosphäre der schöpferischen Debatte und der Denkfreiheit.

Im April 1985 wurde dieser Arbeitskreis gegründet. In ihm lernte ich erstmals die Erkenntnismöglichkeiten einer rechtsvergleichenden Studie kennen. Die Rechtsnormen im Staatssozialismus, obwohl sie eine andere Funktion als

---

32 Das Projekt hatte den Titel: „Wirtschaft, Staat, Recht sozialistischer Länder (Länderspezifik und Entwicklungstendenzen)", es war ein Projekt des sogenannten Z-Planes, unterlag also der Kontrolle durch die Abteilung Wissenschaften beim ZK der SED. Fachlich federführend war der Wissenschaftliche Rat für Ökonomie und Politik sozialistischer Länder, der beim gleichnamigen Institut der Akademie für Gesellschaftswissenschaften (abgekürzt als „Gewi-Akademie" bezeichnet), der Forschungseinrichtung des Zentralkomitees der SED, angesiedelt war. Uwe-Jens Heuer, als Bereichsleiter des Rechtsinstitutes der Akademie der Wissenschaften dafür verantwortlich, hatte einen Stellvertreter aus der „Gewi-Akademie", Prof. Schönefeld.

im westlichen Europa hatten, waren doch ein gewisser Ausdruck staatlicher Realität. Die Analyse der Gründe ihres Wandels eröffnete einen wichtigen empirischen Zugang zur Wirklichkeit des Staatssozialismus. In dem Projekt arbeiteten vor allem Juristen aus verschiedenen Universitäten der DDR, aber auch Vertreter verschiedener Institute der Akademie für Gesellschaftswissenschaften, u. a. des Institut für Wissenschaftlichen Sozialismus. Uwe Heuer wollte ursprünglich, dass ich Sekretär dieses Arbeitskreises werde, aber das hätte bedingt, die Humboldt-Universität zu verlassen. Dagegen wandten sich sowohl Dieter Klein als Prorektor der Universität als auch Rolf Reißig als Direktor des Instituts für Wissenschaftlichen Sozialismus (WS), die beide eine andere Vorstellung von meiner zukünftigen Entwicklung als Wissenschaftler hatten.[33] Ich hingegen wäre damals gerne an die Akademie der Wissenschaften gegangen. Obwohl ich durch einen Arbeitsvertrag angestellt war, der mir ein Kündigungsrecht zusprach, war es in der DDR nicht ohne Weiteres möglich, gegen die Entscheidungen der eigenen Vorgesetzten seinen Arbeitsplatz zu wechseln.

Keiner der beiden hatte allerdings etwas gegen meine Mitarbeit in diesem Arbeitskreis. Ich bearbeitete später nicht nur ein Teilthema, sondern übernahm zusammen mit Gerd Quilitzsch und Uwe-Jens Heuer die Endredaktion des Forschungsberichtes.[34]

---

33 Davon zeugt ein Brief Uwe Heuers an mich vom 17. August 1985, in dem er von einem meinen institutionellen Wechsel an die Akademie der Wissenschaften ablehnenden Gespräch mit Dieter Klein berichtet. Mir hatte schon vorher Rolf Reißig in einem Vier-Augen-Gespräch erklärt, dass er einen Wechsel von mir in eine andere Wissenschaftsdisziplin nicht zulassen werde, weil er mich als zukünftigen Bereichsleiter für WS an der Humboldt-Universität sah. Heuers Bemühungen um mich sah er gewissermaßen als Diebstahl an einem woanders dringend benötigten Nachwuchskader an. Diese Wissenschaftsauffassung war natürlich vormodern, wie manches in der DDR.

34 Der erste, Ende 1987 fertiggestellte Bericht trägt den Titel „Wirtschaft, Staat, Recht sozialistischer Länder – ausgewählte Probleme und Entwicklungstendenzen" und ist veröffentlicht in: *Informationsbulletin Ökonomie und Politik sozialistischer Länder*, 1/1988, S. 5–23 (Autoren: Heuer, Quilitzsch und Segert). Diese Publikation erfolgte allerdings in einer internen Publikationsreihe – mit dem Stempel versehen „Nur für den Dienstgebrauch". Eine Veröffentlichung im eigentlichen Sinne stellte dann ein Artikel in der *Zeitschrift für Philosophie* im selben Jahr dar: „Sozialistische Politik als Gegenstand vergleichender Wissenschaft", in: *Deutsche Zeitschrift für Philosophie*, 10/1988, S. 900–908 (wieder gemeinsam mit Heuer und Quilitzsch). Der letztgenannte Artikel wurde damals übrigens in einem Background Report von RFE/RL am 12. 1. 1989 durch Barbara Donovan als Ausdruck des Reformbestrebens von Teilen der SED eingeschätzt, wobei die weiter gehenden Positionen der Wissenschaftler ihr deutlich wurden. „[...]

Bei Heuer lernte ich, dass man – wenn sich etwas nachhaltig verändern soll – Institutionen ändern müssen. Er wollte nicht nur seine Ansichten veröffentlichen und für sie nötigenfalls streiten, was in der DDR schon mehr als nur die Fähigkeit, wissenschaftlich zu arbeiten, voraussetzte, sondern strebte danach, produktive wissenschaftliche Arbeitszusammenhänge zu gründen, Personen dafür zu gewinnen, Projekte mit Wirkung zu betreiben, innovative wissenschaftliche Richtungen aus der Taufe zu heben. Gerd Quilitzsch[35] wechselte zu ihm von der Universität an die Akademie. Wir sprachen 1987 über die Notwendigkeit, auch in der DDR den Vergleich als Methode wissenschaftlicher Arbeit zu etablieren, den Nachwuchs dafür methodisch zu qualifizieren.

Später, ab Sommer 1988, ging es uns darum, auch in der DDR die akademische Disziplin Politikwissenschaft zu etablieren. Dabei verfolgte ich ähnliche Absichten in Zusammenarbeit mit dem schon erwähnten Professor Rolf Reißig von der „Gewi-Akademie". Im März 1989 schrieb ich an ihn ein Papier, in dem ich die Gründung der Politikwissenschaft aus dem „Wissenschaftlichen Sozialismus" heraus vorschlug. Reißig hatte selbst solche Absichten verfolgt und machte diesen Vorschlag im Frühjahr dieses Jahres an das dafür zuständige Politbüromitglied Kurt Hager. Der war dagegen mit dem sophistischen Argument, da die SED-Führung schon immer eine „wissenschaftliche Politik" betreibe, benötige sie „keine zusätzliche Wissenschaft von der Politik". Wir konnte die akademische Disziplin Politikwissenschaft erst gründen, als die alte DDR und Kurt Hager im November 1989 verschwunden waren.

In diesem Arbeitskreis zum Vergleich von Wirtschaft, Staat und Recht sozialistischer Länder lernte ich außerdem eine gleichaltrige Juristin besser kennen,

---

a number of the party's academics are reaching conclusions about reform that differ markedly from those reached by the top party leadership. To what extent these views reflect the thinking of a larger group of academics and intellectuals [...] is uncertain. It is clear, however, that ideas on reform are being developed that could serve as a theoretical platform for change should the opportunity arise" (http://files.osa.ceu.hu/holdings/300/8/3/text/27-6-193.shtml [aufgerufen am 11. 2. 2008], S. 4).

35   Gerd Quilitzsch übernahm dann die Aufgabe eines Sekretärs des Arbeitskreises. Er war Jurist, hatte bei R. Will promoviert und wurde zum Mitarbeiter des Rechtsinstitutes der Akademie der Wissenschaften. Nach 1990 wechselte in den Beruf eines Rechtsanwalts, da er in einer akademischen Karriere unter den politischen Bedingungen der deutschen Vereinigung keine reale Chance für sich sah.

Rosemarie Will, mit der ich ebenfalls später im Herbst 1989 noch einiges zusammen unternahm. Wir wurden gemeinsam im September 1989 „das erste Mal" zu Professoren berufen. Das fand im Festsaal des „Hauses der Ministerien" statt, der späteren Treuhand und des heutigen Finanzministeriums. Rosemarie Will ist eine der wenigen aus dem Kreis der Hochschullehrer ihres Faches in der DDR, die nach 1990 wieder eine Professur erhielten. Um sie und ihr politisches Engagement gab und gibt es mancherlei Geräusche in der bundesdeutschen Öffentlichkeit. Ich kannte R. Will bereits aus der Verteidigung ihrer Habilitationsarbeit.[36] Uns verband von Anfang an die gemeinsame Überzeugung, es gäbe dringend etwas zu ändern an der DDR. Wir vertraten die These, dass die Vielfalt von vorhandenen Interessen zu wenig im vorhandenen politischen System ausgedrückt wurde. Eine klassische Annahme aus der Zeit der Wirtschaftsreformen der 1960er-Jahre wurde durch uns gewissermaßen neu begründet und konzeptionell durchdacht.[37] Was und wie genau es sich verändern sollte, darüber diskutierten wir im Arbeitskreis von Uwe-Jens Heuer, aber auch privat. R. Will hatte Ende 1988 einen wichtigen Artikel über die nötige Stärkung der Rechtsstaatlichkeit in der DDR geschrieben, der mit der üblichen Zeitverzögerung im September 1989 erschien.[38] Vor allem aber hat sie in der praktischen Politik gelernt und war eine der wichtigen Akteurinnen einer sich verändernden Humboldt-Universität im 41. Jahr der DDR.

Wichtig für meine geistige Entwicklung waren Konferenzen mit dem Moskauer Politologen Anatoli Butenko und seinem Bereich[39], die ab 1987 in jährlichem Abstand durch Heuer und Quilitzsch organisiert wurden. Die Tagung im Mai 1988 in Moskau ist mir noch besonders im Gedächtnis. Damals hatte in der Sowjetunion gerade die grundlegende Debatte über die sowjetische Geschichte angefangen, und auf unserer Tagung diskutierten wir

---

36 Die Arbeit hatte den Titel: *Studie über die Rolle des Staates in der politischen Organisation der sozialistischen Gesellschaft*, Berlin: Humboldt-Universität 1983. Nach meiner Erinnerung fand ihre Verteidigung aber irgendwann im Frühjahr 1984 statt, nachdem ich aus Moskau zurückgekehrt war.

37 Nur um das auch zu belegen, der Hinweis auf eine gemeinsame Publikation von Gerd Quilitzsch, Rosemarie Will und mir zum Thema: „Interessenwidersprüche und politisches System", in: *Staat und Recht* 8/1987, S. 856–863.

38 Er trug den Titel „Rechtsstaatlichkeit als Moment demokratischer und politischer Machtausübung", veröffentlicht in *Deutsche Zeitschrift für Philosophie* 37 (1989) 9, S. 801–812.

39 A. Butenko arbeitete damals als Bereichsleiter am von O. Bogomolow geleiteten Institut für Ökonomie und Politik sozialistischer Länder der Akademie der Wissenschaften in Moskau.

darüber, ob es sich bei der 1917 in der Revolution entstandenen Gesellschaft überhaupt um Sozialismus handelte oder aber um einen in seiner Art noch genauer zu bestimmenden „Postkapitalismus". Man merkte deutlich, dass die Atmosphäre in Moskau um vieles offener war als damals noch in der DDR. Heuer sprach über sein neues Buch *Marxismus und Demokratie*, darüber, dass Marx und Lenin nur bestimmte Fragen beantwortet hätten, andere aber nicht.

Warum der Staat fortbestehe, müsse auf Grundlage einer Analyse der Erfahrungen der vergangenen Jahrzehnte des Realsozialismus erst noch beantwortet werden. Ein Mitarbeiter Butenkos, Kiselev, sprach von einer Krise des Marxismus, in der neuen Gesellschaft gebe es auch Formen der Entfremdung der Macht, der Usurpation, der Ausbeutung. Rosemarie Will hat nach meiner Erinnerung bei Butenko in Moskau 1988 darüber gesprochen, dass „sozialistische Demokratie" nicht schlechter sein dürfe als „bürgerliche Demokratie", was die Standards der demokratischen Mitwirkung betrifft, dass sie zumindest erst einmal herankommen müsse an jene.[40] Da hatte sie offensichtlich bereits über ihr späteres großes Thema, die Rechtsstaatlichkeit im Sozialismus, zu arbeiten begonnen.

Der Mut des Prorektors

Das „Sozialismusprojekt an der Humboldt-Universität" wurde 1987 auf Initiative von Michael Brie gegründet. Im Mai 1987 hatte er „Vorüberlegungen zu einem Forschungskonzept Sozialismustheorie" geschrieben, sie an Dieter Klein in seiner Funktion als Prorektor für Gesellschaftswissenschaften gesandt und mir zur Kenntnis gegeben. Auf dem angehängten Zettel stand handschriftlich eine Nachricht an mich: „Anbei ein paar Gedanken, die aus unserer abendlichen Diskussion hervorgingen und die ich Dieter Klein im Zusammenhang mit der Klärung meiner Perspektive zugesandt habe."[41] Michael Brie hatte mir dieses Papier nicht nur deshalb zugesandt, weil wir beide schon lange in einem

---

40 Ich zitiere aus einem Interview, das am 23. 9. 1996 Lutz Kirschner im Rahmen des Forschungsprojektes „Der SED-Reformdiskurs der achtziger Jahre" mit mir gemacht hat. Diese Erinnerung ist auf S. 13 festgehalten („Der SED-Reformdiskurs in den achtziger Jahren, Bestand Segert").

41 Michael Brie war 1985 wegen seiner Aufsehen erregenden kritischen Vorlesungen von der Sek-

Studentenforum zur neuen politischen Lage. Referent: Prof. Dr. Dieter Klein, Prorektor für Gesellschafts- wissenschaften, „Diskussion zu einer eigenstän- digen Studenten- vertretung".

produktiven Gedankenaustausch miteinander standen, sondern weil ich als Bereichsleiter an der Sektion Philosophie seit Februar 1986 qua Position in der Lage war, eigenständig Forschungsprojekte zu beantragen. Rainer Land hatte mir im Frühjahr in ähnlicher Absicht ein eigenes konzeptionelles Papier zu einem Forschungsvorhaben zu Grundfragen der gesellschaftswissenschaftlichen Innovationsforschung zugestellt, das er sich ursprünglich nach seiner Rück- kehr aus Afghanistan, die für 1989 geplant war, vornehmen wollte. Er hatte es übrigens ebenfalls an Klein geschickt. Als er im Herbst 1987 dann schon vor- fristig zurück war, bezogen wir ihn in das sich herausbildende Forschungs- projekt ein. Ein gemeinsam von Michael und mir im Januar 1988 verfasstes Konzept „Grundlagen der Sozialismustheorie" spricht von einer neuen Ent-

---

tion Marxismus-Leninismus, die umgangssprachlich nur als „Sektion M-L" bezeichnet wurde, als Mitarbeiter an das Ministerium für Hoch- und Fachschulwesen strafversetzt worden. Ich wollte erreichen, dass er an die Universität zurückkommen konnte, und zwar an die Sektion Philosophie, nicht an die „Sektion M-L". Falls das gelingen würde, würde es uns leichter fallen, ein gemeinsames Forschungsprojekt zu verwirklichen.

wicklungsstufe des Sozialismus, die praktisch herangereift sei, aber noch keine theoretische Entsprechung gefunden habe. Die Reform des politischen Systems wurde von uns als Kern des Übergangs angesehen. Seit April 1988 standen dann unsere drei Namen (Brie, Land, Segert) für das Projekt.[42] Drei inhaltliche Schwerpunkte wurden formuliert: Globale Probleme und Paradigmenwechsel in der Sozialismustheorie (Brie), die Reform des politischen Systems als Kern der Herausbildung einer neuen Entwicklungsstufe des Sozialismus (Segert), die sozial progressive Gestaltung von wirtschaftlicher Innovation (Land). Wir hatten uns einiges vorgenommen, waren aber nicht allein mit unserer Kritik an der unzureichenden Analysekraft der Sozialwissenschaften. Der Gedanke grundsätzlicher Defizite der Gesellschaftswissenschaften im Sozialismus war ja nicht von uns entwickelt worden, sondern kam auch aus der sowjetischen Diskussion nach dem Herbst 1987, die wir mit großer Spannung verfolgt hatten. Nur war der Wandel in der Sowjetunion für die damalige SED-Führung bekanntlich kein Argument. Sie verteidigten die bereits lange widerlegten theoretischen Lehrsätze auch dann noch weiter, als im Geburtsland des realen Sozialismus schon eine geistige Revolution begonnen hatte.

Nach unseren Vorstellungen konnte eine neue Sozialismustheorie nur aus der Reflexion der Erfahrungen aller sozialistischen Staaten entstehen. Wir planten also eine „Beratung von jüngeren Gesellschaftswissenschaftlern sozialistischer Länder", die wir als „M-Projekt"[43] einreichen wollten und die im Frühjahr 1989 in einem Tagungsgebäude der Humboldt-Universität stattfinden sollte. Der zeitliche Horizont unseres Forschungsprojektes wurde ausgehend von dieser Tagung auf drei Jahre konzipiert: Im 4. Quartal 1989 sollte eine Eröffnungsverteidigung stattfinden und 1993 sollte der Endbericht vorgelegt werden. Alles ging schneller und kam bekanntlich anders, als wir damals dachten.

Ich will hier eine ganz wichtige praktische Bedingung unserer Arbeit beschreiben, ohne die es uns nicht möglich gewesen wäre, ein kritisches Forschungsprojekt zu entwickeln. Wir wollten unsere kritischen Thesen nicht ein-

---

42 Vom 7. April 1988 datiert ein von Brie, Land und Segert unterzeichnetes Konzept einer wissenschaftlichen Beratung, auf der wir unsere Überlegungen einem Kreis von Gesellschaftswissenschaftlern aus verschiedenen Einrichtungen vorstellen wollten. Diese Beratungen fanden im November 1988 statt.

43 Es gab Z-Projekte (die von der Abteilung Wissenschaften beim ZK der SED kontrolliert wurden), M-Projekte (deren Abrechnung über das Ministerium für Hoch- und Fachschulwesen erfolgte) und R-Projekte (die vom Rektor der Universität in ihren Ergebnissen kontrolliert wurden).

fach nur für uns denken und in einem kleinen Zirkel besprechen, sondern wir wollten diese Thesen offiziell auch verbreiten können. Jeder in der DDR wusste, dass theoretische Debatten, die außerhalb der offiziellen Strukturen in kleinen Zirkeln, nach staatlicher Lesart „illegal", geführt wurden, regelmäßig von den Sicherheitsorganen aufgedeckt und deren Teilnehmer unterschiedlich diszipliniert wurden. Strafrechtliche Verfolgung hatten wir nicht mehr selbst erlebt, kannten sie aber aus den Erzählungen der ersten Reformergeneration, mit der 1957 auf diese Weise abgerechnet wurde. Eine Form der Disziplinierung unterhalb eines Gerichtsverfahrens kannten wir jedoch noch von unseren gleichaltrigen Freunden her. Hans-Peter Krüger und Wilfried Ettl hatten sich an einem geheimen Zirkel kritischer Marxisten beteiligt. Sie waren durch die Staatssicherheit verhört und von der Humboldt-Universität strafversetzt worden, Hans-Peter ins Grundlagenstudium M-L an der Hochschule für Ökonomie in Berlin-Karlshorst, Wilfried in einen Berliner Betrieb, das Kabelwerk Oberspree. Ein weiterer Kommilitone, Klaus Wolfram, war wegen seiner Beteiligung an einem anderen Diskussionszirkel mit Berufsverbot belegt und als Schlosser in die Produktion geschickt worden.

Solche Erfahrungen ließen uns danach streben, kritische Forschung möglichst weitgehend in aller Öffentlichkeit zu betreiben. Wir wollten nicht beruflich marginalisiert werden. Immer entdeckten die Dogmatiker in solchen Diskussionszirkeln den Klassenfeind und nutzten diese Umdeutung von Kritik in Feindschaft zur Festigung der eigenen Position. Am deutlichsten war uns diese Instrumentalisierung bei Rudolf Bahro aufgefallen, dessen Buch *Die Alternative* 1977 im Bund-Verlag in Köln erschienen war.[44] Natürlich machten wir Bahro nicht verantwortlich dafür, dass er den Dogmatikern in der SED zur Begründung ihrer Thesen diente, man müsse „dem Feind gegenüber wachsam sein". Aber wir hatten doch erfahren, dass, war man einmal auf diese Weise in die Mühlen des Systems geraten, man isoliert wurde und, wie wir meinten, so weniger für die nötige Veränderung des Landes tun konnte.

---

44 Der vollständige Titel lautet *Die Alternative. Zur Kritik des real existierenden Sozialismus*, Köln 1977. In dem Buch wurde zunächst der „reale Sozialismus" als „nachkapitalistisch" aber „protosozialistisch" bezeichnet. In den Ländern Osteuropas sei der wahre Sozialismus noch gar nicht realisiert. Es wurde eine Revolution vorhergesagt, aus der sich erst auf Grundlage des inzwischen erreichten wirtschaftlichen Fortschrittes ein echter Sozialismus entwickeln sollte. Diese Revolution sollte durch einen Bund Gleichgesinnter, eine Avantgarde-Partei, geführt werden.

Wir waren also wie andere intellektuelle SED-Reformer auch der Meinung, man könne diese Festung DDR nur von innen her erstürmen. Alle Aktivitäten, die es den anderen ermöglichen würden, uns als Feinde darzustellen, wollten wir vermeiden. Wir wollten kritische Theorie und Analyse des Sozialismus betreiben, aber als vom Staat beauftragte Forschung. Deshalb unser Versuch, das Sozialismusprojekt in den offiziellen Forschungsplan einzubringen. Dieser konzeptionelle Ansatzpunkt erwies sich trotz einiger Stärken aber auch als grundlegender Fehler, weil wir aus dem gleichen Grund zu lange vermieden hatten, Kontakte zu anderen Akteuren außerhalb der SED herzustellen. Politisch wäre es für die Möglichkeit einer erneuerten DDR unerlässlich gewesen, frühzeitiger auf die zuzugehen, die unter dem Dach der Kirche sich ausgehend von anderen Erfahrungen um dieselben grundlegenden Mängel des Systems Gedanken machten und neue Konzepte entwickelten. Unser Zögern wie das anderer kritischer SED-Mitglieder hatte es dann erleichtert, dass beide Gruppierungen zusammen nach Beginn der Einheitseuphorie am Beginn des Jahres 1990 politisch marginalisiert werden konnten.

Ganz einfach war allerdings diese systemimmanente Form der Kritik auch nicht. Es gab genügend Wächter in diesem System, die im Vorfeld von Entscheidungen darauf achteten, dass gerade so etwas schwer geschehen konnte. Das Abwandern in die Zirkel kam ja gerade aus der Erfahrung, dass die öffentlichen Arenen nicht wirklich öffentlich, sondern von oben gesteuert und dichtmaschig kontrolliert waren. Ohne einen starken Verbündeten in der Machtstruktur gab es keine Hoffnung auf erweiterte Denk- und Handlungsspielräume. In der Sektion Philosophie an der Humboldt-Universität gab es auch lebendige Geister, so Gerd Irrlitz, von dem schon die Rede war, Heinz Pepperle, ebenfalls aus dem Bereich Philosophiegeschichte, sowie Gottfried Stiehler, ein theoretisch gebildeter Marxist und Sozialphilosoph, Wissenschaftler, die in der zweiten Hälfte der Achtzigerjahre zunehmend kritischer gegenüber der offiziellen Politik und den entsprechenden Diskursen der Gesellschaftswissenschaft geworden waren. Jedoch waren die Personen, die die letzten Entscheidungen über die Forschungsplanung trafen, die damalige Sektionsdirektorin und der Parteisekretär, bisher nicht durch kritische Gedanken oder gar mutige Handlungen aufgefallen. Also hielten wir nach einem Verbündeten oberhalb dieser Ebene Ausschau. Wir fanden ihn in Dieter Klein.

Als Prorektor für Gesellschaftswissenschaften der Humboldt-Universität war

Prof. Dieter Klein sowohl gegenüber dem Ministerium für Hoch- und Fachschulwesen als auch gegenüber der Abteilung Wissenschaften des Zentralkomitees der SED für die Entwicklung unserer Wissenschaftsdisziplinen verantwortlich. Ich hatte Vertrauen zu ihm geschöpft, als ich mich Mitte der Achtzigerjahre mit ihm gegen die Dogmatiker in meinem Bereich verbündete und somit auch in meinem Arbeitsbereich unabhängiger agieren konnte. Klein hatte dann Ende 1985 meine Berufung zum Dozenten unterstützt.

Da die Forschungsarbeit vielfach kontrolliert wurde, wäre es ohne einen Verbündeten in der Leitungshierarchie nicht gegangen. Gerade ein Forschungsprojekt zu einem so politisch sensiblen Gegenstand wie die Gesellschaftsstrategie hätte es ohne den Schutz und die Unterstützung durch Dieter Klein nicht geben können. Zu unserem Handlungsspielraum gehörte es in einer zweiten Phase ab Herbst 1988, dass wir neben der Förderung durch den Prorektor und die wohlwollende Unterstützung durch eine Reihe von wichtigen Hochschullehrern an der eigenen Sektion mit meiner Person eine wichtige politische Position besetzten, die des (ehrenamtlichen) Parteisekretärs der Sektion Philosophie, die mir am 1. November 1988 übertragen wurde. So konnten wir auf verschiedenen Ebenen mögliches Störfeuer frühzeitig entdecken und Hindernisse aus dem Weg räumen.

Dieter Klein schilderte mir seinen eigenen Handlungsrahmen in einem kürzlich geführten Gespräch folgendermaßen[45]: „Mitte der Achtzigerjahre hatten sich eine Menge Probleme, nicht zuletzt im Bereich der Wirtschaft der DDR, aufgehäuft, in internen Analysen wurde auch darüber gesprochen." Aus seiner Sicht als Prorektor waren die Wissenschaftler auf dem Gebiet der Gesellschaftswissenschaften aber nicht aktiv und mutig genug, um die Probleme tatsächlich ernsthaft bearbeiten zu können. Er wusste natürlich, dass das nicht in erster Linie an den fachlichen oder auch nur den moralischen Qualitäten der einzelnen Wissenschaftler lag. So beschloss er, in Vorbereitung der neuen Planperiode (1986–1990) eine Beratung in der Universität einzuberufen, die die Lösung dieser dringenden Aufgabe fördern sollte. Er bezeichnete das, was nötig war, als „Vorlaufforschung". Aus seiner Sicht musste die Partei die herangereiften Probleme lösen, aber das könne sie nur, wenn die Wissenschaftler sich vorher, im Vorfeld, mit den möglichen neuen Problemen auseinandersetzten.

---

45   Interview mit Dieter Klein am 14. Februar 2008 in Berlin.

Das allerdings verlangte, wie er meinte, dass die Wissenschaftler Probleme aufgriffen, die die Partei in ihren Dokumenten gar nicht erwähnte. Das war zweifellos eine für damalige Verhältnisse höchst brisante Herangehensweise! Vorlauflösungen konnten ja nur anders als die gegenwärtige Politik aussehen. Klein bat den Stellvertretenden Minister für Hoch- und Fachschulwesen Gerhard Engel, der auch sein Vorgänger im Amt des Prorektors der Humboldt-Universität gewesen war, ein entsprechend orientierendes Referat zu halten. Im Vier-Augen-Gespräch hielt Engel so etwas durchaus für nötig, aber auch für sehr riskant. Man könne, wie er sagte, diese Orientierung als Kritik an der Prognosefähigkeit der Parteiführung missverstehen. Sein Kommen zu dieser Konferenz sagte er dann auch kurzfristig ab. So blieb Dieter Klein nichts übrig, als das Referat selbst vorzubereiten. Auch ein Gespräch mit dem Stellvertreter des Abteilungsleiters Wissenschaft des ZK der SED, Gregor Schirmer, einem durchaus klugen Mann mit eigenem Rückgrat, nahm einen ähnlichen Verlauf. Schirmer lobte das Vorhaben einer solchen Konferenz zur Vorlaufforschung vorsichtig, sagte aber, er könne nicht direkt unterstützend auftreten. Was möglich wäre, das sei eine Duldung dieser Aktivität. So war klar geworden, niemand auf höheren Positionen wollte die Verantwortung für eine kritische sozialwissenschaftliche Forschung übernehmen, Dieter Klein war der Einzige, der sich aus dem Fenster lehnte.

Abgesprochen werden musste es dann noch mit dem Sekretär der SED-Kreisleitung[46] Harry Smettan. Er galt als Vertrauter des intelligenzfeindlichen Bezirkssekretärs Konrad Naumann an der Humboldt-Universität. Smettan war ungebildet und machtbewusst, aber er ließ sich von Klein argumentativ beeindrucken. Das war schon erprobt. Außerdem ging Smettan davon aus, dass Fehler, würden sie von oben entdeckt werden, Klein in die Schuhe geschoben werden könnten. Immerhin war jener bereits seit über 10 Jahren Prorektor, zusätzlich war er ehrenamtliches Mitglied der SED-Bezirksleitung, einem zwar unbedeutenden, aber in der Parteihierarchie formell etwas höher angesiedeltem Gremium. So erläuterte also Klein dem SED-Kreissekretär die besondere Bedeutung der „Vorlaufforschung" und malte die seitens der Parteiführung zu

---

46 Meist waren Kreisleitungen der SED in den Territorialkreisen vorhanden. In einigen zentralen Institutionen gab es diese politische Leitungsebene aber auch, so in der Berliner und der Leipziger Universität und in der Akademie der Wissenschaften.

erwartenden Lorbeeren aus, die einem mutigen Kreissekretär, der das ermöglicht, zuständen. Smettan stimmte dem Referat zu. Klein hatte ihn wieder einmal um seinen Finger gewickelt.

Aus der Tagung zur „Vorlaufforschung" erwuchs eine Reihe von Initiativen, die von Klein besonders gefördert wurden und die sich aktuellen Aspekten der gesellschaftlichen Entwicklung des Sozialismus stellten. Er selbst förderte mit besonderem Engagement die „interdisziplinäre Friedensforschung". Klein schrieb ein Buch über den „friedensfähigen Kapitalismus"[47]. Er nahm 1987 auch an den Gesprächen zwischen SPD und SED im Vorfeld des Honecker-Besuchs in der Bundesrepublik teil. Auch die Forschungen zum ökonomischen Wandel durch Intensivierung der Produktion von Hans Wagner wurden durch ihn besonders unterstützt. Gottfried Stiehler forschte ausgehend von jener Tagung über die Demokratie als eine wichtige Bedingung des Leistungsverhaltens.

Unser Sozialismusprojekt, wenngleich noch gar nicht offiziell in diese Planungsrunde eingebracht, wurde unter derselben Überschrift einer Vorlaufforschung propagiert. Im November 1988 konnten wir eine Tagung an der Humboldt-Universität mit vor allem jungen Wissenschaftlern aus vielen Universitäten veranstalten, auf der über die Referate von Brie, Land, Segert, Hans-Peter Krüger und Harald Bluhm diskutiert wurde. Die Texte dieser Tagung konnten Anfang 1989 auch publiziert werden.[48] Das war insofern in der alten DDR nicht selbstverständlich, als es dafür seit 1988 einer ausdrücklichen Druckgenehmigung durch die staatliche Leitung bedurfte, die man gegebe-

---

47 Dieter Klein: *Chancen für einen friedensfähigen Kapitalismus*, Berlin: Dietz 1988. Die bloße These, dass die kapitalistischen Profitinteressen nicht notwendigerweise zu kriegerischer Expansion führen würden, sondern es auch in den kapitalistischen Staaten einen Raum für politische Entscheidungen zugunsten friedlicher Politik gab, war den Dogmatikern ein Dorn im Auge.

48 *Philosophische Grundlagen einer Theorie des modernen Sozialismus*, Berlin: Eigenverlag der Humboldt-Universität, Februar 1989, 139 Seiten, hrsg. von Michael Brie, Rainer Land und Dieter Segert. An der Tagung am 18. und 24. 11. nahmen ca. 50 Wissenschaftler aus der Humboldt-Universität (D. Klein, R. Will, H. Wagner, V. Thiel, G. Stiehler, G. Irrlitz, K. Bluhm, I. Merkel, J. Vogeley, C. Pfeiffer), der Leipziger Universität (J. Jünger, K. Rendgen, S. Stötzer, W. Luutz), der Universität Jena (J. Scharschmidt, K. Fiebig), der PH Dresden (S. Kost), aus der Akademie der Wissenschaften (H.-P. Krüger, U.-J. Heuer, G. Quilitzsch, J. Walter, W. Ettl, J. Wielgohs), der Akademie der Gesellschaftswissenschaften (A. Schwarz, B. Möller, H. Schmidt, M. Thomas), der Hochschule für Schauspielkunst (W. Engler), aus Zeitschriften *(DZfPh, form + zweck)* und dem Dietz-Verlag teil.

nenfalls für solche Publikationen auch verantwortlich machen konnte. Die Sektionsdirektorin bestätigte damals eine Auflage von 50 Stück; ich als Parteisekretär ließ daraus auf dem Weg zum Magistrat, der Berliner Kommunalverwaltung, die diesen Text ebenfalls genehmigen musste, die endgültige Auflage von 250 Stück werden.

Die gewünschte internationale Tagung mit Gästen aus allen sozialistischen Ländern sollte ursprünglich im Frühjahr 1989 stattfinden, verzögerte sich aber durch bürokratische Probleme bis Ende November 1989. Sie fand in Wendisch-Rietz statt. Die Kosten übernahm die Humboldt-Universität. Zwischendurch fuhr ich im Juni 1989 nach Budapest, um dort sowohl Kooperationspartner für unser Sozialismusprojekt zu finden als auch einen Eindruck von der bereits einige Jahren zuvor gegründeten Politikwissenschaft zu bekommen. 1984 hatte Mihály Bihari an der ELTE den ersten ungarischen Lehrstuhl für Politikwissenschaft gegründet. Letzteres gelang mir recht gut, das Erste misslang gründlich. Für den Sozialismus, auch einen „modernen", den wir konzipierten, interessierte sich in Budapest zu diesem Zeitpunkt schon niemand mehr.

Wenn man die Arbeitswcise Dieter Kleins als Prorektor für Gesellschaftswissenschaften der Humboldt-Universität zwischen 1978 und 1990 versucht auf einen Begriff zu bringen, so ist sie am besten mit seinen eigenen Worten aus einem Artikel der Wochenzeitung *Freitag* zu beschreiben als „eulenspiegelhafte Taktik" [49]. Klein nannte dieses Herangehen vor 1989 „dialektisch", ich habe diesen Begriff deutlich im Ohr, es war ein mitunter für ihn selbst gefährliches „Einerseits – andererseits" in seinen Argumenten. Ich will dafür eine fiktive Argumentationsschleife bringen, die ich zwar gerade erfunden habe, die man damals aber so oder ähnlich bei ihm hätte erleben können, besonders in den letzten Wochen vor dem Ausbrechen der Krise 1989: „Einerseits versucht der Kapitalismus den Sozialismus zu diskreditieren und propagiert alle möglichen Schwächen des Sozialismus, um uns zu schaden, wir müssen also wachsam sein gegenüber dieser Aktivität. Andererseits darf diese Wachsamkeit uns aber nicht davor zurückschrecken lassen, die dem Sozialismus eigenen Probleme und offenen Wunden auch selbst deutlich zu benennen. Nur so können wir sie überwinden." Indem er in Diskussionen mit Ent-

---

49 Vgl. Dieter Klein: „Zum 80. Geburtstag von Egon Bahr. DDR-interne Folgen eines Treffens in Berlin", in: *Der Freitag*, 15. 3. 2001.

scheidungsträgern in der SED-Führung den „Gegner" selbst erwähnte, aber ein ganz anderes Verfahren des Umgangs mit ihm vorschlug, als seitens der Dogmatiker üblich war, versuchte er ihnen den Wind aus den Segeln zu nehmen. Diese „dialektische" Redeweise hatte natürlich auch den Nachteil der Uneindeutigkeit und Doppelbödigkeit. Ich weiß, dass einige Humboldtianer ihm das besonders 1989 im Herbst übel genommen haben, als sie nach eindeutiger Orientierung suchten und immer noch nur sein „Einerseits – andererseits" zu hören bekamen. Jene Doppeldeutigkeit hatte in jener sich auflösenden alten DDR ihre Funktion, sie sollte helfen zu realisieren, was eigentlich im gegebenen Rahmen unrealisierbar war. Im Herbst 1989 war das aber vielen schon zu wenig.

Klein suchte also die Nähe zur Macht und hatte dort – unterhalb des Politbüros – auch Vertraute wie den Stellvertretenden Minister Engel oder den Stellvertretenden Abteilungsleiter Schirmer. Bei ihnen sicherte er sich ab, indem er seine Pläne vortrug und sich deren Bedenken anhörte. Wenn er sich zumindest einer gewissen Duldung seiner Initiativen sicher sein konnte, machte er dann häufig doch, was er für nötig hielt. In dem genannten *Freitag*-Artikel, den Klein aus Anlass des 80. Geburtstags von Egon Bahr schrieb, erläutert er, wie es damals war mit dem Austausch von Friedensvorlesungen zwischen dem Zentrum für interdisziplinäre Friedensforschung der Humboldt-Universität und dem Hamburger Friedensforschungsinstitut, dem Bahr damals vorstand.

Bahr hatte einen solchen Austausch bei einem gemeinsamen Mittagessen vorgeschlagen.

Klein fand das eine gute Idee. Denn in den Arbeitsgesprächen zwischen SPD und SED hatte man ja gerade einen solchen Dialog gemeinsam angeregt.

Warum also ihn nicht einmal im Alltag ausprobieren. Die Oberen der Partei fanden das allerdings nicht. Drei Politbüromitglieder – Hager, Axen, Schabowski – untersagten dem Prorektor nacheinander diesen organisierten Austausch mit je unterschiedlichen Begründungen. Klein, eulenspiegelhaft, teilte dem Hamburger Institut danach mit, es könne keine gemeinsame Vorlesungs*reihe* sein, denn das wolle man bei seinen Vorgesetzten nicht, aber man wolle doch mit *einzelnen* Vorlesungen anfangen, an deren Ende dann auch ein Vortrag von Egon Bahr stehen könne. Der semantische Unterschied zwischen einer Reihe und mehreren einzelnen Vorlesungen ist sicher nicht jedem sofort verständlich. In praktischer Hinsicht existierte er natürlich nicht. Drei Semester lang fand dann dieser Austausch statt, ohne den Segen des Politbüros, aber offensichtlich mit stillschweigender Duldung irgendwelcher untergeordneter Machtinstanzen. Ohne den Mut Kleins, den Gegenargumenten zwar zuzuhören, sich aber nicht von der institutionellen Macht der Redenden beeindrucken zu lassen, sondern auf deren Inkonsequenz zu hoffen und doch seinen eigenen Überzeugungen zu folgen, hätte der Austausch nicht stattgefunden.

Bezogen auf das Sozialismusprojekt wurde diese „dialektische Herangehensweise" Kleins ebenfalls angewandt. Im Sommer 1989, schon inmitten der im Gange befindlichen Legitimationskrise der SED, schlug Klein Smettan, dem SED-Kreissekretär der Universität, vor, ein eigenes Papier an der Humboldt-Universität zur „Antwort auf die Fragen der Studierenden" erarbeiten zu lassen. Das solle dann in der ersten Studienwoche[50] diesen vorgetragen werden. Smettan willigte zunächst ein unter der Auflage, vor Nutzung des Papiers darüber in der Kreisleitung ausführlich zu diskutieren. Das betreffende Papier wurde im Juni und Juli 1989 durch Brie, Land, Hannelore Petsch[51], Segert und Will erarbeitet. Rainer Land hat zu seiner inhaltlichen Substanz am meisten beigetragen. Im September hätte es vorgetragen werden sollen. Smettan stoppte jedoch dieses Vorhaben während der besagten Kontrollsitzung und ließ dann kurzfristig durch bewährte Genossen der Sektion Marxismus-Leninismus (M-L) das übliche Argumentationsmaterial erarbeiten.[52] Unsere Positionen lehnte er scharf ab.

Dieter Klein wendete diese scharfe Ablehnung wieder dialektisch. Aus einem Verbot der öffentlichen Nutzung und der scharfen Kritik der Kreisleitung an der ersten Fassung der Thesen machte er einen „Auftrag zur weiteren Bearbeitung des Papiers" und der aufgeworfenen Probleme in einem größeren

---

50 Vor Beginn jedes Studienjahres fand eine Einführungswoche statt, in der Hochschullehrer mit den Studierenden über Fragen der Innen- und Außenpolitik sprachen, die „Rote Woche". Die Einführungsveranstaltungen im September 1989 waren die letzten dieser Art.

51 Hannelore Petsch war 1989 Professorin für Ökonomie an der Fakultät für Wirtschaftswissenschaften der Humboldt-Universität.

52 Schon der Titel dieses 54-seitigen Materials ist bezeichnend: „Die Bilanz der erfolgreichen Entwicklung seit dem VIII. Parteitag der SED – Beweis für die Richtigkeit der sozialistischen Planwirtschaft in der DDR". Allerdings ist ziemlich sicher, dass dieses Material nicht überall wirklich zur Grundlage der Diskussion genommen wurde. Auch unter den Lehrkräften des Marxismus-Leninismus gab es ja ernsthafte Menschen, die einen Dialog mit den Studierenden führen wollten. Mit solchen Thesen kam man natürlich mit niemandem ins Gespräch.

wissenschaftlichen Kreis. Die Studie sollte durch weitere Analysen anderer Wissenschaftler ergänzt werden. Klein rief einen Kreis von ca. drei Dutzend Wissenschaftlerinnen und Wissenschaftlern der Humboldt-Universität zusammen, die sich bereits in jener „Vorlaufforschung" hervorgetan hatten. Dazu gehörten beispielsweise Dietrich Mühlberg, Vera Thiel, Frank Hörnigk, Anita Grandke; allerdings nahm er auch einige Hardliner wie Anni Seidl[53] mit ins Boot, um Harry Smettan zu beruhigen. Die auf einem Ormigkopierer abgezogene Studie begannen wir dann zu verteilen.[54] Nach der Kreisparteiaktivtagung im Oktober schließlich verbreiteten wir die Materialien in einer Auflage von 400 Stück unter dem Label des Sozialismusprojektes. Aber das war schon eine andere Zeit, über die ich im nachfolgenden Abschnitt berichte.

Nur noch eine abschließende Anekdote von meiner Reise nach Ungarn im Sommer 1989 soll hier erzählt werden. In diesem Land waren nach der blutigen Niederschlagung einer aus dem Ruder gelaufenen Reform im Herbst 1956 immer wieder neue Wege des langsamen Wandels beschritten worden. 1968 wurde die Wirtschaft partiell dezentralisiert, es wurden die Grundlagen für einen bescheidenen Wohlstand gelegt. In den Achtzigerjahren fanden weitere Reformen statt, dieses Mal auch im politischen Bereich. In der Arbeitsgruppe Heuer zur Rechtsvergleichung beschäftigten wir uns genauer mit ihnen. Seit Mai 1988 galoppierte die Entwicklung und wurde in Ungarn durch Parteifunktionäre der zweiten Reihe (die sogenannte Revolution der „Stellvertretenden Abteilungsleiter" des Zentralkomitees) vorangetrieben, der Systemwechsel wurde vorbereitet. Noch sahen die Reformer für sich eine Chance auf einen Sieg in demokratischen Wahlen. Der Runde Tisch bereitete ab Juni 1989 den Systemwechsel auch politisch vor. Am 16. Juni wurde Imre Nagy, ein Reformkommunist, der während der ungarischen Revolution im Herbst 1956 Ministerpräsident gewesen und 1957 verurteilt und hingerichtet worden war, während einer großen Demonstration öffentlich umgebettet.

---

53 Dietrich Mühlberg, Kulturwissenschaftler, war damals Direktor der entsprechenden Sektion an der Humboldt-Universität, Vera Thiel war Professorin für Arbeitsrecht an der Sektion Rechtswissenschaft, Frank Hörnigk war Professor der Germanistik, Anita Grandke war Familienrechtlerin und Professorin an der Sektion Rechtswissenschaft, Prof. Anni Seidl lehrte damals an der Sektion M-L.
54 „Ormigkopierer" war der DDR-Begriff für das Verfahren der Hektografie. Die Studie erschien später in verschiedenen Auflagen und bei verschiedenen Verlagen, so als *Studie zur Gesellschaftsstrategie* im Dietz-Verlag Ende 1989 und unter dem Titel *Das Umbaupapier* im Rotbuch-Verlag 1990 (hrsg. von Rainer Land).

Vor dem ungarischen Parlament, Budapest, im Jahr 1989.

Gut eine Woche vorher kam ich nach Budapest, besuchte die ELTE, den Lehrstuhl Politikwissenschaft an der Rechtswissenschaftlichen Fakultät. Betreut wurde ich von Máté Szábo, damals Assistenzprofessor am Lehrstuhl von Mihály Bihari, heute dessen Nachfolger. Dort war man höflich, aber kaum jemand hatte wirklich Zeit für den Gast aus der DDR, der als so etwas wie ein Zeitreisender aus der Vergangenheit erscheinen musste. Dann war ich noch am Institut der Partei für Politikwissenschaft in der Benczúr utca. Schließlich besuchte ich die Gewerkschaftshochschule. Letztere war mir von meinen Studien zur betrieblichen Demokratie im besagten Heuer-Projekt bekannt.

An dieser zentralen Gewerkschaftsschule hatte ich ein unvergessliches Gesprächserlebnis. Den Namen meines Gesprächspartners habe ich vergessen, ich weiß nur, dass es der Parteisekretär dieser Einrichtung war, ein freundlicher Herr mittleren Alters. Ich erzählte ihm von unseren Forschungen, dem Sozialismusprojekt, unseren Sorgen über die Zukunft der DDR, auch angesichts der seit Ende Mai faktisch geöffneten Grenze zu Österreich, der reformfeindlichen DDR-Führung, in der sich kein Reformer zeige, wodurch der Karren

73

immer tiefer in den Dreck gerate. Der Vorschlag, den er mir in diesem Gespräch machte, hat mich nicht so sehr durch den Inhalt als durch die Person
verblüfft, die ihn äußerte. Er meinte, in der DDR würde sich sowieso nichts
tun, wozu also dableiben. Ich als liberaler Marxist hätte doch eine gute Chance,
wenn ich jetzt die offene Grenze nutzen würde und in die Bundesrepublik ginge.

Es gäbe dort auch Universitäten, in denen Marxisten lehrten, ich könnte
also durchaus mit Angeboten rechnen. Das riet mir der Parteisekretär der
Gewerkschaftshochschule! So war es damals in Ungarn, im Sommer 1989. Ich
dankte ihm für den Rat, erklärte jedoch meine stark empfundene Verpflichtung, in der DDR zu bleiben, nicht nur wegen meiner Familie, sondern vor
allem deshalb, weil ich mich als Reformsozialist gerade für mein Land in seiner politischen Krise verantwortlich fühlte.

Kaleidoskop vom „Aufstand der SED-Basis"[55]

Über das Forschungsprojekt Heuer, die vielfältigen persönlichen Kontakte ins
sozialistische Ausland und das westdeutsche Fernsehen wussten wir relativ gut,
was in den anderen Ländern des Staatssozialismus seit dem Sommer 1988 pas-
sierte: Die Reformbewegung in der Ungarischen Staatspartei, die Runden
Tische, die Wahlen in Polen; natürlich dachten wir auch über die Konsequenzen der Öffnung der ungarisch-österreichischen Grenze im Mai 1989 für die
DDR nach. Der Sommer bestätigte unsere Befürchtungen, dass hier eine Lage
entstanden war, die den Zeitdruck hinsichtlich notwendiger Reformen viel
schneller erhöhte, als es innerhalb der SED-Machtstrukturen zu den notwendigen Veränderungen kam. Die DDR lief aus, die Zeit lief uns davon.

Wir waren politisch immer noch auf der Suche nach einem Reformer in
der SED-Führung, einem Reformer wie Gorbatschow, weil wir immer noch
glaubten, dass die Erneuerung des Sozialismus nur von oben und aus der
Staatspartei heraus beginnen könne. Über die mögliche Funktion der Massen-
bewegungen, spontaner und organisierter Massenproteste der Gesellschaft un-

---

55 Ich zitiere hier Gysi/Falkner 1990 (FN 4), S. 52. Ob dieser Begriff angemessen ist, könnte diskutiert werden. Jedenfalls setzte sich die Parteibasis erstmals in der Geschichte der SED in einer
entscheidenden Frage, der Einberufung des Sonderparteitages, gegen die Führung durch.

abhängig von den Staatsparteien, dachten wir – sieht man sich unsere damaligen Texte an – kaum nach. Für meine Person kann ich das auch anhand meiner persönlichen Aufzeichnungen bestätigen. Unsere politische Fantasie beschränkte sich auf eine Reform des Machtapparates von innen heraus, die der Unterstützung von oben bedurfte. Andernfalls fürchteten wir eine Wiederholung der Erfahrungen des August 1968 in der Tschechoslowakei oder des Dezember 1981 in Polen, Erfahrungen der gewaltsamen politischen Reformbewegung und der folgenden „politbürokratischen Normalisierung". Wir deuteten die Unterstützung der SED-Führung für die „chinesische Lösung" im Juni 1989 als ein drohendes Zeichen, das noch mehr zur Vorsicht mahnte.

Staatsstreichgedanken im Café Bauer

Angesichts dieser Blickverengung auf die Vorgänge innerhalb der SED und in ihrer Führung war ich am Ende des Sommers nicht auf dem Weg zu den Aktivisten der neuen Bewegungen, sondern überlegte fieberhaft, wie man Honecker stürzen und einen der sowjetischen Perestroika aufgeschlossenen Politiker an die Macht bringen könnte. Die Parteispitze war gelähmt, als sich Honecker im Juli und August im Krankenhaus aufhielt, Mittag ihn vertrat und Krenz Urlaub machte. Wir stocherten wie im Nebel und versuchten, über unsere geringen indirekten Kontakte zur zweiten Ebene der Macht die Lage zu sondieren. Ich erinnere mich an ein Gespräch mit den drei Gutachtern meiner Professur, auf die ich Mitte September 1989 berufen wurde.

Wir saßen am 20. September vormittags im Café Bauer des „Grand Hotels" in der Friedrichstrasse, Ecke Unter den Linden. Es war schwer gewesen, einen gemeinsamen Termin für diese Zusammenkunft zu finden. Jeder meiner Gutachter hatte einen vollen Terminkalender. Am runden Marmortisch in einer Ecke am Fenster saßen neben meiner Frau und mir Uwe-Jens Heuer, Dieter Klein sowie Rolf Reißig, Institutsdirektor für Wissenschaftlichen Sozialismus an der „Akademie für Gesellschaftswissenschaften" – er hatte maßgeblich am SPD-SED-Papier aus dem Jahre 1987 mitgeschrieben. Der Kaffee war gut und am Kuchen gab es nichts auszusetzen – er kostete ja auch genug.

Wir waren aber weder auf die Genüsse konzentriert noch feierten wir einfach meine Berufung. Ich versuchte vorsichtig zu formulieren, was mir durch den Kopf ging und doch aus verschiedenen Gründen so schwer auszudrücken war: Ohne einen Wechsel der Personen an der Spitze des Staates könne die Krise nicht gelöst werden. Ich drückte es so aus: „Honecker muss weg, er behindert den nötigen Wandel!"

Schon das war sicher kein Gegenstand für ein Alltagsgespräch. Jedoch wer konnte diese Entscheidung beeinflussen? Unmittelbar zumindest sicher keiner von uns. Also suchte ich bei den anderen nach der Kenntnis von Personen, die ähnlich dachten und auch die Macht zur Entscheidung hatten. Wer von denen, die in der obersten Machtetage saßen, konnte dazu bereit sein? Alle drei waren nicht nur bekannte Wissenschaftler, sondern hatten wegen ihrer wissenschaftlichen oder administrativen Funktion auch Zugang zu verschiedenen Personen in der Nähe der Führung. Wir waren insofern an diesem Tag dabei, Verbündete für einen „Putsch" gegen Honecker zu suchen.

Das Thema aber war für alle Gesprächsteilnehmer ungewohnt, und es wollte uns auch kein geeigneter Politiker einfallen, den man für einen solchen Putsch gewinnen konnte. Ich fragte Reißig nach Otto Reinhold.[56] Reißig winkt ab. Otto würde zwar gerne selbst ins Politbüro, aber gerade deshalb gehe er Risiken nicht ein. Mutig sei er nur unter vier Augen. Vertrauensvolle Kontakte zu eventuellen Nachfolgekandidaten unter den Politbüro-Mitgliedern hatte aber keiner von uns. Ein anderes ZK-Mitglied, das als kritisch gehandelt wurde, war Hans Modrow. Vielleicht könne man Hans Modrow fragen, schlug jemand aus der Runde vor. Er sei zwar kein Mitglied des obersten Führungszirkels, habe aber als Dresdener Bezirkssekretär immerhin Erfahrung im Umgang mit der Macht und Beziehungen zum Machtzentrum.

Es ging noch eine Weile so amateurhaft weiter. Zwei Dinge fallen mir im Nachhinein auf: Zum einen, dass trotz meines damaligen Eindrucks, wir würden uns alle offen miteinander unterhalten, zumindest Dieter Klein das damals nicht tat. Später erfuhr ich von ihm, dass er bereits Ende August Kontakt mit Modrow in Dresden aufgenommen hatte, um mit ihm die Krisenlage des Staates zu diskutieren. Das Gespräch habe auf Bitte von Modrow im „Wartburg" von Klein irgendwo auf einer Landstraße stattgefunden, da Modrow fürchtete, in seinen Arbeitsräumen abgehört zu werden. Ich würde diese Zurückhaltung von Dieter Klein nicht als Unaufrichtigkeit werten, eher als einen Ausdruck seines realistischen Überblicks und seiner begründeten Vorsicht. Das Café

---

56 Otto Reinhold war Rektor der Akademie für Gesellschaftswissenschaften und Mitglied des ZK.

Bauer an der Ecke Friedrichstraße/Unter den Linden wurde ganz sicher von der Staatssicherheit observiert, warum sollte er Modrow jenen geheimen Zuhörern verraten? Die andere spätere Erkenntnis war: Wir waren wohl nicht sehr zielorientiert in unserem Handeln. Nach dem Gespräch, als uns nichts Realistisches eingefallen war, setzten wir die Bemühungen nicht fort. Zumindest von mir muss ich das sagen. Diese Inkonsequenz lag nicht nur an unserem in dieser Hinsicht amateurhaften Vorgehen, sondern – zumindest was mich betrifft – an der Angst vor den Folgen solchen Tuns. Ich wusste, es hatte schon mal einen Intellektuellen gegeben, Wolfgang Harich, der 1956 herumtelefoniert hatte, um Verbündete für die Ablösung Walter Ulbrichts, des damaligen Parteiführers, zu finden. Harich war erfolglos gewesen, hatte sich aber bald im Gefängnis wiedergefunden.

Jener Schatten der Gewalt aus den Fünfzigerjahren lastete auch im Herbst 1989 noch auf der SED-Intelligenz, obwohl die Macht in den Achtzigerjahren schon an Biss verloren hatte. Meine damalige Angst vor Repressionen verhinderte eine rationale Einschätzung der inzwischen veränderten historischen Situation und ihrer Möglichkeiten. Man muss es ganz klar feststellen: Hier zeigte sich ein entscheidende Schwäche der SED-Intellektuellen, deren Vertreter wir ja waren, im Vergleich zu vielen der Personen, die in den Achtzigerjahren in der unabhängigen DDR-Friedensbewegung gewirkt hatten. Sie waren ihrer Verantwortung eher gerecht geworden, hatten Protest öffentlich gemacht: Anfang September war das Neue Forum gegründet worden.

Um unter Bedingungen einer Diktatur öffentlich politisch handeln zu können, muss man seine Ängste durch einen gewissen Wagemut kompensieren, notfalls sogar bereit sein, ins Gefängnis zu gehen. Das war ich aber nicht. Später, im Herbst, wirkte sich unser Zögern in den Monaten zuvor so aus, dass uns in der Öffentlichkeit und v. a. seitens der Oppositionellen nie völlig getraut wurde. Man vermutete, wir seien in unseren Absichten nicht offen, wir hätten möglicherweise bei der Verfolgung unseres Zieles einer Demokratisierung der DDR doch nur im Sinn, die Privilegien der SED zu retten. Das Vertrauen der Bevölkerung, das wir vor dem Herbst durch zögerndes Handeln verspielt hatten, konnten wir in jenen folgenden öffentlichen Auseinandersetzungen nur mühsam und teilweise wieder erringen.

Die beiden anderen Initiatoren des Sozialismusprojekts, M. Brie und R. Land, beschäftigten sich im September 1989 ebenfalls mit der Frage, wie man den Beginn der nötigen Reformen herbeiführen könnte. Michael initiierte in der zweiten Septemberhälfte das bekannte Papier „Thesen zur Krise von SED und DDR"[57], welches gegen Anfang Oktober dann an verschiedene Mitglieder des Zentralkomitees der SED verschickt wurde. Ich bekam es in diesen Tagen zu lesen und diskutierte es unter meinen einflussreicheren Bekannten, immer noch auf der Suche nach Kräften der Erneuerung. Rainer Land suchte dagegen als erster von uns Kontakte zu anderen politischen Gruppierungen außerhalb der Universität, auch außerhalb der SED. Das war der eindeutig bessere Weg, auch wenn er spät beschritten wurde. Er sorgte auch dafür, dass mit diesem Thesenpapier angefangen auf unseren Texten die Namen der jeweils beteiligten Autorinnen und Autoren immer deutlich vermerkt waren, so wie er durchsetzte, dass in diesem Falle nicht vom Sozialismusprojekt, sondern von den konkret an seiner Erstellung beteiligten Personen gesprochen wurde.

Später ist uns vorgeworfen worden, dass die zehnte These dieses Papiers vorschlägt, den oppositionellen Kräften nur einen begrenzten Raum zu geben und durch rechtliche Beschränkungen zu erreichen, dass der „Inhalt von Opposition auf Entscheidung für unterschiedliche Varianten des Sozialismus reduziert wird. Opposition gegen den Sozialismus ist nicht zuzulassen."[58] Das

---

57 Veröffentlicht u. a. im Rotbuchverlag in R. Land (Hrsg.): *Das Umbaupapier (DDR)*, Berlin 1990, 147 ff. Michael Brie hat es Ende des Sommers entworfen und an Wilfried Ettl und seinen Bruder André gegeben (siehe dazu das Gespräch M. Bries in dem Forschungsbericht *SED-Reformdiskurs*, S. 43). Ich habe das Papier zuerst unter dem Titel „Entwurf von Thesen zur gegenwärtigen Lage der DDR und Konsequenzen für die Gestaltung ihrer Politik" um den 21. September von Michael zu lesen bekommen und dann dazu meine Vorschläge gemacht und es an einige mir bekannte Parteimitglieder in einflussreichen Stellungen weitergeleitet, um in der zweiten Reihe der Macht nach möglichen Unterstützern zu suchen. Ich erinnere mich an ein Gespräch mit Klaus Heuer, damals persönlicher Mitarbeiter des Leiters der ZK-Abteilung „Staat und Recht", in dem er mir deutlich machte, dass er ebenfalls die Einschätzung teile, in der DDR sei eine Krisensituation eingetreten. An meinem Exemplar dieser Thesen finden sich auch handschriftliche Notizen von Uwe Heuer. Michael schlug als weitere Leser Jürgen Kuczynski (ein bekannter marxistischer Ökonom), Klaus Höpcke (Stellvertretender DDR-Kulturminister, ZK-Mitglied), Rolf Reißig und Volker Braun vor. Irgendwie ist es wohl auch an Wolfgang Herger, einen Vertrauten von Egon Krenz und Abteilungsleiter im Zentralkomitee für Sicherheitsfragen, gelangt. Ich habe zu diesem Papier eine Seite Ergänzungen produziert, als eigentlichen Autor der Thesen kann ich mich aber nicht bezeichnen. Es ist richtiger, wie in dem Abdruck des Papiers im Dietz-Verlag geschehen, von André und Michael Brie sowie Wilfried Ettl als Autoren zu reden (in: Harald Bluhm et al.: *Texte zu Politik, Staat, Recht. Sozialismus in der Diskussion 2*, Berlin 1990, S. 79).

58 Siehe die Veröffentlichung im Dietz-Verlag 1990, *Sozialismus in der Diskussion 2* (FN 57), S. 86.

wurde als Machtpolitik gegen die Opposition interpretiert. Von den Autoren war es jedoch als Zugeständnis an das Denken der Personen gedacht, an die dieses (interne) Papier ja gerichtet war: Es war ein Appell an die vermuteten Reformer in der zweiten Reihe der Führung, eine politische Wende durchzusetzen, energisch auf die sich anbahnende „offene politische Krise" des Staates zu reagieren. Diese Krisenerscheinungen wie deutliche Zeichen der „politischen Entfremdung" der Macht von der Bevölkerung, sich anhäufende ernste wirtschaftliche, ökologische und soziale Probleme wurden im Papier offen angesprochen.

Man sieht, dass Papiere, die nicht für die Öffentlichkeit geschrieben werden, einen spezifischen Kontext haben, den man sorgsam interpretieren muss, wenn man sie verstehen will. Zum Zeitpunkt des Schreibens des Papiers (Ende September) war überhaupt nicht klar, ob es innerhalb der SED-Führung die von uns erhofften Reformer geben würde, die die Kraft zu einer solchen Reform aufbringen könnten. Darüber hinaus waren wir allerdings wohl auch noch nicht gut darauf vorbereitet, uns direkt an eine Öffentlichkeit außerhalb der SED zu wenden. Uns war das Problem eines möglichen Missverständnisses damals nicht bewusst.

Die SED-Basis erlernt die Basisdemokratie

Der Frühherbst 1989 war die Zeit, in der eine grundlegende Krise der Macht der SED ausbrach, sich eine alternative Öffentlichkeit herausbildete. Diese Öffentlichkeit entstand aus den Aktivitäten verschiedener Akteure. Im nächsten Abschnitt werde ich das noch genauer beschreiben. In die anhebende öffentliche Kritik von DDR-Intellektuellen an der Staatspolitik, die im September einsetzte und sich den ganzen Herbst hindurch fortsetzte, reihten sich auch unsere Aktivitäten ein. Schließlich kam es im Oktober zu einer Basisbewegung innerhalb der SED, die einen Sonderparteitag forderte und ihn am Schluss gegen den Willen der personell erneuerten Parteiführung unter Egon Krenz und Günter Schabowski auch erzwang. Auch daran war unsere Gruppe beteiligt. Hier wirkte sich positiv aus, dass ich im November 1988 die Last auf mich genommen hatte, ehrenamtlicher Parteisekretär der Sektion Philosophie zu werden. Dadurch lernte ich andere kritische oder zweifelnde Parteisekretäre der Humboldt-Universität kennen, und wir trugen unseren Teil dazu bei, dass ab Anfang November die technischen Möglichkeiten der SED-Kreisorganisation der Humboldt-Universität für die kritische Basisbewegung der Mitgliedschaft genutzt werden konnte.

Erst durch die Schaffung einer von der Macht unabhängigen Öffentlichkeit wurde es möglich, dass sich die Gesellschaft der DDR in Bewegung setzte und grundlegend veränderte. Wie gestaltete sich ab September die Situation an der Humboldt-Universität? Welche Turbulenzen entwickelten sich in dieser Zeit des Zerfalls der alten Machtstrukturen in der universitären Öffentlichkeit?

In der öffentlichen Wahrnehmung erscheinen die Universitäten der alten DDR durchweg als konservativ. Gerade von der Humboldt-Universität wurde im Sommer 1990 als von einer „Roten Bastion" und „Kaderschmiede" der Diktatur gesprochen. Von den Universitäten, so der erste Minister für Wissenschaft des Landes Thüringen Ulrich Fickel, sei die Revolution jedenfalls nicht ausgegangen.[59]

In diesem Abschnitt werde ich – durch Dokumente belegt – einen Eindruck von dem vermitteln, wie sich aus kritischem Nachdenken und Sorge um den Zustand des eigenen Landes im Herbst 1989 Teile der Mitgliedschaft der SED an der Humboldt-Universität in Bewegung gesetzt haben.

Im ersten Dokument, dem Auszug aus einem Bericht des für die Lehre verantwortlichen Mitglieds der Sektionsleitung Philosophie – seine genaue Funktionsbezeichnung lautete „Stellvertreter des Sektionsdirektors für Erziehung und Ausbildung" – über die politische Aussprache in der ersten Studienwoche, der an die Universitätsleitung gerichtet war und den ich als Parteisekretär der Sektion zur Information in Kopie bekam, wird ein Verhaltensmuster deutlich, das unter SED-Mitgliedern noch weiter verbreitet war als jenes schon vorgeführte „eulenspiegelhafte" Missverstehen der Mächtigen durch Dieter Klein. Man kann es als ein Ansprechen der Wahrheit in Gestalt von scheinbar naiven Fragen bezeichnen: Es wird keine Gegenposition zur vorherrschenden Meinung for-

---

59   So seine Aussage in den Unterlagen der entsprechenden Enquetekommission des 13. Deutschen Bundestages *Überwindung der Folgen der SED-Diktatur im Prozeß der deutschen Einheit*, Baden-Baden 1999, Band IV.1, S. 143–147. Entsprechend äußerte sich auch Rainer Eckert, Mitglied des „Unabhängigen Historikerverbandes", in der Studentenzeitung der Humboldt-Universität *UnAufgefordert* Nr. 77 (Sommer 1996). Vgl. auch die kritische Kommentierung dazu von Rainer Land und mir in der folgenden Nummer der Studentenzeitung. Diese Texte sind nachgedruckt in *hochschule ost* 1997 (6. Jahrgang) N. 1, 182–193.

DDR-weite Studentendemonstration am 17. November 1989 in Berlin auf dem Bebelplatz,
gegenüber der Humboldt-Universität.

muliert, sondern die eigenen Zweifel daran werden in Frageform geäußert. Diese
Taktik habe ich seit dem deutlichen Auseinanderklaffen zwischen dem Wunsch
vieler Parteimitglieder nach einer DDR-Perestroika und der strikten Ablehnung
einer solchen Änderung der Politik durch das Politbüro (siehe das *Stern*-Inter-
view von Hager) vielfach in SED-Mitgliederversammlungen wie in den entsprechenden Leitungssitzungen erleben können.

Ich zitiere aus dem Bericht von Klaus Wuttich, so hieß der betreffende
Hochschullehrer, über die Diskussion unter den Studierenden in den Seminaren der ersten Studienwoche:

An erster Stelle standen zweifelsohne die illegalen Ausreisen von Bürgern der DDR über die
UVR [Ungarische Volksrepublik]. Hier wurde vor allem nach den Ursachen für diese Erscheinungen gefragt. Kann man diese Geschehnisse wirklich nur mit den Aktivitäten des Gegners
erklären? Müssen wir die Ursachen nicht vielmehr in der Situation unseres Landes suchen?
Was hat unsere Führung falsch gemacht? Sind nicht schnelle Veränderungen vonnöten?
Warum wird die katastrophale Informationspolitik nicht jetzt wenigstens verändert? Wie kann
der Sozialismus aus der Krise, in der er sich befindet, wieder herauskommen? Was ist das

81

Wesen des Sozialismus? Wie kann der Sozialismus in der DDR wirklich weiterentwickelt werden? Wie kann man die Menschen besser, oder überhaupt erst, in die Entscheidungsprozesse einbeziehen? Ist die jetzige Führung der DDR in der Lage, die vor uns stehenden Probleme zu meistern, ja überhaupt zu erkennen? Ist die Partei- und Staatsführung genügend über die Stimmung in der Bevölkerung informiert? Will sie überhaupt informiert werden? Was ist unter friedlicher Koexistenz heute zu verstehen? Weshalb und in welchem Sinne ist Frieden erstes Menschheitsproblem? Wie muss die sozialistische Demokratie entwickelt werden?

Aus den Nachfragen, besonders gespickt mit dem Wort „wirklich", wird die Richtung der Debatte ganz deutlich. Das ist nicht selbstverständlich, sondern bereits eine bewusste Entscheidung des Berichtsschreibers. Besonders eine der letzten Fragen wird radikal: „Will sie überhaupt informiert werden?" Hier wird die ganze Frustration der SED-Mitgliedschaft angesichts des Verhaltens der Machtelite deutlich. Der Bericht bleibt aber auch nicht bei naiven Fragen stehen, die man noch als Ausdruck eventuell unreifer Studenten interpretieren könnte. Es kommen noch einige Verbesserungsvorschläge ohne Fragezeichen:

Die derzeitige Informationspolitik muss verändert werden, weil sie uns schadet. Einbeziehung in Entscheidungsprozesse wird gefordert. Es besteht der Wunsch, Orientierung für die eigene Entwicklung zu erhalten. Eine Reform des politischen Überbaus in der DDR ist nötig. Mit Gängelei und Bevormundung muss Schluss gemacht werden. Soziale Sicherheit zieht nicht automatisch Identifikation mit dem System, die sie hervorbringt, nach sich, sie schafft auch bestimmte Grenzen für das Individuum. Auch die Bürger der DDR haben ein Recht auf Auslandsreisen.

Schließlich folgen Schlussfolgerungen der staatlichen Leitung der Sektion:

Trotz der o. g. Vorbehalte der Studenten waren die Gespräche sehr nützlich. Sie haben gezeigt, dass sich die Studenten große Sorgen um unsere Entwicklung machen, dass sie ihren Platz hier sehen und mit voller Kraft an der Überwindung der Schwierigkeiten mitwirken möchten. Sie glauben aber nicht, dass das mit den herkömmlichen Mitteln und Methoden möglich ist. Die Gespräche waren Meinungsaustausche, es blieben mehr Fragen offen, als geklärt werden konnten. Man könnte sagen, dass Lehrkräfte und Studenten durch diese offene Aussprache näher zusammengerückt sind. Die Erwartungshaltung, die sich ergibt, ist enorm; der Kredit, der gegeben wird, nicht mehr sehr groß.

Das liest sich wie ein Aufschrei eines verantwortlich denkenden SED-Mitglieds, der Veränderung von oben noch in letzter Minute erwartet. Es war aber Ende September und man konnte in diesen Tagen im „Zentralorgan" der Parteiführung, also der Parteizeitung *Neues Deutschland*, angesichts der aus der Prager Botschaft in die Bundesrepublik ausreisenden Tausenden jungen DDR-Familien den zynischen Satz lesen: „Wir weinen ihnen keine Träne nach!" Deutlicher konnte die Kluft zwischen der Sorge der SED-Mitgliedschaft um die Zukunft von Staat und Gesellschaft und der Lebensfremdheit der SED-Führung gar nicht mehr zum Ausdruck kommen. Der am 2. Oktober publizierte zynische Kommentar Honeckers brachte für viele engagierte DDR-Bürger das Fass zum Überlaufen.

Die offiziellen Selbstdarstellungen des Landes spiegelten nach wie vor weder die Sorgen der Bevölkerung noch der SED-Mitglieder wider: Während jeden Montag in Leipzig mehr Menschen gegen die Fortsetzung des alten Kurses und für eine Öffnung der Gesellschaft demonstrierten, bereitete die alte Führung verlogene Feierlichkeiten zum 40. Jahrestag der DDR vor. Medaillen wurden verteilt, Umzüge abgehalten, Gäste aus der Welt des Sozialismus reisten an. Gorbatschow kam auch. Als am Abend des 7. Oktober im „Palast der Republik" die offiziellen Feiern stattfanden, versammelten sich gegen 17 Uhr wie jeden 7. des Monats seit den gefälschten Kommunalwahlen auf dem Alexanderplatz Demonstranten und bewegten sich in Richtung auf das Spreeufer, wo sich der „Palast" befand, in dem sich die Staatsführung feierte. Durch eine Polizeikette wurde der Demonstrationszug aufgehalten und danach zum Prenzlauer Berg abgedrängt. Rufe ertönten: „Gorbi, Gorbi!", „Wir sind das Volk!"[60] Der Demonstrationszug bewegte sich auf die Gethsemanekirche an der Schönhauser Allee zu, in der zu dieser Zeit eine Mahnwache für die in Leipzig, Potsdam und Berlin zu Unrecht Inhaftierten stattfand. Gegen 21 Uhr wurde dann die Gegend abgeriegelt und Spezialeinheiten der Polizei und der Staatssicherheit lösten die Demonstration auf. Diese Ereignisse wurden später in zwei Untersuchungsausschüssen gründlich untersucht.

In der SED-Mitgliedschaft fand in diesen Tagen eine scharfe Ausdifferenzierung statt. Die einen riefen nach einem konsequenten Kampf gegen die „Konterrevolution", andere stellten die erwähnten naiven Fragen, dritte begannen innerhalb der SED zu handeln, vierte traten ins Neue Forum ein oder gaben ihr Mitgliedsbuch zurück. Die Kluft zwischen der verlogenen Selbstbeweihräuche-

---

60 Die Schilderung der Ereignisse ist dem Buch von Hannes Bahrmann und Christoph Links: *Chronik der Wende. Die DDR zwischen 7. Oktober und 18. Dezember 1989*, Berlin 1994, S. 7 ff. entnommen.

rung der Staatsführung und den Ängsten und der Unruhe unter der Bevölkerung sowie der SED-Mitgliedschaft prägte die ersten Tage des Monats Oktober.

Vom 9. Oktober, das war der Montag nach dem Wochenende der Feiern und der Demonstrationen, der Tag, an dessen Leipziger Montagsdemonstration man eine Konfrontation zwischen Staat und Bevölkerung erwartete, habe ich zwei Dokumente in meinen Aufzeichnungen. Das eine erzählt von der Reaktion des Rektors der Humboldt-Universität auf die politischen Turbulenzen, das andere ist ein Dokument des beginnenden Aufbruchs von Teilen der SED-Mitgliedschaft, der schließlich zur Umwandlung der SED aus einer Staatspartei in eine normale demokratische Partei führte.

Dokument 1: Eine interne Lageeinschätzung

Aus einer Anleitung beim Rektor der Humboldt-Universität, Prof. Dieter Hass, einem Chemiker, am 9. Oktober, 10 Uhr. „Anleitungen" waren die übliche Bezeichnung für Veranstaltungen, in denen Informationen der übergeordneten Leitung nach unten weitergereicht wurden. Die Teilnehmer waren nach meiner Erinnerung ca. 20 Personen, alles Parteisekretäre und Sektionsdirektoren der Humboldt-Universität. Ich gehörte als Parteisekretär der Sektion Philosophie dazu. Die nachfolgenden Stichworte sind meine Mitschrift dieser Anleitung. Eine Diskussion fand danach, falls ich mich richtig erinnere, nicht statt. Zu Beginn erklärte der Rektor, dass seine Bemerkungen auf einem Gespräch mit dem Mitglied des Politbüros Günter Schabowski, der zu diesem Zeitpunkt Berliner Bezirkssekretär war, am Rande der offiziellen Festveranstaltung zum 40. Jahrestag der DDR im „Palast der Republik" beruhten. Honecker stand, das zur Erinnerung, noch an der Spitze der SED. Der Rektor erzählte zuerst, was Schabowski über die unter den Fenstern des Palastes der Republik stattfindende Demonstration erzählte:

> 7. 10., 16.30–17 Uhr, kleine Gruppe von Provokateuren (ca. 300). Das Neue – sie mischten sich unter die Passanten, so dass Isolierung dieser Gruppe nicht mehr möglich.
> Internationale gesungen. Bewegten sich Richtung Palast der Republik (ca. 3 Tsd.). Auflösung, harter Kern bewegte sich in Richtung Gethsemanekirche […]
> Zahl der Inhaftierten – einige Hundert.
> „Stasi raus!", „Gorbi, Gorbi!", „Pressefreiheit!" wurde gerufen.

Im Fernsehen der DDR war von dieser und anderen Demonstrationen am 40. Jahrestag der DDR nichts zu hören gewesen, es war auch nicht üblich, über solche Unruhen schnell informiert zu werden. Aber bei dieser Demonstration zu diesem symbolisch brisanten Zeitpunkt des gleichzeitig stattfindenden Staatsaktes zum Gründungstag der DDR, die durch die Scheiben des „Palastes der Republik" beobachtet werden konnte, war offensichtlich bei Schabowski (und, wie wir später, nach der Absetzung Honeckers, parteiintern hörten, auch bei anderen Mitgliedern des Politbüros) das Gefühl einer akuten Krisensituation entstanden, aus dem klar wurde, dass eine Veränderung unumgänglich war. Der Rektor schloss an diese Information folgende Überlegungen an:

> Was ist zu tun? Gegen Angst auftreten – Macht ist gesichert.
>
> Es kann aber nicht allein um den Einsatz der Machtmittel gehen.
>
> Situation: viele sind sehr schnell zum Mitlaufen bereit.
>
> Erwartung wächst, dass die Partei die anstehenden Probleme aufgreift.
>
> Wir müssen differenzieren – nicht alle, die mitlaufen, sind Randalierer.
>
> Zur Vorbereitung des XII Parteitages [der SED, er sollte 1991 stattfinden – D. S.]
>
> offenes, vertrauensvolles Gespräch zu herangereiften Fragen.

Aus diesem Teil der Rede des Rektors wird das Ziel dieser politischen Intervention sichtbar: Schabowski wollte offensichtlich einem kleinen Kreis von SED-Mitgliedern an der Universität den Eindruck vermitteln, dass eine Veränderung der Politik irgendwo an der Spitze vorbereitet werde. Bisher war immer behauptet worden, alle sichtbar werdenden Probleme, von der Massenflucht angefangen bis hin zu den Protesten und Demonstrationen, seien von außen inszeniert, ein Ergebnis des Einflusses des „Klassengegners". Im Aufruf zur Differenzierung wird eine andere Politik sichtbar. Im Anschluss werden dann vom Rektor selbstproduzierte und demzufolge auch dringend zu lösende Aufgaben der Politik der SED genannt:

> [...] unvollständig durchgesetztes Leistungsprinzip, grundlegend verletzte Proportionen in der Volkswirtschaft zwischen Verbrauch und Investitionen, außerordentlich hoher Anteil an Subventionen für Grundnahrungsmittel, Wohnungen und Güter des täglichen Bedarfs, unbefriedigende Medienberichterstattung, das ungeklärte Problem der Westreisen.

Dann fuhr er fort mit einer Zahl, die bisher als großes Staatsgeheimnis gehandelt worden war und die ich bis dahin von niemandem gehört hatte, auch wenn jeder aufmerksame Zeitgenosse natürlich das Ausmaß der Massenemigration aus der DDR schätzen konnte:

> Seit Beginn des Jahres 70 Tsd. legale Ausreisen, 40 Tsd. illegale: dahinter verbergen sich auch unsere Probleme: in der Charité fehlen inzwischen 35 Ärzte, 40 Schwestern.[61]
> – Ernsthafter Prozess der Suche nach Lösungen ist im Gange, das wird sich schon die nächsten Tage zeigen.

Das war wieder ein Hinweis auf Veränderungen in der SED-Spitze. Nun folgte der Teil, in dem der Rektor – und durch ihn auch G. Schabowski – seine Anforderungen an uns als Funktionäre der Staatspartei formulierte:

> Vertrauen! [sollte heißen: wir sollten weiterhin Vertrauen in die Handlungsfähigkeit Parteiführung haben – D. S.]
> – Darauf orientieren, dass ordentliche Arbeit unverzichtbar ist.
> – Gegner nutzt die vorhandene Unzufriedenheit, hat Erfolg. – Wachsamkeit gegenüber diesen Versuchen notwendig!

Dann folgt noch ein Hinweis, was von Schabowski und Hass unter „Gegner" verstanden wurde:

> Bsp. „Geburtstagsfeier" in der Volksbühne diente der Zusammenführung oppositioneller Gruppen.[62]

Aus diesen Aufzeichnungen von mir über eine Anleitung beim Rektor der Humboldt-Universität am Morgen des 9. Oktober 1989 geht zweierlei hervor: G. Schabowski suchte sich der Universität zu vergewissern und nutzte dazu den Rektor, nicht den SED-Kreissekretär Smettan, über den solche Information des Bezirkssekretärs an die Funktionäre der SED und des Staates der Ordnung halber hätte laufen müssen. Der sensationelle Kern der Anleitung war die verdeckte Botschaft Schabowskis an die Führungsschicht der hauptstädtischen Universität, dass Änderungen an der Parteispitze vorbereitet wurden, dass der Sturz Honeckers in Gang war. So etwas lässt sich im Nachhinein aus dem Satz des Rektors herauslesen: „Ernsthafter Prozess der Suche nach Lösungen ist im Gange, das wird sich schon in den nächsten Tagen zeigen."

---

61 Die Charité ist die Universitätsklinik der Humboldt-Universität.
62 Was da genau am 7. Oktober in der Volksbühne bei der Feier zum Geburtstag der DDR abgelaufen ist, weiß ich nicht, bei den besagten „oppositionellen" Gruppen kann es sich aber nur um Vertreter neuer politischer Gruppierungen gehandelt haben.

Das Zweite ist die Information, dass diese neue Führungsgruppe bereit war, die alten Instrumente der Herrschaft weiter zu nutzen: Der „Gegner" wird erwähnt, von „Provokateuren" wird gesprochen, „Wachsamkeit" eingefordert, alles Schlüsselbegriffe der traditionellen Sprache einer herrschenden Gruppe, die gegen Unzufriedenheit und Kritik der Bürger Gewalt einzusetzen bereit war. Gleichzeitig jedoch wird in einem Satz an prominenter Stelle der Ausführungen jedoch auch ein gewisser Wandel im alten Denken sichtbar: „Es kann nicht allein um den Einsatz der Machtmittel gehen."

Ganz andere Akteure und von der Führung unterschiedene Handlungskonzepte innerhalb der SED werden in den beiden folgenden Beschlüssen der Parteiversammlung der Hochschullehrer der Sektion Philosophie an der Humboldt-Universität am Nachmittag desselben Tages sichtbar. Zu diesem Zeitpunkt war nicht klar, was in Leipzig an diesem Montag passieren würde, aber dass etwas Wichtiges bevorstand, war klar. Offensichtlich drohte staatliche Gewalt gegen besorgte Bürger. Eine Parteiorganisation aus der SED-nahen Intelligenz begann nach Wegen des verantwortlichen Handelns zu suchen.

Dokument 2: Zaghafter Beginn verantwortlichen Handelns

Auf Antrag von André Türpe[63] wurde folgender Beschluss gefasst:

Die APO-Lehrkörper der Grundorganisation Marxistisch-Leninistische Philosophie hat am 9. 10. 1989 mit 34 Stimmen bei 19 Gegenstimmen und 1 Enthaltung beschlossen, […] gemäß Statut Abschnitt IV/34 die Einberufung eines außerordentlichen Parteitages in zweimonatiger Frist zu beantragen.

In einem zweiten kurzen Beschluss, der mit nur einer Gegenstimme angenommen wurde, hieß es an der entscheidenden Stelle:

Wir fordern eine breite demokratische Volksaussprache. Das setzt eine grundlegende Änderung der Medienpolitik voraus. Alle gesellschaftlichen Entscheidungsprozesse müssen für die Bürger einsehbar und beeinflussbar sein. Wir sind der Meinung, dass die gesellschaftlichen Probleme mit den Mitteln des politischen Dialogs gelöst werden sollten. Gewalt kann nicht das primäre Mittel der Auseinandersetzung sein.

---

63 A. Türpe war Mitarbeiter der Sektion Philosophie, Oberassistent. Ich hatte mit ihm zusammen studiert. Er war Ende der 1980er-Jahre in der Friedensforschung der Humboldt-Universität aktiv. Am 26. November war er einer der Initiatoren des Aufrufs „Für unser Land".

Der erste Beschluss zielte auf einen zentralen Punkt, die Wiedergewinnung der Demokratie in einer Partei, der SED, die seit Jahrzehnten nur von oben dirigiert wurde. Jener Dirigismus geschah gegen die Regeln des Statuts, in dem von „Demokratie" und „Rechten" der Mitglieder gesprochen wurde. Deshalb hier auch die Berufung der Mitglieder auf ihre Rechte. Jedem der Beteiligten war aber klar, eine solche Forderung war unerhört, sie verstieß gegen alle bisherige Praxis und war Ausdruck des tiefen Misstrauens gegenüber der alten Führung. Die Forderung nach einem Sonderparteitag wurde bald zu einer die verschiedenen Erneuerungsbemühungen von Mitgliedern in allen Teilen der SED vereinenden Forderung.

Der zweite Beschluss unterstützte unausgesprochen die Position des Neuen Forums aus seinem Gründungsaufruf, wo von einem gestörten Dialog zwischen SED-Führung und Bevölkerung gesprochen wurde. Der Aufruf zu gewaltlosen Mitteln der Auseinandersetzung war mit dem Blick auf Leipzig und die an diesem Tag erwartete große Montagsdemonstration formuliert. Sie konnte natürlich keine praktische Auswirkung auf das haben, was dort in wenigen Stunden stattfinden würde, aber sie war aus einer Haltung verantwortlicher Bürger heraus formuliert. Das hatte es bis dahin an der Sektion Philosophie nicht gegeben. Von diesem Moment an erwuchs jedoch aus dem Mut zum eigenständigen Denken auch ein verantwortliches Handeln. Es bezog sich zunächst auf den Wandel innerhalb der SED, aber bald auch darüber hinaus.

In Leipzig schwiegen an diesem Abend die Waffen, die Truppen griffen nicht ein, die Ärzte, die sich auf die Versorgung von Verletzten schon eingestellt hatten, mussten nicht aktiv werden. Krenz hat später für sich in Anspruch genommen, dass hier auf seine Anweisung hin keine Gewalt eingesetzt wurde. Das scheint mir nicht sicher belegbar zu sein. Klar ist aber etwas anderes: Am Tag hatten sich sechs Leipziger Bürger, darunter drei Mitglieder der SED-Bezirksleitung Leipzig, für einen gewaltlosen Umgang zwischen Staat und Bürgern ausgesprochen. Heute wird häufig nur Kurt Masur erwähnt[64], das war aber nicht die ganze Wirklichkeit dieses dramatischen Tages. Ohne den Mut jener Sekretäre der SED-Bezirksleitung zu eigenständigem Handeln[65]

---

64 Vgl. etwa die Darstellung im vom Haus der Geschichte herausgegebenen Band *Einsichten. Diktatur und Widerstand in der DDR*, Leipzig 2001, S. 194.

65 Meier und Wötzel galten als reformorientiert, der dritte Sekretär der Bezirksleitung, Pommert, ist wohl eher ein Hardliner gewesen, der auf den fahrenden Zug aufsprang.

wäre es nicht sicher gewesen, ob der Aufruf von den Sicherheitskräften auch befolgt worden wäre.

Wir an der Humboldt-Universität jedenfalls waren am Abend nach der Versammlung außerordentlich erleichtert, als wir aus dem westdeutschen Fernsehen erfuhren, dass der Einsatz von Gewalt unterblieben war. Ein blutiger Montag hätte aus unserer Sicht das Ende der Reform der DDR bedeutet und den endgültigen Verlust des Vertrauens der Bevölkerung in die Möglichkeit einer anderen DDR. So blieb uns noch einige Wochen die Hoffnung auf einen Neuanfang.

Am 18. Oktober 1989 wurde Honecker abgelöst, mit ihm Hermann und Mittag. Am 19. Oktober beschloss eine außerordentliche SED-Mitgliederversammlung aller Lehrenden und Studierenden der Sektion Philosophie eine Resolution, in welcher eine Kreisdelegiertenkonferenz der Humboldt-Universität sowie die Einberufung einer Berliner SED-Bezirksdelegiertenkonferenz mit dem Ziel der Beratung über die Forderung nach einem Sonderparteitags verlangt wurden. Die Publikation alternativer Sozialismuskonzepte wurde angekündigt, eine Diskussion widersprüchlicher Auffassungen innerhalb der SED sollte zukünftig möglich werden. Es wurde gefordert, dass die neue Führung die Mitgliedschaft über die Verantwortung der einzelnen Mitglieder des Politbüros für die Krise der Partei informiert. So ging die Suche nach der eigenen politischen Verantwortung weiter, zunächst einmal noch in der SED-Organisation der Universität.

Zunächst bekamen wir allerdings keine Delegiertenkonferenz genehmigt, sondern eine „Aktivberatung". Der Unterschied zwischen beiden lässt sich einfach erklären: eine Kreisdelegiertenkonferenz war nach dem Statut berechtigt, eine neue Kreisleitung zu wählen, eine Aktivberatung hatte diese Kompetenz nicht! So versuchte das alte Personal noch einmal gegen den Veränderungswunsch der Mitglieder im Amt zu bleiben.

Ausbruch aus der Selbstbeschränkung in die Medienöffentlichkeit

Günter Schabowski gehörte zu den Aufsteigern der Wende. Er hatte mit Krenz zusammen gegen Honecker konspiriert. Anders als mittels eines Putsches ließ sich der regierende Führer der kommunistischen Staatspartei in der DDR offensichlich nicht ablösen. Egon Krenz[66] wurde zum Nachfolger Honeckers auch im Amt des Staatsratsvorsitzenden (das war seit 1960 der Titel des Staatsoberhauptes der DDR). Schabowski[67] wurde im Politbüro für Informationswesen und Medienpolitik zuständig. Er löste Joachim Hermann ab. Nach meiner Erinnerung war er bis zur 10. Tagung des ZK der SED Anfang November 1989 auch noch Berliner Bezirkssekretär der Partei.

In Aktion hatte ich Schabowski an der Sektion Philosophie bereits erlebt, als er im Jahr 1988 im Auftrag von Honecker unsere Parteitreue zu überprüfen hatte. Er gehörte einer späteren Generation als Honecker, Mielke und Stoph[68] an, hatte studiert und war durch seine langjährige Tätigkeit als Journalist redegewandter als andere Politbüromitglieder. Außerdem bemühte er sich sowohl um eine stärkere Aktivierung der Parteimitglieder als auch um das Gespräch mit der Bevölkerung. Am 21. Oktober 1989 stellt er sich zusammen mit dem Berliner Oberbürgermeister Krack den Teilnehmern einer Protestkundgebung in Berlin im direkten Gespräch. Ähnliche Diskussionsveranstaltungen fanden danach häufiger statt. Die DDR lechzte nach den Jahren der glatten öffentlichen Verlautbarungen nach echten Gesprächen, auch zwischen den Verantwortlichen und der Bevölkerung. Sie fanden auf öffentlichen Plätzen oder in öffentlichen Gebäuden statt, in der Kongresshalle in Berlin, im Leipziger Gewandhaus, vor dem Berliner Roten Rathaus. Am 4. November 1989, an dem eine große Kundgebung mit mindestens 500.000 Teilnehmer stattfand, stellte sich Schabowski als einziger Parteiführer der Kritik der Bevölkerung, wurde ausgepfiffen, blieb aber gesprächsbereit. An persönlichem Mut hat es ihm damals sicher nicht gefehlt, das sollte man ihm zugestehen, auch wenn mir seine Auftritte in der Öffentlichkeit nach der deutschen Einheit nicht gefallen haben.

---

66 *Egon Krenz* (*1937), Lehrer, FDJ-Funktionär, 1974–1983 Erster Sekretär des Zentralrates der Freien Deutschen Jugend, der einheitlichen DDR-Jugendorganisation, seit 1983 im Politbüro, jahrelang zuständig für Sicherheitsfragen. Er wurde schon längere Zeit als Nachfolger Honeckers betrachtet.

67 *Günter Schabowski* (*1929), Journalist, 1953–1967 stellvertretender Chefredakteur der Gewerkschaftszeitung *Tribüne*, danach bis 1985 Chefredakteur der zentralen Zeitung der SED, des *Neuen Deutschland*. Seit 1984 Mitglied des Politbüros der SED, seit 1985 Berliner Bezirkssekretär.

68 *Erich Honecker* (1912–1994), Mitbegründer der FDJ, seit 1971 als Erster Sekretär bzw. Generalsekretär des ZK an der Spitze der SED und des Staates;
Erich Mielke (1907–2000) war zwischen 1957 und 1989 Minister für Staatssicherheit der DDR;
Willy Stoph (1914–1999) war Minister für Nationale Verteidigung der DDR und von 1964 bis 1973 sowie von 1976 bis 1989 Vorsitzender der DDR-Regierung, des Ministerrates.

Am 26. Oktober fand also die Konferenz der SED-Kreisorganisation an der Humboldt-Universität als „Aktivberatung" statt. Schabowski nahm als Gast und Vertreter der neuen Führung teil. Der alte Kreissekretär, H. Smettan, war noch da, sollte sich aber bald krankmelden, Karsten Koitz, Sekretär der Kreisleitung für Wissenschaft, ein promovierter Informatiker, nahm danach die Zügel in die Hand. Schabowski hört sich die Debatten aufmerksam an.

In der Diskussion brachten Rosemarie Will und ich einen gemeinsamen Beschlussantrag ein, in dem es hieß:

> Erforderlich ist die Einleitung einer grundlegenden Reform des politischen Systems. Sie muß verschiedene Einzelprozesse umfassen, so eine Entflechtung von Partei und Staat […]. Dringend erforderlich ist die Sicherung der Machtvollkommenheit der Volkskammer. […] Alle auf dem Boden der Verfassung agierenden neuen Organisationen sollten zugelassen [werden] und die bestehenden Parteien und Organisationen sollten sich […] demokratisch reorganisieren.

Die Resolution wurde mit Mehrheit angenommen. Schabowski notierte sich aufmerksam, was er hörte. Er fand uns wohl ungebührlich zornig und noch recht jung. In der Berichterstattung der Zeitungen am nächsten Tag über diese Veranstaltung fehlte überall, außer in unserer internen Zeitung an der Humboldt-Universität selbst, unsere beschlossene Forderung nach einer politischen Reform der DDR. Soviel Freiheit für die SED-Mitglieder sollte offensichtlich dann doch nicht sein. Solche Beschlüsse gehörten, so wird Schabowski entschieden haben – ich weiß es nicht, kann es mir aber denken –, nicht in die Hände von untergeordneten Organisationseinheiten, sondern in die der Parteiführung, die gerade ihre nächste Sitzung für Anfang November vorbereitete.

Einige Tage später kam aus dem Büro Schabowski der Wunsch nach einer Mitarbeit der Humboldt-Universität am Programm jener nächsten Tagung der Führung. Otto Reinhold, der Rektor der Akademie für Gesellschaftswissenschaften beim ZK der SED, und Dieter Klein, Prorektor der Humboldt-Universität, sollten diese Expertengruppe leiten. Rolf Reißig war ebenso in dieser Gruppe wie ich. Als wir bei Schabowski in der Bezirksleitung saßen, um mit ihm über die Schwerpunkte der Arbeit zu diskutieren, klopfte er mir jovial auf die Schulter und meinte, na ja, jetzt sei ich ja schon im Boot. Das war mir persönlich unangenehm. Ich hatte nicht die Absicht, mich jetzt erneut in einen willenlosen Dienstleister für die Mächtigen zu verwandeln. Ich hatte meine eigenen Vorstellungen, die ich natürlich einzubringen versuchte.

In der Formulierung des Referates setzte sich dann allerdings Krenz gegen Schabowski durch. Er hatte seine eigenen „Ghostwriter". Unsere Gedanken wurden dann, einfach mit dem Namen Albrecht, dem Nachfolger Schabowskis im Amt des Bezirkssekretärs, versehen[69], als „Diskussionspapier" in der *Berliner Zeitung* veröffentlicht. So wurde der Eindruck erweckt, als ob die SED-Bezirksleitung an der Spitze der Veränderung stünde.

Die Akteure des Sozialismusprojektes hatten sich unterdessen bereits in die entstehende kritische Öffentlichkeit der DDR hinausbegeben. Rainer Land verdankten wir die Initiative, dass unsere Thesen das erste Mal außerhalb der Universität einer breiteren Öffentlichkeit vorgestellt wurden. Am 11. Oktober 1989, vier Wochen vor der Maueröffnung, hatten wir ein kurzes Thesenpapier geschrieben, das die Überschrift trug: „Sofortmaßnahmen einer grundlegenden demokratischen Erneuerung der DDR". Dort wurden Vorschläge zu fünf Feldern der Politik angekündigt: zu den ungeklärten Fragen der freien Ausreise aus der DDR, für eine demokratisch gestaltete Öffentlichkeit und die Umgestaltung der Medien, für einen Einstieg in einen Umbau des politischen Systems und der Wahlen, für eine geänderte Außenpolitik, u. a. eine grundlegende Änderung des Verhältnisses der DDR zur sowjetischen Perestroika, sowie, fünftens, für eine Lösung der angehäuften Wirtschaftsprobleme. Dieses Papier brachte Rainer über seine persönlichen Netzwerke in eine Veranstaltung der Rockmusiker ein, die am 15. Oktober 1989 unter der Losung „Gegen Gewalt!" in der Berliner Erlöserkirche stattfand und durch das westdeutsche Zweite Fernsehen (ZDF) übertragen wurde. Damit wurde unser Projekt sowohl unter den in diesen Wochen sehr aktiven Künstlern als auch in einer breiteren deutsch-deutschen Öffentlichkeit bekannt. Sehr bald wurden Michael Brie und ich – Rainer Land hatte keine Zeit – von den Veranstaltern eines Konzertes zu einer öffentlichen Podiumsdiskussion eingeladen. Das Konzert hatte das Motto „Bleiber für Bleiber". Es fand am 24. Oktober im „Haus der Jungen Talente" in Berlin statt. Die Veranstaltung wurde dann – unangekündigt – vom gerade auf Sendung gegangenen Jugendkanal des DDR-Fernsehens, „Elf99", direkt übertragen.

Das Besondere dieses Abends war sicher, dass auf dem Podium neben einigen DDR-Kulturpolitikern – ich erinnere mich, dass neben Dietmar Keller

---

69 Albrecht hatte überhaupt nicht daran mitgearbeitet, meinte aber, seine Autorität würde so gestärkt werden.

und Hartmut König auch das für Kultur zuständige Mitglied des Ostberliner Magistrats saß – und bekannten kritischen Schriftstellern[70] erstmals in einer Fernsehsendung des DDR-Fernsehens die Mitgründerin des Neuen Forums Bärbel Bohley auftrat. Ich saß damals zwischen Gisela Oechelhaeuser, die moderierte, und der Gründerin des Neuen Forums. Ich erinnere mich gut an diesen aufregenden Abend, an dem wir alle über die Möglichkeit einer anderen DDR öffentlich diskutierten und uns diese Alternative erträumten.

Wir hatten zu diesem Zeitpunkt bereits begonnen, uns eine eigene Verbindung zu den Medien zu schaffen, und einige Journalisten nutzten nach den langen Jahren der Zensur nun die keimende Freiheit extensiv aus. Der DDR-Rundfunk brachte Ende des Monats eine Sendung über das Sozialismusprojekt. Immer wieder konnte man noch den Einfluss der politischen Zensur oder zumindest der Versuche einer Lenkung der Zeitungen und des Fernsehens beobachten, aber mehr und mehr setzten sich Debatten und differenzierte Standpunkte durch. Jetzt erfuhren auch diese Journalisten, wie sehr ihre Arbeit gebraucht wurde, nunmehr verbesserte sich ihr Ansehen in der Bevölkerung deutlich. Im Laufe des Novembers, mit dem galoppierenden Verfall der Macht der SED-Führung, entwickelte sich dann auch in der DDR eine völlig neue Gattung, der investigative Journalismus. Journalisten drängten in die Waldsiedlung Wandlitz, wo die Familien der Politbüromitglieder seit 1960 abgeschirmt von der Bevölkerung wohnten, und berichteten über die Lebensweise der SED-Führung. Auch die Machenschaften der Abteilung „KoKo" (Kommerzielle Koordinierung), unter Leitung des Staatssekretärs Alexander Schalck-Golodkowski, wurden Anfang Dezember aufgedeckt.

Wir als politisch interessierte Wissenschaftler des Sozialismusprojektes brauchten diese eigene Verbindung zu den Medien, und einige Journalisten suchten ebenfalls das Gespräch mit uns. Besonders aktiv waren die Vertreter der Zeitungen aus den Blockparteien, die sich einen neuen Platz innerhalb der Medienlandschaft zu suchen begannen. Wir veranstalteten ab dem 31. Oktober in regelmäßigen Abständen eigene Pressekonferenzen und übergaben Informationen über unsere Arbeit bzw. gerade frisch publizierte Texte der Öffentlichkeit. Seit Ende Oktober wurden unter der Überschrift „Beiträge zur Sozialismusdiskussion – wissenschaftliche Diskussion aktueller Politik" in der

---

70 Genauer zu den Teilnehmern und dem Ablauf der Veranstaltung siehe meine Schilderung im nächsten Abschnitt des Kapitels „Mit Künstlern unterwegs in eine kritische Öffentlichkeit".

Universitätsdruckerei hergestellte hektografierte und einfach geklammerte Broschüren von 60 bis 80 Seiten Umfang in einer Auflage von 400 Exemplaren hergestellt. Die organisatorische Leitung des Unternehmens hatte Lutz Kirschner, ein mit uns eng kooperierender Soziologe, der bei mir promoviert hatte. Diese Broschüren gingen auch über einen Verteiler an Institutionen bzw. Privatpersonen. Ich erinnere mich, dass sie etwa an Gruppen des Neuen Forums in Greifswald und in der Staatsbibliothek Berlin ging, ebenso wie an die Gruppe um Herger, einem Vertrauten von Krenz im SED-Apparat, so wie es der Zufall erster Bekanntschaften in diesem stürmischen Herbst wollte.

Jeder von uns drei Initiatoren schrieb außerdem Artikel für die Presse oder gab Interviews. Im „Zentralorgan" der SED, dem ND, wurden unsere Texte allerdings nicht immer veröffentlicht, die Bezirkszeitungen oder die Zeitungen der anderen Parteien waren eher bereit, uns zu drucken, wenn auch nicht immer zur rechten Zeit. So wurde der inhaltlich wichtigste Beitrag von Michael Brie, der gleich nach der Kundgebung der SED-Mitglieder vor dem ZK am 8. 11. 1989 geschrieben worden war, von der Redaktion der *Berliner Zeitung* erst am vorletzten Tag des Monats abgedruckt. Da war unsere Position zur Regierungsbildung und zur notwendigen Einbeziehung der neuen Gruppen in eine breite Koalitionsregierung natürlich bereits durch die Bildung der DDR-Regierung unter Hans Modrow in der Volkskammer am 17. 11. überholt worden.[71] Unser öffentlicher Einfluss war also selbst im November noch durch die Entscheidungen der Medien begrenzt, nicht nur durch die alt-neue Führung der SED.

Auf unsere erste Pressekonferenz Ende Oktober gab es verschiedene Reaktionen, von denen die interessanteste ein Beitrag der *Jungen Welt* war. Sie war die Zeitung der FDJ, stand also dem neuen Generalsekretär der SED, Egon Krenz, nahe. Sie veröffentlichte am 2. November einen Kommentar unter der Überschrift „Sind Philosophen keine Politiker?"[72] Dort wurde unsere Auffassung, die Partei solle sich aus staatlichen und wirtschaftlichen Entscheidungen zurückziehen, scharf kritisiert. Ebenso zurückgewiesen wurde unsere Auffassung, das Neue Forum solle schnellstens zugelassen werden: „Besteht aber nicht auch die Gefahr, diesen unseren Sozialismus, auf der rechtlichen Basis

---

71 Michael Brie: „Die Wende wird zur Revolution", in: *Berliner Zeitung*, 30. 11. 1989, wiederabgedruckt in *Sozialismus in der Diskussion 2* (FN 57), S. 24–30.

72 Als Autor wurde ein Sascha Quäck genannt, der Kommentar wurde auf S. 2 veröffentlicht.

der Verfassung, ins Wackeln zu bringen, wenn Vereinigungen ohne eindeuti-
gen programmatischen Beleg der Verfassungstreue politischer Spielraum über-
lassen wird?" Es war schon Anfang November, und noch immer war das Neue
Forum, dem inzwischen Zehntausende beigetreten waren, nicht zugelassen,
nicht verbindlich als Vereinigung registriert worden.

Im Herbst 1989 wurden unsere Aktivitäten natürlich auch in den westdeutschen Medien registriert. Wir wurden von *taz*, *Spiegel* und *Zeit* wahrgenommen
und gaben einige Interviews. Ich kann mich noch gut an die ausführlichen und
anregenden Gespräche mit Walter Süß erinnern, der die DDR-Redaktion der
taz leitete, später dann allerdings die Zeitung verließ. Auch meine Bekanntschaft
mit Gunter Hofmann von der *Zeit* stammt aus jenen bewegten Tagen.

Wiederholt konnte ich im Oktober und November 1989 auch im DDR-
Fernsehen in Interviews die Positionen unserer Projektgruppe erläutern. Ich
nutzte diese Gelegenheiten, um die politische Auseinandersetzung auch in der
SED voranzutreiben. Am 27. November erklärte ich in einer Sendung nach den
Abendnachrichten des DDR-Fernsehens, dass das Bemühen um eine Belebung
des „demokratischen Zentralismus" in der SED am Kern des Problems vorbei-
gehe. In der SED habe sich, wie in anderen kommunistischen Parteien seit den
Zwanzigerjahren, anstelle der demokratischen Entscheidung ein bürokratischer
Zentralismus durchgesetzt, der die Mitglieder in ihren Rechten erheblich ein-
schränke. Diesen gelte es zu beseitigen, aber nicht, einen „demokratischen Zentralismus" zu beleben. Es gehe sogar um seine Beseitigung, da er in der Realität
nichts als eine beschönigende Bezeichnung für jenen „bürokratische Zentralismus" sei. Wir bräuchten eine wirkliche demokratische Öffnung der SED und
endlich auch eine Aufhebung des Fraktionsverbotes. Das alles müsse der be-
vorstehende Sonderparteitag klären. Außerdem riefen wir dazu auf, sich bei uns
an der Humboldt-Universität zu melden, wenn man in derselben Richtung
dachte. Wir bekamen viele Anrufe und Briefe in diesen Wochen.

Die SED war auch das Volk

Bis Ende Oktober 1989 hatte die SED-Basis ihre Initiativen innerhalb der
eigenen Partei gehalten. Anfang November, nach der großen Kundgebung
vom 4. des Monats auf dem Alexanderplatz in Berlin, ging sie selbst in die

Öffentlichkeit. Die SED-Mitglieder lernten vom Volk und eroberten sich die Straße. Anfang November hatte sich bei der Humboldt-Universität die Parteiorganisation des „Zentrums für wissenschaftlichen Gerätebau der Akademie der Wissenschaften" gemeldet und dazu aufgerufen, am 6. November eine nichtangemeldete Demonstration vor dem Gebäude des ZK der SED durchzuführen. Sie bezogen sich auf den am 4. November sichtbar gewordenen Vertrauensverlust der Bevölkerung gegenüber der SED und wollten auf der Demonstration dem Generalsekretär der Partei die Forderung nach Durchführung einer Parteikonferenz überbringen, auf der für das Überleben der SED in einer sich verändernden DDR gekämpft werden sollte.

Wir fanden, wie schon gesagt, eine Parteikonferenz nicht ausreichend, trotzdem gefiel uns diese Initiative, weil hier erstmals die Zusammenarbeit von Parteiorganisationen ohne zentrale Anweisung praktiziert wurde. Das war eine von uns lange gewünschte „horizontale Struktur", ein eigenständiges Handeln von Parteimitgliedern im eigenen Auftrag. Es war das faktische Ende des Fraktionsverbotes. Nur schien uns das Datum unpassend, wir wollten die Kundgebung auf den Zeitpunkt des Beginns der 10. Tagung des ZK der SED verlegen, also auf den 8. November, und erreichten in Gesprächen mit den Initiatoren der Kundgebung eine Einigung.

Die inzwischen durch einen neuen amtierenden 1. Sekretär, Karsten Koitz, geführte SED-Kreisleitung der Humboldt-Universität unterstützte den Aufruf. Allerdings sickerten, über welchen Kanal auch immer, Informationen an das „Große Haus" – das war der parteiinterne Spitzname des Sitzes der Parteiführung – durch, sodass man sich auch dort vorbereiten konnte. Zur Demonstration wurden von verschiedenen SED-Mitgliedern nach dem Vorbild des 4. November kurze Reden vorbereitet. Es sollte u. a. der Parteisekretär der Sektion Rechtswissenschaft Norbert Frank, mit dem ich einen guten Arbeitskontakt hergestellt hatte, sprechen. Von unserer Gruppe sprach Michael Brie.

Am Abend versammelten sich ungefähr 50.000 Menschen vor dem ZK-Gebäude.[73] Sie kamen aus der Humboldt-Universität und der Akademie der Wissenschaften. Der asphaltierte Platz und der Rasen vor dem Haus waren gut gefüllt. Es war die erste Kundgebung von SED-Mitgliedern dieser Art in der Geschichte der DDR. Hier folgen einige Auszüge aus der Rede von Michael Brie:

---

73 Die Zahl entnehme ich dem Buch Bahrmann und Links: *Chronik der Wende* (FN 60), S. 88.

Von hier und heute geht die Erneuerung unserer Partei aus. Das Volk der DDR hat durch den Protest auf der Straße eine neue Chance erkämpft.

Wir nehmen teil […].

Die Parteiführung ist verantwortlich für den Wahlbetrug.

Die Parteiführung hat durch die Eskalation der Gewalt am 7. und 8. Oktober die Existenz der DDR aufs Spiel gesetzt.

Die Parteiführung hat die Partei und das Volk über unsere wahre Lage belogen […].

Noch immer wird der Erhalt überholter Machtstrukturen über die Interessen der sozialistischen Erneuerung gestellt.

Objektiv ist das Verrat am Sozialismus. Damit wird die Chance zur sozialistischen Erneuerung endgültig verspielt. […]

Es sollte kein neues Politbüro, sondern ein zeitweiliges Komitee zur Vorbereitung eines außerordentlichen Parteitages gewählt werden.

Wir fordern: unverzügliche Einberufung eines außerordentlichen Parteitages noch für dieses Jahr […].

Wir wollen eine rote, wir wollen eine grüne, wir wollen eine demokratische Republik des Sozialismus.

Deshalb fordern wir die Bildung einer Regierung der Rettung dieses Landes, einer Koalitionsregierung aller Parteien der Volkskammer und aller politischen Kräfte in diesem Lande, denen Demokratie und Sozialismus wichtiger sind als persönliche Machtambitionen.

Wir sollten dem „Neuen Forum", der „Neuen Linken" und allen anderen mit diesem Konsens sagen: Wir bieten euch ein Bündnis an! Teilt mit uns Macht und Verantwortung […].

Wir wollen kein Zonenrandgebiet werden. Souverän wollen wir unser Land gestalten. Tun wir es gemeinsam. Sorgen wir gemeinsam für ein menschenwürdiges Leben, für ein anderes Leben, für ein freies Leben.

Diese Rede enthielt alle unsere aktuellen politischen Forderungen. Ganz wichtig war für uns die Forderung nach der Bildung einer „Regierung der Rettung" mit den anderen Gruppierungen. Gleichzeitig kam die Sorge um den Bestand der DDR zum Ausdruck. Die neue Parteiführung war immer noch vorwiegend mit sich selbst beschäftigt. Modrow war in die Parteiführung gekommen und sollte die Regierung führen. Das von der neu-alten Parteiführung ausgearbeitete Aktionsprogramm war im Vergleich zur Politik Honeckers deutlich anders, aber es war immer noch weit entfernt von den tatsächlichen Erfordernissen. Zu diesem Zeitpunkt lehnte Krenz auch klar einen Sonderparteitag ab, ja selbst für eine Parteikonferenz entschied man sich erst am Ende der Tagung des Zentralkomitees.

Krenz kam an diesem 8. November vor das Gebäude, wurde angehört, aber wegen seiner Ablehnung des Vorschlags, einen außerordentlichen Parteitag einzuberufen, von den demonstrierenden Parteimitgliedern ausgepfiffen. Vorne bei den Rednern standen allerdings die bestellten Demonstranten aus dem Apparat, die sich auch gut vorbereitet hatten. Diese äußerten sich lautstark und deutlich anders als die einfachen Parteimitglieder, sodass das Bild nicht von jeder Stelle aus gleich aussah. Die Fernsehaufzeichnungen wurden durch die Bilder von Anhängern der alt-neuen Parteiführung geprägt. Trotzdem war dieser Nachmittag der Beginn eines Aufbruchs der Berliner SED-Basis. Von nun an wurden untereinander vielfältige Beziehungen aufgebaut. Gleichgesinnte wurden gesucht und gefunden. Einige der ehrenamtlichen Parteisekretäre kannte ich aus meinen Vorträgen zur Perestroika in den letzten beiden Jahren. Andere hatten sich von sich aus bei uns gemeldet.

Angesichts dieses Perspektivenwechsels hätte es nahegelegen, zu den neuen Gruppen und Parteien direkten politischen Kontakt aufzunehmen und über gemeinsame Aktionen zu sprechen. Rainer Land hatte am 15. November einen Brief an Hans Modrow geschrieben, in dem er die Bildung einer unabhängigen Regierungskommission vorschlug. „In diese Kommission sollten auch Vertreter der neuen Strömungen und Organisationen einbezogen sein."[74] Das Redemanuskript von Michael Brie hatte ebenfalls in diese Richtung gewiesen.

Aus der Videoaufzeichnung der Rede auf der Kundgebung ist allerdings zu entnehmen, dass Michael Brie unter dem Druck der schon erwähnten konservativen Zwischenrufer in den ersten Reihen der Demonstranten seine Rede stark abkürzen musste und sich auf die Forderung nach dem Sonderparteitag beschränkte. Der Teil zur Koalitionsregierung unter Einschluss der neuen Gruppen konnte von ihm nicht mehr vorgetragen werden, da ihm das Wort entzogen wurde.[75]

Eine solche Zusammenarbeit zwischen den beiden wichtigen großen politischen Akteursgruppen der sich erneuernden DDR kam also nicht zustande.

---

74 Dieser Brief ist enthalten im Bestand Land des Forschungsprojektes „Der SED-Reformdiskurs der achtziger Jahre", Bd. 4. Er ist größtenteils abgedruckt in *Weltbühne* (84. Jahrgang), 12. 12. 1989, Heft 50/51, S. 1571–1573.

75 Siehe die Mitschrift der Videoaufzeichnung im Bestand „Forschungsprojekt Moderner Sozialismus" des erwähnten DFG-Projektes „SED-Reformdiskurs …", Bd. 2. Ich habe sie am 28. April 2008 eingesehen.

Es gab nichts als einzelne Gespräche. Das wichtigste fand am 29. November 1989 mit einer Gruppe von Mitgliedern des damaligen SDP-Vorstandes im Zimmer von Dieter Klein statt. Anwesend waren Stephan Hilsberg – er stand damals als Erster Sprecher an der Spitze der Partei[76] –, auch Thomas Krüger nahm teil, und ich erinnere mich des Weiteren an Martin Gutzeit sowie an meinen früheren Studienkollegen Lothar Pawliczak, der damals die SDP in Wirtschaftfragen beriet. Mit einem anderen Mitglied des SDP-Vorstandes, der in meiner Nähe wohnte, tauschte ich die Adressen aus. Die Hektik des Herbstes verhinderte allerdings weitere Kontakte zwischen uns.

Nach meiner Erinnerung konstatierten wir eine Übereinstimmung in einer Reihe von politischen Positionen. Mir scheint, man wollte uns damals seitens der SDP als Mitglieder werben, aber da kann mein Gedächtnis trügen. Jedenfalls sahen wir unseren Platz bis zum Sonderparteitag noch in der in Bewegung geratenen SED. Später dann wollte uns die SDP nicht mehr.

Daneben führte ich gegen Mitte Dezember einige zufällige Gespräche mit einflussreichen Mitgliedern anderer Gruppen, die ich privat schon vorher gekannt hatte, u. a. mit Klaus Wolfram vom Neuen Forum auf einer Veranstaltung in der Universität am 12. 12. oder mit Vera Wollenberger, die aus dem erzwungenen Exil in England zurück war und gerade zusammen mit anderen die „Grüne Partei" gegründet hatte. Ich traf sie auf der Demonstration für den Erhalt der DDR am 19. Dezember in Berlin. Wir stellten viele gemeinsame Auffassungen über das politisch Notwendige fest. Zur politischen Zusammenarbeit kam es jedoch damals und später nicht.

Rosemarie Will allerdings, als Beraterin der Arbeitsgruppe „Neue Verfassung" des Zentralen Runden Tisches, und auch Rainer Land, dieser nach der Gründung einer Initiativgruppe „Unabhängige Sozialistische Partei", begannen ab Ende Januar 1990 mit einigen neuen politischen Gruppen aktiver zusammenzuarbeiten. Doch zu jenem Zeitpunkt hatten auch jene Gruppen keinen entscheidenden Einfluss mehr auf die Entwicklung des Landes.

---

76 Markus Meckel und Angelika Barbe waren die 2. Sprecher, Ibrahim Böhme war Geschäftsführer der Sozialdemokraten in der DDR.

Hoffnung auf einen Dritten Weg

Im November, nach dem Fall der Mauer, war deutlich geworden, dass die DDR sich in einem schwierigen wirtschaftlichen Umfeld behaupten musste. Wir radikalisierten unser Konzept eines modernen Sozialismus deshalb in der Hinsicht, dass wir einen eigenständigen Weg für die DDR nur noch in einer Welt sahen, in der sich sowohl der alte Sozialismus grundlegend erneuert, vor allem sich umfassend demokratisiert, als auch der Westen die in ihm seit Mitte des 20. Jahrhunderts deutlich angelegten Tendenzen hin zu größerer sozialer Ausgewogenheit verstärkt. Keines der beiden Systeme konnte aus unserer Sicht so bleiben, wie es war. Ausgehend von diesen Überlegungen plädierten wir auf der Tagung des Sozialismusprojektes Ende November für einen „Dritten Weg für die DDR".

Von dieser Tagung in einer Feriensiedlung der Universität in Wendisch-Rietz habe ich noch mein Erstaunen über die deutliche Skepsis bei unseren Gästen aus der Sowjetunion, Bulgarien, Polen und Ungarn gegenüber einer sozialistischen Zukunft Osteuropas in Erinnerung. Ende 1988 hatten wir diese internationale Tagung geplant, um den Startschuss für eine gemeinsame Arbeit an einem Konzept für einen modernen Sozialismus zu geben. Als das fehlschlug, versuchten wir von hier zumindest ein politisches Signal in die Öffentlichkeit der DDR zu senden. Aber auch dieses Konzept für einen Dritten Weg wurde zunächst durch die nationalen Medien – wir hatten es an ADN, die DDR-Nachrichtenagentur, gegeben – ignoriert. Nur die inzwischen nicht mehr als SED-Organ herausgegebene 14-tägige Zeitung der Humboldt-Universität druckte unser Papier in ihrer nächsten Nummer, wenn auch ohne die anscheinend immer noch zu sehr provozierende Überschrift vom „Dritten Weg für die DDR".

Kurz nach der Tagung bekamen wir eine Einladung von Egon Krenz, die durch Klaus Rendgen[77] überbracht wurde. Krenz wollte am 27. 11. mit uns über die aktuelle politische Situation reden. Wir wollten das nicht, da wir zur

---

77 Klaus Rendgen, ein Wissenschaftler ungefähr unseren Alters, war schon längere Zeit einer unserer engsten Gesprächspartner an der Leipziger Universität. Er war Anfang November 1989 zum neuen Sekretär der SED-Kreisleitung dieser Universität gewählt worden und begleitete Krenz in dieser Eigenschaft durch Leipzig. Dort hatte er ihm vorgeschlagen, sich mit uns zu treffen, allerdings ohne uns vorher zu fragen, ob wir das auch für sinnvoll hielten.

Überzeugung gekommen waren, dass es mit Krenz und Schabowski so nicht weiterging. Im Brief lehnten wir ein solches Treffen ab und machten den Vorschlag, die Wahlen zum Parteitag sollten als Wahl nach verschiedenen inhaltlichen Plattformen vor sich gehen. Außerdem empfahlen wir ihm angesichts seiner Mitverantwortung für die alte SED-Politik den Rücktritt.[78]

In diesen Tagen hatten Dieter Klein und wir überlegt, wie wir aus der Ecke einer bloßen Intelligenzvertretung hinauskommen und die Kluft zu den Betrieben schließen könnten. Das brachte dann auch die Initiative zur Gründung einer „Plattform WF"[79] hervor. Vertreter der Humboldt-Universität und der Akademie für Gesellschaftswissenschaften (es handelte sich um eine Gruppe um Michael Geiger, die aus eigener Initiative an einem Entwurf für ein neues Statut der SED saßen) kamen mit dem neugewählten Parteisekretär des Werkes für Fernsehelektronik Robert Kredig zusammen. Beschrieben ist diese Gruppenbildung ausführlich durch einen der aktivsten Vertreter dieser Gruppe, den damals gerade neugewählten Parteisekretär des Rundfunks der DDR, Thomas Falkner, in seinem gemeinsamen Buch mit Gysi, sodass ich mich kurz fassen kann.[80]

In der Beratung im Werk mit Parteimitgliedern verschiedener Berliner Großbetriebe am 30. November 1989 trug ich unser gerade entwickeltes Modell eines Dritten Weges jenseits von Stalinismus und Kapitalismus für die DDR vor. Gewiss war das ein etwas zu kühnes Unterfangen, denn unser Modell war doch ziemlich abstrakt formuliert und hier saßen, am Abend eines Tages, Parteimitglieder aus vielen Berliner Einrichtungen zusammen, die meisten von ihnen hatten weniger häufig mit theoretischen Begriffen zu tun als wir. Besonders verständlich kann es den meisten auch nicht vorgekommen sein. Man veröffentlichte zwar unser Konzept zusammen mit dem Entwurf des neuen Statuts, den Michael Geiger vorgestellt hatte, in einer Sondernummer der Betriebszeitung *WF-Sender*, aber die Anwesenden dieser Debatte wollten

---

78 Siehe den Brief (unterschrieben von Michael Brie, Dieter Klein und mir) in den Materialien des Forschungsprojektes „Der SED-Reformdiskurs…", Bestand Forschungsprojekt Moderner Sozialismus, Bd. 6.

79 WF ist die Abkürzung für „Werk für Fernsehelektronik", eines Großbetriebes aus Berlin-Schöneweide.

80 Ich habe allerdings eine andere Beratung, die den Abend des 30. 11. vorbereitete, im Gedächtnis: nicht im Parteibüro des WF, sondern ein Treffen bei Dieter Klein, im Büro des Prorektors. Wahrscheinlich hat es mehrere solcher Treffen gegeben, und es ist letztlich auch nicht wichtig, bei wem die Initiative lag (Gysi/Falkner 1990 [FN 4], S. 52 ff.; über die vorbereitende Beratung wird auf S. 56 berichtet).

handfestere Argumente haben. Nach der Erinnerung von Falkner habe ich dann spät abends vorgeschlagen, eine Plattform zu gründen, sich wenigstens darauf zu verständigen. Ich zitiere:

> Segert verliest einen Text, doch er ist kein mitreißender Volkstribun. Die von dem geistigen Hin und Her erschöpften Anwesenden können sich nicht so recht entschließen. Sie sind nicht dagegen, aber ob das Vorgeschlagene das Richtige ist, wissen sie nicht. […] Da fragt Horst Hirt vom Rundfunk, ob denn der vorgeschlagene Text ausreichend sei, um vor das Volk zu treten.[81]

Das wird verneint, daher wird auf der Reiseschreibmaschine von Falkner in einem Nebenraum unter Mitwirkung einiger Personen, auch von mir, in einer halben Stunde ein Text als Aufruf der „Plattform WF" entworfen, der dann bei einer Mehrheit der Anwesenden Zustimmung findet und bereits am selben Tag früh, es ist schon nach Mitternacht, in den Nachrichten des Rundfunks verlesen wurde. Dieser Text griff die taktierende Parteiführung unter Krenz und Schabowski frontal an.

In der Erklärung, in der die Gründung der „Plattform WK" bekannt gegeben wird, heißt es unter anderem:

> Mit dem bevorstehenden außerordentlichen Parteitag muß die Parteibasis der SED ihre Partei zurückerobern. Wir haben diesen Sonderparteitag gegen die Führung der Wendepolitiker erzwingen müssen […]. Wir haben ihn erzwungen, weil die Partei in ihrer jetzigen Verfassung zu einer Gefahr für unser sozialistisches Vaterland geworden ist. […]
> Der Parteiführung und dem sie stützenden Apparat entziehen wir das Vertrauen, die jetzige Regierung stützen wir. Die Rettung der Partei liegt in ihrer kompromißlosen Erneuerung, die einer faktischen Neugründung gleich käme.[82]

An diesem Wochenende fanden an vielen Orten mit den Kreisdelegiertenkonferenzen der SED die entscheidenden Wahlen von Delegierten zum Sonderparteitag statt. Der Aufruf der „Plattform WF", der gleich nach dem Arbeitsbeginn von Schabowski um 8 Uhr wieder aus den Nachrichten genommen wurde, fand in einer Atmosphäre der Suche nach radikalen Lösungen dennoch einen sehr großen Widerhall in der SED-Mitgliedschaft und hat zur Radikalisierung der Vorbereitung des Sonderparteitages beigetragen.

---

81 Siehe ebenda, S. 60.
82 Zitiert aus: Gysi/ Falkner (FN 4), S. 62.

Mit Künstlern unterwegs in eine kritische Öffentlichkeit

Der Herbst sah ein erstaunliches Engagement vieler Intellektueller der DDR, Theaterleute, Schriftsteller, Rockmusiker. Ohne sie, ohne ihre Initiativen hätte der „Frühlingsherbst", der warme Herbst der Wende, anders ausgesehen. Sie nahmen die Kritik sowohl der kleinen mutigen Gruppen wie dem Neuen Forum ebenso auf wie die Sorgen der öffentlich sprachlosen Bürgerinnen und Bürger über die Ausreisebewegung. Die SED-Intelligenz insgesamt hatte zu den Künstlern der DDR intensive Beziehungen – einerseits war man Leser und Publikum, andererseits kannte man sich aus gemeinsamen Diskussionen im kleinen Kreis. Ich selbst hatte einige Vorträge im Parteilehrjahr am Deutschen Theater (DT) und im Berliner Ensemble (BE) über die sowjetische Perestroika gehalten. Michael Brie kannte Manfred Wegwerth, den Intendanten des Brecht-Theaters, und Volker Braun persönlich. Hans-Peter-Krüger war mehrfach auf den Berliner Brechttagen mit eigenen Beiträgen vertreten gewesen.

DDR-Künstler auf einer anderen Bühne

Die Demonstration am 4. November in Berlin gilt als ein Höhepunkt des Herbstes. Ihre Durchführung wurde auf einer Gewerkschaftsversammlung der Berliner Theater im DT beschlossen,[83] bei der meine Frau und ich anwesend

---

83 Manfred Wegwerth verweist auf die Organisatoren in einem Artikel in *Ossietzky* 12/2003, in der er die ZDF-Sendung *Aspekte* über den 17. Juni kritisiert. Da die Tendenz dieser Sendung charakteristisch ist für die heute in Deutschland üblichen Vorurteile des Zeitgeistes, will ich die Quintessenz seines Beitrags wiedergeben: „Weil die Intellektuellen am 17. Juni die Arbeiter feige im Stich gelassen hätten, habe sich das Volk nun 1989 ohne die Intellektuellen erhoben und gesiegt. Über den 17. Juni wissen ZDF-Zuschauer wahrscheinlich nicht mehr genug, um Richtiges und Falsches zu unterscheiden. Es ist schließlich 50 Jahre her. 1989 ist aber vielen noch im Gedächtnis. Deshalb wäre es auch für den Autor der Sendung und für den Sender in diesem Falle günstiger gewesen, die Wahrheit zu sagen. Denn die legendäre Demonstration vom 4. November 1989, die über eine halbe Million auf den Alex brachte, wurde vom Deutschen Theater und dem Berliner Ensemble initiiert und organisiert." Auf jener vorbereitenden Versammlung waren auch andere als die beiden genannten Berliner Theater vertreten, es war sogar eine Delegation des Dresdner Staatsschauspiels anwesend, deren Vertreter in der Diskussion das Wort ergriffen, nur insofern muss ich hier eine Korrektur an dem Text von Wegwerth vornehmen. Und zudem trat auch Gregor Gysi auf.

waren, nicht wirklich berechtigt, aber mitgenommen von Bekannten aus dem BE. Das kam folgendermaßen. Nach dem Polizeieinsatz am 7./8. Oktober wurde in einigen Theatern nach den Vorstellungen zu öffentlichen Diskussionen eingeladen. Wir beide erlebten das Mitte Oktober im BE, und wir diskutierten natürlich mit. In dieser Veranstaltung wurden die Probleme offen angesprochen, die Unbeweglichkeit der SED-Führung wurde kritisiert. Dabei wurden kontroverse Sichtweisen deutlich.

Die Theater, nicht nur in Berlin, sondern auch an anderen Orten, in Dresden, Leipzig, Schwerin, schufen einen öffentlichen Raum, den die Medien, die Journalisten, zu dieser Zeit nicht bieten konnten oder wollten. Die Kontrolle der Theater durch die Parteiführung entfiel faktisch, niemand war mehr bereit, diese Diskussionen zu verbieten. Auch wenn sicher noch eifrig und insgeheim mitgeschrieben worden ist, störte das offensichtlich niemanden mehr. Die Sorgen um das Gemeinwesen waren so groß geworden, dass die Sorgen um die eigene Sicherheit dahinter zurücktraten. Alle spürten, dass Abhilfe nötig war, eine Umkehr, eine Wende. Ein Gedicht von Volker Braun vom 10. Oktober[84] bringt die Atmosphäre jener Tage zum Ausdruck:

1

[…]

Lange schien es, als stünden die Zeiten

Still. In den Uhren

Der Sand, das Blut, der abgestandene

Tag, jetzt bricht er an

Der jüngste wieder und unerwartet.

Wo geht es lang, oder, bescheidner gefragt

Wer weiß, was vorn und hinten ist?

[…]

---

84 Prolog zur Eröffnung der 40. Spielzeit des BE, abgedruckt in Volker Braun: *Wir befinden uns soweit wohl. Wir sind erst einmal am Ende. Äußerungen*, Frankfurt/M.: edition suhrkamp 1998, S. 11 ff.

4

Unsere Bühne, Raum bietend

Den großen Widersprüchen

Wird wieder eröffnet.

Der Planwagen der Händlerin

Und der Eisenwagen der Genossen

Stoßen aufeinander. Was für alte

Fahrzeuge, die nicht wenden können! Ihre sichtbare

Schwierigkeit macht uns Mut

Zu einer andere Bewegung. Eröffnen wir auch das Gespräch

Über die Wende im Land.

Das Bild von der „Wende im Land" war Anfang Oktober 1989 noch nicht durch den Gebrauch seitens der neu-alten Parteiführung unter Krenz verbraucht, es war ein Wort der Hoffnung. Nach der offenen Debatte im Vorraum des Theaters, bei der nach meiner Erinnerung auch der Regisseur des Abends, Christoph Schroth, und einige Schauspieler des Theaters engagiert waren, trafen wir uns noch in der Kantine des Theaters mit der Parteisekretärin des BE, Angelika Haas, die ich aus dem Studium kannte und von meinem vorangegangenen Vortrag bei den Genossen Schauspielern, und wir diskutierten die politische Situation. Noch war Honecker mitsamt seinen engsten Vertrauten Mittag und Hermann im Amt. Wir waren besorgt über die Unbeweglichkeit der Führung, die inzwischen, das war nach der Fluchtwelle klar, die Existenz der DDR gefährdete.

Es musste gehandelt werden, aber was tun? Ich erzählte von unseren Aktivitäten in der Humboldt-Universität, von den Papieren, die wir produzierten, und von der Hoffnung, dass sie eine Orientierung für reformbereite Kräfte im Apparat der Macht, aber auch in der Gesellschaft sein könnten. Die durch die Hardliner versuchte Unterdrückung des Neuen Forums sahen wir als Fehler an. Angelika Haas erzählte uns, dass am nächsten Morgen eine Gewerkschaftsversammlung im Deutschen Theater stattfinden sollte, wo über die Möglichkeiten des politischen Engagements der Künstler gesprochen werden sollte: „Wollt ihr nicht mitkommen?" Natürlich wollten wir und verabredeten uns.

Wir kamen am nächsten Morgen, es war nach meiner Erinnerung der 14. Oktober, ein Sonnabend, zur vereinbarten Zeit in die Reinhardstraße, wo sich das Theater befand. Am Eingang kontrollierten Ordner, ob auch niemand, der hier nichts verloren hatte, hineinschlüpfte. Die Frage nach unserer Herkunft beantwortete Angelika Haas, indem sie sagte: „Die sind von uns!" Schon waren wir drin und kamen im großen Saal des DT zu sitzen. Ich weiß nicht mehr genau, wer alles da war, aber Jutta Wachowiak trat auf, Käthe Reichel wohl auch, Steffi Spira, Ulrich Mühe sicher, denn er wurde in die Vorbereitungs-gruppe für die Kundgebung gewählt. Hans-Peter Minetti, der Präsident des Verbandes für Theaterschaffende der DDR, redete wirres Zeug. Offensichtlich kam er mit der politischen Situation und seiner Verantwortung dafür – er war Mitglied des ZK der SED – überhaupt nicht mehr klar. Aus Dresden kamen Vertreter des Staatsschauspiels, die von der Öffnung des Theaters für die poli-tischen Debatten der Bevölkerung berichteten. In Dresden hatte es ja einige Tage früher als in Berlin, am 5./6. Oktober am Hauptbahnhof, einen Polizei-einsatz gegeben. Andere Schauspieler berichteten über ihre Erfahrungen an Ber-liner Theatern. Nun wurde darüber gesprochen, wie SED, Staat und Bevölke-rung zu einer Verständigung kommen könnten. Das Theater stellte die Öffentlichkeit für einen Dialog zur Verfügung, dem sich die Macht vorerst ver-weigerte.

Im Saal war aber auch ein damals nur Wenigen bekannter Anwalt anwe-send, Gregor Gysi. Er war Mitte September von Bärbel Bohley vom Neuen Forum gebeten worden, die offizielle Anmeldung im Innenministerium, die gerade seitens des Staates abgelehnt worden war, doch noch zu erreichen.[85] Auch ihn hatte offensichtlich irgendjemand zur Gewerkschaftsversammlung der Schauspieler mitgebracht. Gysi griff zum Mikrofon und machte einen Vor-schlag: „Wie wäre es, wenn die Schauspieler der Berliner Theater eine ange-meldete Demonstration durchführen würden?" Diese Demonstration solle sich, so sagte er, für die Verwirklichung der DDR-Verfassungsartikel über Frei-heit der Rede (Art. 27) und Demonstrationsfreiheit (Art. 28) einsetzen. Eigentlich gebe es ja viele Rechte, die müssten aber von den Bürgern auch ein-

---

85 Siehe dazu Gysi in dem Buch Gysi/Falkner 1990 (FN 4), S. 73: „Von mir wollten sie [die Schauspieler der DT] nach der Matinee wissen, wie es rechtlich und politisch um eine solche große Kundgebung oder Demonstration bestellt sei. Ich würde sie einfach mal anmelden gehen, erwiderte ich, mal den legalen Weg testen." Nach der Erinnerung von meiner Frau und mir wurde Gregor Gysi aber nicht nach der Veranstaltung befragt, sondern trat während jener Ver-sammlung der Gewerkschaftsvertreter wie beschrieben auf.

gefordert werden, insofern, wiederholte er, solle man die Demonstration unbedingt anmelden, um auszuprobieren, ob die DDR-Führung vielleicht nicht doch lernfähig sei. Sprach's und setzte sich.

Es kam Beifall auf, dann wurde diskutiert, meist zustimmend. Eine Vorbereitungsgruppe wurde gebildet, Gysi gebeten, den Antrag rechtlich einwandfrei zu formulieren. Zur Vorbereitungsgruppe gehörten u. a. Henning Schaller, Bühnenbildner am Maxim-Gorki-Theater, und Ulrich Mühe vom Deutschen Theater.

Am 4. November sprachen dann vom Anhänger eines LKWs vor mindestens 500.000 Berlinern[86] zuerst Schauspieler, es waren sieben der insgesamt 22 Redner, aber auch bekannte Schriftsteller des Landes, die sich bereits in den Jahren vorher für eine bessere DDR engagiert hatten: Stefan Heym, Christa Wolf, Heiner Müller, Christoph Hein. Gregor Gysi sprach ebenfalls, u. a. setzte er sich dafür ein, Egon Krenz einen Vertrauensvorschuss zu geben. Von den Organisatoren waren Manfred Gerlach, der Vorsitzende der LDPD, Günter Schabowski, als einziges Mitglied der Parteiführung, und Markus Wolf, aktuell Pensionär und Schriftsteller, eingeladen worden. Letzterer bekannte sich auch dazu, „General der Staatssicherheit" gewesen zu sein.[87] Schließlich redeten vier Vertreter der oppositionellen Gruppen, und das war sehr wichtig, denn keine von ihnen war zu diesem Zeitpunkt von der Staatsgewalt schon akzeptiert worden. Marianne Birthler sprach als Vertreterin des Bürgerkomitees, das die polizeilichen Übergriffe am 7./8. November untersuchte, Jens Reich als Mitbe-

---

86   Der Historiker Hermann Weber spricht in seiner DDR-Geschichte sogar von „etwa 1 Million Menschen" (Hermann Weber: *Die DDR 1945–1990*, München 1993, S. 106). Das sind die Extreme an Schätzungen, die man findet: zwischen einer halben und einer Million.

87   Diesen Teil der Rede findet man nicht auf der Website des Deutschen Historischen Museums, auf der die Redebeiträge veröffentlicht worden sind. Man kann diesen ausgelassenen Teil der Rede aber aus anderen Quellen rekonstruieren. Der Litera-Verlag hat eine Aufnahme aller Reden veröffentlicht. Nach dem Ende des vom DHM veröffentlichten Textes (aus dem *nicht* klar wird, dass er nicht vollständig abgedruckt wird) folgt ein ebenso langer weiterer Teil seiner Rede, in der Wolf darüber spricht, dass er „33 Jahre General im Ministerium für Staatssicherheit" gewesen sei und sich zu seiner Verantwortung für diese Tätigkeit bis zum Jahre 1986 bekenne. Er wandte sich dagegen, dass Mitarbeiter des Ministeriums für Staatssicherheit nun zu „Prügelknaben der Nation gemacht werden sollen". Schließlich forderte er eine Wende in der Sicherheitspolitik der SED, einschließlich einer parlamentarischen Kontrolle über die Tätigkeit des MfS. Es folgte dann noch ein Aufruf zu gewaltlosem Umgang miteinander. Mit der folgenden Aufforderung endet er: „Nutzen wir gemeinsam die einmalige Chance, Sozialismus mit Demokratie, die das Wort verdient, zu verbinden."

gründer des Neuen Forums, Friedrich Schorlemmer als Mitbegründer des „Demokratischen Aufbruchs".[88] Bärbel Bohley vom Neuen Forum war auf dem Platz, es gibt ein Foto, wo sie mit Christa Wolf spricht. Andere der Gruppen waren an ihren Transparenten zu erkennen, so sah ich eine Gruppe der Anfang Oktober gegründeten Sozialdemokraten (SDP).

Die Reaktionen auf die Reden waren je nach politischem Standpunkt natürlich deutlich unterschiedlich. Aber an diesem Tag sah für mich alles noch so aus, als ob wir es in der DDR selbst schaffen würden, Gesellschaft und politische Ordnung eigenverantwortlich umzugestalten. Die politisch engagierten Künstler waren jedenfalls ein wichtiger Teil dieser Hoffnung. Und das Thema der Kundgebung war die reale Durchsetzung der politischen Grundrechte.

Der Tag war noch recht warm, obgleich es ja schon Anfang November war. In dieser neugewonnenen Öffentlichkeit zeigte die Berliner Bevölkerung ihre vielen Gesichter – Fantasie in der Ablehnung des Bisherigen, mannigfache Hoffnungen auf eine Erneuerung. Auf jeden Fall, das begriff ich hier mit einem Male aus den Reaktionen von großen Gruppen der Demonstranten, würde die SED es sehr schwer haben, verloren gegangenes Vertrauen zurückzugewinnen.

Markus Wolf wurde ausgepfiffen, als er nicht nur für eine Perestroika in der DDR eintrat, sondern sich auch als Vertreter der Staatssicherheit zu erkennen gab. Schabowski war damals persönlich mutig, aber er bekam als Mitglied der neuen Führung unter Krenz, die bisher konzeptionslos agierte, den Gegenwind deutlich zu spüren. Ich weiß noch, Schorlemmer machte mir Mut, als er sagte:

> Und zu uns aus der neuen demokratischen Bewegung möchte ich sagen: Setzen wir an die Stelle der alten Intoleranz nicht neue Intoleranz. Seien wir tolerant und gerecht gegenüber den alten und neuen politischen Konkurrenten, auch einer sich wandelnden SED. […] Ich meine, wir wollen und wir können unser Land jetzt nicht ohne die SED aufbauen. Aber sie muß nicht führen.

Es war viel Witz auf der Kundgebung zu spüren. Von der „Tribüne" herab sagte Steffi Spira: „Ich habe noch einen Vorschlag: Aus Wandlitz machen wir ein Altersheim! Die über 60- und 65-Jährigen können jetzt schon dort woh-

---

88 Die damals aufgetretenen Redner lassen sich (wie gesagt – zumindest in dem einen genannten Fall – mit Auslassungen) auf einer Website des Deutschen Historischen Museums finden, zusammen mit anderen Informationen. Siehe: http://dhme.dhm.de/ausstellungen/4november1989/htmrede.html [gelesen am 8. 3. 2008].

Auf der Demonstration am 4. November 1989 spricht Christa Wolf mit Bärbel Bohley.

nen bleiben, wenn sie das tun, was ich jetzt tue – abtreten!" Auch an vielen Plakaten, die da selbst entworfen und gemalt mitgetragen wurden, zeigte sich ein aufmüpfiger Witz. Und es gab ein Pathos, das mir damals sehr gefiel, auch wenn man die Enttäuschung vorweg ahnen konnte, die nachkam. Stefan Heym sagte, es sei,

> als habe einer die Fenster aufgestoßen nach all den Jahren der Dumpfheit und des Miefs: Vor noch nicht vier Wochen die schön gezimmerte Tribüne hier um die Ecke, mit dem Vorbeimarsch, dem bestellten, vor den Erhabenen! Und heute! Heute hier, die Ihr Euch aus eigenem freien Willen versammelt habt, für Freiheit und Demokratie und für einen Sozialismus, der des Namens wert ist.

Das war diese große Kundgebung, deren Sinn in der Unterstützung einer umfassenden Demokratisierung der DDR bestand. Eine „demokratische Republik" sollte endlich ihre eigene Verfassung ernst nehmen, darum ging es zumindest den Initiatoren der Kundgebung und das war auch der Tenor der meisten Reden. Heute wird diese Zielrichtung nicht immer richtig wiedergegeben, so auch in einer Publikation des „Zeitgeschichtlichen Forums Leipzig",

109

der Außenstelle des „Hauses der Geschichte der Bundesrepublik Deutschland", in der behauptet wird, das zentrale Motto der Kundgebung sei gewesen: „TschüSSED"[89]. Das ist faktisch unrichtig, es ging am 4. 11. um die Einhaltung der Artikel der DDR-Verfassung, nicht aber um einen generellen Abschied von der SED. Die SED-Mitglieder bildeten an diesem Tag einen großen Teil, möglicherweise sogar die Mehrheit der Kundgebungsteilnehmer. Die der SED nahestehende Intelligenz war unter den Organisatoren jedenfalls sehr prominent vertreten. Aber es wurde erstmals deutlich, wie sehr sich die beginnende DDR-Öffentlichkeit schon ausdifferenziert hatte. Viele unterschiedliche Losungen, auch die vom Zeitgeschichtlichen Forum fälschlich zur zentralen erklärte, wurden von den verschiedenen Gruppen der Demonstranten mitgetragen.[90]

Träume von einer anderen DDR, kurz vor deren Ende

Die Öffnung der Theater und die Vorbereitung und Durchführung der Demonstration am 4. November waren nicht die einzigen politischen Handlungen von Künstlern in diesem Herbst. Viele engagierten sich im Neuen Forum, so Jutta Wachowiak, einige traten immer wieder in den vielen Diskussionsforen auf, die jetzt aus dem Boden sprossen, so zum Beispiel Steffi Spira oder Käthe Reichel. Käthe Reichel habe ich selbst noch einmal getroffen während meiner eigenen Aktivitäten. Am 3. Dezember kam sie an der Spitze einer Gruppe auf-

---

89 Vgl. *Einsichten. Diktatur und Widerstand in der DDR*, hrsg. von der Stiftung Haus der Geschichte der Bundesrepublik Deutschland/Zeitgeschichtliches Forum Leipzig, Reclam Leipzig 2001, S. 195: „Vor hunderttausenden Teilnehmern forderten 26 Redner, darunter die Schriftsteller Christoph Hein, Stefan Heym und Christa Wolf, unter dem Motto ‚TschüSSED' grundlegende Reformen in der DDR wie die Einhaltung der Meinungs-, Presse- und Versammlungsfreiheit."

90 Eine Auswahl der Losungen kann man sehen im *DDR-Journal zur Novemberrevolution. August bis Dezember 1989* der *taz*, S. 71 ff. Es handelt sich natürlich auch nicht um eine vollständige „Liste" der mitgetragenen Losungen, die kann es angesichts der selbsthergestellten Plakate und Transparente von Hunderttausenden auch nicht geben. Die SED taucht hier in solchen Losungen auf wie „Volksentscheid zum Führungsanspruch der SED", „Parlamentarische Demokratie statt SED-Machtmonopol", „SED allein – darf nicht sein", „Pässe für alle, Laufpass für die SED". Die Losung „Tschüss" (mit dem Symbol der SED) wird als ein Bild auf S. 78 dokumentiert. Andere Losungen waren: „Keine Macht für niemand", „Sägt die Bonzen ab, schützt die Bäume", „Hager am Tapetende – wie hoch ist Deine Rente?"

110

Nach der Demo am 4. 11. werden die Transparente für das Museum eingesammelt.

gebrachter Bürgerinnen und Bürger aus dem Friedrichstadtpalast, wo jemand das Publikum von der Flucht Schalck-Golodkowskis, eines DDR-Staatssekretärs und Verantwortlichen für ein Netz von Westhandelsbetrieben, nach West-Berlin informiert hatte, in das Informationszentrum des Zentralkomitees der SED, als ich dort versuchte, Kontakt zum neugegründeten Arbeitsausschuss herzustellen.

Jemand hatte ihn von seiner bevorstehenden Verhaftung informiert. Käthe Reichel und die anderen Sprecherinnen und Sprecher der Gruppe forderten von der SED-Führung energische Maßnahmen gegen die Vertuschung solcher Machenschaften.

Wichtiger als der Beitrag der Theater war vielleicht noch das frühzeitige Engagement der Schriftsteller, aber für die breitere Öffentlichkeit sicher auch das der Rockmusiker. Letztere hatten sich am 18. September öffentlich für die Forderungen des Neuen Forums eingesetzt. Der Vorsitzende der Sektion Rockmusik im DDR-Komitee für Unterhaltungsmusik, Toni Krahl, war persönlich sehr engagiert. Die Band von Krahl, City, war mehrfach im Oktober für politische Ziele aktiv, u. a. in der Organisation des Konzerts „Bleiber für Bleiber" am 24. Oktober im „Haus der Jungen Talente". Ich habe schon kurz darüber

111

berichtet. Im Anschluss an das Konzert fand eine Debatte statt, bei der erstmals Bärbel Bohley vom Neuen Forum im DDR-Fernsehen, in einer Sendung von *Elf99*, live zu erleben war. Ihre Ansichten fand ich sehr unideologisch und direkt, auf Alltagsprobleme der Bürgerinnen und Bürger konzentriert. Die Runde wurde moderiert von Gisela Oechelhaeuser, der Direktorin des Kabaretts „Die Distel". Es ging darum, wie sich die Anwesenden die DDR träumten. Wir nutzten das, um unsere Überlegungen für gesellschaftliche und politische Reformen zu verbreiten. In der *Chronik der Wende* von Bahrmann und Links kann man lesen, dass wir an jenem Abend erklärten: „In einem modernen Sozialismus kann man die Führungsrolle einer Partei nicht mehr aufrechterhalten."[91]

Das wusste ich nicht mehr im Einzelnen, ich kann mich aber heute noch gut an meine Betroffenheit erinnern, die ich spürte, als eine der Zuschauerinnen im Saal auf meine ausführlichen Überlegungen über eine Erneuerung und Demokratisierung des Sozialismus mit der Feststellung reagierte, es sei doch merkwürdig, schon wieder würde die SED, kaum in eine Krise geraten, ein neues Papier zur Führung der Gesellschaft aus ihrer Tasche hervorziehen. Das war ja nicht unsere Vorstellung von unserer aktuellen Stellung, wir fühlten uns von niemandem beauftragt, hatten das Konzept aus eigener Verantwortung entwickelt. Aber angesichts unseres allgegenwärtigen „fürsorglichen Staates" war die Vermutung, wir seien das „letzte Aufgebot" der allmächtigen Führung, natürlich nicht völlig absurd. Ich bemühte mich anschließend, unsere Unabhängigkeit zu betonen, und ich denke, dieses Bemühen lag dann auch dem in der *Chronik der Wende* zitierten Satz zugrunde. In einer Pressekonferenz des Sozialismusprojektes Ende Oktober 1989 erklärten wir dann gegenüber den Medien, der Artikel 1 der Verfassung (der die Führungsrolle der SED festschrieb) gehöre gestrichen.

Es geht hier, wie gesagt, um das politische Engagement der Künstler in jenem Herbst. Viele DDR-Schriftsteller waren über viele Jahre hinweg für eine Veränderung ihres politischen Gemeinwesens engagiert gewesen, ihre Bücher hatten es den Lesern auch in den Zeiten des schlimmsten politischen Stillstands ermöglicht, sich geistigen Rückhalt zu holen. Auch ich hatte solche Bücher jahrelang als Möglichkeit genutzt, die Wirklichkeit genauer zu erkennen, als es aus den anderen gedruckten Quellen möglich war.[92] Heyms *Sechs Tage im Juni*

---

91 Bahrmann/Links (FN 60), S. 51.
92 Über die Kunst als Erkenntnisquelle gab es im Übrigen eine von Jürgen Kuczynski und Wolf-

Diskussion über Alternativen der Entwicklung der DDR am 24. Oktober 1989 im „Haus der Jungen Talente" in Berlin, die im DDR-Fernsehen live übertragen wurde.
V. l. n. r.: Stefan Heym, Schriftsteller; der Leiter der Abteilung Kultur beim Ostberliner Magistrat; Dietmar Keller, Stellvertretender DDR-Kulturminister; Christoph Hein, Schriftsteller; Hartmut König, Kulturfunktionär und Vertrauter von Egon Krenz; Bärbel Bohley, Malerin, eine der GründerInnen des „Neuen Forums"; Dieter Segert; Gisela Oechelhaeuser, Moderatorin des Abends, Direktorin des Kabaretts „Die Distel"; ein mir unbekannter Teilnehmer; Michael Brie; Markus Wolf, Schriftsteller und pensionierter Leiter der DDR-Auslandsspionage HVA.

konnte bei uns erst im 41. Jahr der DDR erscheinen, vorher aber hatte ich von einem Freund, Uwe Schäfer, in Moskau die westdeutsche Taschenbuchausgabe ausleihen können. Über den 17. Juni 1953 konnte man in der DDR offiziell kaum etwas Wahrheitsgemäßes erfahren, so suchte man bei Heym oder auch in den Tagebüchern von Brecht. Nach der kulturellen Öffnung unter Honecker waren einige der vorher unterdrückten Werke Heyms wieder in der DDR erschienen, so der *König David Bericht*, aus dem ich einiges über biblische Zeiten, vor allem aber vieles über die Geschichtsfälschungen durch die SED-Führung

gang Heise angestoßene wissenschaftliche Debatte; vgl. Kuczynski/Heise: *Bild und Begriff: Studien über die Beziehungen zwischen Kunst und Wissenschaft*, Berlin und Weimar 1975. Für uns war klar, dass es nicht um eine generelle, gnoseologisch begründete Überlegenheit von Kunst über die Gesellschaftswissenschaft ging, sondern speziell um die Defizite der dogmatischen Wissenschaft unter unseren politischen Bedingungen.

113

lernte, und vor allem darüber, wie sehr diese Bemühungen von persönlichen Interessen der Herrschenden bestimmt waren. Aus einer kurzen, satirischen Erzählung Heyms über „Das kürzeste Verfahren mit den Abweichlern"[93] lernte ich auch die Vorstellung des Schriftstellers über die Herrschaft des Volkes kennen. Das Volk, der „große Lümmel", mit dem jeder echte Sozialist rechnen muss, auch mit den Vorurteilen der Menschen.

Die Werke der drei Prosaschriftsteller, die am 4. November gesprochen hatten, gehörten für mich zu den Erkenntnisquellen der genannten Art. Ich habe mich bemüht, sie gleich nach ihrem Erscheinen in der DDR zu bekommen. Das gelang mir beim Text des Stücks *Ritter der Tafelrunde* von Christoph Hein erst nach dem Ende der DDR. Sein Stück war in Dresden uraufgeführt worden, die Schauspieler an jenem Abend im DT berichteten darüber. Christa Wolf engagierte sich wie andere Schriftsteller in der Wende auch politisch. Auch ihr Beitrag in der Zeitung *Wochenpost*, Nr. 43/1989, Ende Oktober unter dem Titel „Das haben wir nicht gelernt" veröffentlicht, war eine direkte politische Stellungnahme. Sie wurde Anfang November Mitglied der Unabhängigen Untersuchungskommission Berlins zur Untersuchung der Polizeiübergriffe am 7./8. Oktober, u. a. zusammen mit Christoph Hein und Daniela Dahn, sie unterstützte den Aufruf „Für unser Land" Ende des Monats, sie schrieb die Präambel zum Verfassungsentwurf des Runden Tisches.

Von den Schriftstellern, die für mich aufgrund der in ihren Werken enthaltenen geistigen Anstöße und politischen Ermutigungen wichtig waren, muss ich noch Volker Braun erwähnen. Ich hatte die Aufführungen möglichst aller seiner Stücke gesehen, ich erinnere mich an *Die Kipper*, *Tinka* und *Großer Frieden*. Früher noch las ich seine Gedichte, auch diejenigen, die nur in *Sinn und Form*[94] erscheinen konnten. Dort wurde auch seine „Unvollendete Geschichte" zuerst gedruckt. Sie war eine der wenigen Geschichten, in denen von den menschlichen Konflikten bei der Flucht in die BRD berichtet wurde, und in ihr tauchte am Rande auch die Staatssicherheit auf. Auch Braun begeg-

---

93 Genauer handelte es sich um folgenden Kurzroman: Stefan Heym: *Die Schmähschrift oder Königin gegen Defoe, erzählt nach den Aufzeichnungen eines gewissen Josiah Creech*, Buchverlag Der Morgen, Berlin 1978, 90 Seiten.

94 *Sinn und Form* ist eine Literaturzeitschrift der Akademie der Künste, sie hatte eine relativ geringe Auflage, genoss aber ein hohes Ansehen unter der Intelligenz. Erster Chefredakteur seit 1949 bis 1962 war Peter Huchel.

neten wir im Herbst 1989 wiederholt bei unseren Bemühungen um eine politische Alternative.

Unser Sozialismusprojekt hatte sich in diesen Wochen mit jenen Schriftstellern, die sich für eine Erneuerung der DDR und einen demokratischen Sozialismus einsetzten, zu verbünden versucht. Unser Papier zur „Krise der DDR" von Anfang Oktober 1989 war von Michael Brie auch an Volker Braun geschickt worden. Am 27. Oktober war ich in den Berliner Schriftstellerverband eingeladen worden und hielt einen Vortrag über unser Konzept einer Erneuerung des Sozialismus. Ich lernte damals Helga Königsdorf kennen, die sich in diesem Herbst politisch sehr engagierte. Sie redete auch auf der Demonstration der SED-Mitglieder am 8. November vor dem Gebäude des Zentralkomitees der SED und war schließlich auch beim zweiten Treffen der Plattformen der SED/PDS am 21. Januar 1990 dabei. Damals plädierte sie für einen stillen Austritt aus der von ihr und anderen als reformunfähig empfundenen SED-PDS. Am 3. November lud uns der Regisseur Heiner Carow in die Akademie der Künste ein, die Podiumsdiskussion war der Perspektive eines modernen Sozialismus gewidmet. Hieran beteiligte sich neben Heiner Carow auch Christa Wolf. Von uns saßen Dieter Klein, Rosemarie Will und ich auf dem Podium. Ich erinnere mich an die auf diese Podiumsdiskussion folgende heftige Debatte mit den Zuhörern, in der uns u. a. der Theologe Heinrich Fink von der Humboldt-Universität fragte, ob wir uns dessen bewusst seien, dass sowohl die gläubigen DDR-Bürger als auch die Marxisten in dieser Gesellschaft nur eine kleine Minderheit seien. Wie sollten diese Minderheiten in den zukünftigen demokratischen Entscheidungen jene Mehrheit beeinflussen können? Fragen wie diese, die ich damals nicht beantworten konnte, die mich aber zu weiterem Nachdenken anregten, habe ich mir am besten gemerkt.

War das Engagement der Künstler vergeblich?

Wenn man versucht, den Beitrag der Künstler zum Aufbruch dieses Herbstes zu bilanzieren, dann ist ihre Rolle für jenen ersten Zeitraum besonders wichtig, in dem sich die Medien der DDR noch nicht aus dem Griff der Zensur befreit hatten. Diese Befreiung erfolgte ungefähr ab Mitte November. Natürlich gab es die Westmedien, die uns wichtige Informationen darüber lieferten, was in der DDR geschah, ohne sie wäre es vielleicht möglich gewesen, die einzelnen Proteste zu isolieren. Die Westmedien und deren engagierte Journalisten hatten ihre Bedeutung für uns wegen der Möglichkeit einer unabhängigeren Information über die Lage in der DDR. Jedoch für die eigene Verständigung über das, was wir als DDR-Intellektuelle wollten oder auch nicht wollten, über die Wege, die zu diesen Zielen führten, oder die Mittel, um sie zu erreichen, brauchten wir auch einen selbstgeschaffenen Raum, eine eigene kritische DDR-Öffentlichkeit.

Diese eigene Öffentlichkeit konnte nicht in den Medien des Westens stattfinden. Wir mussten sie uns selbst erobern. Die DDR-Künstler, die DDR-Intelligenz haben diesen Raum einer kritischen Öffentlichkeit in einem Prozess der Selbstbefreiung parallel zu den anderen politischen Akteuren der sich wandelnden DDR und gemeinsam mit ihnen produziert.

Damit kein falscher Eindruck entsteht: an der politischen Öffnung wirkten im Herbst 1989 viele mit, die neuen Gruppen mir ihrem langjährigen Mut und ihrem Willen, in der Gesellschaft sichtbar zu werden, die Teilnehmer der Leipziger Friedensgebete, die den Raum der Straße zuerst eroberten, aber dann waren es auch die Theater, Schauspieler und Intendanten, die Rockmusiker und die Schriftsteller der DDR, die sich in den Tagen des Herbstes aus ihren gewohnten Bahnen hinausbewegten und sich an der Bildung einer eigenen kritischen Öffentlichkeit beteiligten. Ihre Autorität beim Publikum gab ihnen in dieser neuen Funktion Gewicht. Sie waren allgemein bekannt. Diese Bekanntheit fehlte zunächst den Akteuren aus den neuen politischen Gruppen. Sie fehlte natürlich vor allem uns Wissenschaftlern, die wir zwar schon einiges publiziert hatten, deren Ansichten und Namen aber der breiten Öffentlichkeit unbekannt geblieben waren.

Viele DDR-Künstler mussten sich, wie auch wir Wissenschaftler, vor ihrem kritischen Engagement innerlich von bisherigen Loyalitäten gegenüber der SED-Führung lösen. Das war ein schwieriger Emanzipationsprozess. Nicht alle Künstler und Intellektuelle gingen diesen Weg. Aber diese kleine Gruppe von Aktivisten übernahm im Herbst 1989 eine wichtige Aufgabe. Einige von ihnen spielten dann auch in den Jahren nach dem Ende der DDR eine wichtige politische Rolle als Interessenvertreter der Ostdeutschen.

Tage im November

In meinen Unterlagen habe ich einen Zettel gefunden mit Notizen der Vorbereitung für ein Gespräch mit „M. Wolf", Markus Wolf. Im Herbst 1989 war er offiziell Rentner. In jenem Frühjahr war sein Buch *Die Troika* erschienen. Bis 1986 aber hatte er 30 Jahre lang die Auslandsspionage der DDR geleitet. Der *Spiegel* schreibt in seinem Nachruf (er starb im November 2006): „Im Westen galt er lange Zeit als der ‚Mann ohne Gesicht', weil bis 1978 kein Foto von ihm im Westen existierte." Vor dem Sturz Honeckers wurde er im Westen zusammen mit Modrow als Perestroika-Anhänger innerhalb der Elite, also als Mann der politischen Liberalisierung gehandelt. Aus dem Zettel in meinen Unterlagen geht hervor, dass das Gespräch nach der Maueröffnung am 9. November, aber vor dem Nachmittag des 10. November stattgefunden haben muss, denn da sollte im Lustgarten eine Kundgebung der SED stattfinden, an der wir seitens der Humboldt-Universität beteiligt waren, und unten steht die Frage, „ob M. Wolf auf Kundgebung spricht, was er rät für D. K." (das bedeutet Dieter Klein, der reden sollte und mich um die Übermittlung dieser Frage gebeten hatte).

Ich bin froh, dass ich diesen Zettel aufgehoben habe, denn ohne ihn hätte ich nicht mehr viel von unserer Unterhaltung gewusst, es geschah ja so viel in diesen Tagen. Ich weiß allerdings noch, dass ich mich entschlossen hatte, zu Wolf zu gehen, als ich ihn auf der Kundgebung am 4. November gehört hatte. Er hatte sich dort für die Einberufung einer Parteikonferenz ausgesprochen. Seitens des Sozialismusprojektes hielten wir bekanntlich einen Sonderparteitag für unabdingbar. Ich wollte ihn vor allem von unserem Standpunkt überzeugen. Ich vermutete ähnlich wie die Westmedien in ihm einen jener Reformer im Machtapparat, auf die wir immer gewartet hatten. Zwar war er pensioniert, aber ich vermutete, er habe immer noch Beziehungen zur Staatssicherheit. Für die Friedlichkeit der von uns erhofften Revolution schien es uns unerlässlich, dass jemand die politische Ausdifferenzierung innerhalb der bewaffneten Kräfte unterstützte.

Woher kam mein spontanes Vertrauen zu diesem Mann aus der Hierarchie der Macht? Rosemarie Will etwa lehnte ihn als „Edelkommunisten" ab, das war ihr Ausdruck in einem Gespräch in jenen Tagen. Das meinte wohl seine Zugehörigkeit zur Spitze der Nomenklatura. Vertrauen ist ein schwer erklär-

117

barer Stoff. Ich denke, dass für mich die folgenden drei Begebenheiten ausschlaggebend waren: Erstens kannte ich flüchtig seinen Bruder Konrad, den Regisseur und Präsidenten der Akademie der Künste. Ich schätzte viele seiner Filme, *Ich war neunzehn, Goya, Solo Sunny.* Dank der Vermittlung von Peter Böhm, einem Studienfreund, nahm ich an der Vorauffführung eines seiner Filme teil, es handelte sich um *Der nackte Mann auf dem Sportplatz.* Aber vor allem hatten wir gerüchteweise gehört, Konrad Wolf könne sich deshalb manche Kritik an Entscheidungen der Parteiführung leisten, weil sein Bruder Markus ihn in diesen Positionen unterstütze. Zweitens hatte mir Rainer Land erzählt, dass er Markus Wolf nach einer Buchlesung Anfang Oktober unser Papier zur Krise der DDR mit dem Aufruf zum Beginn grundlegender Reformen gegeben hatte, die Reaktion sei positiv gewesen. In einem auf den 3. Oktober datierten Brief von Markus Wolf an Land heißt es: Er habe das Papier gelesen, bedanke sich, und er ergänzte: Hoffentlich lesen es auch andere. „Die von Ihnen richtig gesehenen Gefahren abzuwenden, ist unser aller wichtigste Aufgabe."[95] Drittens schließlich saß Wolf am 24. Oktober 1989 ebenfalls auf dem Podium der bereits besprochenen Diskussionsveranstaltung nach dem Konzert „Bleiber für Bleiber" im „Haus der Jungen Talente". Danach wurden wir beide vom Fernsehen interviewt und wir hatten uns kurz gesprochen. Ich fand ihn spontan sympathisch. Am 4. November war er mutig gewesen und hatte sich öffentlich dazu bekannt, dass er lange Jahre „General der Staatssicherheit" gewesen war. Er war genauer gesagt bis 1986 Chef der Auslandsaufklärung der DDR, Generaloberst und Stellvertreter des Ministers für Staatssicherheit gewesen.

Ich rief ihn also an – er hatte mir nach unserer Kundgebung die Nummer in einem Brief vom 8. November zugeschickt – und wurde in seine Wohnung am Spreeufer, einer Neubauwohnung im Nikolaiviertel, eingeladen. Das war nicht weit von der Universität entfernt. An der Tür wurde ich von Wolf empfangen. Seine junge Frau Andrea bereitete uns einen Imbiss. Die Wohnung war gut ausgestattet, aber es war eine der üblichen besseren Neubauwohnung im Zentrum. An das Gespräch kann ich mich nicht mehr in Einzelheiten erinnern, ich weiß nur, dass es ungefähr eine halbe Stunde dauerte. Jedoch stehen auf einem Zettel die folgenden zwei Stichpunkte:

---

95   Siehe das Schreiben vom 3. 10. 1989 in den Materialien des Forschungsprojektes „Der SED-Reformdiskurs …" (dort: Bestand Forschungsprojekt Moderner Sozialismus, Bd. 1).

- außerordentlicher Parteitag! (wie zu einer Erneuerung der Partei kommen)
- Koalitionsregierung aller politikfähigen Kräfte, die sozialistische Konturen unseres Landes wollen, gegen Ausverkauf, für sozialistische Erneuerung.

Darum also ist es mir gegangen. Die Koalitionsregierung unter Einbeziehung der neuen Gruppen hatte Michael Brie bereits in seiner Rede vor dem Gebäude des Zentralkomitees als unsere Forderung öffentlich machen wollen, was er aber angesichts des Unmuts einiger konservativer Teilnehmer nicht geschafft hatte. Vom Sonderparteitag musste ich ihn inzwischen nicht mehr überzeugen, das war inzwischen auch seine Position geworden. Er hatte aufmerksam die Kundgebung am 8. 11. vor dem ZK angesehen und setzte nun alle Hoffnungen in die jungen Genossen[96].

Dann geschah noch etwas für mich ganz Merkwürdiges. Während ich gerade unsere Positionen erläuterte, klingelte das Telefon. Markus Wolf stand auf und warf einen Blick auf den Apparat, erklärte, dass sei Mielke – der Minister für Staatssicherheit der DDR. Den Inhalt des Gesprächs verstand ich nicht, es klang so, als ob Wolf ihn irgendwie beruhigen musste. Diese Begebenheit hat mich aber nicht so sehr wegen der Tatsache des offensichtlich bestehenden Kontaktes erstaunt, den hatte ich angenommen, sondern weil Wolf vor dem Abheben des Hörers wusste, wer da sprach. Ich weiß nicht, ob es damals bereits ISDN gegeben hat, vielleicht war es auch nur eine spezielle interne Telefonleitung, auf der nur Mielke anrufen konnte.

---

96 Diese Position hatte er in einem kurzen Text formuliert, den er an das Fernsehen geschickt hatte. Er hatte ihn mir mit dem erwähnten Brief zugesandt. Der Beitrag hatte den Titel „Erste Gedanken zum 8. 11. 89" und befindet sich mit einem kurzen persönlichen Anschreiben von Markus Wolf an die Gruppe Sozialismusprojekt in meinen persönlichen Unterlagen. Dort heißt es u. a.: „Die Avantgarde der Erneuerung der Partei sind unsere jungen Genossen. Das für mich Entscheidende am 8. 11. spielte sich vor dem Gebäude des ZK ab. [...] Im Tagungssaal waren die Genossen noch in die alten Strukturen und die meisten noch in die alten Denkweisen eingebunden. Die alte-neue Führung setzte das traurige Spiel der alten Wochen fort, wich mit dem Rücken an der Wand Schritt und Schritt vor den drängenden Forderungen der Parteibasis zurück, wie vorher dem Druck der Straße. [...] Es ist nur zu hoffen, daß mit dieser provisorischen neuen-alten Führung die Zeit bis zum Parteitag ohne weiteren Vertrauensschwund überbrückt werden kann. [...] Wie stolz war ich am 8. auf unsere jungen Wissenschaftler, die einer nach dem anderen ans Mikrofon traten. [...] Wie sehr haben diese Genossen auf den Generalsekretär und sein Wort gewartet. Und wie sehr wurden sie enttäuscht. Weiter wirken wird ihr Ruf: ‚Wir sind die Partei.' [...] Diese Partei ist mit dem Volk im Aufbruch. Sie ist wieder da und ist nicht der schlechteste Teil des Volkes." Soweit dieser Brief – in dem Stil jener Tage geschrieben, aber doch ein Dokument der damals bei Wolf vorhandenen politischen Vorstellungen für die Entwicklung der SED.

119

Am selben Tag, dem 10. November, fand nachmittags eine Kundgebung der SED im Lustgarten vor dem Dom statt. Sie war offensichtlich durch die Berliner Bezirksorganisation der SED organisiert. Dieter Klein sprach im Namen der Humboldt-Universität als ihr Prorektor von der Offenheit der Situation nach der Maueröffnung, der wir nun durch unsere Politik begegnen müssten.[97] Dort sprach auch ein Arzt der Charité, Thomas Montag, dem ich im Januar auf den Plattformtreffen noch einmal genauer begegnen sollte. Egon Krenz trat auch auf und redete über die Beschlüsse der gerade beendeten Tagung des ZK. Die Stimmung vieler SED-Mitglieder ihm gegenüber war nicht positiv. Er bekam unseren Protest auch zu hören. Es waren Zehntausende, die sich dort, dieses Mal durch die Kreisleitung der Humboldt-Universität und die Berliner Bezirksorganisation der SED aufgerufen, nach Arbeitsschluss versammelten. „Im Lustgarten findet eine Kundgebung der SED statt, auf der sehr kontrovers diskutiert wird, während die DDR-Bürger an den Genossen vorbei in den Westen strömen", heißt es in der *TV-Chronik der Wende*.[98] Das bringt deutlich zum Ausdruck, wie uns die Zeit davonlief.

Der späte Abend des 9. November hatte den Mauerfall gebracht. Es war ein Donnerstag. Am Freitag früh in der Schule, so erzählten mir unsere beiden Jungs am Abend, hätten viele Schüler gefehlt. Alle ihre Freunde, drängelten die Kinder, waren schon im Westen, wir sollten auch da hin. Ich weiß noch, mir widerstrebte das. Rational wusste ich natürlich, es würde nun so bleiben, eine offene Grenze nach den vielen Jahren Abgeschlossenheit, das war auch ein Abenteuer. Neugierig war ich immer gewesen. Doch da war die untergründige Befürchtung, jetzt würde es eine wirtschaftliche Sogwirkung geben, die uns für Reformen nicht mehr viel Zeit lassen würde. So wie ich es schon einmal bei der Beseitigung des Grenzzauns zwischen Ungarn und Österreich im Mai empfunden hatte. Nicht dass die Grenze auf war, sondern wie sie aufgemacht wurde, ohne dass diejenigen, die die DDR erneuern wollten, wirklich vorbereitet waren, das war es, was mich beunruhigte. Gut, aber die Kinder drängel-

---

97 „Der Sozialismus", sagte Klein, „steht zwischen Chance und Untergang. Aber zum erstenmal hat sich die Partei selbst wieder eine Chance gegeben – wenn auch auf wundersamen Wegen." Er kritisierte in Anwesenheit des Generalsekretärs der SED, Krenz, die gerade stattgefundene Tagung des Zentralkomitees und forderte einen Sonderparteitag, um eine neue Führung wählen zu können. Der Text abgedruckt in *Humboldt-Universität*, Nr. 11 – 1989/90, S. 2.

98 *TV-Chronik der Wende*. http://www.chronikderwende.de/_/tvchronik_jsp/key=tvc10.11.1989.html [aufgerufen am 8. 3. 2008].

ten, und schließlich hatte ich in diesen Wochen sowieso viel zu wenig Zeit mit ihnen verbracht. Also setzten wir uns am Sonntagmorgen alle vier in den Trabbi und fuhren durch Weißensee die Ostseestraße in die Bornholmer Straße hinein. Wir mussten lange warten, denn wir waren nicht allein.

Ich war aufgeregt: Würden sie uns ohne Stempel durchlassen? Die Regelung für den Grenzübertritt sprach von einer Genehmigung, die man sich in Form eines Stempels bei der Polizei vorher holen sollte, dafür hatte ich allerdings keine Zeit gehabt. Dann kam die Mauer. Mit dem offenen Tor sah sie aus wie eine ganz gewöhnliche, vielleicht etwas zu massive Betonmauer um ein Grundstück – und hatte doch 28 Jahre lang eine Gesellschaft geformt und Menschen in ihrer Bewegungsfreiheit eingeschränkt. Die Grenzpolizei winkte uns durch, meine Befürchtungen waren grundlos. Wir bekamen nicht einmal, wie es später der Fall sein sollte, ein Behelfsvisum in den Ausweis gestempelt. Wir durchquerten die Grenzanlagen und parkten gleich in der ersten Seitenstraße rechts nach der Brücke.

Mit der U-Bahn kamen wir zum Bahnhof Zoo. Bezahlt werden musste an diesem Wochenende nicht. Wir waren auch noch kostenlos im Aquarium des Westberliner Zoos. Die Straßen im Zentrum waren voller Menschen, überall lagen noch ausgetrunkene Sektflaschen. Mich störte der Dreck. Vor der Gedächtniskirche von einem Wagen von „Kaisers", einer Westberliner Handelskette, warfen Angestellte Kaffeepakete in die Menge meiner Landsleute, die sich um den Wagen ballte. Das empfand ich als würdelos. Das „Begrüßungsgeld" holte ich mir trotzdem ab, an diesem Tag, für meine Frau und mich je 100 DM, für die Kinder jeweils die Hälfte. Wir haben das zusammen mit Geldgeschenken meiner Mutter noch vor dem 1. Juli in unseren ersten Computer verwandelt. Das Geld holten wir in einer Bank in der Kantstraße. Die Kinder bekamen noch jeder einen Sparelefanten, wir eine Schachtel Zigaretten, die wir später noch längere Zeit gut für die Bekämpfung von Blattläusen verwenden konnten – wir rauchen nicht. Wir sind noch einige Zeit durch die Stadt gelaufen, haben dann alle vier einen Döner gegessen, der uns gut geschmeckt hat. Wir waren einige Jahre lang Dönerfans, bis sie uns zu fett wurden. Dann sind wieder zum Trabbi zurück und mit ihm nach Hause gefahren.

Das war unser erster Tag in Westberlin. In den folgenden Wochen wirkte sich die offene Grenze wirtschaftlich negativ aus, wie ich befürchtet hatte. Nicht nur, dass sich der Strom der Auswandernden wieder verstärkte, auch preiswerte DDR-Dienstleistungen und Waren wurden abgekauft. Die Behörden reagierten hilflos: Die Verkäufer sollten den Personalausweis verlangen, wenn sie den Eindruck hatten, hier würde gehamstert! Der aktuelle Wechselkurs in Westberlin, wenn ich mich recht erinnere, fiel in jenen Wochen auf 1 zu 10, zeitweise sogar auf 1 zu 20. Mein Monatsgehalt, immerhin das eines Professors, war in DM weniger wert als das Begrüßungsgeld, das wir beide Erwachsene an diesem Sonntag zusammen bekommen hatten.

Nun eine dritte Erinnerung an die besonderen Tage im November: Am Sonntag, den 19. November 1989, war ich in der Kirche in Alt-Pankow. Ich war seit meiner Kindheit nicht mehr in einer Kirche gewesen, außer wenn ich sie als Kunstwerk anschauen oder ein Konzert hören wollte. Hans Misselwitz, von dem ich zunächst nur wusste, dass er Pfarrer und politisch engagiert war, hatte mich eingeladen. In meinem Kalender steht am 27. Oktober sein Name.

Wir werden uns kurz getroffen haben und er hatte mir eine Diskussion in der Kirche vorgeschlagen. Ich nehme an, er hatte mich über die Veranstaltung im „Haus der Jungen Talente" am 24. Oktober wahrgenommen. Er hatte vorgeschlagen, wir sollten über die Frage diskutieren, welche Strukturen der Öffentlichkeit in der erneuerten DDR eingerichtet werden sollten.

Ich hatte ein gewisses Herzklopfen, immerhin war dieses Treffen das erste öffentliche Gespräch mit einem Vertreter der neuen politischen Gruppen, dazu noch mit einem, den ich bisher nicht kannte. Misselwitz hatte sich als Pfarrer aus Henningsdorf vorgestellt, einer kleinen Industriestadt in der Umgebung von Berlin. Er war, wie er mir beiläufig mitteilte, auch in der neugegründeten Sozialdemokratischen Partei der DDR, SDP, aktiv.[99] Ich kam eine Stunde vor Beginn durch einen Seiteneingang in die Kirche. Dort erwartete mich ein ruhiger, dabei Sympathie ausstrahlender Mann in meinem Alter. Mit ihm war seine Frau Ruth, die engagierte Pfarrerin der Kirche, in der wir uns trafen. Sie erzählte mir, während wir auf den Beginn der Veranstaltung warteten, über die vielfältigen staatlichen Drücke und Repressionen gegenüber der Friedensarbeit

---

99 *Hans-Jürgen Misselwitz* (*1950) studierte Biochemie und arbeitete einige Zeit in der Akademie der Wissenschaften und der Humboldt-Universität, bevor er 1981 wegen Wehrdienstverweigerung seine Arbeit verlor. Er studierte dann Theologie und wurde 1989 Pfarrer in Henningsdorf. Misselwitz ist zusammen mit seiner Frau Ruth Begründer des Pankower-Friedenskreises, er wirkte an der Gründung der SDP mit und war in der letzten DDR-Regierung für die SPD Parlamentarischer Staatssekretär im Außenministerium. In den 1990er-Jahren leitete er die Landeszentrale für politische Bildung in Brandenburg und ist heute im SPD-Vorstand tätig.

122

in der Gemeinde in den vergangenen Jahren. Ihre Erzählung machte mich betroffen. Ich wurde in diesen Wochen und Monaten immer auf ein Thema gestoßen, die Verletzung von Menschen, die nicht der SED angehört hatten, durch die Arroganz der Macht „der Partei", und ich fühlte mich – als Mitglied dieser SED – dabei nicht in der Lage, alle Verantwortung auf unsere Oberen abzuwälzen. Wir Mitglieder hatten ein solches Verhalten durch unsere Duldsamkeit und Anpassung ebenfalls ermöglicht. Und als Reformer trug ich an dieser Last besonders schwer.

Eine dritte Person stellte sich bald ein, mit einem rötlichen Bart, der wild in den Raum spießte. Von Wolfgang Thierse wusste ich, dass er Literaturwissenschaftler an der Akademie der Wissenschaften und Mitglied des Neuen Forums war.[100] Er sollte unser Gespräch moderieren.

Als wir kurz vor 20 Uhr in den Hauptraum traten, zeigte sich, dass anders als in den Wochen vor dem 9. November nur etwa ein Drittel des Raumes gefüllt war. Eine andere Periode des Herbstes hatte begonnen, im September und frühen Oktober waren die Kirchen Schutzraum vor der Gewalt des Staates gewesen, danach waren sie zu einem Raum öffentlicher Anklage gegen die Gewalt gegen Demonstranten und einer Diskussion über Alternativen geworden. Nun jedoch, nach dem Mauerfall, waren die Menschen im Westen, nutzten die neue private Freiheit. Politische Debatten wie diese begannen wieder nur eine Minderheit anzuziehen. Das waren, wenn ich mich richtig erinnere, immer noch hundert Menschen, mir reichte das schon. Aber es war doch auch die heraufziehende Veränderung des Interesses der DDR-Bürgerinnen und Bürger an Öffentlichkeit zu spüren.

Zu Beginn bemerkte Wolfgang Thierse[101], in diesen Tagen, nach der Öffnung der Grenze und den eigenen Besuchen des Westens, sei bei vielen die

---

100 *Wolfgang Thierse* (*1943) studierte Germanistik und Kulturwissenschaft an der Humboldt-Universität, arbeitete dann als wissenschaftlicher Assistent ebendort und ab 1975 als Mitarbeiter des Ministeriums für Kultur. Nach seiner Entlassung aus politischen Gründen war er als Wissenschaftlicher Mitarbeiter am Institut für Literaturgeschichte der Akademie der Wissenschaften tätig. Im Oktober 1989 Mitglied des Neuen Forums, ab Januar in der SDP, im Juni wurde er Vorsitzender der SPD der DDR. 1998 bis 2005 war er Präsident des Deutschen Bundestages.

101 Ich zitiere aus meinen handschriftlichen Aufzeichnungen von diesem Abend, die natürlich nur das wiedergeben, was ich damals verstanden habe bzw. was mir vor dem Hintergrund meines Verständnisses der Situation als wichtig erschien. Bei meinem eigenen Vortrag habe ich zwar den Stichwortzettel, aber ob ich ihn so wie geschrieben abgearbeitet habe, weiß ich nach über 18 Jahren nicht mehr.

Flucht in eine neue Faszination zu beobachten, die des Konsums. Außerdem stellte er fest, dass es bei einem Neuanfang im Staat nicht nur darum gehe, die Verantwortung für die gestrige Katastrophe nur wenigen Personen zuzuschieben. Es gehe um strukturelle Fragen, wie eben bei dem heutigen Thema, der Gestaltung von Öffentlichkeit. Danach gab er das Wort an die Redner.

Hans Misselwitz begann. Er formulierte sein Verständnis vom Stellenwert des Themas Öffentlichkeit: Es gehe dabei um nichts weniger als um die Wiederherstellung von Gesellschaft. Nur in einer funktionierenden Öffentlichkeit könne sich im Gemeinwesen ein gemeinsames Interesse herausbilden. In der DDR (und anderswo im Sozialismus) sei es jedenfalls parallel zur Verstaatlichung der Wirtschaft zu einer Enteignung der Menschen in öffentlichen Angelegenheiten gekommen. Die DDR sei so in eine Krise geraten, eine tiefe Legitimationskrise, der Parteistaat zusammengebrochen. Wichtig seien die wirtschaftlichen Probleme, aber es existiere auch eine Motivationskrise. Nun, in dieser offenen Situation, könne eine Erneuerung der DDR, eine Demokratisierung des Sozialismus in diesem Land, erreicht werden. Möglich sei das deshalb, weil sich weltgeschichtliche Veränderungen vollzogen hätten – ich nehme an, er bezog sich auf Gorbatschow. Darüber hinaus sei das möglich, weil sich in der DDR-Gesellschaft Widerstand gegen die beschriebene absolute Form von Verstaatlichung herausgebildet habe. Die gebe es auch innerhalb der SED. Eine Reform des politischen Systems sei erforderlich, die könne sogar auf Grundlage der gegebenen Verfassung erfolgen, allerdings müsse der Artikels 1 der Verfassung[102] gestrichen werden. Diese Reform müsse als Selbstveränderung und Erkenntnisprozess der Bürgerschaft angelegt sein. Es bedürfe neben den Parteien auch neuer, unabhängiger Gewerkschaften. Die Arbeiter hätten, so habe er in Henningsdorf erfahren, kein großes Interesse mehr an Politik, auch nicht an den neuen Parteien und Gruppen. Insofern seien breitere Interessenvertretungen nötig. Es müssten Bürgerkomitees geschaffen werden, in denen es den Menschen leicht gemacht würde, mitzuarbeiten.

Danach sprach ich. Ich ging von Georg Lukacs aus und seinem Verständnis von Sozialismus als einer auf dem gesellschaftlichen Eigentum an den Wirtschaftsgrundlagen gegründeten Ordnung, die einer entfalteten Öffentlichkeit bedarf. Dann stellte ich fest, dass es in der DDR vor allem an einer öffentlichen

---

102 In Artikel 1 war in einer Verfassungsänderung 1974 die führende Rolle der Partei festgeschrieben worden.

Kontrolle der Macht fehle. Dieses Defizit aufzuheben erfordere viel, zunächst die Garantie der Rechte aller, aber es gehe auch nicht ohne die Mündigkeit, die Urteilsfähigkeit zumindest einer großen Mehrheit der Gesellschaft. Es fehle darüber hinaus an bestimmten Institutionen, einer pluralistischen Medienlandschaft, einer empirischen Sozialwissenschaft. Die Sphäre des Staatsgeheimnisses müsse unbedingt verkleinert werden. Um bei wichtigen staatlichen Entscheidungen die Öffentlichkeit zu sichern, sei es erforderlich, das ganze politische System umzubauen. Die Volksvertretungen auf verschiedenen Ebenen sollten souverän gegenüber den Verwaltungsapparaten werden. Die Kommunen benötigten eine ausreichende Finanzierung für die Erledigung ihrer Aufgaben. Die Elemente der unmittelbaren Demokratie sollten nach meiner Vorstellung erheblich ausgebaut werden. Es müsse einen Pluralismus von Parteien geben sowie die öffentliche Kontrolle über jede der Parteien. Voraussetzung dafür sei eine entwickelte innerparteiliche Demokratie. Eine freie Wahl der Volkskammer sei ebenfalls erforderlich, aber die dürfe nicht frei von politikfähigen DDR-internen Gruppierungen und keinesfalls frei von mündigen Bürgern sein – ich zitiere immer noch meinen Stichwortzettel für den damaligen Abend.

Ich schloss mit einem Ausblick auf die eigenen Nöte und Sorgen, auf meine Furcht vor einer Zuspitzung der Auseinandersetzung, vor dem Verharren im alten Konfrontationsdenken. Das sei für mich am 4. November in solchen Losungen zum Ausdruck gekommen wie: „SED – das tut weh". Eine gewaltfreie sozialistische Reform dieser Gesellschaft könne aus meiner Sicht aber am ehesten gelingen, wenn auch die Reform der SED erfolgreich sein würde.

Dann begann die Diskussion. An ihr nahmen, wie in diesen Tagen häufig, viele der Anwesenden aktiv teil. Einer der Streitpunkte war die nach freien Wahlen, und an mich gerichtet wurde die Frage gestellt: „Wer ist denn berechtigt, die Mündigkeit der Bürger zu messen?" Andere unterstützten meine Überlegung, man könne jetzt noch nicht wählen, erst müsse eine freiere Öffentlichkeit bestehen, die es erlaube, zu größerer Klarheit zu kommen. Allerdings müssten die Vertreter der neuen Gruppen sofort in die Parlamente integriert werden, Verantwortung übernehmen. Auch Hans Misselwitz, so zeigte sich, war nicht für sofortige Wahlen ohne Voraussetzungen. Aber mit der Schaffung jener Voraussetzungen müsse sofort begonnen werden.[103] So sei es

---

103 Das Datum für die Wahlen zur Volkskammer wurde erst Anfang Dezember bei den Verhand-

nötig, eine Presse zu schaffen, die eine wirkliche Öffentlichkeit unterstützen könne. Müssten dafür die Journalisten nicht auch finanziell unabhängig sein, fragte er, sollten Papierkontingente nicht auch anderen als nur denen zugänglich sein[104], die der gerade herrschenden Macht nahestünden?

Die Erfahrungen Polens wurden angesprochen, dort hatte es ja im Sommer halbfreie Wahlen gegeben. Die positive politische Einflussnahme der Kirche auf die Entwicklung in diesem Herbst wurde hervorgehoben. Es wurde auch über die Verantwortung der Situation der SED-Führung für die Misere gesprochen und dass deren Macht noch nicht überwunden sei. Ich wies in diesem Zusammenhang offensichtlich auf die innere Widersprüchlichkeit der SED hin und argumentierte mit der These, es habe immer schon zwei Parteien in dieser einen gegeben.

So verging der Abend, nach über zwei Stunden lebhaftem Gespräch zogen wir Bilanz. Misselwitz und ich stellten fest, dass wir eigentlich viele übereinstimmende Positionen dazu hatten, was jetzt nötig sei. Wir verabredeten, im Gespräch zu bleiben. Dann gingen wir auseinander.

Zwischen Anarchie und Erschöpfung

Im Vorfeld des Sonderparteitages war schon eine wichtige Weiche für mein weiteres Leben gestellt worden: Ich schlug eine mögliche Karriere in der Politik aus. Am 5. Dezember hatte Dieter Klein, der als Stellvertretender Vorsitzender des Arbeitsausschusses der SED zur Vorbereitung des Sonderparteitages agierte, Michael Brie und mich in das Gebäude des ZK geholt, um mit uns und anderen Mitgliedern unserer Gruppe einige Reden des Parteitags der SED vorzubereiten, der auf den 8. 12. 1989 vorgezogen worden war. Dieter saß im Zimmer von Schabowski in der ehemaligen Politbüroetage des Hauses, es war die zweite. Sein Zimmer lag, wenn ich mich recht erinnere, direkt neben dem ehemaligen von Honecker. Vorher hatte in Kleins jetzigem Raum Joachim

---

lungen am Runden Tisch festgelegt, und zwar auf den 7. Mai 1990. Zu Beginn des Jahres wurden die Wahlen dann auf den 18. März vorgezogen.

104 In der Mangelgesellschaft war das Drucken eines Textes oder eines Periodikums nicht nur von der politischen Genehmigung abhängig, sondern auch von der Zuweisung des erforderlichen Papierkontingents.

Hermann, der Chef der ideologischen Arbeit der SED, residiert. Vor uns stand ein Tisch mit vielleicht einem Dutzend Telefonen unterschiedlicher Farbe und Form, die wir aber einfach ignorierten. Im Zimmer befand sich ein moderner Kopierer aus Westproduktion, der uns ein wichtiges Arbeitsmittel wurde.[105] Kurz vorher hatte man den Teppich neu ausgelegt und angeklebt, es roch noch danach. Das Haus machte auf mich einen unheimlichen Eindruck, riesenlange Flure, viele Türen, keine Namensschilder, nur Zahlen. Natürlich war ich auch neugierig auf dieses frühere Machtzentrum meines Landes. Ich wollte diese Örtlichkeit kennenlernen, aber viel Zeit war dafür nicht. Bei Gelegenheit einer Sitzung des Arbeitsausschusses schaute ich mir den ovalen Sitzungssaal des Politbüros der SED an, wo dieses höchste Führungsgremium des Staates einmal in der Woche getagt und alles entschieden hatte. In den letzten Jahren allerdings geschah das offenkundig immer weniger in Kenntnis der realen Probleme des Landes.

Kurz vor dem Parteitag wurde im Haus eine leicht hysterische Stimmung verbreitet. Es grassierte Angst vor Anarchie, da der Sturm der Bürger auf die Bezirks- und Kreisdienststellen der Staatssicherheit im Süden der DDR, in Erfurt Leipzig und Suhl, begonnen hatte.[106] Grund war die beobachtete Aktenvernichtung in diesen Ämtern, die noch am Abend desselben Tages per Anweisung des Leiters des Amtes für Nationale Sicherheit (AfNS), der Nachfolgereinrichtung des Ministeriums für Staatssicherheit, gestoppt wurde. Dieter Klein bekam in seiner Funktion als stellvertretender Vorsitzender des Arbeitsausschusses der SED die internen Meldungen jenes Amtes, die auch der Regierung vorlagen. Sie schienen uns teilweise durch die Behörde selbst manipuliert. In ihnen war zumindest die Lage in besonders schwarzen Farben gemalt worden. Aber auch innerhalb des Sicherheitsdienstes selbst nahmen die Auseinandersetzungen zu. Eine Vielzahl von Abteilungsleitern jenes Amtes, auch zwei frühere Stellvertreter des Ministers für Staatssicherheit Mielke, jetzt

---

105 In der DDR gab es – vorwiegend – aus „Sicherheitsgründen" kaum Kopierer, selbst die Ormig-Abzugsgeräte, also Hektografen, die mit Wachsmatrizen und Spiritus arbeiteten, existierten nur in geringer Zahl und alle Abzüge mussten registriert werden.

106 Am 4. 12. hatten nach dem Eindringen von Demonstranten in Erfurt und Leipzig auch in mindestens 19 weiteren regionalen Dienststellen des Ministeriums für Staatssicherheit solche Besetzungen stattgefunden, nach diesem Überblick waren es auch teilweise Dienststellen im Norden des Landes (Walter Süß: *Staatssicherheit am Ende. Warum es den Mächtigen nicht gelang, 1989 eine Revolution zu verhindern*, Berlin 1999, S. 621.

127

in der Leitung des AfNS, wurden am 5. 12. zum Rücktritt gezwungen.[107] Es gab Häftlingsrevolten in den Strafanstalten der DDR. Die Staatsmacht verlor in diesen frühen Dezembertagen rapide an Autorität.

Christa Wolf und Konrad Weiß riefen zur Bildung von Bürgerkomitees auf, die eine Aktenvernichtung in den Behörden der Staatssicherheit verhindern sollten. Ich erinnere mich, dass ich sehr froh war, als ich von der bevorstehenden Gründung des „Zentralen Runden Tisches" hörte. Einen Tag vor dem Beginn des Sonderparteitages der SED wurde von seinen Teilnehmern die Vorziehung der Volkskammerwahlen (die planmäßig 1991 hätten stattfinden sollen) auf den 6. Mai 1990 beschlossen. Knapp drei Wochen zuvor war es mir für eine Festsetzung eines Wahltermins noch zu früh erschienen. Wir hatten während der Diskussion in der Kirche in Altpankow darüber gesprochen. Jetzt hingegen, in dieser akuten Krisensituation der staatlichen Ordnung, schienen mir Wahlen der einzige Weg zu einer von den Bürgern wieder akzeptierten Macht zu sein. Mit den Krisenerscheinungen nahm aber auch die Zahl von Bürgern zu, die in der Vereinigung mit dem reicheren Deutschland einen möglichen Ausweg sahen. In einer Umfrage, die Ende November durchgeführt und die am 7. Dezember veröffentlicht wurde, sprachen sich 23 % der Befragten gegen eine Wiedervereinigung aus, 29 % waren eher dagegen als dafür, 16 % waren dafür und 32 % eher dafür als dagegen.[108] Schon fast die Hälfte aller Befragten hoffte auf die deutsche Einheit, aber die andere Hälfte war noch dagegen.

Die Arbeitsgruppe von Dieter Klein saß in jenen Dezembertagen an einem Text, der bald als einer der Entwürfe für ein Programm der erneuerten SED veröffentlicht werden sollte.[109] Teile dieses Textes wurden aber auch von Gregor Gysi auf der ersten Sitzung des Sonderparteitages am 8. Dezember 1989 als Referat genutzt. Auf diese Weise kam später unsere Idee eines „Dritten Weges" der DDR in die Debatte des Parteitages. Aber soweit war es noch nicht. Wir hatten in jenen Tagen wenig Zeit und waren gut beschäftigt. Nur

---

107 Bahrmann/Links (FN 60), S. 168.
108 Ebenda, S. 175.
109 „Für eine sozialistische Partei der DDR. Ein Angebot für die Diskussion zum Programm", in: *Neues Deutschland*, 12. 12. 1989, S. 3. Dort werden als Autoren alle damaligen Mitglieder der Gruppe Sozialismusprojekt angegeben (einschließlich Dieter Klein, Hans Wagner, einem Ökonomen der Humboldt-Universität, und Jürgen Jünger, einem Ökonomen aus Leipzig, der in diesen Jahren sehr eng mit Wilfried Ettl zusammenarbeitete).

*Montagsdemonstration in Leipzig im Dezember 1989: Die Gegner der deutschen Wiedervereinigung
waren dort nur noch eine Minderheit.*

zum Schlafen fuhr ich in unsere Wohnung. Die Familie sah ich selten, habe
aber versucht, mich über wichtige Fragen auszutauschen.

Meine Frau hat mir dann auch bei einer Entscheidung geholfen, vor die ich
kurz vor dem Parteitag durch Gerhard Schulz, ein Mitglied des alten Zentralkomitees, der auch zum Arbeitsausschuss gehörte[110], gestellt wurde. Man wollte,
dass ich mich ins Präsidium der SED (das war der neue Name für ihre oberste
Leitung) wählen lasse und dort die Leitung eines Ressorts übernehme, das –
soweit ich mich richtig erinnere – von Schulz mit „Bildung und Schulung"
umrissen wurde. Ich hatte es in der DDR zweimal abgelehnt, eine hauptamtliche Arbeit im SED-Apparat aufzunehmen – einmal in meiner Heimatstadt
Salzwedel, als ich nach dem Gymnasium, das in der DDR „Erweiterte Oberschule" hieß, FDJ-Kader werden sollte; das zweite Mal wollte man mich nach
meinem Studium in die SED-Kreisleitung der Humboldt-Universität schicken.

---

110 In meinen privaten Aufzeichnungen ist dafür der 7. 12. vermerkt. Schulz war in der alten SED
      Leiter der Abteilung für Jugendfragen und ZK-Mitglied, er gehörte also zum Netzwerk Krenz-
      Herger. Durch den Sonderparteitag der SED wurde er zum Stellvertretenden Vorsitzenden der
      Schiedskommission gewählt.

Meine Ablehnung solcher Karrierewege hatte in der alten DDR natürlich vorwiegend den Grund, dass mir die SED-Politik, die ich dann hätte exekutieren müssen, suspekt war. Darüber hinaus war man in einer solchen Stellung in der DDR sogar der Freiheit beraubt, selbst zu kündigen. Man hatte gar keinen Arbeitsvertrag mehr, sondern wurde „berufen", sodass man nicht wieder aus der Laufbahn herauskam. Schließlich aber liebte ich die Arbeit mit Studierenden, war gerne Hochschullehrer und wollte es auch bleiben. Bei meiner Entscheidung im Dezember 1989 spielte natürlich nur noch dieses letzte Argument eine Rolle. Ich wollte kein Berufspolitiker werden, sondern an der Universität bleiben. Außerdem war ich dabei, endlich das zu machen, worum ich mich schon einige Jahre lang bemüht hatte: Ich legte Grundlagen für eine Politikwissenschaft in der DDR.

Ich habe diese Entscheidung gegen eine aktive Politikerlaufbahn kaum jemals bereut. Auf dem Parteitag dann übernahm Lothar Bisky, der Medienwissenschaftler und damalige Rektor der Filmhochschule, den ich persönlich im Herbst kennen und schätzen gelernt hatte, den Bereich Medien und Presse, André Brie wurde für Bildungs- und Schulpolitik verantwortlich.

Frustriert durch den Sonderparteitag: Erneut im Abseits

Der Sonderparteitag in der Halle der „Sportvereinigung Dynamo" in Berlin-Weißensee ist mir durch seine chaotische Betriebsamkeit in Erinnerung.[111] Ich war noch nie Delegierter einer solchen Versammlung (und bin es seither nicht wieder gewesen). Ich erwartete einen begründeten und kritischen Neuanfang, gegebenenfalls nach einer formellen Auflösung und Neugründung der SED. Ich erhoffte mir, dass eine Reihe von Initiativen, die wir für wichtig hielten, so etwa eine Initiative zur Unterstützung von Betriebsräten, die eine Mitwirkung der Belegschaften an den schwierigen Prozessen der Entstaatlichung der Wirtschaft sichern sollten, vom Parteitag beschlossen werden könnte.

---

111 Es liegt ein sorgfältig erarbeitetes Protokoll des Sonderparteitages der SED vor, von Lothar Hornbogen, Detlef Nakath und Gerd-Rüdiger Stephan herausgegeben und 1999 im Karl-Dietz-Verlag erschienen, auf das ich mich außer auf mein Gedächtnis vor allem stütze: *Außerordentlicher Parteitag der SED/PDS: Protokoll der Beratungen.*

Auf dem SED-Sonderparteitag im Dezember 1989,
Tagungsleiter Wolfgang Bergholzer spricht mit Gregor Gysi (im Vordergrund links bzw. rechts).

Es kam etwas anders als gedacht, und das begann schon damit, dass der Parteitag an seinem ersten, sehr langen Beratungstag – der dauerte von 19 Uhr am Freitagabend bis 12 Uhr mittags am Sonnabend, ohne die Möglichkeit sich auszuruhen – sich allein auf die Neuwahl der Leitung der SED beschränkte. Das ging natürlich zu Lasten der dringend erforderlichen inhaltlichen Debatte. Dieter Klein hatte dagegen öffentlich Stellung genommen, war aber mit seiner Meinung nicht durchgekommen.[112]

Bemerkenswert war auch, dass Gregor Gysi in seinem Referat, in dem er Teile unserer Ausarbeitungen verwendete, sehr deutlich gegen unseren zentralen Vorschlag der Auflösung und faktischen Neugründung der SED Stellung nahm. Gysi schlug eine Diskussion über einen neuen Namen der Partei vor, formulierte aber in diesem Zusammenhang: „Die Auflösung der Partei und ihre Neugründung wäre meines Erachtens eine Katastrophe für die Partei." Seine Argumente waren vielfältig, obwohl er vor dem Parteitag wegen seiner Aufgaben an der Spitze der Untersuchungskommission gegen Amtsmissbrauch wenig Zeit für die Ausarbeitung des eigentlichen Referates hatte, dazu jeden-

---

112 Ebenda , S. 66.

falls hatte er sich ausführlich Gedanken gemacht.[113] Er endete mit der Bemerkung: „Kurzum, ich verstehe sehr gut, wie es zu einer solchen Idee kommen kann, aber bei Abwägung aller Folgen wäre eine solche Entscheidung in hohem Maße verantwortungslos. Auflösung und Spaltung der Partei sollten für uns deshalb nicht in Frage kommen."[114]

Als ein Delegierter der Warnowwerft dann in der nachfolgenden, etwas chaotischen Debatte über das Referat einen von vielen Delegierten der Bezirksorganisation Rostock unterstützten Antrag auf die Führung einer ausführlichen inhaltliche Debatte *vor* der Wahl der neuen Führung der SED stellte, rief der Tagungsleiter Berghofer eine Pause aus.[115] Nach der Pause hatte das Tagungspräsidium offensichtlich eine Entscheidung getroffen. Hans Modrow hielt eine Rede, wobei Presse und Fernsehen das einzige Mal auf diesem Parteitag ausdrücklich ausgeschlossen wurden. In ihr plädierte der Ministerpräsident mit sehr grundsätzlichen und emotionalen Argumenten für den Erhalt der SED als Voraussetzung für den Erhalt der DDR und den Erfolg der sowjetischen Perestroika. Er gab besorgte Fragen Gorbatschows wieder: „Werdet ihr die Partei retten? Werdet ihr stark genug sein? Wenn ihr das nicht schafft, auch die Perestroika hängt mit dran." Und er endete noch dramatischer: „Wenn bei der Schärfe des Angriffs auf unser Land dieses Land nicht mehr regierungsfähig bleibt, weil mir, dem Ministerpräsidenten der Deutschen Demokratischen Republik, keine Partei an der Seite steht, dann tragen wir alle die Verantwortung dafür, wenn dieses Land untergeht!"[116]

Danach wurde plötzlich und übergangslos der übermüdeten Delegiertenversammlung (es war kurz vor 2 Uhr am Morgen) von Wolfgang Pohl, einem der neuen Bezirkssekretäre der SED, der jetzt die Versammlungsführung hatte, die Frage gestellt: „Es gab einen Antrag unsere Partei aufzulösen. Es wurde auch dagegen gesprochen. Wer dafür ist, dass wir unsere Partei auflösen, den bitte ich um das Kartenzeichen *(Keine Meldung, Beifall)*."[117] So kann man auch eine gerade keimende Demokratie ruinieren.

---

113 Ebenda, S. 61.
114 Ebenda, S. 61–62.
115 Ebenda, S. 92.
116 Ebenda, S. 95.
117 Ebenda, S. 97.

Ein weiterer Grund meiner Frustration war, dass das Referat über die Entstalinisierung der Partei ausgerechnet von einem Wissenschaftler der Staats- und Rechtsakademie Potsdam gehalten wurde, von Michael Schumann, der mir in den vorherigen öffentlichen Debatten nie durch eine besonders kritische Position aufgefallen war, eher im Gegenteil. Er vertrat Thesen, die denen von Uwe-Jens Heuer in der Staatstheorie entgegengesetzt waren. Das brachte mich zur einzigen Stellungnahme, die ich öffentlich (im Protokoll nachzulesen) abgab. Ich wunderte mich, womit gerade er sich für das Referat gegen den Stalinismus in der SED qualifiziert hatte. Auch darauf bekam ich keine wirkliche Antwort.[118]

Der Parteitag brachte mich zur Erkenntnis, dass wir zwar im unmittelbaren Vorfeld unter den Bedingungen des Machtverfalls der alt-neuen Führung einige Male die politische Initiative hatten ergreifen und dabei einiges hatten erreichen können, jetzt jedoch andere Personen, wer auch immer das im Einzelnen war, das Ruder wieder fest in der Hand hielten. Damit befanden wir uns politisch gesehen wieder in einer ähnlichen Lage wie vor dem Herbst: Wir waren politisch erneut ziemlich einflusslos. Zwar konnten wir jetzt unsere Konzepte und Ideen publizieren, sogar im *Neuen Deutschland*, aber Teile des Parteiapparates schienen wieder die Fäden der eigentlichen Macht fest in der Hand zu haben. Auf dem Parteitag wurde eine Reihe unserer Anträge, auch jener über Betriebsräte, gar nicht in der dafür zuständigen Antragskommission behandelt. Meine persönliche Intervention auf dem Parteitag beim Vorsitzenden der Antragskommission, Klaus Höpcke, mit der ich für die Behandlung oder zumindest Nennung der gestellten Anträge plädierte, wurde brüsk abgewiesen. Ich solle mich, so verstand ich seine unwirsche Ablehnung, an den „Dienstweg" halten, also offiziell nachfragen. Da auch Thomas Falkner in seinem Buch über jene Tage von ähnlichen Erfahrungen mit ordnungsgemäß gestellten Anträgen berichtet, muss wohl davon ausgegangen werden, dass hier durch die Tagungsleitung des Sonderparteitages der SED bewusst das Verfahren der Entscheidung manipuliert worden ist, um den Willen eines größeren Teils der Delegierten zu unterlaufen.[119]

---

118 Ebenda, S. 176.

119 Vgl. Gysi/Falkner (FN 4), S. 108. Aus dem Protokoll des Außerordentlichen Parteitages (FN 109) wird ersichtlich, dass mehrfach nach abgegebenen Anträgen gefragt wurde, siehe z. B. S. 136.

Die Bilanz unserer Gruppe nach dem Sonderparteitag (eine Woche vor Weihnachten) war also wenig glänzend. Uns politisch nahestehende Personen waren in den Parteivorstand gewählt worden – Michael Brie, Thomas Falkner, Klaus Rendgen, auch Lothar Bisky –, aber wir hatten keinen entscheidenden inhaltlichen Einfluss ausüben können auf den Gang des Parteitages, v. a. nicht auf die wichtigsten inhaltlichen Entscheidungen. Trotz des Chaos an der Oberfläche – es gab eine Regie, und die lief an uns vorbei. Wir hatten neu zu überlegen, was zu tun war. Zunächst aber lehnte ich mich erschöpft zurück und versuchte über die Weihnachtsfeiertage mich wieder einigermaßen zu erholen.

Die ununterbrochene Hochspannung der letzten zwei Monate hatte mich an den Rand eines physischen Zusammenbruchs gebracht.

Am 5. Januar 1990 trafen sich einige Mitglieder des Sozialismusprojektes dann bei Hans-Peter Krüger in der Wohnung. Wir waren von einer Reihe von Ereignissen sehr betroffen. Die Kundgebung am 3. Januar, vor zwei Tagen, wurde auch von uns, nicht nur von den Vertretern der neuen Parteien, als Restaurationsversuch alter Kräfte gedeutet. Mit dem Abbau des Parteiapparates ging es nur schleppend voran. In der Frage der Abgabe des undurchsichtigen SED-Parteivermögens an den Staat schien sich gar nichts Konstruktives zu ereignen.

Wir gründeten an diesem 5. Januar eine neue Plattform, weil wir noch hofften, durch öffentlichen Druck auf die neue Partei, die nun SED-PDS hieß, politischen Einfluss ausüben zu können. Einige unserer Freunde hatten „der Partei" bereits den Rücken gekehrt, waren ausgetreten, aber immer noch hatte sie viele Hunderttausend Mitglieder und darunter viele Tausend linke Intellektuelle. Wir selbst zweifelten an der Möglichkeit einer konsequenten Erneuerung dieser Partei, wollten aber nicht gleich aufgeben, riefen zur Gründung der „Plattform Dritter Weg" auf. In diesem Aufruf forderten wir u. a. die Kontrolle über den umfangreichen Parteiapparat und seine zügige Reduzierung sowie die Abgabe des Parteivermögens an den Staatshaushalt. Schließlich forderten wir die SED-PDS u. a. dazu auf, endlich ihr Verhältnis zur Regierung neu zu bestimmen und zu einer Partei wie alle anderen zu werden.

Unser Aufruf wurde am 9. Januar im *Neuen Deutschland* veröffentlicht und wir bekamen eine große Zahl zustimmender Rückmeldungen. Damals hatten wir noch die Unterstützung des Kreisvorstandes der SED-PDS an der Humboldt-Universität, verfügten noch über dessen Infrastruktur. Die Radikalisierung unserer internen Diskussion führte dann am 18. Januar dazu, dass eine

Mehrheit von Vertretern aller bisher in der SED-PDS gebildeten Plattformen im Robert-Koch-Hörsaal der Universität den Vorstand der Partei aufforderte, den Parteitag erneut einzuberufen mit dem Ziel, die SED-PDS unter öffentlicher Kontrolle kompromisslos aufzulösen.

Abgesang im Januar

Die Witterung nach dem warmen Frühlingsherbst ist mir kalt, dunkel und dreckig in Erinnerung. Der Januar 1990 zeichnete sich wohl durch besonders ungemütliches Wetter aus. Am Ende der Clara-Zetkin-Straße, kurz vor der Mauer, die ja noch stand, hatten sich die Vertreter aller Plattformen der SED-PDS im Robert-Koch-Saal des Instituts für Medizinische Mikrobiologie zu einer Versammlung verabredet. Es war an diesem Sonntag, dem 21. Januar 1990, schon das zweite Treffen innerhalb weniger Tage. Die Mehrheit der am Donnerstag versammelten Abgesandten von Basisorganisationen (die Plattformen WF, Dritter Weg, Demokratische Sozialisten und Sozialdemokraten sowie der Kreisvorstand der Partei in der Akademie der Wissenschaften) hatten drei Tage vorher eine Resolution beschlossen, in der es hieß:

> Es ist nicht gelungen, diese Partei zu reformieren. Sie ist ein Sicherheitsrisiko für dieses Land. Die Interessen des Landes stehen über denen der Partei. Deshalb fordern wir die kompromisslose Auflösung der SED/PDS. Der Vorstand muss dies am Sonnabend beschließen.

Der Vorstand hatte dem am vorangegangenen Sonnabend aber mit großer Mehrheit nicht zugestimmt (nur vier seiner Mitglieder standen für eine solche Lösung, u. a. auch Michael Brie und Klaus Rendgen). Nun mussten wir uns neu entscheiden, was zu tun war. Wieder einmal.

Schon bald nach der Verbreitung unserer Erklärung über die Medien hatte sich eine starke Ablehnungsfront innerhalb der SED-PDS entwickelt. Die Kreisleitung der Humboldt-Universität, die seit Anfang November an unserer Seite gestanden hatte, distanzierte sich nunmehr ausdrücklich davon. Im „Großen Haus", dem ZK-Gebäude, das früher Zentrum der Macht in der DDR gewesen war, hatten sich am 19. Januar 1990 jüngere Parteimitglieder versammelt und im Namen einer „Initiativgruppe zur Erneuerung der PDS" teilweise wütende Reden gegen unsere Auflösungsforderung gehalten. Ich war

135

nicht dabei gewesen, aber aus Erzählungen hatte ich den Eindruck gewonnen, dass sich hier die jüngeren Mitarbeiter des Partei- und FDJ-Apparates besonders engagiert hatten. Daneben waren allerdings auch Parteimitglieder aus der Akademie der Gesellschaftswissenschaften und dem Institut für Politik und Wirtschaft sowie der Humboldt-Universität anwesend gewesen, also Teile der SED-Intelligenz, aus der auch wir kamen. Wir hatten anscheinend mit unserem Aufruf vom 18. Januar zur Auflösung und konsequenten Neugründung einer demokratischen und sozialistischen Partei noch einmal eine politische Bewegung ausgelöst. Sie wurde zur zweiten Basisbewegung innerhalb der SED, die den nächsten Parteitag im Februar 1990 dominierte und die Namensumbenennung beschleunigte. Diese zweite Bewegung hatte sich am 20. Januar bereits im Parteivorstand der SED-PDS durchgesetzt.

Nach diesem Vorstandsbeschluss vom Sonnabend, über den uns Michael Brie berichtete, brachen unter den versammelten mehreren Dutzend Plattformvertretern aus Berlin, Potsdam und Leipzig die am 18. noch untergründigen Differenzen deutlicher auf. Nun wurden etwa die Unterschiede zwischen der „Kommunistischen Plattform" und den anderen Plattformen sichtbar, aber auch die „Plattform WF" bezog eine eigene Position. Sie war für ein Verbleiben in der SED-PDS, für eine aktive Reform von innen her.

Neben dem ablehnenden Beschluss des Vorstandes der SED-PDS hatte inzwischen jedoch noch eine weitere wichtige Entscheidung stattgefunden: Am 10. Januar, als wir die Beratung vom Donnerstag, den 18. Januar, vorbereiteten, entwickelte Thomas Montag, ein Arzt aus der Charité, der mir seit November bekannt war, die Idee, wir sollten die reformerisch denkenden Parteimitglieder zu einem Reformflügel zusammenführen. Dieser sollte dann in die SDP eintreten, mit dem Ziel, den dortigen linken Flügel zu stärken. Das Projekt sollte sich zunächst innerhalb der SED-PDS als „Initiative Reformflügel" konstituieren. In meinen Aufzeichnungen finde ich, dass uns in diesem Gespräch v. a. die ungeklärte Frage des Umgangs mit dem riesigen Parteivermögen der SED, darunter die Auflösung ihres Medienimperiums, beschäftigte. Der riesige Parteiapparat sollte nach unserer Vorstellung unter Kontrolle von Entstalinisierungskommissionen der Parteibasis abgebaut werden. Montag verwies auf ein kürzlich stattgefundenes privates Gespräch mit dem ehemaligen Vertreter der Bundesrepublik in der DDR, Klaus Bölling, der gemeint hatte, so ein Eintritt von demokratisch orientierten SED-Mitgliedern in die DDR-Sozialdemokratie sei eine auch innerhalb der westdeutschen SPD unterstützte Idee. Dieser Vorschlag war mir per-

sönlich sehr recht gewesen. Die SDP hatte sich zur Tradition der demokratischen
Arbeiterbewegung bekannt, die mir ebenfalls schon lange sehr wichtig war. Die
Mehrheit der Beratungsteilnehmer am 18. Januar im Koch-Saal hatte sich aller-
dings in der anschließenden Diskussion anders entschieden.

Zwischen dem 18. und dem 21. Januar hatte die Führung der ostdeutschen
SDP diesen Weg endgültig verbaut. Das geschah, als Wolfgang Berghofer, zu diesem Zeitpunkt der Stellvertretende Vorsitzende der SED-PDS und Dresdner
Oberbürgermeister, sowie die Mehrheit der Mitglieder des Bezirksvorstandes
Dresden der SED-PDS zur SDP übertreten wollte. Das wollte die SDP auf keinen Fall und beschloss eine Funktionssperre gegenüber ehemaligen eintrittswil-
ligen SED-Mitgliedern. Eine Gruppe von SDP-Mitgliedern wollte uns frühere
SED-Mitglieder offensichtlich als unerwünschte Konkurrenz um Führungspos-
ten aus der eigenen Partei fernhalten.

Irgendwie ist mir in diesen Januartagen die politische Perspektive abhanden
gekommen. In Grüppchen standen wir am 21. Januar im leicht ansteigenden
Robert-Koch-Saal und suchten nach Alternativen. Ratlosigkeit herrschte. Allent-
halben drängten sich fragende Blicke an mich heran. Wer sich einmal als Leit-
hammel erwiesen hat, wird anscheinend immer wieder als solcher behandelt. Ich
konnte aber eine solche Rolle nicht spielen. Zumindest in dieser Situation nicht
mehr.

Auf der Tagung der Plattformen nach der Information von Michael Brie über
die Sitzung des Parteivorstandes meldet sich Helga Königsdorf. Sie plädiert angesichts der Situation im Lande für einen stillen Austritt aus der SED, um den
Kopf für Trauerarbeit über die gescheiterte Hoffnung auf einen besseren Sozialismus freizubekommen. Rainer Land, der nach einer längeren Vortragsreise
durch die Bundesrepublik Deutschland wieder einmal auf einer Versammlung
von SED-Mitgliedern anwesend war, wollte versuchen, eine neue linke Partei zu
gründen. Das Projekt hatte er schon Ende November 1989 gehabt, als er, frustriert von der Beratungsresistenz der Modrow-Regierung, sich nach Alternativen
umsah. Das wäre wohl die direkte Alternative zum stillen Austritt: die Gründung
einer politischen Konkurrenz zur SED-PDS. Damit sollte die kritische Masse
für eine neue, nicht durch die Verbrechen und Versäumnisse der SED belastete
sozialistische Partei gewonnen werden. Wir hörten, dass sich die Gruppe „Demokratische Sozialisten" aus Leipzig ebenfalls für diesen Weg entschieden hatte. War
die Idee, die im November möglicherweise richtig gewesen wäre, auch noch im
Januar eine aussichtsreiche politische Initiative?

In diese Überlegungen hinein kam von irgendeinem, an dessen Namen ich mich nicht mehr erinnere[120], ein dritter Vorschlag: „Wir werden in Zukunft engagierte Sozialisten in und außerhalb von politischen Parteien haben. Ob es einmal eine starke, demokratische sozialistische Partei in unserem Land geben wird, können wir nicht wissen. Wichtig wäre jedoch, dass wir weiter miteinander über politische Aktionen reden. Lasst den Gesprächsfaden nicht abreißen!" Eine „Arbeitsgemeinschaft Unabhängiger Sozialisten" sollte nach diesem Vorschlag diese Funktion erfüllen. Das schien auch mir eine sinnvolle Alternative zu sein.

Ich hatte nicht die Kraft dazu, einen neuen Versuch des parteipolitischen Engagements mit Rainer zusammen zu starten, mochte mich aber auch nicht völlig aus politischen Initiativen zurückziehen. Ich trug mir in den Kalender den 3. Februar ein, an dem eine solche Beratung im „Audi-Max" der Humboldt-Universität stattfinden sollte. Vorher wollten wir uns aber noch einmal im Kulturhaus des Werkes für Fernsehelektronik treffen, dort, wo wir Ende November die Ablösung von Krenz als Generalsekretär der Partei gefordert hatten.

Als vierte politische Alternative wurde an diesem Abend noch formuliert, ähnlich wie damals Clara Zetkin 1918 nicht in die neugegründete KPD ging, sondern in der USPD blieb, solle man auch heute als kritische Parteimitglieder in der SED-PDS bleiben. Nur in den historisch gewachsenen politischen Strukturen sei es möglich, den Puls der Gesellschaft zu spüren. Nur in einer gewachsenen politischen Partei könne man für die Begründung einer linken Politik kämpfen. Das war der Standpunkt von Parteimitgliedern wie Gregor Gysi, der sich bereits auf dem Sonderparteitag durchgesetzt hatte. Diese Alternative schloss ich damals für mich aus, aber offensichtlich war sie die einzige unserer Alternativen dieses Abends im Robert-Koch-Hörsaal, die in den folgenden Jahren nachhaltige politische Wirkungen zeigen sollte.

Nach Abschluss der Versammlung wurde in einem Nebenraum durch ungefähr 20 Personen, darunter Rainer Land und auch Rosemarie Will, die Gründung einer „Unabhängigen Sozialistischen Partei" vorbereitet. Ich war zwar nur aus Neugierde und in alter Verbundenheit zu den beiden Freunden mitgegangen, konnte mich aber nicht zum Mittun entschließen.

---

120 Ich stütze mich auf meine Aufzeichnungen, den Namen habe ich nicht notiert. Es ist sicher niemand gewesen, den ich gut kannte.

„Deutschland, einig Vaterland!"

Ende Januar gab Hans Modrow nach seiner Rückkehr von einem Besuch in Moskau eine Pressekonferenz. Sie hatte das Motto „Deutschland, einig Vaterland!", das aus der alten Becher-Nationalhymne der DDR entnommen war. Er erklärte, dass sich seine Regierung auf den Zusammenschluss mit der Bundesrepublik orientiere. Noch Anfang Dezember hatte er sich auf dem Sonderparteitag der SED in einer hoch emotionalen Rede für den Erhalt der SED als der zentralen Bedingung für den Erhalt der DDR ausgesprochen. Nun also das. Mir wurde in diesem Augenblick klar, dass ich nicht bereit war, auch diese Wendung mitzumachen.

Ich hörte die Pressekonferenz übrigens in einem Hotelzimmer in Mannheim, wo ich mich gerade zu einem Besuch bei den Politikwissenschaftlern der dortigen Universität zusammen mit Uwe-Jens Heuer und Gerd Quilitzsch aufhielt. Ich begriff, dass ich für die jetzt folgende Politik nicht die Verantwortung als Mitglied der SED-PDS übernehmen wollte, der der Ministerpräsident ja nach wie vor angehörte. Ich entschied mich dafür, aus Anlass dieser Rede aus ihr auszutreten. Viele meiner Freunde waren diesen Weg bereits vor mir gegangen, Hans-Peter Krüger zum Beispiel. Andere, wie Michael Brie und Michael Nelken, blieben drin. Letztlich entschied ich mich also doch für die Variante des stillen Austritts, zu der uns am 21. Januar Helga Königsdorf aufgerufen hatte. Ich informierte noch einige der mir persönlich bekannten Parteimitglieder und legte meine Funktion als Sekretär der Parteiorganisation der Sektion Philosophie nieder. Dann erklärte ich in einem kurzen Schreiben an die Kreisleitung SED-PDS in der Humboldt-Universität meinen Austritt.

3. Von Lebenszeitvergeudung und Lernprozessen in der alten DDR

Das nachfolgende Kapitel blickt zurück aus dem 41. Jahr der DDR auf frühere Zeiten in meinem Leben. Wer sich nicht dafür interessiert, wie es in jenen Jahren innerhalb der SED zugegangen ist, kann die Seiten überblättern und sofort mit dem 4. Kapitel fortfahren.

Auf der Suche nach der verlorenen Zeit

Goethes Egmont suchte, so erinnere ich mich an eine Interpretation aus dem Literaturunterricht bei Wolfgang Preuß im Jahn-Gymnasium[121] in Salzwedel, nach einer Möglichkeit, in wandelnden gesellschaftlichen Umständen die eigene Integrität zu wahren. Standen die DDR-Bürger im Systemwechsel nicht vor einem ähnlichen Problem? Im Wandel gibt es stets auch Momente des Anknüpfens, man muss sich allerdings gut erinnern können und darf sich nicht davor scheuen, Unfertiges zu erblicken. Dem persönlichen Rückblick in die Siebziger- und Achtzigerjahre dienen die nachfolgenden Texte, die sich teilweise auf Dokumente aus jenen Jahren stützen.

Von der Schwierigkeit der Verweigerung in einer Zustimmungsgesellschaft

Ich erinnere mich, wie mir 1976 in Moskau der Parteisekretär der SED-Organisation unter den DDR-Studenten und Zusatzstudenten[122] der Lomonossow-Universität, ein Physiker, der wie ich eine Aspirantur absolvierte, mir seine

---

121 In der DDR hieß dieser Schultyp allerdings „Erweiterte Oberschule". Sie begann mit der 9. Klasse. Das Abitur wurde in der 12. Klasse abgelegt.

122 Zusatzstudenten waren so etwas wie unter heutigen Bedingungen „research fellows", also Wissenschaftler, die in der Regel mit einem eigenen Forschungsprojekt für sechs Monate nach Moskau gingen. Daneben war ihr Ziel, eine für den wissenschaftlichen Lebenslauf wichtige Station zu durchlaufen. Ich habe damals viele interessante Gesprächspartner kennengelernt, mir fallen spontan die Juristin Anita Grandke und die Germanistin Eva Kaufmann stellvertretend für diese Gruppe ein.

Nachfolge antrug, obwohl ich gerade erst einige Monate in Moskau war. Als ich ablehnte, da ich vorhatte, endlich meine ganze Zeit für mein Studium und die Klärung meiner politischen Zweifel und theoretischen Fragen zu nutzen, beschimpfte er mich als „sozialistischen Beamtengeist". Das sollte wohl heißen, ich wurde von ihm als jemand wahrgenommen, der eine berufliche Laufbahn anstrebt, ohne an „die Gesellschaft" zu denken. In der DDR als Zustimmungsgesellschaft war es schwer, „Nein!" zu sagen.

Mit aller mir zur Verfügung stehenden inneren Kraft wehrte ich mich gegen den nun einsetzenden Druck. Ich war der Meinung, dass ich mich im Recht befand. Ich hatte in der Vergangenheit schon genug ehrenamtliche Funktionen übernommen. Allerdings reichte meine Kraft doch nicht, um dem Druck völlig standzuhalten. Ich gab teilweise nach, fühlte mich doch irgendwie „der Gesellschaft" verpflichtet. Wie sollte ich meine Verweigerung begründen, auf dem Boden meiner sozialistischen Überzeugung? Aber ich handelte mir einen Kompromiss aus und wurde statt Sekretär der Abteilungsparteiorganisation, der auf dieser Ebene deutlich zeitaufwändigsten Funktion, Verantwortlicher für Wettbewerb in der Hochschulgruppenleitung der FDJ der DDR-Studenten an der Moskauer Universität. Das war eine relativ unbedeutende und zeitlich deutlich weniger zeitfressende Funktion. Damit hatte ich viel Lebenszeit gespart und mich dennoch symbolisch den herrschenden Normen unterworfen.

So ging es mir früher immer wieder. Ich war zu Verweigerung oder gar Provokationen gegenüber dem System nicht erzogen worden. Wahrscheinlich zog meine pflichtbewusste Haltung diejenigen an, die nach geeigneten Kandidaten für diese oder jene Funktion suchten. Ehrenamtliche Funktionen gab es in der alten DDR wie Sand am Meer. In Abwandlung eines in den Siebzigerjahren bekannten FDJ-Liedes hatte ich gedichtet: „Wir sind die Klasse der Millionen Funktionäre …"[123] In SED, Blockparteien, Gewerkschaft, Jugendverband, GST, DSF, DFD, HGL[124], in Elternaktiven in den Schulen – überall

---

123 Der originale Text lautete: „Wir sind die Klasse der Millionen Millionäre", damit wurde auf das sozialistische Eigentum an den Produktionsbedingungen angespielt, das im Sozialismus der herrschenden Vorstellung nach allen gehörte.

124 Diese Abkürzungen dürften „gelernten" DDR-Bürgern noch vertraut sein, für alle anderen Leser die folgenden Erklärungen: GST – Gesellschaft für Sport und Technik; DSF – Deutsch-Sowjetische Freundschaft; DFD – Demokratischer Frauenbund Deutschlands; HGL – Haus-

wurden ehrenamtliche Funktionsträger gesucht, und ich hatte den Eindruck, überall wartete man nur auf Leute wie mich.

Die Kehrseite war: Es hatte auch persönliche Vorteile, wenn man sich durch Funktionsübernahmen als zuverlässig und systemkonform erwies. In den jährlichen oder zweijährigen Leistungseinschätzungen in der Schule oder im Studium, aber auch im Beruf waren ehrenamtliche Tätigkeiten wichtige Pluspunkte, die kaum durch alleinige fachliche Leistungen zu ersetzen waren.

Von beiden hing die Höherstufung im Gehalt ab oder auch, wichtiger noch, welche beruflichen Angebote man nach dem Studium bekam. Ich hätte mein „Karl-Marx-Stipendium" 1973 sicher nicht allein für meine ausgezeichneten Studienleistungen ohne Engagement in der „gesellschaftlichen Arbeit" bekommen.[125]

Ich erinnere mich, dass ich an dieser Kopplung nichts auszusetzen fand und mich deshalb dafür einsetzte, dass ein Leistungsstipendium, das waren 40 bis 80 Mark monatlich, also ca. 20 bis 40 Prozent des Grundstipendiums, nicht allein für gute Zensuren vergeben werden dürfe, sondern eben ein politisches Engagement einschließen müsse. Diese Normen konnten „wir", die Gruppe von meinungsführenden Studenten, in unserer Seminargruppe auch durchsetzen. Allerdings habe ich mich ebenfalls, zusammen mit anderen, dafür engagiert, dass allein ein ehrenamtliches politisches Engagement auch nicht ausreiche für ein studentisches Leistungsstipendium. Dafür war mir persönlich die fachliche Leistung einfach zu wichtig.

Dass die meinungsführende Gruppe in unserer Seminargruppe mit diesen Forderungen offensichtlich eine Art moralischer Diktatur errichtete, hatte ich vergessen, bis mir sieben Jahre nach der Wende auf einem Seminartreffen Jürgen Harnisch, ein damaliger Mitstudent, vorwarf, wir hätten ihn nicht in seinem Bestreben unterstützt, ein Forschungsstudium[126] aufzunehmen. Ich erin-

---

gemeinschaftsleitung, sie bezeichnete die Selbstorganisation der „Hausgemeinschaften", also aller Bewohner eines Hauses.

125 Es gab in der DDR verschiedene Sonderstipendien, die zentral an eine kleine Zahl von Studierenden verliehen wurden; neben dem Karl-Marx-Stipendium gab es Wilhelm-Pieck- und Johannes-R.-Becher-Stipendien. Genau erinnere ich mich nicht mehr, aber es wurden ca. 20 Studierende in der DDR jedes Jahr mit einem Karl-Marx-Stipendium ausgezeichnet. Ich bekam damals meiner Erinnerung nach monatlich 350 Mark.

126 Ein Forschungsstudium war eine DDR-spezifische Form eines Promotionsstudiums. Es sollte in drei Jahren zur Promotion führen und war mit einem Stipendium ausgestattet.

nerte mich, er war ein kluger Student, aber er war aus „unserer" damaligen
Sicht zu wenig „gesellschaftlich aktiv". Ich weiß heute nicht mehr, ob ich tatsächlich an jener konkreten Entscheidung beteiligt war, die ihm den Weg zu
einer Promotion auf dem Gebiet der Philosophie verbaute, aber ich denke,
damals wäre es mir zumindest nicht schwer gefallen, eine solche Entscheidung
zu vertreten. Ich hätte sie wohl für gerecht gehalten.

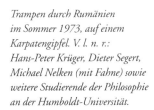

*Trampen durch Rumänien
im Sommer 1973, auf einem
Karpatengipfel. V. l. n. r.:
Hans-Peter Krüger, Dieter Segert,
Michael Nelken (mit Fahne) sowie
weitere Studierende der Philosophie
an der Humboldt-Universität.*

Nach dem Ende des Studiums im Jahr 1974 habe ich den Wert dieses Engagements in Funktionen von politischen Organisationen bedeutend skeptischer
beurteilt. Inzwischen hatte ich meine eigenen ernsthaften Zweifel an dem Wert
solcher ehrenamtlichen politischen Tätigkeit bekommen. Die jeweils zur
Begründung herangezogenen „gesellschaftlichen Interessen" hatten sich auch
für mich erlebbar zu sehr als durch kurzfristige Interessen von übergeordneten
Leitungen bestimmt herausgestellt, sodass ich vorsichtiger wurde. Ich begann
Taktiken der Abwehr zu entwickeln, indem ich zunächst versuchte, mich
durch Junktims der folgenden Art zu retten: „Wenn ich *diese* Funktion übernehme, dann ist das *die einzige für diese Periode.*"

Wirkliche Sicherheit gaben solche Teilerfolge allerdings nicht. Die von mir abgehandelten Zusicherungen wurden bei Bedarf durch die übergeordneten Leitungen einfach gebrochen. Die versprochene „einzige Funktion" blieb dann doch nicht die einzige. Besonders bitter habe ich empfunden, dass mein Versuch, der Armeeausbildung und den Reserveübungen zu entgehen, indem ich mich genau deshalb zu einer Tätigkeit in der Kampfgruppe[127] bereiterklärte, fehlschlug. Ich hatte mich kundig gemacht, wie hoch die zeitlichen Belastungen waren. In den Kampfgruppen war man einige Wochenenden im Jahr, häufig aber nur einen der beiden Tage beschäftigt. Meine Kalkulation kurz nach Geburt unserer beiden Kinder war, dass eine dreimonatige Ausbildung in der NVA fern von der Familie wesentlich größere private Kosten verursachen würde. Zur damaligen Zeit wurde der Dienst in der Nationalen Volksarmee und in den Kampfgruppen als Alternative betrachtet. Es gab im Prinzip keine gleichzeitige Zugehörigkeit zur NVA und zu den Kampfgruppen, da beide verschiedenen Ministerien unterstellt waren. Als dann aber die geburtenschwachen DDR-Jahrgänge herangewachsen waren, änderte die SED-Führung einfach die Regeln und begann, stärker auf jene Hochschulabsolventen zurückzugreifen, die, wie ich, anstelle des 18-monatigen Grundwehrdienstes während des Studiums nur sechs Wochen bei der NVA gewesen waren. 1984 wurde ich also nach Drögeheide, in der Nähe von Uckermünde, zu einer zweiten, dieses Mal dreimonatigen militärischen Grundausbildung eingezogen. Ein Widerspruchsrecht gab es nicht. Man konnte die Einberufung nur etwas verschieben, was ich tat, um Weihnachten nicht in der Kaserne zu sein. Als dann aber unser jüngster Sohn sich im Alter von zweieinhalb Jahren, kaum dass ich in der Kaserne festsaß, den rechten Oberschenkel brach und für 12 Wochen eingegipst im Bett lag und ich natürlich trotz eines Antrags an die Armeeführung auf eine nochmalige Verschiebung nicht entlassen wurde, hinterließ diese Entscheidung tiefe Spuren in mir. Ich erlebte an meiner eigenen Familie, was es bedeutet, dass die politisch definierten Interessen „der Gesellschaft" uner-

---

127 „Kampfgruppe" – in der Langform: „Kampfgruppen der Arbeiterklasse" – bezeichnete eine Art Territorialverteidigung der DDR mit ca. 400.000 Mitgliedern. Daneben hatte sie immer die Funktion der Verteidigung der Macht der SED-Führung. Diese Kampfgruppen wurden in Krisensituationen wie 1953, 1956 und 1961 zur Unterstützung jener Herrschaft eingesetzt, und so sollte es auch 1989 geschehen. Ihre Waffen lagerten bei der Volkspolizei. Diese Einrichtung war in der DDR wie in anderen sozialistischen Ländern Osteuropas Anfang der 1950er-Jahre geschaffen worden.

reichbar hoch über allen individuellen Interessen stehen. Der Apparat entschied, was im gesellschaftlichen Interesse lag, und auch ich als aktiver Genosse war dem ausgeliefert.[128] Dadurch, dass ich es selbst erlebt hatte, begann ich besser zu verstehen, wie arrogant jene DDR-Bürger, die anders als ich nicht mit der SED verbunden waren, diesen Staat und seine Eingriffe in ihr privates Leben empfinden mussten.

Wie ich Parteisekretär wurde

1988 im Herbst wurde mir die Funktion des ehrenamtlichen Sekretärs der SED-Grundorganisation der Sektion Philosophie angetragen. Ich habe das bereits im vorangegangenen Kapitel dargestellt. Nun möchte ich darüber schreiben, welcher Entscheidungsprozess dahinterstand, wenn jemandem eine solche Aufgabe übertragen wurde. Das war die einzige politische Funktion, die ich in der DDR ausgeübt habe, in der ich tatsächlich so etwas wie Macht über Menschen hätte ausüben können. Die einzige Entscheidungsmacht in den Instituten an den Universitäten oder in den Betrieben, die überhaupt nach unten delegiert war, lag zweifellos bei zwei Personen, dem jeweiligen fachlichen Direktor und dem Parteisekretär. Ich hatte in den 14 Monaten bis zu meinem Austritt aus der SED, in denen ich diese Funktion ausübte, zwar keine Entscheidungen über ernsthafte Disziplinierungen von Mitarbeitern oder Studenten zu treffen, aber an anderen Sektionen gab es solche Konflikte bis hin zu Entlassungen. An einigen Entscheidungen über Einstellungen von Mitarbeitern jedenfalls war ich beteiligt, ebenso an der Planung von Ernennungen zu Hochschullehrern, an den regulären Höherstufungen im Gehalt oder an Prämierungen von Mitarbeitern und nicht zuletzt an der Entscheidung darüber, wer „Reisekader" wurde.

Die Idee war, „Reisekader" nach Westberlin in die Bibliotheken zu entsenden, um einfacher an westliche wissenschaftliche Literatur heranzukommen.

---

128 Allerdings begann ich danach als Interessenvertreter anderer eingezogener Reservisten aufzutreten, gerade weil ich die Willkür von Entscheidungen am eigenen Leib erlebt hatte. Als einem Soldaten meiner Kompanie aus Berlin, dessen Mutter schwer krank war, der beantragte Urlaub versagt wurde, ging ich bis zum Politstellvertreter der Einheit und drohte diesem, falls dieser Krankenbesuch weiterhin verweigert würde, mit einer Eingabe an das ZK der SED. Das half.

Nachdem unseren Bibliotheken immer weniger Devisen für den Ankauf von Westliteratur zur Verfügung standen, fiel mir ein, man könne dem abhelfen, indem man an die Bibliotheken Westberlins fährt und dort liest. Das würde jeden nicht mehr als die S-Bahn-Karte hin und zurück kosten, und die gab es in Mark der DDR. Bis zu diesem Zeitpunkt waren nach Westdeutschland und in andere westliche Staaten von unserer Sektion nur „gestandene Genossen" gefahren. Mit dem Rückenwind der „Vorlaufforschung" Dieter Kleins (siehe im Kapitel 2 den Abschnitt zum Sozialismusprojekt) wurde es mir möglich, für diese Gruppe „Reisekader" vor allem jüngere Mitarbeiter vorzuschlagen. Unter den Beantragten war auch ich. Die Ironie der Geschichte war: Es dauerte bis kurz vor dem Mauerfall im November 1989, dass die Genehmigungen für jene Lesereisen vorlagen.

Völlig begriffen habe ich den Grund meiner Wahl zum Parteisekretär der Sektion Philosophie bis heute nicht. Einiges ist mir inzwischen natürlich doch klar geworden. Herangetragen wurde die Frage an mich durch den damaligen Prorektor für Gesellschaftswissenschaften, Dieter Klein. Er bat mich auch, meinen sofort aufkommenden Widerwillen zu verdrängen und im Interesse unseres eigenen Projektes in den sauren Apfel zu beißen. Er hatte ein gutes Argument parat: Als Parteisekretär konnte ich an meiner Arbeitsstelle dafür sorgen, dass die Gegner unseres Forschungsprojektes es schwerer haben würden, dieses zu Fall zu bringen. Das war natürlich wichtiger, als seine beruflichen Chancen zu wahren oder seine Pflicht zu tun. Das Projekt war für mich ein zentraler Teil meiner wissenschaftlichen und politischen Bemühungen, und ich konnte dadurch mehr für seine Sicherung auf der Ebene der Universität tun.

Trotzdem war ich voller Widerstandsgefühle. Als ich Mitte Oktober angesprochen wurde, war mir klar, dass ich diese Funktion in keiner günstigen Zeit übernahm. Die Gegner der sowjetischen Perestroika in der SED-Führung hatten seit dem Herbst 1987, verstärkt aber seit Anfang 1988 zum Sammeln geblasen. Ein Parteisekretär war in vielem stärker dem Druck der politischen Zentrale ausgesetzt. Zumindest würde ich mir in unendlich langen Sitzungen und „Anleitungen" mit den Leuten aus dem hauptamtlichen Parteiapparat immer wieder deren Auslassungen anhören müssen, ohne selbst dazu etwas anderes tun zu können als zu schweigen, höchstens aber ganz vorsichtig Kritik zu äußern. Ich würde gar nicht anders können, als in meinen verschiedenen Rollen als Wissenschaftler und als Parteisekretär zumindest mit mir selbst in Konflikt zu geraten. Meine Lebenszeit würde auf diese Weise in erheblichem Umfang vergeudet werden, das war mir von Beginn an klar. Ich wollte also nicht und hatte bereits begonnen zu erwägen, ob ich den hohen Preis für meine Ablehnung zahlen wollte, indem ich meine Karriere abbrach und die Universität verließ. Aber der mir vertraute ältere Freund und Vorgesetzte, Dieter Klein, überredete mich schließlich, in dieses Joch zu gehen. Seine Argumente waren einfach überzeugend, wie auch die Sicherheit seiner Hilfestellung für mich auf der universitären Ebene. Ich wurde so Teil einer Kaskade des politischen Selbstschutzes von reformorientierten Intellektuellen, jedenfalls in den Grenzen, in denen so etwas damals in den späten Achtzigerjahren in der DDR möglich war.

Unklar blieb hingegen zunächst, warum unbedingt ein Wechsel in dieser Funktion vonstatten gehen musste, denn sie wurde eigentlich zur allgemeinen Zufriedenheit durch einen erfahrenen Hochschullehrer, Wolfgang Eichhorn II[129], ausgeübt. Damals wurde mir das folgendermaßen erklärt: Im fachlichen Arbeitsbereich dieses Parteisekretärs war der dogmatische chilenische Schwiegersohn Honeckers, er hieß Leo Yáñez, welcher am sonntäglichen Kaffeetisch seinem Schwiegervater mit drastischen Worten geschildert hatte, wie unsere Studenten der Philosophie den gegenwärtigen Kurs der SED-Führung kritisierten. Besonderen Eindruck soll die Bemerkung gemacht haben, die Studenten „zweifelten an der Wahrhaftigkeit der DDR-Statistik". Yáñez bemängelte auch, dass der Parteisekretär zu wenig offensiv dagegen gehalten habe. Wolfgang Eichhorn war sicher ein Mensch der Kompromisse mit der DDR, vielleicht deshalb, weil er sich als Arbeiterkind und ehemaliger Absolvent einer Vorstudienanstalt für Arbeiter- und Bauernkinder (der Arbeiter- und Bauern-Fakultät – ABF) der SED-Politik persönlich sehr verpflichtet fühlte.

Nach diesem Kaffeegespräch im DDR-Olymp wurde der damalige Bezirkssekretär von Berlin, Günter Schabowski, beauftragt, den „Sumpf bei den Philosophen" zu besichtigen und gegebenenfalls trockenzulegen. Schabowski aber hatte ein genaueres Gespür für die Stimmungen als Honecker und wusste, dass solche Kritik seitens der Studenten in der eigentlichen Bevölkerung durchaus üblich war und keine besondere „konterrevolutionäre" Position verkörperte. Nur musste er ja was machen, um seinen Chef zu beruhigen, also erkannte er: Eichhorn musste aus der Schusslinie genommen werden. Scha-

---

129 In der DDR gab es zwei Personen dieses Namens, die beide als Professoren der Philosophie wirkten, der andere, Eichhorn I, war Bereichsleiter an der Akademie der Wissenschaften.

bowski wollte dafür jemanden einsetzen, der nicht so nahe mit dem Schwiegersohn zusammenarbeitete. Möglichst sollte es ein jüngerer Genosse sein, nach dem üblichen Motto der SED nach 1945: „Der Jugend Vertrauen und Verantwortung!" Ich vermute, Dieter Klein, von Schabowski zu Rate gezogen, hatte dann meinen Namen mit den entsprechenden Hintergedanken erwähnt. Nun hatte ich also diese Kärnerarbeit am Hals und kam die nächsten Monate wieder kaum zu meinen eigentlichen Angelegenheiten. Aus dieser Zeit stammen die folgenden Dokumente, die den Alltag eines ehrenamtlichen Parteisekretärs an einer Sektion der Humboldt-Universität im letzten Jahr der alten DDR erhellen sollen. Das kann hoffentlich dazu beitragen, den Schleier einer Mystifizierung wegzunehmen, die bei Beobachtern vorherrscht, welche dem SED-Milieu fremd sind. Selbst Parteisekretäre, die ohne Zweifel häufiger durchaus willige Instrumente des Machtapparates oder zumindest gezwungenermaßen dessen Vollzugsorgane waren, konnten in der späten DDR einen eigenen Willen entwickeln und eigene Wege beschreiten. Und einige der Personen, die ich im Herbst 1989 kennenlernte, wie der Parteisekretär der Juristen an der Humboldt-Universität, Norbert Frank, oder die beiden Parteisekretäre der Berliner Großbetriebe Bergmann-Borsig und Werk für Fernsehelektronik, der letztere hieß Robert Kredig, haben im Herbst 1989 eine Menge Eigensinn entwickelt und Verantwortung bewiesen. Die nach der Wende häufig geäußerte pauschale Verdächtigung, dass in der SED in politischen Funktionen vom APO-Sekretär an aufwärts nach 1985 nur noch Gegner der sowjetischen Perestroika gesessen hätten, stimmt so pauschal jedenfalls nicht.

Was berichtet und was verschwiegen wurde

Kaum war ich am 1. November 1988 in die Funktion gekommen, wurde mir vom damaligen Ersten Sekretär der SED-Kreisleitung der Universität, Harry Smettan, mitgeteilt, dass es die Einrichtung regelmäßiger persönlicher Berichte der Parteisekretäre der Sektionen an ihn gebe. Die normalen Berichte wurden in den Parteileitungen abgesprochen und gingen dann den Dienstweg, was hieß, an den Zweiten Sekretär der SED-Kreisleitung. Diese Berichte waren natürlich keine aufrichtigen Informationen, sondern spiegelten die Welt, so wie sie oben gesehen werden wollte, und waren bestenfalls mit kritischen Splittern verziert.

148

Sie dienten eher dazu, „die da oben" zu beruhigen, und uns „da unten" die nötige Ruhe zu gewähren. Die „persönlichen Berichte", die es als Institution des Berichtswesens wohl auch zwischen den Ersten Kreissekretären und den Ersten Bezirkssekretären sowie zwischen jenen und dem Generalsekretär Honecker gab, sollten dem gefühlten Defizit an Wahrhaftigkeit abhelfen. Ich denke aber, das war ebenso ein Wunschtraum wie auch die trügerische Hoffnung, über die Berichte der Staatssicherheit alles ungeschminkt über das „Leben selbst" zu erfahren. Information ist nie neutral, sondern reflektiert immer die soziale Beziehung der daran beteiligten Personen. So war es auch bei meinen eigenen Berichten an Smettan. Ich will das an einem dieser Texte darstellen, den ich in meinen Unterlagen als handschriftliche Kopie gefunden habe.[130]

> Persönlicher Bericht über eine Diskussion in der GOL am 10. 5. 89 (geschrieben am selben Tag):
> Am 10. 5. fand eine Diskussion zu aktuellen politisch-ideologischen Problemen statt, auf der von Genossen Studenten wie von Genossen des Lehrkörpers kritische Positionen zum Artikel von H. Wolf u. W. Schneider „Zur Geschichte der Komintern", der am 6./7. 5. 1989, auf S. 9–10 im Neuen Deutschland veröffentlicht worden ist, geäußert wurden. Diese Diskussion widerspiegelt die allgemeine (überwiegende) Meinung der Mitglieder der Grundorganisation. Ich möchte die Hauptargumente wiedergeben: Einige jüngere Genossen erwogen, sich an das ND zu wenden, ich konnte sie aber von diesem Vorhaben abbringen.
> Der besagte Artikel zeichnet nach Meinung der Genossen ein sehr subjektives Bild von der Geschichte der Komintern und erweckt unberechtigt den Eindruck, eine repräsentative Position von DDR-Historikern widerzuspiegeln. Der Artikel polemisiert aber gegen die Position ernsthafter Historiker der UdSSR (nicht gegen zweifelhafte Publizisten). Der zitierte Prawda-Artikel erschien, wie die anderen Artikel zur sowjetischen Geschichte, unter Redaktion des Direktors des IML[131], Smirnow. Dazu ist die Polemik an einigen Stellen insofern unsachgemäß, als die die Intension des sowjetischen Artikels nicht richtig wiedergibt (z. B. die Stelle zum Nichtangriffspakt von 1939). Der Stil der Argumentation ist an einigen Stellen angesichts der Kompliziertheit der zu klärenden Fragen zu emotional, zuviel rhetorische Fragen, überhaupt zu viele Fragen und Ausrufezeichen in einem Text.

---

130 Dieser Bericht beschäftigt sich nicht, wie es scheinen mag, mit einer marginalen Frage. Für uns Mitarbeiter und Studenten der Sektion Philosophie waren Fragen der Geschichte der Sowjetunion ein wichtiger Arbeitsgegenstand. Im Verlaufe der Gorbatschow'schen Perestroika war eine heftige Debatte über die Neuinterpretation dieser Geschichte in der Sowjetunion selbst ausgebrochen. Die SED-Führung hingegen blieb bei den dogmatischen Interpretationen der Stalin-Zeit.

131 Die Abkürzung steht für „Institut für Marxismus-Leninismus beim ZK der KPdSU".

Zwei Dinge wurden mehrfach erwähnt:

1. Solche Artikel erleichtern nicht die ideologische Arbeit, sondern schaffen unnötige Probleme („so können wir nicht in die politisch-ideologische Offensive kommen"),

2. Wir können nicht die seit dem Oktober 1987 von der KPdSU bezogenen Positionen zu deren eigener Geschichte verschweigen (etwa die politische Rehabilitierung von Bucharin, Sinowjew und Kamenew[132], die weitergehende Einschätzung der Kollektivierung gegenüber der Rede vom Oktober 1987[133], die Konsequenzen daraus für die Einschätzung Stalins), in unseren Publikationen keine Übersetzungen ernsthafter sowjetischer Historiker bringen, und dann noch solche polemischen Artikel publizieren, aber den Gegenstand der Kritik nicht einmal richtig wiedergeben. Wir sollten keine andere Geschichte der KPdSU schreiben wollen, als die KPdSU selbst.

Soweit die Position der Genossen der GOL, die sich äußerten, eine Position, in der sich eine breite Stimmung der Mitglieder unserer GO ausdrückt.

Mit sozialistischem Gruß!

Dieter Segert

Dies ist eine relativ authentische Stimmungsskizze, in der meine eigene Empörung über die Anti-Perestroika-Front wohl deutlich genug wird. Selbst meine Ablehnung der auf Initiative von Honecker ausgearbeiteten „Handreichung zur Geschichte der KPdSU", womit eine Geschichte der KPdSU aus Sicht der SED für das eigene Parteilehrjahr geschrieben wurde, habe ich in den Text hineinformuliert. Eher taktischer Natur war einzig meine Bemerkung am Ende des ersten Absatzes über die „fiktive Verhinderung" eines Briefes junger Genossen an das ND: In meinem Sitzungsbuch habe ich an diesem Tag keine solche Absicht irgendeines Mitglieds der Leitung notiert. Offensichtlich hatte niemand die Absicht, sich an das *Neue Deutschland* zu wenden, was ja auch sinnlos war, weil ein solcher Brief nie abgedruckt worden wäre.

Mir ging es um folgendes: Ich wollte bei meinem Kreissekretär den Eindruck einer deutlichen Unzufriedenheit unserer Leitungsmitglieder mit der Politik der Führung in einer zentralen Frage des SED-Geschichtsverständnis-

---

132 Diese Personen waren Führer der Partei Lenins in der Oktoberrevolution. Sie wurden in Schauprozessen der 30er-Jahre durch Stalin liquidiert und zu Unpersonen gemacht, tauchten also in keiner offiziellen Geschichtsdarstellung auf, bis ihr Ansehen 1988 durch die KPdSU (nicht aber durch die SED) wiederhergestellt wurde.

133 Hier wird Bezug genommen auf eine Rede Gorbatschows anlässlich des 70. Jahrestages der Russischen Oktoberrevolution von 1917.

ses etwas abmildern, indem ich auf meine eigene Zuverlässigkeit bezüglich der Berücksichtigung der Interessen der Universität hinwies. Die verdeckte Botschaft dieses Satzes lautete dann etwa wie folgt: „Lieber Harry, Du kannst Dich auf mich verlassen, ich lasse die Probleme im Rahmen ‚unserer' Universität, lasse nichts nach oben dringen, verhindere so unangenehme Nachfragen oberer Leitungen an Dich." An Ruhe war natürlich auch ein Harry Smettan interessiert. Und ich hatte so auch unsere Kritik loswerden können.

Nachdenken über die verlorene Zeit

Vieles von dem, was mich damals bewegt hat, liegt mir heute sehr fern und es fällt mir teilweise schwer, einen Sinn darin zu finden. Gut in Erinnerung ist mir der bereits erwähnte ungeheure Zeitaufwand für das, was allgemein in der DDR als „gesellschaftliche Arbeit" bezeichnet wurde. Um ein gewisses Bild davon zu vermitteln habe ich im Folgenden drei durchschnittliche Wochen des Jahres 1989, vor dem Beginn des Herbstes, herausgegriffen und die in meinem Notizbuch enthaltenen dienstlichen Termine aufgeschrieben. Private Angelegenheiten werden in diesem persönlichen Zeitbudget natürlich nicht erwähnt. Wichtige Besprechungen über Angelegenheiten meiner eigenen Forschungsarbeit habe ich aber ebenfalls aufgenommen. Wo überhaupt keine Termine eingetragen waren, habe ich, leider in diesem Jahr eine viel zu seltene Angelegenheit, die Zeit für die eigene Arbeit an wissenschaftlichen Texten oder zur Vorbereitung von Lehrveranstaltungen genutzt.

Woche vom 6. bis zum 12. März 1989

Montag:

8.15–11.00 Uhr:	Bereichssitzung, Gewerkschafts- und Parteigruppenversammlung
11.30 Uhr:	Gespräch mit Sektionsdirektorin und BGL-Vorsitzenden[134]
14.00–15.00:	Teilnahme an der Parteigruppensitzung Phil. NaWi
15.00–17.00:	Teilnahme an APO I (Studenten): MV zu Ungarn
Ab 17 Uhr:	Teilnahme an FDJ-GOL

---

134 Die Abkürzungen, damals jedem DDR-Bürger oder zumindest denen an der Universität bekannt, müssen heute natürlich erklärt werden: BGL – Betriebsgewerkschaftsleitung; Phil. NaWi – Philosophische Probleme der Naturwissenschaften, ein Gebiet der marxistischen

151

Dienstag:

8.00–10.00 Uhr:	Eigene Vorlesung
10 Uhr:	Beginn des Arbeitskreises Heuer[135]
Ab 14.30 Uhr:	Parteilehrjahr am „Deutschen Theater" (nach meinen Notizen zu aktuellen Entwicklungstendenzen der sozialistischen Demokratie)

Mittwoch:

12.00 Uhr:	Gespräch mit einem Mitglied der FDJ-GOL
15.00 Uhr:	Gespräch mit der stellvertretenden SED-GOL-Sekretärin
Ab 16.00 Uhr:	Sitzung der SED-GOL

Donnerstag:	Keine Sitzungstermine

Freitag:

15.00–17.00 Uhr:	Vortrag im Parteilehrjahr im Verlag Volk und Wissen (zur Parteikonferenz der KPdSU im Sommer 1988)

Sonnabend:

Ab 11.15 Uhr:	Saubermachen in der Schule der Kinder („Subbotnik"[136])

Sonntag:

19-? Uhr:	Gespräch mit den anderen beiden anderen Autoren des Sozialismusprojekts Michael Brie und Rainer Land

Woche vom 3. bis zum 9. April 89:

Montag:

8.00 Uhr:	Gespräch mit dem 1. Kreissekretär SED (wahrscheinlich zur Vorbereitung des Termins am Mittwoch)
12.00–14.00 Uhr:	Gespräch mit stellvertretenden Direktor der Sektion Philosophie für Forschung

---

Philosophie; GOL – Grundorganisationsleitung; MV – Mitgliederversammlung; FDJ – Freie Deutsche Jugend, die einheitliche DDR-Massenorganisation aller Jugendlicher.

135 Vgl. im Kapitel 2 im Abschnitt zum Sozialismusprojekt die Ausführungen zum Arbeitskreis Heuer „Wirtschaft, Staat, Recht sozialistischer Länder".

136 Diese Arbeitseinsätze erfolgten auf freiwilliger Grundlage durch die Eltern. Es fehlte in den Schulen an Reinigungspersonal.

Dienstag:

8.00–10.00 Uhr: Eigene Vorlesung

10.15–12.00 Uhr: Theoretische Diskussion im eigenen Fachbereich

13.00–15.00 Uhr: Eigene Vorlesung

16.00 Uhr: Gespräch in der SED-Kreisleitung mit dem Vorsitzenden des „Serbischen Bundes der Kommunisten" der Stadtorganisation Belgrad.

Mittwoch:

10.00–14.00 Uhr: Seminar aller Parteisekretäre und Sektionsdirektoren der Sektionen Philosophie der DDR in der Abteilung Wissenschaften des ZK der SED (Ich hatte einen Beitrag zu halten)

15.00–16.00 Uhr: Gespräch mit einem Mitglied der FDJ-GOL

Ab 16.00 Uhr: Sitzung der SED-GOL

19.30:   Diskussion im Studentenklub über das Konzept einer eigenen studentischen Zeitung

Donnerstag:

9.00–12.00 Uhr: „Tag des Parteisekretärs" (monatliche Anleitung durch die SED-Kreisleitung)

13.00–15.00 Uhr: Bereichssitzung zu Fragen der Lehre

Freitag: Keine Termine

Sonnabend: Keine Termine

Sonntag:

14.00 Uhr: Diskussion zum Projekt „Politikwissenschaft in der DDR" (mit G. Quilitzsch und U.-J. Heuer)

Woche vom 8. bis zum 15. Mai 89:

Montag:

Ab 8.00 Uhr: Gespräch beim PGW[137] (über die Studie zur Gesellschaftsstrategie der SED)

13.00–15.00 Uhr: Dienstbesprechung in der Sektion (Staatliche Leitung, Parteisekretär, BGL-Vorsitzender)

Ab 15.00 Uhr: APO-Mitgliederversammlung im Lehrkörper

Dienstag:

8.00–10.00 Uhr: eigene Vorlesung

---

137 Zu den Abkürzungen: PGW – der Prorektor für Gesellschaftswissenschaften an der Humboldt-Universität Dieter Klein; APO – Abteilungsparteiorganisation (es gab an der Sektion Philosophie in Berlin eine des Lehrkörpers, zwei der Studenten).

11.00–13.00 Uhr: Gespräch mit H. Petsch, einer beteiligten Autorin der Studie des
Sozialismusprojektes zur SED-Gesellschaftsstrategie

16.00 Uhr: Vorbereitung der Sitzung des Arbeitskreises Heuer

Mittwoch:

11.00–11.30 Uhr: Vorbereitung der Sitzung der SED-GOL mit meiner Stellvertreterin

11.30 Uhr: Gespräch mit Bereichsleiter „Dialektischer Materialismus", Götz Redlow

13.00–15.00 Uhr: Bereichsleiterbesprechung in der Sektion Philosophie

15.00–16.00 Uhr: Persönliches Gespräch mit einem SED-Mitglied aus dem Lehrkörper

16.00 Uhr: Beginn der Sitzung der SED-GOL

20.00 Uhr: Philosophische Gesprächsrunde bei W. Teichmann, stellvertretender
Chefredakteur der Zeitschrift für Philosophie.

Donnerstag: Keine Termine

Freitag:

19.00 Uhr: Arbeitskreis Heuer

Sonnabend:

9.00 Uhr: Eröffnung Kreisleistungsschau

17.30–20.00 Uhr: Forum in der Humboldt-Universität zu Fragen der Demokratie

Sonntag: Keine Termine

Wenn man sich diese drei Wochen ansieht, kann man ungefähr ermessen, wie viel Zeit für das bloße Bewegen des Mechanismus der Macht aufgebracht wurde. Ich war nicht nur ehrenamtlicher Parteisekretär, sondern hatte auch die staatliche Funktion eines Bereichsleiters. Aber ich wollte auch meiner fachlichen Verantwortung, an der Leitung dreier Forschungsprojekte teilzunehmen, in guter Qualität gerecht werden. Das bedeutete für mich eine ständige zeitliche Überlastung. Macht es Zweck, jener Zeit hinterherzutrauern? Sie zu suchen? Ihren Sinn zu verstehen?

Die Zeit ist unwiderruflich weg, das ist trivial, es ist ja immer so, auch wenn wir normalerweise nicht ständig darüber nachsinnen. Aber in einem gewöhnlichen Leben, in dem solche grundlegenden Brüche von Gesellschaften nicht auftreten, kann jene verstrichene Zeit so etwas wie ein Stein in einer Mauer sein, auf der anderes aufbaut, auf welcher man später stehen und weiter blicken kann.

Ich habe natürlich viele Dinge getan in den Jahren vor 1989, die mir auch heute noch sinnvoll erscheinen, aber mindestens ebenso viele meiner zeitauf-

154

wändigen Unternehmungen sind durch das Ende der DDR erheblich entwertet worden. Auf diese Steine konnte ich fortan nicht mehr bauen. Für einige von ihnen musste ich mich nach 1990 politisch rechtfertigen. Noch 2002, bei meiner Einstellung durch die Bundeszentrale für politische Bildung, musste ich, wie jeder andere ehemalige DDR-Bürger bei einer Einstellungen im öffentlichen Dienst der Bundesrepublik, einen speziellen Fragebogen ausfüllen, in dem nach meinen Funktionen in der SED und den Massenorganisationen der DDR gefragt wurde. Diesen Fragebogen, wie gesagt, gibt es bis heute und nur für ehemalige DDR-Bürger. Die früheren Bürger der alten Bundesrepublik müssen nicht erklären, warum sie irgendeiner politischen Partei angehörten, wieso sie im Laufe ihres Lebens aus einer Partei aus- und in die andere eingetreten sind, oder ob sie eventuell dem KBW, der KPD-ML oder aber der DVU oder der NPD angehört haben.

Debatten über Biermann in Moskau

Im nachfolgenden Abschnitt des Kapitels berichte ich über eine politische Auseinandersetzung während meines Doktoratsstudiums an der Moskauer Lomonossow-Universität. Ich möchte damit exemplarisch auf Grundlage meiner Erfahrungen zeigen, wie viele Hindernisse dem kritischen Denken innerhalb der SED entgegenstanden. Wolfgang Biermann wurde indirekt zum Gegenstand der Debatte, weil seine Ausbürgerung durch die SED-Führung im Herbst 1976 in der DDR ein kleines Erdbeben ausgelöst hatte.

Nachfolgend ein Stimmungsbild aus dem *Neuen Deutschland* des November 1976. Am 17. November wurde in der zentralen SED-Zeitung (dem „Zentralorgan") auf S. 2 unter der Überschrift „Biermann das Recht auf Aufenthalt in der DDR entzogen" lapidar Folgendes mitgeteilt:

> Die zuständigen Behörden der DDR haben Wolf Biermann, der 1953 aus Hamburg in die DDR übersiedelte, das Recht auf weiteren Aufenthalt in der Deutschen Demokratischen Republik entzogen.
>
> Diese Entscheidung wurde auf Grund des „Gesetzes über die Staatsbürgerschaft – vom 20. Februar 1967", Paragraph 13, nach dem Bürgern wegen grober Verletzung der staatsbürgerlichen Pflichten die Staatsbürgerschaft der DDR aberkannt werden kann, gefaßt.

155

Biermann befindet sich gerade in der Bundesrepublik Deutschland. Mit seinem feindseligen Auftreten gegenüber der Deutschen Demokratischen Republik hat er sich selbst den Boden für die Gewährung der Staatsbürgerschaft der DDR entzogen.

Sein persönliches Eigentum wird ihm – soweit es sich in der DDR befindet – zugestellt.

Auf derselben Seite findet sich unter der Überschrift „Angemessene Antwort auf feindseliges Auftreten gegen DDR" ein Kommentar, unterschrieben mit „Dr. K.": „Weshalb wurde diese Maßnahme notwendig?" Am 13. November sei Biermann, so der Kommentator, in einem Konzert in Köln gegen die DDR aufgetreten.

Schon jahrelang hat er unter dem Beifall unserer Feinde sein Gift gegen die DDR verspritzt. Dabei wurde er von den gehässigsten Gegnern der DDR noch angestachelt und hochgejubelt. Unser sozialistischer Staat hat mit diesem Treiben viel Geduld gehabt, eher zuviel als zuwenig.

Dann wird einiges aus dem Programm Biermanns angedeutet und fortgefahren:

[…] bringt er es fertig, die Arbeiterklasse, deren Leistungen bei uns hoch geehrt werden, zu beschimpfen. Die Arbeiter in der DDR brauchen keinen „Dichter", der ihnen andichtet, sie seien Gauner und Diebe.

Der Kommentar schließt folgendermaßen:

Die Arbeiterbewegung hat es immer wieder mit Leuten zu tun gehabt, die innen ganz schwarz waren, sich aber eine rote Mütze aufgesetzt hatten. Für die Betreffenden ging es meist nicht lange gut, den Sozialismus haben sie nicht aufgehalten.

Das wäre nach Auffassung der Initiatoren dieser Mitteilungen aus dem *Neuen Deutschland*, die sich im Politbüro der SED befanden, alles gewesen, was man zur Ausbürgerung in den DDR-Medien hätte lesen sollen, wenn nicht an jenem Tag etwas Unvorhergesehenes passiert wäre. Am 17. November 1976 wurde durch 13 bekannte DDR-Künstler eine Erklärung unterschrieben, die zuerst an die Redaktion des ND gegeben wurde, aber, da sie dort nicht erschien, nach dem Verstreichen einer Sperrfrist über die Nachrichtenagentur AFP veröffentlicht wurde.[138] Ihr schlossen sich bis zum 19. November über 80 Unterzeichner an.

---

138 In dieser Erklärung, die wir damals in Moskau nicht kennen konnten, heißt es: „Wolf Biermann war und ist ein unbequemer Dichter – das hat er mit vielen Dichtern der Vergangenheit gemein.

Das war eine in der Geschichte der DDR bis dahin nicht geübte Form des kollektiven öffentlichen Protestes von DDR-Intellektuellen gegen die SED-Politik.

Das alles stand aber natürlich nicht im *Neuen Deutschland*. Dort wurde erst wieder in der Wochenendausgabe vom 20. und 21. 11. über Biermann berichtet. Diese Ausgabe des ND vor allem war es, die die DDR-Studenten in Moskau alarmiert hatte: Sie hatten ja weder die Übertragung des Konzerts in Köln durch das Westfernsehen gesehen – anders als viele DDR-Bürger –, noch kannten sie den Brief der 13 DDR-Schriftsteller gegen die Ausbürgerung. Selbst der Name des Betreffenden (Wolf Biermann) war ihnen, wenn sie nicht sehr gut informierte Kinder von hauptstädtischen Intellektuellen waren, unbekannt. Ich hatte ihn ja auch nicht gekannt, als ich aus Salzwedel nach Berlin zum Studium kam. Angesichts dieser Umstände hatten sie den Eindruck, dass ständig an ihnen vorbei geredet wurde über eine Sache, die aber doch wohl eine große Bedeutung hatte, weil sie im „Zentralorgan" so prominent behandelt wurde. Die Seiten 3 und 4 der Zeitung waren mit Stellungnahmen von Künstlern der DDR gefüllt. Dieser Aufwand erklärt sich erst, wenn man den großen positiven Widerhall der Protesterklärung unter den Künstlern und anderen Intellektuellen der DDR kennt.

„Wir sind es gewohnt, mitzudenken. Stellungnahmen und Erklärungen von Künstlern und Kulturschaffenden unserer Republik zur Aberkennung der DDR-Staatsbürgerschaft Biermanns", unter dieser Überschrift wurden unter anderem die Stellungnahmen des Sängers Ernst Busch, des Stellvertretenden Vorsitzenden des DDR-Schriftstellerverbandes, Hermann Kant, und des Vorsitzenden des Verbandes der Bildenden Künstler der DDR, Willi Sitte, abge-

---

Unser sozialistischer Staat, eingedenk des Wortes aus Marxens ‚18. Brumaire', demzufolge die proletarische Revolution sich unablässig selbst kritisiert, müßte im Gegensatz zu anachronistischen Gesellschaftsformen eine solche Unbequemlichkeit gelassen nachdenkend ertragen können. Wir identifizieren uns nicht mit jedem Wort und jeder Handlung Wolf Biermanns und distanzieren uns von den Versuchen, die Vorgänge um Biermann gegen die DDR zu mißbrauchen. Biermann selbst hat nie, auch nicht in Köln, Zweifel darüber gelassen, für welchen der beiden Staaten er bei aller Kritik eintritt. Wir protestieren gegen seine Ausbürgerung und bitten darum, die beschlossenen Maßnahmen zu überdenken." Unterschrieben wurde die Erklärung von Sarah Kirsch, Christa Wolf, Volker Braun, Franz Fühmann, Stephan Hermlin, Stefan Heym, Günther Kunert, Heiner Müller, Rolf Schneider, Gerhard Wolf, Jurek Becker, Erich Arendt (Günter de Bruyn schloss sich noch am gleichen Tag an.)
Offener Brief vom 17. November 1976, abgedruckt in der *Frankfurter Rundschau* vom 23. November 1976.

157

druckt. In der rechten Spalte der Seite drei oben zogen zwei Persönlichkeiten, es handelt sich um Fritz Cremer und Ekkehard Schall, ihre zunächst gegebenen Unterschriften unter einen Brief zurück, von dem aber ansonsten dem Leser gar nichts mitgeteilt wurde. Das war die besagte Protesterklärung der Künstler gegen die Entscheidung, Biermann auszubürgern.

Das Ganze setzte sich dann am nächsten Tag fort. Unter der Überschrift „Überwältigende Zustimmung der Kulturschaffenden der DDR zur Politik von Partei und Regierung" werden wiederum viele Namen ins Feld geführt. Es findet sich auch ein Bekenntnis von Anna Seghers zur DDR. Dann kamen offensichtlich bestellte Stellungnahmen von „Werktätigen":

> „Wir Arbeiter brauchen keinen Dichter Biermann, der die werktätigen Menschen in der DDR verleumdet und beleidigt." „So wie sich Herr Biermann in Westdeutschland benimmt, verhält sich kein ehrlicher DDR-Bürger und noch weniger ein klassenbewußter Arbeiter." „Entschieden wehre ich mich gegen die Angriffe und Verleumdungen des Biermann gegen unseren sozialistischen Staat und unsere Partei. Er negiert die Mühen und Anstrengungen unserer Werktätigen."

Angesichts dieser inhaltlich lückenhaften, aber stark mit Wertungen überladenen Informationen in der damaligen zentralen SED-Zeitung entstanden bei den Studenten in Moskau Fragen, die sich in einer politischen Auseinandersetzung niederschlugen. Ich stand mitten in ihr und lernte dabei. Davon berichtet der nachfolgende Text aus dem Jahre 1997, der auf meinen Aufzeichnungen aus den Jahren 1976 und 1977 in Moskau beruht.

Herr B., die Informationspolitik der Partei und verschiedene Typen
von SED-Mitgliedern (1997)

Gelernt habe ich in Moskau vor allem beim Nachdenken über innere Zweifel oder aber zu Gegenständen, zu denen Menschen, die mich emotional beeindruckt haben, ihrerseits Fragen formulierten. Ohne solch emotionales Infragestellen im vorwissenschaftlichen Bereich hätte sich meine wissenschaftliche Ideologiekritik wohl kaum so entwickelt. Es sind allerdings auch die im marxistischen Konzept selbst enthaltenen emanzipatorischen Impulse gewesen, die mich in Konflikt zur damals vorherrschenden dogmatischen Interpretation der

158

Wirklichkeit brachten. Die erlebten Konflikte trieben mein Denken immer weiter voran.

Es ging in den Diskussionen über Biermann im Winter 1976/77 innerhalb der DDR-Studentenschaft an der Moskauer Universität an der Oberfläche um eine angemessene Medienpolitik der SED. Das Lesen des ND ohne den Hintergrund des Westfernsehens, auf das seine Meldungen reagierten, erzeugte besonders bei den politisch engagierten Studenten den Eindruck eines absurden Medientheaters. Die Dynamik dieses parteiinternen Konflikts unter den SED-Mitgliedern der DDR-Studenten und Zusatzstudenten[139] an der Moskauer Universität wurde aber im Kern dadurch dominiert, dass er parallel zur größten öffentlichen politischen Auseinandersetzung in der DDR der Siebzigerjahre verlief, eben jener Proteste vieler prominenter Künstler gegen die Ausbürgerung von Wolf Biermann im Herbst 1976. Dadurch wurde das erste Mal jene Akteursgruppe reformorientierter SED-naher DDR-Künstler sichtbar, welche im Herbst 1989 noch eine wichtige Rolle spielen sollte.[140]

Soweit der Anlass. Für mich stellte der sich daraus entwickelnden Konflikt eine Möglichkeit dar, etwas Wichtiges über das Funktionieren von Macht unter den Verhältnissen der DDR zu lernen: Besonders für schwache Akteure eines politischen Konflikts kann es fruchtbar sein, Öffentlichkeit herzustellen. Mit dieser Öffentlichkeit der Auseinandersetzung bekommt man gerade als schwächerer Akteur einen Hebel für Veränderung in die Hand. Das Verhältnis der konfligierenden Parteien zueinander veränderte sich. Indem es den beteiligten SED-Mitgliedern gelang, in den Parteiversammlungen über den auf der Oberfläche sichtbaren Konflikt offen zu sprechen, also die Absurdität der Berichterstattung offen zu benennen, war es möglich, bei einer Reihe der Beteiligten einen weiterführenden Erkenntnisprozess über die tieferliegende Mängel der DDR-Massenmedien anzustoßen.

Die meisten der nachfolgend zitierten Texte stammen aus meinen persönlichen Briefen an mir nahestehende Menschen in der DDR, die mir von ihnen

---

139 Auch die Aspiranten, also die PhD-Studenten, zu denen ich gehörte, die meist drei Jahre in Moskau waren, gehörten zur selben APO.

140 Klaus Wolfram hat diesen Konflikt zwischen SED-Führung und Schriftstellern „eine politische Auseinandersetzung erster Größenordnung" genannt. Er stellte in seiner Artikelserie „Zur Geschichte des guten Willens" in *Sklaven* Nr. 2 und 3, 1994, die These auf, hier habe „unsere Wirklichkeit" der SED-Führung geantwortet. Dieser „Konflikt der Sozialisten untereinander drang in alle Schichten der Bevölkerung."

später wieder zur Verfügung gestellt wurden. Wolf Biermann taucht in diesen Texten als „Herr B." auf. Die Art und Weise der Darstellung der Konflikte und Akteure in diesen Briefen ist natürlich auch dadurch beeinflusst worden, dass mir bewusst war: Sie werden möglicherweise nicht nur von den Adressaten gelesen. Wir haben uns damals unter den Aspiranten über die durchschnittliche Zeitdauer des Briefverkehrs zwischen der DDR und Moskau unterhalten, es waren 13 Tage. Als ein Parteitag stattfand, im Februar 1976, verlängerte sich die Zeit sogar auf vier Wochen. Da war klar, es handelte sich um keine bloße Beförderungsdauer. Auch in der Sowjetunion gab es ja schon lange keine Postkutschen mehr. Die Briefe wurden verzögert und wahrscheinlich massenhaft gelesen. Nur, da es keine Alternative für uns gab, ließen wir uns trotzdem nicht von einer offenen Kommunikation mit unseren Lieben daheim abhalten.

Die sichtbaren Akteure der Diskussion unter den DDR-Studierenden an der Moskauer Universität waren alles „einfache" SED-Mitglieder, also ohne besondere Funktionen. Unter ihnen gab es unterschiedliche Verhaltensweisen, die einen gingen auf die Suche nach einer authentischen Verbindung von sozialistischem Ideal und eigenem politischen Alltag, die anderen waren karrierebewusst, erwarteten aber von der Führung eine effiziente Politik, die dritten wollten die Debatte möglichst schnell beenden, waren bereit, die alten Rituale von Kritik nach unten und Unterwerfung nach oben reibungslos zu exekutieren, wussten nur nicht, wie sie die anderen Akteure am besten loswerden könnten.

Damals für uns kaum sichtbar waren die offenbar vorhandenen Fäden in die oberen Leitungsebenen. Man konnte sie indirekt erahnen, im Besuch eines Mitarbeiters der Abteilung Wissenschaften des ZK der SED bei der Parteileitung der Studierenden in Moskau und aus Nebenbemerkungen der verantwortlichen Funktionäre wie des APO-Sekretärs. Daraus leitete ich damals ab, die ZK-Abteilung für Wissenschaft wird wohl beunruhigt gewesen sein über diese Positionen unter dem „Kadernachwuchs". Die zentrale Leitung der Organisation aller SED-Mitglieder in der Sowjetunion war es ganz sicher. Auch ihr Vertreter kam damals zu uns in die Versammlung.

Die Erfahrung, die ich damals mit jener zentralisierten politischen Organisation machte, führte dazu, dass die Dezentralisierung von Entscheidungsmacht in der Parteiorganisation selbst ein wichtiger Punkt in unserem eigenen Reformkonzept von 1989 wurde. Ich forderte im Herbst 1989 die Abschaffung von Prinzip und Praxis des „demokratischen Zentralismus" in der SED, auch deshalb, weil meine Moskauer Erfahrung mir gezeigt hatte, dass dieses Prinzip der Parteiarbeit in der SED nur eine Verbrämung der absoluten Herrschaft des Apparates über die Parteimitglieder war.

Ich erinnere mich an die Parteiversammlungen, die in den Hörsälen der Moskauer Universität auf den Leninbergen stattfanden. Vorne hinter dem Tisch an der Stirnseite nahmen die für die Versammlungsleitung, das Präsidium, bestimmten Mitglieder Platz, welches immer gewählt wurde. Meist saßen auch ein oder zwei Parteigruppenorganisatoren im Präsidium. Die Regeln der Versammlungsführung waren formell durchaus demokratisch, z. B. wurde über die Tagesordnung abgestimmt. Reden durfte jedes Mitglied gleichermaßen. Nur sorgten ungeschriebene Regeln und eingespielte Verhaltensweisen dafür, dass meist nur die Fragen aufgeworfen wurden, welche die Leitung vorbereitet hatte. Schon durch ein immer anfangs vorgetragenes Referat konnte die Leitung den Kreis der aufgeworfenen Probleme bestimmen. Mit dem Schlusswort zur Diskussion hatte sie eine weitere Möglichkeit, etwaige vorwitzige Fragesteller zur Ordnung zu rufen. Schließlich konnte die Leitung vermittels der vorherigen Anleitungen der Parteigruppenorganisatoren oder durch beauftragte Auftritte von „vertrauenswürdigen" Genossen auf den Parteigruppenversammlungen die Agenda der öffentlichen Diskussionen weiter einengen oder gezielt steuern.

Die Versammlungen des Winters 1976/77 haben mir aber gezeigt, dass dieser eingespielte Mechanismus gestört werden kann. Jede noch so formalisierte Öffentlichkeit kann durch demokratisch motivierte Aktivitäten zu einem Raum für Demokratie ausgeweitet werden. Wir haben in diesen Wochen einen Elementarunterricht im Gebrauch demokratischer Spielregeln erhalten. Diesen Unterricht haben wir im Herbst 1989 gut gebrauchen können.

In dieser Auseinandersetzung lernte ich das erste Mal, meine Zweifel und meine von der SED-Führung abweichende Position öffentlich zu äußern. Ich hatte reichlich Gelegenheit dazu, denn die Auseinandersetzung erstreckte sich über vier Monate. Ich erinnere mich an mindestens drei Mitgliederversammlungen, einige Parteigruppenversammlungen, mehrere persönliche Aussprachen der APO-Leitung mit mir, in denen mir mit dem Rauswurf aus der SED, damit dem Ende meiner universitären Karriere, gedroht wurde. Am Ende war ich ziemlich verzweifelt.

Dieter Segert während seiner Aspirantur in Moskau, Herbst 1975

In dieser Debatte habe ich auch gespürt, wie wenig das System in der Lage war, sich auf begründete abweichende Meinungen und wirkliche Initiativen von unten einzustellen. Bei der geringsten Abweichung von den Regeln wurde gleich von „Konterrevolution", vom „Gegner" gesprochen. Diese Stichworte kamen immer, wenn mal unter den einfachen Parteimitgliedern etwas anders lief, als man es sich oben vorstellte. Eigenes Nachdenken, ja selbst ein schüchternes Nachfragen war suspekt. Die Einheit des Handelns konnten sich die Dogmatiker nur als „blindes Vertrauen" zur Leitung oder, ein noch schlimmeres Wort, als „abstrichlose Erfüllung" der Beschlüsse der obersten Leitung vorstellen. Zentralismus anstelle von Demokratie, das war die Realität. Später erst habe ich begriffen, dass hier die Traditionen der stalinistischen Partei in den Ritualen und Normen des Parteiapparates der SED weiterwirkten.

Aus meinen Briefen geht hervor, dass ich, damals 24 Jahre alt, mich noch mitten auf einem „argen Weg der Erkenntnis" befand[141]. Ich wäre wohl gerne ein „gutes Parteimitglied" gewesen. Ich hätte mich gerne weiter „in Übereinstimmung" befunden, integriert in die DDR-Zustimmungsgesellschaft. Es ging aber nicht mehr. Meine Zweifel ließen nichts anderes zu als ein Infragestellen der vorherrschenden Rituale. Und der Konflikt ließ mich eher eigenständiger und weniger kompromissbereit werden, weil man ja nicht wirklich mit mir diskutieren, sondern einfach meinen Willen brechen, mich disziplinieren und gefügig machen wollte.

---

141 Ich paraphrasiere hier den Titel des Buches von Lion Feuchtwanger: „Goya oder der arge Weg der Erkenntnis", das mir sowohl als Roman als auch in seiner Verfilmung durch den DEFA-Regisseur Konrad Wolf bekannt war.

162

Einige Auszüge aus Briefen an Vertraute[142]

13. 12. 1976:

Heute sagte der Ökonom (M.)[143], die Unterschriftensammlung der Künstler habe den Vorzug gehabt, dass wir jetzt besser wissen, wo jeder steht. Jetzt könnten wir gewissermaßen das Unkraut besser erkennen und ausziehen. […] Dazu kommt ja die Behauptung, die Mehrheit des Volkes: Arbeiter, Bauern, Intelligenz, habe sich klar gegen B. gewendet, nur einige Künstler eben nicht. (Damit ist wohl die ausgewählte und aufgeforderte Meinungsäußerung gemeint, die sich über mehrere Seiten des ND verbreitete.) Diese Art von Öffentlichkeit mag ich irgendwie nicht. Sie scheint mir nicht der für den reifen Sozialismus erforderlichen zu entsprechen. Das „Vorzeige-Volk" sollte der Vergangenheit angehören. Ich meine nicht, daß die Künstler das Recht haben, einen Brief im West-Fernsehen zu veröffentlichen. Sollen sie lieber hier in der DDR beständig eintreten für das, was ihnen wichtig ist.

26. 2. 1977:

Was die letzten Tage mich außer vielem Kleinkram an der Arbeit gehindert hat, waren vor allem Fragen der gesellschaftlichen Arbeit. Die Informationsdiskussion soll von der APL-Flanke hart angepackt werden. Man sieht hier in Fragen des Vertrauens zur Partei(führung) und in dem Zweifel an der Richtigkeit der Informationspolitik einen Teilerfolg des Klassengegners. […] Die Mehrheit der Studenten, die Fragen zur Informationspolitik haben, ist keineswegs auf solchen Positionen, die hier vorausgesetzt werden. Sie fordern nicht Information statt des Klassenstandpunktes, sondern bessere Information, um effektiver unseren Klassenstandpunkt vertreten zu können. Solche Erscheinungen wie eine formale und erstarrte Zeitungssprache, eine halbstündige Aktuelle Kamera, ein rosa gefärbtes SU-Bild und langweilige, nichtssagende Berichte über die anderen sozialistischen Länder werden als Mängel empfunden und angesprochen, und das schon über längere Zeit. Aufgrund der Diskussion auf der APO-Versammlung sind diese Studenten das erste Mal in ihren Zweifeln bestätigt worden, fühlen sich in ihrem Unbehagen bestärkt, haben zu diskutieren angefangen, ihre Angst davor etwas verloren. Wenn jetzt alle diese doch sehr berechtigten Kritiken als Ausdruck mangelnden Vertrauens in die Parteiführung, ein Schwanken unter dem Einfluß des Klassengegners und Ausdruck eines ungefestigten Klassenstandpunkts denunziert werden, ersterben diese Keime ehrlicher Meinungsäußerung wieder. Sie werden entmutigt. Das muß ich versuchen zu verhindern.

---

142 Ich habe die in den Briefen verwendete alte Rechtschreibung nicht korrigiert, um ihren dokumentarischen Charakter zu erhalten. Auslassungen werden durch […] gekennzeichnet.

143 Es handelte sich um Michael Junghahn, einen der Aspiranten, die 1975 im Herbst zusammen mit mir begonnen hatten. Er war im DDR-Außenhandel tätig.

20. 3. 1977:

Gestern war APO-Versammlung, Referat zu unserer Haltung zur SU. Der Teil, der sich mühte, die besondere Rolle der SU zu begründen, war wie immer ziemlich unmöglich, weil er an dem einen krankte, an dem unsere Propaganda sowieso krankt, an der Ignoranz gegenüber der Erfahrung der meisten. […] Also ein Referat, bei dem meistens alle abschalten. Am Ende stand aber doch einer auf und kritisierte einige Thesen, dann noch einer und nannte noch konkreter seine Probleme. […] Jedenfalls habe ich mir gedacht, wenn sich schon zwei über- wunden haben, ihre Zweifel zu sagen, warum soll dieser schöne Ansatz wieder zugeschüt- tet werden und so habe ich mich gemeldet. Habe gesagt, daß sich eine prinzipielle Haltung immer auf der Verarbeitung von Erfahrungen gründen muß, demzufolge unsere Argumenta- tion konkreter auf die vorhandenen Probleme eingehen muß. Und daß ich es außerdem gut finde, daß nicht wie immer vorhandene Unzufriedenheit verschwiegen wird, daß auf diese Weise jedenfalls unsere Zeit nicht sinnlos abgesessen wird. Mich der Meinung der APL entge- genzustellen, hat mir zwar etwas Herzklopfen bereitet, aber ich habe mich dazu gezwungen.

26. 3. 1977:

Die APO-Versammlung ist gewesen, es hat erhitzte Diskussionen gegeben, ich bin auch auf- getreten. […] Die APL hatte in langen Diskussionen ein Referat zur Informationspolitik vor- bereitet. Dort wurde etwa der Standpunkt vertreten, daß die Informationspolitik von unse- rer Parteiführung (gesagt wurde ZK, gemeint wurde das Politbüro) ausgearbeitet wird und jeder Zweifel an ihr (oder auch nur Frage dazu) ein prinzipieller Zweifel an der Linie der Partei sei. Dann wurde die Diskussion auf der letzten Versammlung eingeschätzt: sie sei schädlich gewesen, da hier ebenfalls die Prinzipien der Politik angezweifelt worden seien. Man darf nicht immer wieder in den wunden Stellen herumwühlen, denn das begünstige Liberalismus und Objektivismus. Etwas später wurde warnend auf die Konterrevolution hingewiesen. Du kannst verstehen, wie ich mich fühlte, als ich das hörte. […] Ich bin also entgegen meiner Absicht aufgetreten. Habe erläutert, daß ich auch für eine höhere Kampfkraft der Partei auf- treten will, wie die Genossen der Leitung. Wir seien nur möglicherweise anderer Meinung, wodurch man das erreichen kann. Diskussionen in den Mitgliederversammlungen zu Fragen, die die Genossen bewegen, seien keine Zersetzung, sondern im Gegenteil mehr als bisher nötig. […] Nun begann erst recht der Streit. […] Vor allem wurde deutlich, daß meine Posi- tion, die von den Rechten jedes (und nicht nur der Leitungs-) Genossen ausgeht, von einer Vielzahl wichtiger Mitglieder anderer Gruppen unterstützt wurde.

02. 4. 1977:

Es hat sich vieles kompliziert. Tatsächlich ist es so gekommen, wie ich befürchtet habe, man fängt an, scharf zu schießen. Es herrscht Bürgerkriegsstimmung: wer nicht für uns ist, ist gegen uns, und wer gegen uns ist, hat in der Partei nichts zu suchen. […] Vertrauen zur Partei, und die Partei ist nicht nur das ZK, sondern auch die APL. Es gibt wieder viele, die mit dem Kopf nicken. Nick, nick, WIR haben recht. Oh, ich fühle mich so schwach. Mit vier Mann wurde ich bearbeitet, die scharfe Linie. (Und natürlich hat der GEGNER die Diskussion, wenn schon nicht initiiert, so doch zumindest angeregt.)

Ich glaube, hier sind wieder die SEKTIERER am Werke. […]

Ich bin zurückgegangen. Ich war in der Defensive. […] Ich werde auftreten und meinen Standpunkt aus der letzten APO-Versammlung selbstkritisch erläutern. […] ich brauche Deinen Rat. Wir wollen alles in Ruhe durchdenken.

10. 4. 77:

Ich weiß auch nicht, warum ich mich nicht von der Auseinandersetzung in der Parteiorganisation lösen kann. Vielleicht ist es deshalb, weil die APL mich jetzt ständig beschäftigt: Freitag Abend, Sitzung des „Aktivs" der Gruppe, gestern Abend, ein Genosse zu 1 1/2 Stunden Gespräch über dieselbe Sache bei mir, Montag Abend, Sitzung des Aktivs der APO, Dienstag, Parteigruppenversammlung. Zur APO-Wahl habe ich den Diskussionsbeitrag vorzubereiten: E.'s und meine Rolle bei den letzten APO-Versammlungen. (Ich denke nicht daran, über E.[144] zu reden, das kann sie selbst machen – das werde ich der APL noch mitteilen.)

Auch andere Seiten der Sache bewegen mich: die Unfähigkeit der APL zu lernen, auch nur zuzuhören. […] Ihre eigene Bequemlichkeit, die überspitzte, ganz und gar unrichtige Formel vom „blinden Vertrauen" in die Parteiführung. […] Eigentlich wird nichts weiter als unbedingter Gehorsam gefordert. […] Diese Haltung verlangt vom einzelnen kaum Gesamtsicht und schließt selbständige Verantwortung aus, das scheint aber einigen direkt zu gefallen, deshalb sprechen sie großspurig vom „blinden Vertrauen" […]

Trotzdem bereue ich nicht, meinen Mund aufgemacht zu haben. Es war für mich selbst eine wichtige Erfahrung und für andere ebenfalls, die merkten, daß sie mit ihren Fragen nicht alleine stehen. Ich habe mich nochmals in Gesprächen überzeugt, es ging um die Frage […] ob die, die schweigen, die besseren Genossen sind.

In diesen Wochen versuchte ich auch dadurch ins Gleichgewicht zu kommen, dass ich eine andere Art Texten über die Angst schrieb, die mich und andere

---

144 Es handelt sich um Mitaspirantin Eva Lewy (später Maleck-Lewy). Sie hat 1989 den Unabhängigen Frauenverband der DDR mitbegründet und war eine der Stellvertretenden Vorsitzenden des Arbeitsausschusses in der SED, der den Sonderparteitag vorbereitet hat.

immer wieder erfasste, wenn sie sich gegen die vorherrschenden Normen auf einen Weg des unabhängigeren Denkens und Handelns begaben. Ich schrieb im März 1977 folgendes Gedicht, das von meinen Gefühlen und Reflexionen der damaligen Zeit zeugt.

Anatomie der Angst

Wer hat Angst vorm großen Mann –
Keiner,
aber vielleicht doch einer, der den
es getroffen hat, schmerzlich
vor langer Zeit, und der der
das gesehen hat, der
neigt jetzt auch nur noch den Kopf
nach vorn.

Schon der Hut auf der Stange erzeugt
dieses Nicken.

Vielleicht noch der, der
es nur hat sagen hören von dem, der
auch immer den Mund hält,
weil das so üblich ist.

Mancher träumt nur in der Nacht vom Sieg,
morgen.

Immerhin, aller Anfang ist
bescheiden, besser
als nichts.

Immer wieder arger Stirnaufprall am eigenen
Schienenbein, Leben
zwischen Traum und Bückling.

Mein Gott, warum erzählt ihr immer wieder,
wieder und wieder nur davon,
warum

166

So war ich 1977 in Moskau das erste Mal in einen offenen Konflikt mit der SED und den in ihren Institutionen eingeschriebenen Verhaltensregeln geraten. Nachdem ich bereits früher gelernt hatte, auch einmal „Nein!" zu sagen, und nicht immer das von Funktionären proklamierte „gesellschaftliche Interesse" meinen persönlichen Interessen überzuordnen, lernte ich nun, dass es sich lohnt, in bestimmten Konflikten die Öffentlichkeit zu suchen. Allerdings musste man den Preis kennen, der dafür verlangt wurde. Und ein solcher Konflikt war unter den dortigen Bedingungen kaum zu gewinnen. Solange der Machtapparat fest im Sattel saß, befand er sich an der längeren Seite des Hebels. Unsere kleine Auseinandersetzung in Moskau war durch den größeren politischen Konflikt in der fernen Heimat dominiert. Die öffentliche Stellungnahme der Schriftsteller hatte dem SED-Führungsanspruch einen Fehdehandschuh hingeworfen und eine politische Mitsprache der kritischen Intellektuellen eingefordert. Wir in Moskau wurden zu Unrecht einer ebenso prinzipiellen Kritik der SED-Führung verdächtigt. Aber das sind Erkenntnisse im Nachhinein.

Es war dieses Lernen aus dem Konflikt, das Begreifen der wichtigen Funktion einer öffentlichen Debatte, das von dieser Sache bei mir als wichtige Erkenntnis zurückblieb. Aber es blieb auch der Schatten eines Misstrauens mir gegenüber seitens der Vertreter der Macht. Das merkte ich besonders im Verhalten meines Bereichsleiters an der Sektion Philosophie, Hans Kölsch, mir und den Resultaten meiner Dissertation gegenüber, als ich nach Berlin aus Moskau zurückkehrte. Er kritisierte die in den Thesen zu meiner Dissertation formulierte Wertschätzung der „Spontaneität des Handelns", die ich nicht nur auf Rosa Luxemburg, sondern auch auf Texte Lenins gestützt begründet hatte. Er riet mir weiterhin, im Tone „väterlich", ich solle mir überlegen, mit wem ich befreundet sein wolle. Damit meinte er insbesondere meine Freundschaft mit Hans-Peter Krüger, wie ich auf Nachfrage erfuhr. Eine Freundschaft, von der er merkwürdigerweise wusste. Hans-Peter Krüger war während meiner Abwesenheit mit der Staatssicherheit in Konflikt gekommen, ich hatte davon in Moskau gehört. Ich habe natürlich nicht daran gedacht, mich an seinen Rat zu halten.

Auch in politischen Diskussionen habe ich von da an stärker eigene Positionen formuliert und vertreten. Andere Kollegen an der Sektion Philosophie unterstützten mich in meinen Auseinandersetzungen, gerade deshalb, weil ich mich nicht den Dogmatikern meines Bereiches fügte. Ich stellte langsam fest, dass es unter den Lehrkräften der Sektion Philosophie an der Humboldt-Universität, obwohl sie ja alle Mitglieder der SED waren, unterschiedliche politische Überzeugungen gab: Es gab Menschen wie meinen Bereichsleiter, es gab aber auch Heinz Pepperle oder Gerd Irrlitz, die vor Kurzem aus der Akademie der Wissenschaften zu uns gekommen waren und eigenständige politische und theoretische Vorstellungen vertraten. An der Sektion Philosophie gab es dann noch „gutmeinende" wie auch bösartige Dogmatiker, es gab Zyniker, aber es gab auch anhaltend ernsthafte Anhänger der sozialistischen Zukunftsentwürfe. Es waren hier Wissenschaftler präsent, die an einer kulturvollen theoretischen Debatte interessiert waren, naiv Fragende ebenso wie Dogmatiker, die immer alles besser wussten. Und es zeigten sich vor allem unter den jüngeren Mitarbeitern Gleichgesinnte, mit denen einige Jahre später das Sozialismusprojekt initiiert werden konnte.

Ich kam aus Moskau nicht nur mit dem Titel eines „Kandidaten der philosophischen Wissenschaften" (Dr. phil.) zurück, sondern auch mit einer sehr viel genaueren Kenntnis der Realität und Geschichte jenes großen Landes im Osten Europas, sowie mit einer Wertschätzung meiner eigenen Kultur, die ich nunmehr als „deutsch", wenn auch nicht als gesamtdeutsch, zu definieren begann, sowie mit der Fähigkeit, die Texte der sowjetischen Wissenschaftler und die Zeitungen des Landes im Original zu lesen. Das sollte später, in der Phase der Perestroika, noch wichtig werden, da mir so Informationen zugänglich wurden, die in keinen deutschen Medien zu finden waren. 1978 lagen vor mir noch 11 Jahre in der DDR. Die waren angefüllt mit weiteren Schritten auf dem „argen Weg der Erkenntnis", mit Entdeckungen, einem Aufbruch zusammen mit alten und neuen Freunden sowie zum Abschluss mit dem unerwarteten schroffen Ende des Staates, in den ich hineingeboren worden war.

Indischer Abend in Moskau, während der Aspirantur, ca. Sommer 1978.
V. l. n. r.: Christiane Pankow, Germanistin aus der Humboldt-Universität; Dieter Segert, 4. v. l.;
Sascha Pankow, der Mann von Christiane, Sprachmittler; fünf indische und eine russische Aspirantin
im Internat der MGU.

II. Anfänge und Übergänge

4. Auf der anderen Seite der Mauer

Am Ende meines politischen Engagements für eine andere DDR hatte ich meine Funktion als Parteisekretär der Sektion Philosophie niedergelegt und war aus der SED-PDS ausgetreten. Den neuen Schwenk Hans Modrows hin zur geregelten Aufgabe der DDR wollte ich nicht mehr aktiv unterstützen. So stand ich zu Jahresbeginn 1990 am Ende und vor einem neuen Anfang. Von jenem persönlichen Neuanfang handelt dieses Kapitel.

Gleich am ersten Wochenende des Mauerfalls war ich mit meiner Familie nach Westberlin gekommen. Durch meine Arbeit an der Universität, in die ich mich nach dem Ende meines politischen Engagements stürzte, kam ich aus dienstlichen Gründen von nun an öfter auf die andere Seite der Mauer, dort, wo sie im Unterschied zum Ostteil über und über mit Graffiti bedeckt war. Unterschiede zwischen beiden Teilen Berlins gab es mehr als genug. Um nur einige kleine Alltagsbeobachtungen von damals zu nennen: Der Westen war ohne Straßenbahnen, die Schienen waren in der Euphorie des Fortschrittszeitalters abgebaut worden, aber seine Busse wiesen gepolsterte Sitze auf. Die älteren Häuser waren in Westberlin auch nicht alle renoviert. Nicht jedes Haus sah aus wie eben erst aufgebaut. Auf diese Weise trat der Unterschied des Westens zu den teilweise maroden Altbaufassaden der Ostberliner Innenstadt nicht ganz so krass hervor wie im Vergleich zu den aufgeputzten Kleinstädten Westdeutschlands. So lernte ich jenes andere Land über eine Stadt kennen, die so seltsam vertraut war und eben doch unbekannt.

Anfangs musste ich bei der Grenzpassage noch meinen Personalausweis vorweisen. Das war bis Juni 1990 der Fall. Stempel gab es keine mehr. Mit der

Währungsunion verschwand die Kontrolle, die Grenzmauer war schon stellenweise abgebaut. „Mauerspechte" hatten die stehengebliebenen Teile mit Hammer und Meißel durchlöchert. Auch mein Freund Karl-Heinz hämmerte sich einen Teil seines Frusts darüber ab, dass er anderthalb Jahre seines Lebens diese Grenze bewacht hatte, welche nun so sang- und klanglos verschwunden war.

Bei meinen Fahrten nach Westberlin suchte ich zunächst das Gespräch mit den Politikwissenschaftlern der Freien Universität. Am 22. Dezember 1989 hatten wir im *Neuen Deutschland* zur Gründung einer Gesellschaft für Politikwissenschaft in der DDR aufgerufen, der Aufruf war von Rosemarie Will, Uwe-Jens Heuer, Rolf Reißig und mir unterzeichnet worden.[1] Die Kollegen am Otto-Suhr-Institut der Freien Universität, das allgemein nur mit seiner Abkürzung als „Osi" bezeichnet wurde, hatten einen Runden Tisch der Politikwissenschaft in der Stadt gegründet und die Humboldt-Universität ebenfalls öfter besucht. Sie boten ihre Hilfe beim Aufbau des Faches bei uns an. Ich kann mich an Gesine Schwan, die ja inzwischen durch ihre Kandidatur für das Amt des Bundespräsidenten weithin bekannt geworden ist, Ralf Rytlewski, Jürgen Falter und Peter Grottian, alle Professoren dieses Institutes, erinnern. Frau Schwan lud uns einmal in ihr Haus nach Dahlem ein, es gab Schinken und Spargel mit frischen Kartoffeln und holländischer Soße, sehr lecker, und freundliche Gespräche mit Kollegen des Bereiches Politikwissenschaftliche Theorie vom „Osi". Einige von den Westberliner Kollegen, unter anderem Jürgen Falter, wirkten dann auch engagiert an der Erstellung eines ersten Curri-

---

1 Im Aufruf wurden die Aufgaben der Gesellschaft für Politikwissenschaft wie folgt formuliert: Diese Gesellschaft solle für eine freie Entwicklung politischer Theorien und für eine sozialverantwortliche Politikberatung wirken und stelle sich dafür folgende Aufgaben: „erstens den Dialog zwischen Politikwissenschaftlern unseres Landes zu führen, die sich von verschiedenen weltanschaulichen Grundstandpunkten aus einem menschlichen und demokratischen Sozialismus verpflichtet fühlen; zweitens: die Herausbildung und Entwicklung einer empirischen Politikforschung (intersystemarer Rechts- und Politikvergleich, politische Soziologie und politische Psychologie) und moderner Theorien von der Politik nach Kräften zu unterstützen; drittens: das fachliche Niveau der Politikwissenschaft in der DDR deutlich zu heben, dazu gehört eine radikale Verbesserung der politikwissenschaftlichen Ausbildung an den Universitäten, die Weiterbildung für Lehrkräfte und die Herausgabe bisher unveröffentlichter Standardwerke der Politologie. Unverzichtbar ist die Gründung einer eigenen Zeitschrift für politische Wissenschaften; viertens: die wissenschaftliche Zusammenarbeit von Politikwissenschaftlern in Ost und West, unter anderem zwischen Wissenschaftlern der DDR und der BRD, der DDR und der UdSSR zu unterstützen, sowie befähigten jungen Politikwissenschaftlern bei der Anbahnung von Studienaufenthalten im Ausland zu helfen."

culums für unseren neuen Studiengang Sozialwissenschaften mit, der am 2. Oktober 1990, also noch in der DDR, eröffnet wurde.

Unsere kleine Gruppe war nicht allein dabei, die Grundlagen für eine akademische Disziplin Politikwissenschaft zu legen. An der Humboldt-Universität gründeten Anfang des Jahres eine Gruppe von Mitarbeitern der Sektion Marxismus-Leninismus ebenfalls ein Institut für Politikwissenschaft. Sie hatten im bisher für alle Studierenden obligatorischen Grundlagenstudium des Marxismus-Leninismus gelehrt und waren nun, nachdem die Prüfungen ihrer Fächer nicht mehr verpflichtend waren[2], kaum noch beschäftigt. Es handelte sich nach meiner Erinnerung um eine Gruppe von ca. 20 Personen, darunter etwa 5 Professoren. Sie kamen aus den Fachdisziplinen Philosophie, Geschichte und „Wissenschaftlicher Sozialismus", jenem Fach, das in der DDR nach sowjetischem Vorbild in den 1950er-Jahren gegründet worden war. Auch diese Gruppe war sehr aktiv, lud Gastdozenten ein, knüpfte mannigfache Kontakte in die Bundesrepublik und nach Westberlin. Zum Direktor dieses Institutes wurde der Historiker Heinz Niemann gewählt. Sein Stellvertreter wurde kurze Zeit später der Westberliner Politologe Frank Unger. Ich wollte mich an ihrem Unternehmen, obwohl anfangs ebenfalls eingeladen, nicht direkt beteiligen, da ich nicht davon überzeugt war, dass die Mehrzahl der beteiligten Kollegen tatsächlich für den Aufbau des Faches genügend fachlich vorbereitet war.

Ich habe sie damals nicht vorwiegend als eine fachliche Konkurrenz wahrgenommen, trat auch nicht dagegen auf, dass sie sich an unserem neugegründeten Fachbereich Sozialwissenschaften beteiligten. Nur waren aus dieser Sektion in den vergangenen Jahren immer wieder politische Scharfmacher gekommen. Deshalb vertrat ich die Position, es solle auf jeden Fall genau geprüft werden, wer unter den neuen Bedingungen fachlich und politisch dafür geeignet war, am Aufbau des Faches Politikwissenschaft teilzunehmen.

---

2 Die Studierenden der Humboldt-Universität hatten im Herbst 1989 die Abschaffung des „marxistisch-leninistischen Grundlagenstudiums" (MLG), dessen Absolvierung seit 1951 in der DDR für alle Studenten obligatorisch gewesen war, gefordert. Die Gesellschaftswissenschaftliche Fakultät hatte am 17. November 1989 eine grundlegende Umgestaltung dieses Faches beschlossen, aber nicht seine Abschaffung. Vorerst wurden jedoch die Prüfungen zu seinen Lehrveranstaltungen ausgesetzt. Insofern war die Lehre nur noch fakultativ (Sven Vollrath: Zwischen Selbstbestimmung und Intervention – der Umbau der Humboldt-Universität von 1989 bis 1996, Berlin, Humboldt-Universität, Dissertation 2007, S. 47). Am 23. Mai 1990 beschloss dann der Wissenschaftsminister der neuen DDR-Regierung die Abberufung aller Hochschullehrer des früheren MLG und ihre Entlassung zum 31. 8. 1990 (ebenda, S. 50).

173

In der DDR insgesamt war seit Ende 1989 die Gründung des Faches Politikwissenschaft im Gange. In diesem Prozess engagierte ich mich als Stellvertretender Vorsitzender des Wissenschaftlichen Beirates für Politikwissenschaft im Ministerium für Hoch- und Fachschulwesen. Die Gründungsinitiativen gingen von Wissenschaftlern des Faches „Wissenschaftlicher Sozialismus" oder von Regionalwissenschaftlern an den Universitäten bzw. an den Forschungs- und Lehreinrichtungen der SED und der Regierung, an der Akademie für Gesellschaftswissenschaften (hier arbeitete Rolf Reißig), der Ausbildungsstätte für DDR-Diplomaten in Potsdam-Babelsberg und des „Institutes für Politik und Wirtschaft" in Berlin aus. Ich kannte und schätzte eine Reihe von ihnen aus der Arbeit im Arbeitskreis Heuer oder aus Konferenzen innerhalb meiner eigenen Fachdisziplin, des „Wissenschaftlichen Sozialismus". Ich bemühte mich als Stellvertreter des Beirates besonders um die Nachwuchsqualifizierung der jüngeren Kollegen. An der Universität konzentrierte ich mich auf den Aufbau eines eigenen Institutes, das aus unserer Forschungsgruppe „Sozialismustheorie" hervorging. Es war im Januar 1990 mit Ausnahme von R. Will durch die an der Universität arbeitenden Mitarbeiter unserer Gruppe, die sich beim Neuaufbau der Rechtswissenschaften engagierte, gegründet worden. Aus der Akademie der Wissenschaften kam Wilfried Ettl, aus Potsdam-Babelsberg André Brie. Auch ein Sozialpsychologe und ein Japanologe schlossen sich uns an. Irgendwann später wurde in einer Abstimmung der inzwischen ca. 15 Mitarbeiter Dieter Klein zum Direktor gewählt und über den Namen des Institutes entschieden. Mehrheitlich wurde für die Bezeichnung „Institut für interdisziplinäre Zivilisationsforschung" (IIZ) gestimmt. An diesem Institut arbeiteten auch einige meiner früheren Mitarbeiter aus der Sektion Philosophie. Wir bildeten den Bereich Politikwissenschaft.

An der Sektion Philosophie hatte ich seit 1986 den Bereich „Wissenschaftlicher Sozialismus" geleitet. Politikwissenschaft war in der DDR zu dieser Zeit als akademische Disziplin nicht anerkannt. Leider wurden auch die Impulse der Gorbatschow'schen Perestroika für die Erneuerung der Gesellschaftswissenschaften in der DDR parteioffiziell abgelehnt, wir jedoch bemühten uns in unserer Arbeit die Anstöße, die von den theoretischen und empirischen Forschungen Tatjana Saslawskajas oder Anatoli Butenkos ausgingen, aufzunehmen. Wenn auch meine Bemühungen um eine offizielle Einrichtung der Politikwissenschaft in der DDR bis zum Herbst 1989 scheiterten, so beschäftigten sich doch die von mir gemeinsam mit anderen durchgeführten Forschungsprojekte tatsächlich mit genuin politikwissenschaftlichen Frage-stellungen. Beispielsweise analysierten wir den Zusammenhang von Demo-kratie und wirtschaftlicher Effektivität im Sozialismus und arbeiteten Grund-lagen einer vergleichenden Analyse von politischen Systemen innerhalb des europäischen Sozialismus und zwischen Ost- und Westeuropa heraus.[3] Ende November 1989 hatte ich mich insofern entschlossen, den Namen des Bereichs zu wechseln, und das der Direktorin der Sektion Philosophie mitge-teilt. Ich begründete diesen Schritt damit, dass wir nunmehr nach Wegfall der politischen Hemmnisse uns als Bereich Politikwissenschaft und somit so bezeichnen wollten, wie es den durch meine Mitarbeiter schon lange in Lehre und Forschung vertretenen Auffassungen entsprach. Natürlich mussten auch wir uns dafür umfänglich von jenem ideologischen Ballast befreien, mit dem die Lehrpläne im „Wissenschaftlichen Sozialismus" überfrachtet waren und an den ich mich noch gut erinnern kann, beispielsweise an die Phrase von der „historischen Mission der Arbeiterklasse", ohne dass uns jedoch in ausrei-chendem Maße möglich war, sie mit der ernsthaften Behandlung der Lage und des erheblichen Wandels dieser sozialen Gruppe seit Mitte der 19. Jahrhun-derts bis zur Gegenwart zu verbinden, oder an die These vom „Beitrag der Oktoberrevolution zum Menschheitsfortschritt", bei deren Behandlung in der

---

3 Vgl. etwa die Publikationen: *Vergesellschaftung und Demokratie in sozialistischen Gesellschaften – eine theoriegeschichtliche Studie*, Berlin: Eigenverlag der Humboldt-Universität, Februar 1990, 88 Seiten (gemeinsam mit Bertolt Fessen); „Zu einigen aktuellen Tendenzen der Entwicklung von Wirtschaft, Staat, Recht sozialistischer Länder", in: *Informationsbulletin Ökonomie und Poli-tik sozialistischer Länder* 5/89, S. 3–33 (gemeinsam mit U.-J. Heuer, G. Quilitzsch und R. Will); „Ausgangspositionen eines Systemvergleichs auf dem Gebiet der Demokratie", in: *Informa-tionsbulletin Wissenschaftlicher Sozialismus* 1.2/89, S. 11–14; „Sozialistische Politik als Gegen-stand vergleichender Wissenschaft", in: *Deutsche Zeitschrift für Philosophie* 10/1988, S. 900–908 (gemeinsam mit U.-J. Heuer und G. Quilitzsch); „Sozialistische Demokratie als Bedingung gesellschaftlichen Fortschritts im Sozialismus", in: *Informationsbulletin Wissenschaftlicher Sozi-alismus* 2.1/1988, S. 43–49; „Interessenwidersprüche und politisches System", in: *Staat und Recht* 8/1987, S. 856–863 (gemeinsam mit R. Will und G. Quilitzsch); *Hab' ich auch was zu sagen? Nachdenken über Demokratie*, Berlin: Dietz-Verlag, 108 Seiten, 1. Auflage Juni 88, 2. Auf-lage Sept. 1988 (gemeinsam mit Sieglinde Jänicke); *Sozialistische Demokratie und Intensivierung (Zum Zusammenhang von Demokratie und ökonomischer Entwicklung im Sozialismus)*, Protokoll einer Konferenz des Bereiches Wissenschaftlicher Sozialismus an der Humboldt-Universität, Frühjahr 1989, Eigenverlag der Humboldt-Universität, 120 Seiten (Hrsg. und Mitautor, zusam-men mit Lutz Kirschner, Bertold Fessen, Sieglinde Jänicke u. a.).

Regel die realen Widersprüche und Konflikte der dramatischen Geschichte der kommunistischen Bewegung ausgespart bleiben mussten, wenn man nicht allzu sehr in Konflikte mit den vorherrschenden Dogmen geraten wollte.

Bei der Übersiedlung des Bereiches an das neugegründete „Institut für interdisziplinäre Zivilisationsforschung" wurden einige Mitarbeiter des früheren Bereiches entweder von mir nicht übernommen oder sie entschieden sich selbst anders, so Berthold Fessen, der aus eigener Initiative wieder in den ihm fachlich näherstehenden Bereich „Geschichte der Philosophie" wechselte. So blieben aus dem alten Bereich an der Sektion Philosophie Sieglinde Jänicke und Michael Krohn. Csilla Machos, Petra Stykow und Harald Pätzold stießen neu dazu.

Im Sommer und Herbst 1990, nach Beginn des Studiengangs Sozialwissenschaften, kamen Gastwissenschaftler aus dem Westen Deutschlands in größerer Zahl zu uns, angezogen durch den guten Namen der Humboldt-Universität, um im Osten ihre Karriere nachzuholen. So kam auch Hermann von Berg, ein früherer hoher SED-Funktionär, der mit der SED-Führung 1978 in Konflikt gekommen und 1985 in die Bundesrepublik ausgereist war; nun begann er mit Unterstützung von Dieter Klein erneut bei uns zu unterrichten.[4] Auch Margarita Mathiopoulos, bis 1989 Vizedirektorin des Westberliner Aspen-Institutes, lehrte bei uns Internationale Politik. Beide hatten vor, sich fest zu etablieren, nutzten dazu alle möglichen Mittel, es misslang ihnen jedoch letztlich.

Ein anderer Fall war Rudolf Bahro, der von Dieter Klein als noch amtierender Prorektor der Universität in seinem Bemühen unterstützt wurde, an der Humboldt-Universität zu lehren. Nach längerem Hin und Her konnte Bahro eine außerordentliche Professur für Sozialökologie ausüben und ein kleines Institut aufbauen, an dem er bis zu seinem zu frühen Tod 1997 lehrte. Wir fühlten uns Bahro als einem der wenigen mutigen DDR-Dissidenten politisch verbunden. Sein Buch *Die Alternative* hatte in der reformsozialistischen Debatte Ende der Siebzigerjahre eine wichtige Rolle gespielt. Deshalb unterstützten ich und andere ihn schon auf dem Sonderparteitag der SED am 16. Dezember, als er einen Diskussionsbeitrag halten wollte und die Mehr-

---

4   Von Berg war der Verfasser eines im *Spiegel* im Januar 1978 veröffentlichten „Manifests des Bundes Demokratischer Kommunisten Deutschlands". Diese Tatsache nutzte er nach 1990, um sich als Opfer der SED zu inszenieren und seine eigenen Karriereinteressen zu verfolgen.

heit der Delegierten seinem Anliegen anfangs mit Ablehnung gegenüber-
stand. Später konnten wir in der Struktur- und Berufungskommission des
Fachbereichs Sozialwissenschaften auch gegen Widerstände unserer westlichen Kollegen seine ständige Beschäftigung an der Humboldt-Universität
durchsetzten.[5]

Aus dem Westen kamen dann auch fachlich bekanntere Kollegen wie die
Politikwissenschaftler Wilhelm Bleek, Ulrich Widmaier und Gerhard Lehm-
bruch. Sie lehrten bei uns eine Zeit lang und waren uns eine große Hilfe beim
Aufbau des Studienganges.

Im Sommer oder Herbst 1990 besuchte im Auftrag einer Kommission des
Vorstandes der DVPW der Hamburger Politologe Hans-Hermann Hartwich
verschiedene neue Einrichtungen des Faches in der DDR und fertigte einen
Bericht darüber für den Vorstand an. Bei uns im IIZ der Humboldt-Universität führte er ebenfalls Gespräche. Ich erinnere mich noch an seine Verwun-
derung, als ich ihm im betreffenden Gespräch mitteilte, dass in der Philoso-
phieausbildung vor 1989 in Leipzig und Berlin durchaus auch Aristoteles,
Hobbes und Locke gelehrt worden waren. Nach seiner Vorstellung hatten wir
offensichtlich nur Marx und Lenin auf dem Lehrplan haben sollen. In dem
Hartwich-Bericht an den Vorstand der DVPW stand dann, es habe in der
DDR keine akademische Disziplin Politikwissenschaft gegeben.[6] Tatsächlich

---

5 Der Struktur- und Berufungskommission gehörten u. a. Wilfried Ettl als Mittelbauvertreter
   und ich als Hochschullehrer an. Der Vorsitzende der Kommission, der Soziologe Friedhelm
   Neidhardt, war anfangs skeptisch gegenüber Bahro und dessen politischem Aktivismus sowie
   vor allem seinem Sendungsbewusstsein als Sozialökologe, das seinem Verständnis von Sozialwissenschaft widersprach. Ettl und ich argumentierten jedoch mit Bahros Mut in der DDR und
   der nötigen Wiedergutmachung für dessen unrechtmäßige Verfolgung nach dem Erscheinen
   des Buches *Die Alternative. Zur Kritik des real existierenden Sozialismus* im Jahre 1977, nach dem
   er zu acht Jahren Haft verurteilt und 1978 in die Bundesrepublik abgeschoben worden war.
6 Hans-Hermann Hartwich, „Bericht für den Arbeitskreis Politikwissenschaft: Entwicklungspoten-
   tiale für eine grundständige Forschung und Lehre, Schwerpunktbildungen, Wissenschafts-
   strukturen und Studiengänge" (Stand: 3. 11. 1990): „1. Eine dem westdeutschen und internationalen Standard vergleichbare Politikwissenschaft hat es in der DDR nicht gegeben. Deshalb
   kann prinzipiell nicht von einer ‚Bewahrung' gewisser Traditionen ausgegangen werden. An den
   Universitäten der neuen Bundesländer wird gegenwärtig auf unterschiedlicher Grundlage und
   vor allem mit unterschiedlichen Zielen an der Konstituierung und Strukturierung der Politikwissenschaft als einer akademischen Disziplin mit selbständigen Studienabschlüssen gearbeitet.
   Eine Koordinierung der verschiedenen Ansätze fehlt ganz, jedoch ist es bislang noch möglich,
   von einer vertretbaren Schwerpunktbildung und Verteilung der Studiengänge auf die einzelnen

hatte es keine akademische Disziplin Politikwissenschaft wie in anderen Ländern gegeben, aber Hartwich meinte damit: Wo es keine vergleichbaren Strukturen gegeben hat, da hätte es auch keine Kräfte gegeben, die nun einen Aufbau aus eigener Kraft beginnen könnten. Diese Behauptung, die nicht vorhandenen Strukturen seien identisch mit einem nicht vorhandenen Erneuerungspotenzial, wurde nicht nur von einzelnen westlichen Kollegen vertreten. Sie war die gängige Position. So wurden die Verhandlungen, die der Vorsitzende der „Gesellschaft für Politikwissenschaft in der DDR", Uwe-Jens Heuer, und ich als einer seiner beiden Stellvertreter ab Herbst 1990 mit dem Vorstand der DVPW über eine mögliche Vereinigung der beiden Berufsvereinigungen führten, sofort nach dem Beschluss der Kultusministerkonferenz Ende November 1990 über eine Abwicklung der gesellschaftswissenschaftlichen Disziplinen seitens der westdeutschen Kollegen abgebrochen. Von nun an wollte man höchstens noch über den individuellen Beitritt einzelner ehemaliger DDR-Wissenschaftler zur DVPW reden, auf keinen Fall aber über einen Zusammenschluss beider Verbände. Anzuerkennen ist, dass das sehr ungleiche Partner gewesen wären, aber immerhin hätte es eine symbolische Anerkennung der Leistungen der DDR-Seite im Herbst 1989 bedeutet. In dieser Richtung war aber ab Herbst 1990 nichts mehr möglich.

Der Mauerfall weitete auch unsere private Welt erheblich. Wir fanden neue Bekannte und Freunde. Im Februar 1990 traf ich das erste Mal mit Gert-Joachim Glaeßner, ebenfalls Politikwissenschaftler am „Osi", zusammen. Auf dem letzten DDR-Soziologentag in der Kongresshalle in Berlin hatten die Veranstalter zu einem Podiumsgespräch über die Perspektiven eines modernen Sozialismus in der DDR eingeladen. Das war bereits nach der Pressekonferenz Modrows und seinem Kurs auf die deutsche Einheit („Deutschland, einig Vaterland!"), und ich war demzufolge gegenüber den Möglichkeiten eines solchen alternativen Sozialismus sehr viel skeptischer als im vorangegangenen Herbst. Auf dem Podium saß auch der Theologe Heinrich Fink, der sich – wie

---

Universitäten zu sprechen. Nicht unbegründet erscheinen allerdings die Sorgen in Bezug auf die fachinhaltlichen Fragen, die in der Stellungnahme des DVPW-Vorstandes vom Juli 1990 geäußert wurden." Zitiert aus Gerhard Lehmbruch: „Die Politikwissenschaft und die deutsche Vereinigung", 1994, Anhang (erschienen in Gerhard Lehmbruch (Hrsg.): *Einigung und Zerfall: Deutschland und Europa nach dem Ende des Ost-West-Konflikts. 19. Wissenschaftlicher Kongreß der Deutschen Vereinigung für Politische Wissenschaft*, Opladen: Leske + Budrich 1995, S. 329–376).

eine Mehrheit der Anwesenden – zu diesem Zeitpunkt noch enthusiastisch gegenüber der diskutierten Perspektive eines modernen Sozialismus äußerte. Einer der Anwesenden, ein Politikwissenschaftler aus Westberlin, eben jener Glaeßner, war dagegen zurückhaltender. Ich stellte in der Diskussion eine größere Nähe meiner Ansichten zu seinen als zu denen der anwesenden Ostberliner fest und suchte nach der Veranstaltung das Gespräch. Aus unseren sich wiederholenden und teilweise sehr kontroversen Debatten und der Zusammenarbeit in jenen Monaten erwuchs später eine persönliche Freundschaft.

Über Gert-Joachim lernte ich auch andere Menschen jenseits der Mauer kennen, so Michal Reiman, einen tschechischen Dissidenten, der bereits 1978 wegen seiner reformsozialistischen Ansichten aus der Tschechoslowakei ausgebürgert worden war, und Hartmut Zimmermann, einen der profiliertesten DDR-Forscher der Bundesrepublik, der am Zentralinstitut für Sozialwissenschaften arbeitete und mit dem wir uns in sehr interessanter Weise über Berlin unterhalten konnten. Er starb leider viel zu früh. Im Juni kam der Journalist Conrad Lay zu mir an die Humboldt-Universität und interviewte mich im Zusammenhang mit einer Sendung des Hessischen Rundfunks über DDR-Sozialwissenschaften. Er war freier Mitarbeiter bei verschiedenen Rundfunkstationen und arbeitete häufig für den WDR. Diese fachliche Beziehung verwandelte sich ebenfalls bald in eine intensivere Bekanntschaft. In diesen bewegten Zeiten lernten wir viele interessante Menschen von der anderen Seite der Mauer kennen. Es war generell in diesen ersten Jahren nach dem Mauerfall eine Zeit intensiver persönlicher Gespräche zwischen Ost- und Westdeutschen. Frank Unger, ein Westberliner Politikwissenschaftler, der zu uns in unseren Fachbereich kam und den wir auch privat kennenlernten, meinte, er habe noch nie in seinem Leben vorher so viele intensive Gespräche geführt. Für uns war das nicht ganz so. Wir kamen aus der alten DDR, einer Gesellschaft, in der es immer intensive Gespräche gegeben hatte, weil dafür das Bedürfnis da war und die erforderliche Muße ebenfalls.

Der Westen Europas erschloss sich mir nun ebenfalls. Im Februar 1990 wurde ich nach Wien an die Technische Universität eingeladen, wo ich zusammen mit dem Herausgeber von *Konkret*, Hermann Gremliza, in einem großen Hörsaal über den Sozialismus diskutierte. An meine damaligen Einlader erinnere ich mich nur noch dunkel. Sie waren sehr freundlich zu mir, ich konnte aber ihre Erwartungen wegen meiner nicht aufhörenden Skepsis gegen die

Diskussion bei GroenLinks in Amsterdam im Frühjahr 1990
über die Perspektiven eines modernen Sozialismus,
links Helmut Geppe, Vertreter der „Grünen Liga" der DDR, rechts Dieter Segert.

Perspektiven eines modernen Sozialismus nicht wirklich erfüllen. Gremliza hatte natürlich solche Probleme nicht.

Im Frühjahr wurde ich durch „GroenLinks" nach Amsterdam eingeladen. Wir hatten diese Reise vereinbart, als eine kleine Gruppe aus dieser Partei im Dezember 1989 das Sozialismusprojekt und das Zentrum für Friedens- und Konfliktforschung an der Humboldt-Universität besucht hatte. Schon die Gespräche mit Gerrit Pas in Berlin hatten meine Neugierde für seine Partei, die sich in jenem Jahr aus einer eurokommunistischen Tradition heraus zu einer Neugründung entschlossen hatte, geweckt. Mir schienen unsere Überlegungen verwandt zu sein. Im Frühjahr 1990 fuhr ich nach Amsterdam mit einem Vertreter der „Grünen Liga", Helmut Geppe. Er hat mich damals sehr beeindruckt durch seinen Eigensinn, auch nach den Wahlen vom 18. März 1990 an der Idee einer eigenständigen DDR festzuhalten. Der Kontakt zu Gerrit Pas hat die Jahre überdauert und ist ebenfalls zu einer Freundschaft geworden.

Im April war ich das erste Mal in Paris. Das Kulturzentrum der DDR auf dem Boulevard Saint Germain hatte Michael Brie und mich eingeladen. Der damalige Leiter, der in seiner früheren Leipziger Zeit in der Umgebung von Dietmar Keller gearbeitet hatte, dem Kulturminister der Modrow-Regierung, fühlte sich zu jenem Zeitpunkt der Sozialdemokratie sehr verbunden und

180

erhoffte sich wohl eine Fortsetzung seiner beruflichen Tätigkeit auch unter den Bedingungen der Regierung De Maizière und danach. Ich weiß nicht, ob das geklappt hat. Jedenfalls waren Michael und ich zu einer Diskussion im Kulturzentrum in Paris und zu den Germanisten der Universität Angers eingeladen, wieder zum Thema der Zukunft eines modernen Sozialismus in der DDR. Ich erinnere eine gewisse Verlegenheit, die mich damals in Debatten wie diesen befiel, sie trat das erste Mal bei meinem Westbesuch in Mannheim Ende Januar 1990 auf: Da wollte man von mir Substanzielles, aber was konnte ich schon zur Zukunft des Sozialismus in der DDR sagen. Die Thesen, die gegenüber dem dogmatischen Sozialismusverständnis noch bis zum Jahreswechsel 1989/1990 als sehr radikal erschienen waren, verloren ihre Sprengkraft innerhalb weniger Wochen, als dieser historische Deutungsrahmen zerbröselte. Was hatten wir denen anzubieten, die bereits in einer demokratischen Gesellschaft mit einer effizienteren Wirtschaft lebten? Aber natürlich genoss ich Paris mit meiner Frau, wir liefen, um Geld zu sparen, aber auch um die Stadt besser wahrzunehmen, stundenlang durch die Straßen auf der linken und der rechten Seite der Seine, durchquerten das Quartier Latin, sahen erstmals den Eifelturm, den Place de la Bastille, Notre Dame. Und ich war stolz darauf, in der Volkshochschule Französisch gelernt zu haben, in einer Zeit, als ich niemals davon geträumt hatte, ich könnte Paris anders als aus dem Lehrbuch kennenlernen. Das Außenministerium am Quai d'Orsai wurde durch Polizisten mit MPs bewacht; das schien mir damals recht merkwürdig: Ein demokratisches Land verteidigt seine Ministerien in dieser martialischen Weise, warum? Wir in der DDR hatten uns dieses Jahr gerade daran gewöhnt, dass sich die Volksnähe der Politik in einer klaren Abstinenz gegenüber waffentragendem Sicherheitspersonal ausdrückt. Das frühere Wachregiment war aufgelöst, der Personenschutz der Politiker deutlich reduziert, die Ausweiskontrollen beim Betreten von Ministerien waren auf ein Minimum verringert worden. Was für eine offene Zeit! Der 11. 9. 2001 lag damals noch weit im Nebel der Zukunft.

In jenen Tagen und Wochen empfand ich alle Eindrücke sehr viel intensiver als üblich. Grauen Alltag gab es fast nie. Ich war immer noch sehr neugierig. Ich war mit 37 Jahren jung genug dafür. Mir schien, wir hatten in Berlin-Ost mal wieder einmal bessere Chancen als die anderen Bürger der DDR, einfach, weil wir den Westen, den es zu erkunden galt, direkt vor der Haustür

181

hatten. Die Mauer stand noch in Überresten, aber wir konnten ohne Probleme durch sie hindurchtreten, den anderen Teil, gewissermaßen ohne Anfahrtsweg, erkunden. Wir mussten viel lernen, aber dieses Lernen konnten wir gewissermaßen zu Fuß bewältigen, die meisten anderen DDR-Bürger mussten sich erst in den Zug oder ins Auto setzen und losfahren. Und so waren wir in unserer Freizeit unterwegs im unbekannten Land auf der anderen Seite der Mauer. Bald kannten wir Westberlin, ob Neuköln oder Frohnau, tatsächlich so gut wie unseren Teil der Stadt.

Im letzten Jahr der DDR lagen aber auch noch die Frustrationen der übereilten Währungsunion und des fast bedingungslosen, gar besinnungslosen Hineinstürzens in die Bundesrepublik, über die noch zu berichten sein wird, auf meinem Weg. Die Einheit der Nation war auf einmal für viele die Antwort auf alle Fragen: „Wir Deutschen", meinte Momper, seien „das glücklichste Volk der Welt" gewesen, als die Mauer fiel. „Jetzt wächst zusammen, was zusammengehört", hatte Willy Brandt zu einem Reporter des Bayrischen Rundfunks bereits am Morgen des 10. November 1989 unmittelbar nach der Grenzöffnung gesagt. Ich war da wesentlich weniger enthusiastisch. Mein erster Favorit war diese schnelle deutsche Einheit nicht gewesen. Sie versetzte jedoch alle meine Unternehmungen in einen neuen Rahmen, den ich respektieren musste.

Das Gebirge des politischen Neuanfangs lag nun hinter mir, vor mir lagen die Mühen des universitären Neuaufbaus, es war eine weite Ebene, deren Horizont irgendwo in der Ferne in den Himmel überging. Die Humboldt-Universität war in das 180. Jahr ihres Bestehens getreten und durchlebte ihr 41. Jahr in der DDR. Es war eine Zeit des Ausprobierens einer neuen Freiheit an einer Universität, die immer wieder von politischen Bewegungen geprägt worden war. Jetzt war unsere Generation dran, etwas zu bewegen. Von dieser Zeit und ihren Konvulsionen werde ich nachfolgend berichten.

Portal der Humboldt-Universität, so wie es bis 1990 aussah.

5. Die Humboldt-Universität im 41. Jahr

Beginnen will ich mit einer Podiumsdiskussion am 28. November 1991. Rein zeitlich gesehen liegt sie außerhalb des „41. Jahres", doch da dieser Begriff hier als Symbol für das verstanden wird, was sich in der DDR an Produktivem im Herbst 1989 entwickelt hatte, gehört diese Diskussion von „DDR-Intellektuellen" nach dem Ende der DDR doch in das Buch hinein. Sie wurde organisiert, weil auf Antrag von Wissenschaftssenator Erhard (des für die Humboldt-Universität in der Berliner Landesregierung zuständigen Ministers) am selben Tag die Personalkommission der Universität[7] gegen die Stimmen der Universitätsvertreter den gewählten Rektor Fink fristlos gekündigt hatte. Am 25. November hatte die „Behörde des Bundesbeauftragten für die Unterlagen

---

7 In der Personalkommission saßen drei Vertreter der Landesregierung und drei der Universität, wobei die Stimme des Wissenschaftssenators in Pattsituationen wie jener den Ausschlag gab.

183

der Staatssicherheit der ehemaligen Deutschen Demokratischen Republik"[8] ein Schreiben an den Senator gesandt, in dem es heißt, Fink sei seit 1969 als „IM Heiner", also als „informeller Mitarbeiter", für die Staatssicherheit tätig gewesen. Es fand keine Anhörung und keine Akteneinsicht vor der Entscheidung statt. Man schien nur darauf gewartet zu haben.

Die Liste der Teilnehmer des Podiums an diesem Abend liest sich wie ein „Who is Who" der sich erneuernden DDR: Rudolf Bahro, der Dissident der ersten Generation, Jens Reich, Mitbegründer des Neuen Forums, Walter Romberg, Ost-SPD-Mitglied seit Oktober 1989 und Minister der Regierung de Maizière, die Schriftsteller Daniela Dahn, Christoph Hein, Stefan Heym, Gisela Kraft, Christa und Gerhard Wolf, die Schauspielerin Käthe Reichel sowie Günther Krusche, ein hoher Funktionär der evangelischen Kirche. Sie waren alle im Herbst 1989, einige von ihnen schon weit früher, politisch aktiv gewesen und stellten sich nun hinter den Rektor Fink.[9] Der Akademische Senat und das Konzil der Humboldt-Universität stimmten für die Fortführung des Rektorenamtes durch ihn. Der Studentenrat der Universität rief einen Warnstreik aus und organisierte Protestdemonstrationen. Es ging in diesen Tagen ganz offensichtlich um mehr als um eine Person und mögliche Ungerechtigkeiten ihr gegenüber.

Bei diesen Protesten fallen dem Beobachter zwei Dinge auf: Zum einen war die Universität als Ganzes mobilisiert. Mechthild Küpper, eine engagierte Journalistin, die die Humboldt-Universität auf dem Weg in die Demokratie begleitet hatte, beobachtete: „Die Universität, immer groß, wenn sie sich von draußen bedroht fühlt, begibt sich energisch wieder in den Ausnahmezustand."[10]

---

8 Es ist ein bemerkenswert umständlicher Name, den diese Behörde mit einigen Tausend Mitarbeitern trägt. Warum er so umständlich ist, wäre sicher einer Interpretation wert. Praktisch hat „Volkes Stimme" jedenfalls entschieden und diese Behörde nach dem Namen des Chefs, also des oder der Bundesbeauftragten benannt. Bis 2000 hieß sie insofern „Gauck-Behörde", ich werde es im Text an den anderen Stellen mit „Volkes Stimme" halten und also von der „Gauck-Behörde" reden.

9 Die Debatte verlief allerdings nicht in allem einstimmig, Reich stellte laut Zeitungsbericht fest, er habe vor allem Bedenken gegen das Verfahren, mit dem hier gearbeitet worden sei: der Betroffene müsse stets angehört werden, es müsse genauere Regeln geben, nach denen jemand als früherer Spitzel des MfS definiert werden könne: schriftliche Erklärung, Vorteilsnahme, Schädigung Dritter durch Informationen. In: Sonderausgabe der Zeitung *Humboldt-Universität* vom 5. 12. 1991, S. 2.

10 Mechthild Küpper: *Die Humboldt-Universität. Einheitsschmerzen zwischen Abwicklung und Selbstreform*, Berlin: Rotbuch-Verlag 1993, S. 148.

184

Die zweite Beobachtung, für dieses Buch wichtiger, stammt von Peer Pasternack, einem der studentischen Akteure des Herbstes 1989 in der DDR, Mitbegründer des Studentenrates an der Leipziger Universität: „Augenscheinlich brach sich am konkreten Fall ein über diesen hinausgehendes Unbehagen Bahn.“[11] Es war das Unbehagen an den Erfahrungen mit der deutschen Einheit, das in der gesamten Bevölkerung den Eindruck immer stärker werden ließ, man sei nur „Bürger zweiter Klasse“ geworden. Für die DDR-Intelligenz, die eine andere DDR wollte, war die Humboldt-Universität ein symbolischer Kampfplatz, um die eigene Selbständigkeit und Würde als soziale Gruppe zu verteidigen.[12] Das ganze Jahr 1991 über war eine Pressekampagne zu beobachten gewesen, zunächst gegen die Humboldt-Universität insgesamt, dann gegen ihr Klinikum, die traditionsreiche Charité. Man berichtete in den Medien beispielsweise von einem vermeintlichen illegalen Organhandel und von einer angeblich ohne Wissen der Patienten vorgenommenen Erprobung westlicher Medikamente in der späten DDR. „Die Humboldt-Universität stand permanent im Mittelpunkt von öffentlichen Kontroversen“, schreibt Pasternack dazu[13]. Besonders tat sich dabei der Journalist Ralf Georg Reuth von der *FAZ* hervor.[14]

Die Entlassung ihres Rektors Finks wurde von Studierenden und Mitarbeitern als Angriff auf die Universität insgesamt verstanden: Sie war zum Symbol für eine zu verteidigende Lebenswahrheit geworden. Es ging ihnen dabei um das Verständnis der DDR und ihres Erbes. Die sich im Herbst 1989 langsam herausbildende neue DDR wurde als nötige gesellschaftliche Alternative zum westlichen System begriffen. Alle Beteiligten, auch der jetzt entlassene

---

11 Peer Pasternack: *„Demokratische Erneuerung“. Eine universitätsgeschichtliche Untersuchung des ostdeutschen Hochschulumbaus 1989–1995*, Weinheim 1999, S. 225.

12 Schon während des studentischen Streiks gegen die „Abwicklung“ von fünf Fachbereichen, der den Winter 1990/91 dauerte, waren „DDR-Künstler“ unterstützend aktiv. Zu einem Konzert gegen die Abwicklung kamen Thalheim, Wenzel & Mensching und Gundermann in die Universität, und wie in der *UnAufgefordert* Nr. 21 (Januar 1991, S. 4) – der Zeitschrift des Studentenrates – zu lesen ist: es zeigte sich „wieder einmal, dass der Draht zwischen XDDR-Künstlerinnen und XDDR-Publikum noch immer von ganz besonderem Stoff ist“.

13 Pasternack (FN 11), S. 214.

14 Reuth schrieb etwa über R. Will: „[S]ie war Vertraute des Soziologen, Michael Brie, der sich unlängst selbst der Mitarbeit beim Staatssicherheitsdienst bezichtigte“ (*FAZ* vom 7. 5. 1991, S. 6). Das kann man als Versuch einer Denunziation lesen, denn was sollte das anderes bedeuten, als zu unterstellen, auch R. Will habe Stasi-Kontakte gehabt.

Heinrich Fink, hatten im Herbst 1989 und im „41. Jahr" der DDR versucht, diese Hoffnung auf eine gesellschaftliche Alternative durch ihr Bemühen um eine erneuerte DDR zu verwirklichen.

Es ging also in dem Protest der prominenten Vertreter der „DDR-Intelligenz" um mehr als um die Frage, ob man Finks damaligen Bekundungen, er habe sich „keinerlei Zusammenarbeit mit der Stasi im Sinne des Schreibens der Gauck-Behörde vorzuwerfen"[15], glaubte oder nicht. Der westliche Co-Vorsitzende der Zentralen Struktur- und Personalkommission der Universität, Prof. Michael Daxner, bezeichnete Fink zutreffend als „Mann des Übergangs", der erreichte, dass die Universität das Jahr 1990 überstand und „sich danach den schmerzhaften Prozessen der Selbstfindung im Verlust erst zuwenden konnte."[16] Und die später aufgefundene Akte über die jahrelangen Kontakte von Fink mit der Staatsicherheit streicht den Sinn jenes Bemühens nicht aus.[17]

Ich kann im folgenden Kapitel nicht alle Facetten der Geschichte der Humboldt-Universität des 41. Jahres nachzeichnen, sondern nur einige Aus-

---

15 Fink wird hier wörtlich zitiert durch Pasternack (FN 11), S. 218.

16 Michael Daxner: „Alma Mata Restituta oder eine Universität für die Hauptstadt Berlin", Festrede 27. Mai 1993, S. 7, in: http://edoc.hu-berlin.de/humboldt-vl/daxner-michael/PDF/Daxner.pdf [gelesen am 21. 4. 2008].

17 Sven Vollrath, 1990–1992 Sprecher des Studentenrates der Humboldt-Universität, zitiert in seiner Dissertation (FN 2, S. 120 ff.) umfänglich aus der Akte und kommt zum Schluss, dass „anhand der nunmehr vorliegenden Akten der Stasi-Unterlagen-Behörde kein Zweifel [bleibt]: Heinrich Fink war über zwanzig Jahre inoffizieller Mitarbeiter der Staatsicherheit. Durch seine Stellung als Direktor der Sektion Theologie und prominenter Theologe hat er ohne Zweifel manchen vom DDR-Staat Bedrängten geholfen oder dieses zumindest versucht. Einige sprachen 1991/92 darüber auch öffentlich. Doch zugleich hat er, wie seine IM-Akte belegt, Dutzende Menschen in Gesprächen mit hauptamtlichen MfS-Mitarbeitern denunziert […]. Warum sich Opfer dieses Handelns nach Einsicht in ihre Akten bis heute nach Wissen des Autors nicht öffentlich zu Wort gemeldet haben (denn dort müsste die Quelle IM Heiner auftauchen), kann nur bedingt erklärt werden. Auch entlastet es nicht, ebenso wenig wie die Tatsache, selbst bespitzelt worden zu sein" (Vollrath 2007, S. 137 f.). „Heinrich Fink war für eine bestimmte Zeit der Repräsentant einer alternativen Erneuerung, deren Vater oder aktiver Gestalter war er selbst aber nie. Zweifellos werfen die neuen Akten über ihn auch einen starken Schatten auf diese Etappe der Hochschule und machen sie das Dilemma deutlich, in dem sich die HU seit dem 25. November 1991 befand, als die Senatsverwaltung ihn entließ. Möglicherweise wäre ohne Fink, der für die Demokratisierung trotz allem eine wichtige und bleibende Rolle spielte, in der Phase der Umorganisation vielleicht manches schneller, energischer oder anders betrieben worden. […] Die daraus resultierenden Konflikte und die Suche nach Verständigungsmöglichkeiten mit dem Senat wären ähnlich gewesen" (ebenda S. 139 f.).

einandersetzungen beleuchten, die diejenigen führten, die, wie in Kapitel 2 beschrieben, im Herbst 1989 ihre Handlungsfähigkeit gefunden hatten.

Woher kamen die Demokraten?

Was an der Humboldt-Universität im 41. Jahr geschah, hatte Symbolbedeutung für die deutsche Einheit. Hier mischte sich das schwierige Bemühen um eine eigenständige Erneuerung mit den externen Eingriffen der dominanten westlichen Seite. Die schon im Herbst 1989 aktive DDR-Intelligenz, inzwischen deutlicher in verschiedene Gruppen ausdifferenziert, steht hier naturgemäß noch stärker im Mittelpunkt. Über die Medien wurde das emsige Gewusel mitunter zum Schlachtlärm verstärkt. Was damals falsch lief auf der gesellschaftlichen Ebene und in der großen Politik, konnte man hier im Detail beobachten. Die großen Fragen der deutschen Einheit spiegeln sich im Kleinen: Wie kann sich eine Gesellschaft nach einer Diktatur erneuern? War so etwas wie ein Erlernen der Demokratie als Selbsttätigkeit möglich oder bedurfte es einer autoritär geführten „re-education", wie nach 1945 in Westdeutschland? Welchen Stellenwert hatte die Erneuerung des Personals im demokratischen Neuaufbau?

Mechthild Küpper hat die Humboldt-Universität seit ihrer Öffnung für westliche Journalisten im Herbst 1989 sehr genau beobachtet und 1993 ein lesenswertes Buch darüber geschrieben. Eine ihrer Einschätzungen soll als Ausgangspunkt meines Berichts dienen: „Und so kam es, daß das Jahr zwischen Revolution und Einheit vertan wurde, und die langsam entstehenden Gremien der Universität Stunden damit zubrachten über Dinge zu beraten, die weit über ihre Entscheidungsbefugnis hinausgingen."[18] Die letzte Bemerkung zielt auf die vielfältigen Aktivitäten zur Erarbeitung eines universitären Statuts. Dieses wurde durch das große Konzil des Jahres 1990 formuliert, das auch die erste Wahl eines Rektors der Humboldt-Universität vornahm. Welche Bedeutung hatte dieser Streit um die universitätsinternen Entscheidungsregeln für die beteiligten Akteure? Woher kamen diese Akteure eines demokratischen Aufbruchs der Universität im 41. Jahr der DDR und was wollten sie?

---

18 Küpper 1993 (FN 10), S. 78 f.

Die Bedeutung dieser Entwicklung der Humboldt-Universität war, dass sie im Vergleich zu allen anderen Universitäten schon im Herbst 1989 eigene Positionen einer Universitätsreform entwickelte und auch nach der deutschen Einheit auf einer selbst verantworteten Reform bestand. Sie widersprach damit völlig dem von den westdeutschen Medien formulierten Klischee, sie sei eine „rote Hochburg" und besonders reformfeindlich gewesen.

Zunächst müssen die Ausgangspunkte jenes demokratischen Aufbruchs skizziert werden: Die Universitäten der alten DDR waren nicht autonom. Ihre Führungspositionen, also die des Rektors und die der Direktoren von Instituten, wurden durch den zentralen SED-Apparat nach dem Nomenklaturprinzip besetzt, ohne dass die an den Einrichtungen beschäftigten Wissenschaftler sich dazu äußern konnten. Die Professuren wurden universitätsintern durch die entsprechenden staatlichen Leitungen der Institute, der Fakultäten und der Universität vorgeschlagen. Es gab keine öffentliche Ausschreibung ihrer Stellen. Entschieden wurde dann allein durch den Minister für Hoch- und Fachschulwesen, natürlich nach Abstimmung mit der Abteilung Wissenschaft des ZK der SED sowie vermutlich auch nach Konsultation mit dem Ministerium für Staatssicherheit. Jedes Jahr im September wurden die Berufungsurkunden für alle neuen Professoren zentral im „Haus der Ministerien" ausgegeben. Ich hatte meine Urkunde Mitte September 1989 erhalten. Ungefähr 3 Tage vorher erst hatte ich die Einladung und damit Gewissheit über meine Ernennung erhalten. Ebenfalls an diesem Tag wurde Rosemarie Will zur Professorin berufen. Hans-Peter Krüger bekam in jenem September die Urkunde als Professor an der Akademie der Wissenschaften.

Lehrpläne und Forschungsaufgaben mussten in der DDR die Zustimmung der entsprechenden zentralen Gremien, der Fachabteilungen des Ministeriums für Hoch- und Fachschulwesen bzw. der Zentralen Wissenschaftlichen Räte finden. Ich hatte diesen Prozess bereits bei der Darstellung des Sozialismusprojektes skizziert. Von einer Freiheit der Lehre und Forschung konnte also keine Rede sein. Spielräume gab es in diesem System jedoch auf informelle Art und Weise, wenn man sie sich über Verbündete in den Leitungsetagen erarbeitet hatte.

Nach dem Herbst 1989 wollten alle Beteiligten die Spielregeln des Umgangs miteinander an der Universität ändern. Die Ziele der Akteure des Sozialismusprojektes lassen sich wie folgt umreißen: Wir wollten eine gegenüber

188

gesellschaftlichen Problemen aufgeschlossene Freiheit von Lehre und Forschung aller Wissenschaftler sowie die gegenüber staatlicher Anweisung abgesicherte Autonomie demokratisch organisierter universitärer Institutionen.

Es gab an der Humboldt-Universität jedoch von Anfang an auch andere Ziele der Veränderung: Bereits am 3. November 1989 hatte die Gesellschaftswissenschaftliche Fakultät – ein universitäres Leitungsgremium unter Leitung von Prof. Waltraud Falk, einer Ökonomin – über Strukturveränderungen beraten und ihre Vorschläge am 17. November veröffentlicht. Darin wurde die Autonomie der Universität gefordert, weiterhin die Wiedereinführung einer Wahl aller akademischen Leitungsfunktionen, die Auflösung der zentralen Wissenschaftlichen Räte für die gesellschaftswissenschaftlichen Disziplinen, die Aufhebung von Behinderungen im Auslandsreiseverkehr und die Erweiterung der Handlungsspielräume der Lehrstuhlinhaber (der „Ordinarien"). Am 19. November beschloss der „Wissenschaftliche Rat", der zu diesem Zeitpunkt das höchste kollektive Leitungsgremium der Universität war, einen Arbeitsausschuss mit dem Namen „Struktur und Statut der Universität", der sich am 2. Januar 1990 konstituierte. Am 2. Februar wurde ein erster Statutenentwurf vorgelegt.[19] In diesen von den bestehenden inneruniversitären Gremien getragenen Vorschlägen ließ sich die Tendenz zur Restauration der Universitätsstrukturen vor Beginn der DDR-Hochschulreformen 1951 nicht übersehen, so wie allgemein in der politischen Öffentlichkeit jenes Winters 1990 gelegentlich der Ruf nach Wiedereinführung der DDR-Verfassung von 1949 zu hören war.

Im Herbst des Aufbruchs gründeten sich an der Universität schnell Gremien des demokratischen Neuaufbaus. Das erste war der Studentenrat. Er baute auf der „IG StuVe" auf, der „Interessengemeinschaft Studentenvertretung", die im Spätsommer 1989 noch illegal gebildet worden war[20]. Die Studierenden hatten im Oktober 1989 die Neuorganisation ihrer Interessenvertretung unabhängig von der zentralistischen FDJ erreicht. Bei einer universitätsweiten Urabstimmung am 9./10. November sprachen sich 86 Prozent der beteiligten Studierenden für die Gründung eines Studentenrates aus. Im Februar und März 1990 „bildet sich ein Ostberliner Sprecherrat und wenige Wochen später der Republiksprecherrat"[21].

---

19 Pasternack 1999 (FN 11), S. 200.
20 Vollrath 2007 (FN 2), S. 42, 60.
21 Ebenda, S. 64.

Diese basisdemokratische Organisationsform der Studierenden wurde zu einem wichtigen politischen Akteur des 41. Jahres der DDR. Es gab Demonstrationen und landesweite Streiks für die Berücksichtigung der sozialen Interessen dieser Gruppe im Einigungsvertrag und eine aktive Teilnahme an den Selbsterneuerungsanstrengungen der DDR-Universitäten. Die erste DDR-weite Studentendemonstration fand am 17. November 1989 auf dem Berliner August-Bebel-Platz statt. Im Frühsommer 1990 setzten sich diese Vertretungsgremien für die sozialen Interessen ihrer Gruppe ein, konnten dabei eine Fortführung von Stipendien für alle Studierenden, wie es sie in den letzten Jahrzehnten der DDR gegeben hatte, und damit das Fortbestehen der finanziellen Unabhängigkeit von den Eltern durchsetzen, wobei über dessen Höhe weiter gestritten wurde. Ab dem 5. Juni gab es Protestaktionen und eine Demonstration von 10.000 Beteiligten vor der Volkskammer in Berlin, einschließlich tagelanger Sitzstreiks.

Im September 1990 erreichte der Studentenrat beim Ministerium für Wissenschaft noch seine Anerkennung als Vertretung der Studierenden. Allerdings war diesem Erfolg keine lange Dauer beschieden, da die DDR-Regierung keine Übernahme dieser Regelung in den Einigungsvertrag durchsetzte und er insofern ab dem 3. Oktober 1990 nach bundesdeutschem Recht plötzlich keine legale Existenz hatte.[22] Auch hatte die letzte DDR-Regierung es versäumt, im Einigungsvertrag eine Regelung für die Übergabe der Gebäude der Friedrich-Engels-Kaserne an die Universität zu schaffen, die der Universität offiziell am 29. Juli 1990 unter Beisein des Ministerpräsidenten Lothar de Maizière übertragen worden waren[23], sodass sie letztlich nur einen kleinen Teil jener Gebäude tatsächlich nutzen konnte, den größeren Teil übergab Bundeskanzler Kohl an das Deutsche Historische Museum. Das mag aus Sicht Kohls rechtlich korrekt gewesen sein, politisch wurde es durch uns Wissenschaftler an der Humboldt-Universität als Arroganz der Macht erlebt.

Der Studentenrat an der Humboldt-Universität löste sich nach dem Auslaufen der sogenannten Übergangsregelungen, die auch den spezifischen Regeln für die Selbstverwaltungsgremien nach dem neuen Universitätsstatut von 1990 eine zeitlich begrenzte Wirksamkeit gegeben hatten, im Mai 1992 auf.

---

22 Siehe dazu ebenda, S. 66.
23 Siehe die Beschreibung bei Küpper 1993 (FN 10), S. 144.

Übergabe der Friedrich-Engels-Kaserne an die HU.
Es spricht Lothar de Mazière, Ministerpräsident der DDR; re.: Prof. Dr. Heinrich Fink,
Rektor der HUB; 2. v. li.: Minister für Arbeit und Soziales, Regine Hildebrand.

Eine weitere neue Institution war der „Runde Tisch" der Universität. In den
Monaten nach der Gründung des „Zentralen Runden Tisches" bildeten sich
an vielen politischen Orten in der DDR Runde Tische, also Beratungsgremien
aller relevanten politischen Gruppen. An der Humboldt-Universität wurde
eine solche Einrichtung am 24. Januar geschaffen, wobei es bis März dauert,
bis feste Regeln der Mitarbeit und Entscheidung existierten. Zu Moderatoren
des Runden Tisches wurden nach den damals üblichen Gepflogenheiten zwei
Hochschullehrer der Sektion Theologie an der HU gewählt: Heinrich Fink
und Brigitte Kahl. Diese Einrichtung der verschiedenen an der Universität
existierenden politischen Gruppen beriet die Eckpunkte des Entwurfs eines
neuen Universitätsstatuts. Die Intentionen und Traditionen der verschiedenen
universitären Akteure wurden dabei sichtbar: Während der schon erwähnte
Entwurf des Wissenschaftlichen Rates der Universität nach traditionellem
Muster eine Mehrheit der Gruppe der Professoren in universitären Gremien
vorschlug, bestand dagegen der Runde Tisch und in diesem sehr energisch der
Studentenrat auf einer Viertelparität. Der Kompromiss, der schließlich gefun-

191

den wird, lautet: 35 Prozent der Stimmen sollten in allen Entscheidungsgremien für die Gruppe der Professoren reserviert bleiben, 30 Prozent für die Studierenden, 25 Prozent für den akademischen Mittelbau und 10 Prozent für die Vertretung der sonstigen Mitarbeiter.

Der Runde Tisch hatte aber nicht nur beratende Funktion, sondern er berief gemeinsam mit dem alten Rektor, Dieter Hass, das Konzil ein, in dem die neue Verfassung der Universität beschlossen werden sollte. Außerdem entwickelte er Initiativen, die im Frühjahr 1990 die Universität prägten: Er regte die Auflösung der Sektion Marxismus-Leninismus an und diskutierte über die früheren Verbindungen der Universität mit dem Ministerium für Staatssicherheit (darüber wird später noch ausführlich berichtet werden). Als „Hochschulpolitischer Rat" wurde er nach der ersten Wahl eines Rektors im April zu einer festen Institution der Übergangsverfassung der Humboldt-Universität.

Am 3. April 1990 wurde vom „Großen Konzil"[24] der Theologe Heinrich Fink zum Rektor gewählt. Er setzte sich mit 341 von 469 abgegebenen Stimmen gegen 79 Stimmen für den Philosophen Gerd Irrlitz durch [25] „Ein Theologe als Rektor, das passte gut in die Zeit", schrieb die Journalistin Küpper. „In der dem Ende zustrebenden DDR hatten Pfarrer überall wichtige Positionen inne."[26] Das hatte mit dem politischen Prestige der Kirchen, vor allem der evangelischen, in der späten DDR zu tun. Allerdings ging es nicht allein um symbolische Repräsentanz, Fink hatte sich seit dem Herbst 1989 einen guten Namen gemacht, war Mitglied des Ostberliner Untersuchungsausschusses des Polizeieinsatzes gegen die Demonstration vor dem Palast der Republik und an der Gethsemanekirche im Prenzlauer Berg am 7. und am 8. Oktober 1989 gewesen und hatte sich während vieler öffentlicher Debatten für eine Erneuerung der DDR engagiert. Seit Januar war er an der Universität als Co-Moderator des einflussreichen Runden Tisches bekannt geworden. Fink hatte auch

---

24 Das „Konzil" war die höchste Vertretung aller Universitätsangehörigen, das „Große Konzil" diente der ersten Wahl eines Rektors und der Formulierung einer Universitätsverfassung.

25 Pasternack 1999, S. 206. Irrlitz war einer der fachlich profiliertesten Professoren der Sektion Philosophie der Humboldt-Universität. Er hatte in den Jahren bis 1989 mehrfach politische Konflikte durchgestanden, u. a. am Philosophieinstitut der Akademie der Wissenschaften, aber auch an der Humboldt-Universität. Im Dezember 1989 trat er aus Protest gegen die nicht erfolgte Auflösung aus der SED aus. Er war auf dem Konzil der Vertreter des Studentenrates (vgl. zum letzten Faktum Vollrath 2007 [FN 11], S. 53).

26 Küpper 1993 (FN 10), S. 49.

192

eine sehr direkte Art, Probleme anzusprechen. Küppers berichtet, dass er vor Journalisten anlässlich seiner Wahl als Rektor erklärt habe, dass er als Leiter der Sektion Theologie „Erwartungen von Partei und Regierung" ausgesetzt gewesen sei und als „verstrickt" anzusehen sei.[27] Im Mai wurde der neue Rektor auf einer Veranstaltung im „Audi Max" (das immer noch den Namen „Marx-Engels-Auditorium" trug) offiziell eingeführt, der Ministerpräsident Lothar de Maizière kam sowie weitere Minister. Ich kann mich daran erinnern, wie sie über den Innenhof gingen und ich mich freute, dass die Humboldt-Universität der neuen Regierung wichtig war. Fink trug den traditionellen Talar, der irgendwo in der Rumpelkammer seine Abschaffung durch die „Dritte Hochschulreform" 1969 überlebt hatte.

Frank Hörnigk, ein Germanist und schon vor 1989 als kritisches SED-Mitglied bekannt, hat mir zu Fink in einem Gespräch[28] eine lebendige Beschreibung geliefert. Seinem Selbstverständnis nach sei Fink ein christlicher Sozialist gewesen. Er sei ein außerordentlich sensibler und liebenswürdiger Mensch, der für viele hilfreich und glaubhaft gewesen sei und Mut gemacht habe. Durch ihn sei es möglich gewesen, dass diese Jahre nach 1990 keine Zeit der Selbstkasteiung der Humboldt-Universität, sondern des produktiven Aufbaus gewesen seien. Schließlich sei er „repräsentativ zerstört worden". Befragt, was ich darunter verstehen könne, erläuterte Hörnigk: Fink habe als Rektor einer Universität, die aus der Niederlage den Willen zur selbstbestimmten Erneuerung entwickelt habe, stellvertretend den Prozess der Delegitimierung der DDR erleiden müssen, der damals allgemein vor sich gegangen sei. Dabei sei diese Destruktion nicht etwa nur vom Westen ausgegangen. Man könne dies ebenfalls an Fink verfolgen, dem seine langjährigen Kollegen im Fachbereich Theologie nach seiner Entlassung aus seiner Funktion als Rektor der Humboldt-Universität auch noch die fachliche Eignung für eine Professur der Theologie absprachen.

Mir persönlich war Fink als Vorsitzender der Christlichen Friedenskonferenz, der CFK in der DDR, bekannt geworden. Er hatte mich als Vertreter des Sozialismusprojekts zu einem Seminar dieser Gruppe im Spätsommer 1989 zu einer Diskussion eingeladen. Die CFK stand politisch der Friedenspolitik der Sowjetunion und der DDR nahe. Manche Autoren schätzen sie heute als

---

27 Ebenda.
28 Das Gespräch mit ihm fand am 28. April 2008 in der Humboldt-Universität statt.

Propagandainstrument des Warschauer Vertrages ein.[29] Ich war Fink danach mehrfach auf Demonstrationen oder Debatten im Herbst 1989 begegnet. Er hatte mir am Rande der Demonstration am 4. November u. a. erzählt, wie er am 8. Oktober auf der Suche nach seinen demonstrierenden Kindern in den Polizeieinsatz an der Gethsemanekirche im Prenzlauer Berg hineingeraten und abgeführt worden war. 1990 kam der neue Rektor Fink öfter einmal zu einem Tee in unser neugegründetes Institut für Zivilisationsforschung, das damals zeitweilig in die gerade freigewordenen Räume der SED-Kreisleitung eingezogen war. Einmal erzählte er mir dabei, er könne nicht die Ängste, das Bangen nachvollziehen, mit dem manche Humboldtianer den Umbruch an der Universität begleiteten, für ihn sei diese Zeit außerordentlich aufregend, er sähe große Möglichkeiten des eingreifenden Handelns.

Pressekonferenz mit Studentenrat (am Mikrofon Sven Vollrath) und Rektor Prof. Dr. Heinrich Fink.

---

29 Vgl. dazu Gerhard Besier/Armin Boyens/Gerhard Lindemann: *Nationaler Protestantismus und Ökumenische Bewegung. Kirchliches Handeln im Kalten Krieg (1945–1990)*, Berlin 1999. Eine unabhängige Bewertung dieser Analyse ist mir nicht möglich. Ich halte sie aber für einseitig.

194

Fink sprach irgendwann im Sommer 1990 mit dem für ihn charakteristischen schiefgelegten Kopf mir gegenüber davon, dass viele nur die 40 schlechten Jahre der DDR erinnerten. Gerade das folgende 41. Jahr aber sei doch das eigentlich entscheidende: Hier könne gezeigt werden, was in uns stecke. Dieser Mythos beseelte damals wohl das Handeln vieler Menschen. Jedenfalls war dieses Selbstbewusstsein wichtig für die demokratische Handlungsfähigkeit von Menschen, die versuchten, ihren eigenen Weg zu einem demokratischen Gemeinwesen zu gehen.

Säuberungsversuche

In diesem letzten Jahr der DDR war es an der Universität eigentlich allen Beteiligten klar, dass viele Änderungen erforderlich sind. Allerdings gingen die Ansichten darüber, was und wie schnell verändert werden sollte, bei den unterschiedlichen Akteuren weit auseinander. Das Konzil und andere Selbstverwaltungsinstitutionen hatten drei Kommissionen eingerichtet, die diese Aufgabe auf Grundlage von Freiwilligkeit und öffentlichem Druck lösen sollten. Das war zum einen der Rehabilitationsausschuss, der bereits im Dezember 1989 gegründet wurde. Er beriet bis 1997 330 Fälle. Er sollte den früheren Mitarbeitern der Universität, die aus politischen Gründen Schaden erlitten hatten, eine gewisse Kompensation verschaffen, zumindest ihr beschädigtes Ansehen wiederherstellen. Gleich zu Beginn seiner Tätigkeit beschloss er die Rehabilitierung Robert Havemanns, dem von der Universität auf Druck der SED-Führung 1964 durch die universitäre Parteiorganisation seine SED-Mitgliedschaft aberkannt worden war.[30] Das war damals der Auftakt zu weiteren diskriminierenden Maßnahmen gegen Havemann gewesen, wie dem Verlust der Professur und der Mitgliedschaft in der Akademie der Wissenschaften, für die die Universität keine unmittelbare Verantwortung getragen hatte.

Die Anhörungskommission und der Ehrenausschuss als zwei weitere Institutionen der Selbstreinigung der Universität wurden dann im Oktober 1990 mit dem beschlossenen Universitätsstatut eingerichtet. Die Anhörungskommission prüfte auf Selbstantrag die gewählten Institutsdirektoren, Dekane und

---

30   Vollrath 2007 (FN 2), S. 220 f.

Führungsmitglieder anderer Selbstverwaltungsorgane der Universität darauf, ob es bei ihnen politisches Fehlverhalten in der Zeit vor dem Herbst 1989 gegeben hatte. Die Beteiligung an dieser Überprüfung war freiwillig, nur die Hälfte aller „Amtsinhaber" nahm schließlich daran teil. Bei zehn Prozent derer, die sich daran beteiligten, wurden mehr oder minder schwere Bedenken formuliert.[31] Ich stellte mich im Frühjahr 1991 als gewähltes Mitglied der Personal- und Strukturkommission des Fachbereichs Sozialwissenschaften und dessen Vizedekan für Forschung dieser Kommission. Man musste vorher in einem Fragebogen Auskunft geben über Funktionen in der SED und herausgehobene staatliche Funktionen sowie die politische Verantwortung, die man selbst ausgehend davon spürte. Danach stellte man sich in der Kommission einer Befragung. Die Kommission hatte keine Vorbehalte gegen meine weitere Leitungstätigkeit, wobei auch meine Funktion als ehrenamtlicher SED-Parteisekretär der Philosophen ausführlich zur Sprache kam.

Im Unterschied dazu hatte der Ehrenausschuss der Universität vor allem Fälle von Korruption und Bereicherung von Funktionsträgern der Universität sowie die Mitarbeit von Universitätsangehörigen beim Ministerium für Staatssicherheit zu bewerten. Die letztgenannte Aufgabe wurde zu seiner bedeutendsten, insgesamt wurden aus Universitätsklinikum und Lehrkörper der Universität 436 Personen besprochen.[32] In der zitierten Dissertation von Sven Vollrath werden allerdings nicht die beiden Selbstanzeigen erwähnt, die den Ausschuss zu Beginn seiner Tätigkeit, im Frühjahr 1991, beschäftigten. Ende 1990 hatte Michael Brie gegenüber Studierenden seine inoffizielle Mitarbeit für das Ministerium für Staatssicherheit öffentlich gemacht und dann den Ehrenausschuss gebeten, seine tatsächliche Verantwortung zu überprüfen. Irene Runge hatte sich mit demselben Anliegen direkt an den Ehrenausschuss gewandt. Ich gehe hier darauf ein, weil aus meiner Sicht die Behandlung dieser beiden Fälle erhebliche Konsequenzen hatte. Hier hat die Universität versäumt, dem sich entwickelnden gesellschaftlichen Klima einer hysterischen Aufarbeitung des Stasi-Komplexes entgegenzuarbeiten. Der Ehrenausschuss empfahl damals in beiden Fällen eine Entlassung, obwohl doch angesichts der Biografien von Michael Brie und Irene Runge, zweier Aktivisten der aufbre-

---

31   Ebenda, S. 224 f.
32   Ebenda, S. 214 ff.

chenden DDR-Intelligenz des Herbstes 1989, eine andere Entscheidung durchaus möglich gewesen wäre.[33] Für die Universität hatte das zur direkten Konsequenz, dass es von nun ab keine Selbstanzeigen mehr gab.

Die „Säuberungsbemühungen" an der Universität beschränkten sich allerdings nicht auf die beschriebene Arbeit der Ausschüsse. Ich will hier auf zwei Ereignisse aus dem Frühling 1990 eingehen: die Säuberung der Personalakten auf Grundlage einer Verordnung der Modrowregierung sowie den Umgang mit dem Thema Staatssicherheit an der Universität.

Wie in der DDR insgesamt wurde nach der Verordnung der Modrow-Regierung vom 22. Februar 1990 den Mitarbeitern der Universität auf eigenen Wunsch ihre Personalakte ausgehändigt, damit sie diese von den unverständlich gewordenen Zeichen der alten DDR reinigen konnten. Nach der deutschen Einheit wurde dieser Beschluss der Modrow-Regierung durch die neuen Verwaltungen deshalb kritisiert, weil er angeblich die Evaluation der Tauglichkeit von Angestellten für den öffentlichen Dienst erschwerte. In Berlin wurde in einem Brief von Westberliner Senatsverwaltung und Ostberliner Magistrat im Dezember 1990 ein Fragebogen angekündigt, in dem speziell Mitarbeiter aus dem öffentlichen Dienst der DDR möglichst umfangreich über eingenommene Positionen in SED und anderen Organisationen der DDR berichten sollten. Es wurden bestimmte Positionen und Aktivitäten aufgezählt, die mit einer Weiterbeschäftigung im öffentlichen Dienst unvereinbar seien.[34] Ich weiß aus eigener Erfahrung, dass noch 12 Jahre später, im Jahr 2002, für Ostdeutsche solche Zusatzfragebögen zum üblichen Personalfragebogen obligatorisch waren.

Ich kann mich daran erinnern, dass wir uns in der Gruppe am Institut für interdisziplinäre Zivilisationsforschung untereinander stritten, wie diese Maßnahme einzuschätzen sei, schließlich aber mehrheitlich meinten, die alte DDR sei zusammengebrochen, deshalb sollten auch ihre häufig politisch einseitigen Personaleinschätzungen nicht der Nachwelt überliefert werden, um nicht später zu Missverständnissen Anlass zu geben. Fink, den ich dazu befragte, damals

---

33   Zu Michael Brie siehe auch Pasternack (FN 11), S. 277, sowie den journalistischen Bericht in *Die Zeit* vom 5. 7. 1991 von Norbert Kostede: „Doktor Brie wird abgewickelt. Darf ein Stasi-Spitzel Professor werden?"

34   Dieses erwähnte Schreiben der West- und der Ostberliner Landesregierung datiert auf den 4. Dezember 1990; siehe Vollrath 2007 (FN 2), S. 77.

„nur" noch Moderator des Runden Tisches, meinte übrigens, er habe persönlich nicht vor, sich seine Akte geben zu lassen, um sie zu „säubern".

In meiner Personalakte fand ich vielfältige Belobigungen, die mir inzwischen
peinlich waren, weil sie mir damals zwar als nötige Anpassungsgesten an die
Machtverhältnisse vorgekommen waren, aber inzwischen doch als übertrieben
erschienen. Auch in meinen vielen Lebensläufen, die bei jeder Neueinstellung
oder Höherstufung abgegeben werden mussten, konnte ich jene Orientierung
an der inzwischen veralteten Wertewelt der alten DDR nicht übersehen. Obwohl
diese Dokumente mir inzwischen unangenehm waren, ließ ich zumindest ein
altes Exemplar eines Lebenslaufes in der Akte, fertigte dann aber noch eine neue,
rein sachliche Beschreibung meines beruflichen Werdeganges an. Die anderen
nahm ich mit und habe sie für mich selbst als Mahnung vor möglichen neuen
Verlockungen des Opportunismus aufbewahrt.

In der gleichen Zeit begann unter den Gesellschaftswissenschaftlern eine
kurzsichtige Suche nach neuen Berufungsbezeichnungen, die den neuen
Sprachverhältnissen besser angepasst waren. Professoren für Geschichte der
deutschen Arbeiterbewegung wurden zu Ordinarien für deutsche Geschichte,
solche für Wissenschaftlichen Sozialismus ließen sich zu Politikwissenschaftlern umschreiben. Ich hatte mir so einen Antrag auf Umbenennung auch
überlegt, dann aber entschieden, mich daran nicht zu beteiligen. Der institutionelle Neuaufbau einer akademischen Disziplin Politikwissenschaft schien
mir wichtiger zu sein, als mein eigenes Berufungsgebiet mit Hilfe des noch
amtierenden Ministers für Hoch- und Fachschulwesen der Modrow-Regierung umzuetikettieren.[35]

---

35 Über meine Erfahrungen mit dem Neuaufbau der akademischen Disziplin Politikwissenschaft
    habe ich später zwei Beiträge veröffentlicht. Ich war einer der Initiatoren für eine „Gesellschaft
    für Politikwissenschaft in der DDR", dann, als sie im April 1990 gegründet wurde, einer ihrer
    beiden Stellvertretenden Vorsitzenden. Weiterhin war ich als Stellvertreter des Vorsitzenden eines
    Beirates für Politikwissenschaft beim Ministerium für Hoch- und Fachschulwesen der DDR
    auch Gesprächspartner westdeutscher Akteure, so des Vorstandes der Deutschen Vereinigung
    für Politikwissenschaft und der Leitung der Bundeszentrale für politische Bildung in Bonn (vgl.
    Dieter Segert: „Die langen Schatten der Vergangenheit. Warum es in der DDR doch eine Poli-
    tologie gab", in: Bernd Giesen/Claus Leggewie (Hrsg.): *Experiment Vereinigung. Ein sozialer
    Großversuch*, Berlin: Rotbuch 1991, S. 111–123; Dieter Segert: „Subjektiver Rückblick auf ein
    gescheitertes Unternehmen – Die DDR-Politikwissenschaft im Jahre 1990", in: *Wissenschaft
    und Politik – Diskurs*, hrsg. von H. Meyer und H. Steiner, Berlin 1998, S. 328–340. Vgl. auch

Später zeigte sich, dass wir mit unserer Vermutung über die vergiftende Fortwirkung alter Personalunterlagen zwar Recht behielten, dass aber jene naive Säuberungsaktion letztlich nutzlos, vielleicht sogar kontraproduktiv gewesen war. Als ich im Sommer 1992 von der zuständigen Berufungskommission und dem Akademischen Senat der Universität auf den ersten Platz einer Berufungsliste für die neugeschaffene Professur für „Vergleichende Politikwissenschaft (Schwerpunkt Osteuropa)" am Fachbereich Sozialwissenschaften der Humboldt-Universität gesetzt worden war und auf den Ruf des Wissenschaftssenators wartete, lud mich der damals parteilose Staatssekretär für Wissenschaft, Erich Thies, zu einem Gespräch in die Senatsverwaltung ein. Er hatte sich außer meinen Unterlagen aus der Humboldt-Universität auch die archivierte Personalakte des MHF der DDR besorgt und las mir nun – wie mir damals schien: genüsslich – aus den Gutachten von Dieter Klein, Uwe-Jens Heuer und Rolf Reißig zur für mich beantragten Professur aus dem Herbst 1988 vor. Alle drei schätzten meine wissenschaftliche Arbeit. Sie mussten aber auch meine Passfähigkeit in der Sprache der damaligen Zeit bestätigen. Das war umso nötiger, da die SED-Führung gerade zu diesem Zeitpunkt einen konservativen Gegenangriff gegen die Perestroika-Hoffnungen in der Gesellschaft veranstaltete. So konnte man viel über meinen „soliden Klassenstandpunkt", meine „Treue zum Programm der SED" und meine „solide Kenntnisse des Marxismus-Leninismus" lesen. Meine Gutachter wollten ja meine Berufung legitimieren und sie nicht gefährden.

Ich versuchte in diesem Gespräch den Irrtum des Politikers zu beheben, der dies alles für bare Münze nahm, und wies auf den Zweck sowie den historischen Kontext solcher Stellungnahmen hin. Der Senator für Wissenschaft sowie sein Staatssekretärs Thies beschlossen jedoch auf Grundlage des Studiums meiner DDR-Personalakte, die Entscheidung der Berufungskommission, mich auf den ersten Platz einer Liste für eine unbefristete Professur zu setzen, zu ignorieren. Sie erteilten mir nur den Ruf auf eine auf fünf Jahre befristete Stelle.

Es lag im Geist der Zeit, dass die Proteste dagegen leise ausfielen. Die Uni-

---

Gerhard Lehmbruch: „Die Politikwissenschaft und die deutsche Vereinigung: Eine Fallstudie zum ostdeutschen Transformationsprozess", in ders. (Hrsg.): *Einigung und Zerfall: Deutschland und Europa nach dem Ende des Ost-West-Konflikts*, Opladen 1995, S. 329–376, einschließlich des Dokumentenanhangs, in dem sich u. a. mein Brief vom November 1989 mit dem Vorschlag der Gründung eines Instituts für Politikwissenschaft an der Humboldt-Universität befindet).

versitätsleitung, die ich in der Person des damaligen ersten Vizepräsidenten Bank, eines Mathematikers, fragte, was sie angesichts der Willkür der Landesregierung zu tun gedenke, riet mir, mich zu bescheiden. Die rechtlichen Bedingungen für solche befristeten Professuren war kurz vorher durch eine Novellierung des Berliner Hochschulgesetzes geschaffen worden. Die ersten zehn befristeten Verträge wurden damals ausschließlich an Professoren bzw. Professorinnen der Humboldt-Universität mit DDR-Biografie vergeben, darunter auch an die Juristin Rosemarie Will und an Frank Hörnigk, einen Germanisten.

Den 1998 mit Unterstützung der Universitätsleitung gestellten Antrag der Fakultät an den Berliner Senat auf Entfristung meiner Stelle lehnte derselbe Thies, nunmehr selbst Mitglied der CDU und Senator für Wissenschaft geworden, erneut ab. An solchen Erfahrungen zeigte sich: die Akten der DDR waren nach 1990 tatsächlich in vielerlei Weise zu missdeuten, wenn nur der Wille dazu vorhanden war. Insofern schien mir im Nachhinein die Entscheidung der Modrow-Regierung zur Aktensäuberung nicht unbegründet gewesen zu sein, nur war es naiv gewesen anzunehmen, dass sie das Problem auch lösen würde.

Das zweite Ereignis betrifft die Debatte über die Staatssicherheit an der Humboldt-Universität. In jenen Tagen, etwa Mitte bis Ende Februar 1990 und von da an noch einige Wochen, beschäftigte sich der Runde Tisch an der Humboldt-Universität sehr intensiv mit den Verbindungen zwischen Universität und Ministerium für Staatssicherheit bzw. seiner Berliner Bezirksverwaltung. Angeregt wurde das durch Aussagen des damaligen 1. Prorektors, des mächtigsten Mannes nach dem Rektor, Klaus Hubatsch.[36] Er war in der alten DDR für Sicherheitsfragen an der Universität und unter anderem für die Bestätigung von „Reisekadern" zuständig. Nur wer „Reisekader" wurde, war zu Dienstreisen in „den Westen" berechtigt. Nun berichtete er dem Runden Tisch aus eigener Initiative darüber, dass die Bezirksverwaltung für Staatssicherheit einen eigenen Mitarbeiter an der Universität beschäftigt habe. Er sei offiziell als „Sicherheitsbeauftragter" der Universität bezeichnet worden und habe in seiner Tätigkeit sowohl mit dem Rektorat als auch mit der SED-Kreis-

---

36 Küpper 1993 (FN 10), S. 40 nennt in ihrem Report seinen Spitznamen, „Minifizenz" (abgeleitet von „Magnifizenz", was wohl seine inoffizielle Macht ausdrücken sollte: er war der eigentliche Rektor) und erwähnt richtig, dass er eher zur Fraktion der beharrenden Kräfte gehörte. Ich erinnere mich, Dieter Klein rechnete ihn ganz sicher nicht zu seinen Verbündeten, nicht im Herbst 1989 und schon gar nicht davor.

leitung kooperiert. Zusätzlich habe er regelmäßige Gespräche mit den Leitern der Sektionen, in der Regel mit den Sektionsdirektoren geführt. Auch ich als Parteisekretär war von diesem „Sicherheitsbeauftragten", der auf der Rektoretage zwischen Rektorat und Büro der SED-Kreisleitung saß, irgendwann im September 1989 angesprochen worden mit dem Hinweis darauf, dass Jens Reich, der gerade das Neue Forum mitbegründet hatte, durch eine Parteigruppe aus dem Lehrkörper der Sektion Philosophie eingeladen worden sei. Er hatte mir dringend geraten, diese Einladung zu verhindern. Ich hatte im Übrigen davon schon vorher durch den Leiter des Fernstudiums erfahren. Das Problem hatte sich von selbst erledigt, da die Parteigruppe Reich schon vorher, ohne mein Zutun, wieder ausgeladen hatte.

Als ich dann bei Pasternack las, dass sich der Runde Tisch auf Initiative gerade von Klaus Hubatsch mit dem Thema Staatssicherheit und Universität beschäftigt hatte[37], fragte ich mich, was der 1. Prorektor als derjenige innerhalb der Universität, der entsprechend seiner Funktion innerhalb der staatlichen Leitung der Universität am engsten mit der Staatssicherheit zusammengearbeitet hatte, damit eigentlich bezweckt haben könnte. Mir scheint, er hatte wie auch andere Vertreter der alten DDR vor ihm dem Ministerium für Staatssicherheit den Schwarzen Peter für alle Fehler des alten Regimes zuschieben wollen. Indem man alle Aufmerksamkeit auf die Staatssicherheit lenkte, hoffte man den aktuellen politischen Druck von sich selbst ablenken zu können. Hubatsch wollte wohl vor allem nicht nach seiner politischen Verantwortung als 1. Prorektor gefragt werden.

Der Runde Tisch ließ sich offensichtlich von der Aura des Geheimnisses einfangen und diskutierte lange über jene unbekannte Vergangenheit, die scheinbar alles Übel der alten DDR zu erklären schien. Das Ablenkungsmanöver schien einige Zeit zu funktionieren, Klaus Hubatsch versuchte später, sich als Professor in das Institut für Agrarsoziologie und Genossenschaftswesen der Humboldt-Universität zurückzuziehen. Allerdings ereilte ihn Anfang 1991 dann doch noch die Empörung einiger durch ihn an Westreisen gehinderter Angehöriger des Rechenzentrums, wie in der Studentenzeitung *UnAufgefordert* nachzulesen ist.[38]

---

37 Pasternack 1999 (FN 11), S. 201.
38 Siehe den Bericht in der Nummer 21 vom 20. Januar 1991: „Er ist aus der Schußlinie geraten und kann jetzt sehr zufrieden der Abwicklung entgegensehen: Während in anderen Fachbereichen fähige

Das Ausmaß der Anwerbung von Wissenschaftlern der Humboldt-Universität durch das Ministerium für Staatssicherheit wurde erst nach der Bearbeitung der Anfragen bei der „Gauck-Behörde" im Sommer 1992 bekannt: 150 von 780 Hochschullehrern waren in der einen oder anderen Weise vom Staatssicherheitsdienst als „Inoffizielle Mitarbeiter" (IM) geführt worden, 81 davon waren zu diesem Zeitpunkt noch an der Humboldt-Universität beschäftigt. „Die Staatssicherheit war aber eher an Naturwissenschaftlern als an Gesellschaftswissenschaftlern interessiert."[39]

Angestoßen durch die Debatten am Runden Tisch drehte sich auch an der Universität die politische Debatte eine Zeit lang um die Frage: Wer war in Kontakt mit der Staatssicherheit, wer nicht? Die einfache Tatsache eines solchen regelmäßigen Kontaktes wurde damals innerhalb wie auch außerhalb der Universität fast immer als ein ausreichender Beweis dafür betrachtet, dass man als politisch belastet zu gelten habe.

Zur gleichen Zeit wurde von Medizinern und Mathematikern an der Leipziger Universität die Forderung nach einer Überprüfung der Kontakte der Hochschullehrer mit der „Stasi" erhoben, wobei sich diese Forderung vor allem gegen die Gesellschaftswissenschaftler richtete. Der Vertreter des dortigen Studentenrates, Peer Pasternack, formulierte in einem Referat im Juni 1990: „Die *Gesellschaft* verdrängt ihren strukturellen Opportunismus der Vergangenheit mit postparanoidem Stasi-Hass. An den *Hochschulen* treibt der projizierte Selbsthass infolge des eigenen Mitgemachthabens einige Naturwissenschaftler zu dem Vorwurf an die Gesellschaftswissenschaftler, diese seien die ‚geistige Stasi' gewesen."[40]

---

und unfähige, systemkonforme und kritische Lehrkräfte abgewickelt werden, darf er die Tage zählen, bis er als zweiter Mann des Instituts Agrarsoziologie und Genossenschaftswesen (der erste ist übrigens der ehemalige FDGB-Kreisleitungs-Vorsitzende Prof. Paul Hagelschuer) in den Beamtenstatus übernommen wird und dann so gut wie unkündbar ist. Und er kann sich beim Berliner Senat bedanken für die Pauschalisierung: Sektion Geschichte = alles SED-Treue, Sektion Agrar = nur gute Fachleute." Andreas Hoppe: „Der alte Peiniger in hohem Amt". Meines Wissens erfolgte die hier befürchtete Übernahme von Klaus Hubatsch in den Beamtenstand allerdings nicht, alle Professoren mussten durch einen Prozess der Neuberufung hindurch, er bekam keine neue Stelle. Paul Hagelschuer hingegen wirkte bis zu seinem Tod 2004 als international geachteter Hochschullehrer an der Agrarwissenschaftlich-Gärtnerischen Fakultät der Humboldt-Universität.

39 Küpper 1993 (FN 10), S. 44 f. Diese Tatsache lässt sich möglicherweise damit erklären, dass Naturwissenschaftler aus Sicht der DDR-Staatssicherheit mit den volkswirtschaftlich und somit auch politisch brisanteren Tatsachen zu tun hatten. Außerdem waren weitaus mehr Natur- als Gesellschaftswissenschaftler „Reisekader", hatten also regelmäßig Kontakt zu Westbürgern.

40 Pasternack 1999 (FN 11), S. 158.

Resümierend bleibt zu sagen, dass diese Konzentration auf die Staatssicherheit und die damalige aufgeheizte, geradezu hysterische Atmosphäre der Auseinandersetzung mit diesem spezifischen Teil der DDR-Geschichte die sachliche Beschäftigung mit dem gesamten politischen System und der konkreten politischen Verantwortung jedes Einzelnen dafür erheblich behindert hat und somit einen politischen Neuanfang erschwerte.

Selbsterneuerung durch PSK vs. extern definierte Umgestaltung mittels SBK

Die Aufzählung dieser verschiedenen Konflikte und Akteursgruppen sowie die Vielzahl der Konflikte um die Humboldt-Universität lässt die Einschätzung von Mechthild Küpper vom Beginn des Kapitels, das letzte Jahr der DDR sei an der Humboldt-Universität „vertane Zeit" gewesen, möglicherweise plausibel erscheinen. Mir hingegen scheint dieser These trotzdem eine typische westdeutsche, wenn auch in diesem Fall: gut gemeinte Fehleinschätzung zugrunde zu liegen. Küpper ging dabei davon aus, dass sich mit der sich abzeichnenden Entscheidung für die deutsche Einheit der Streit um neues DDR-Recht erübrigen würde, da ja mit den beiden Einigungsverträgen des Jahres 1990 sowieso die bundesdeutsche Rechtsordnung eins zu eins für die DDR übernommen worden sei. Hier wird aber zunächst übersehen, dass erst sehr spät in diesem Jahr, nämlich im August 1990, klar wurde, wie schnell es mit der Einheit gehen würde und wie wenig vom Recht des zweiten deutschen Staates, der DDR, übrig bleiben würde. Wichtiger noch ist mir aber eine andere Fehleinschätzung, die These, die der Fehleinschätzung von einer „vertanen Zeit" direkt zugrunde liegt. Es wird hier unterstellt, wichtiger als der Streit um Verfahrensregeln sei der Streit um Personen. Personelle Erneuerung sei überhaupt der Kern der Demokratisierung der Universität.

Ich zweifle daran. Sind das Erarbeiten von Regeln, das Erlernen von Demokratie einerseits und der Austausch von belasteten Personen andererseits tatsächlich gegensätzliche Wege zur Demokratie? In der Realität hing beides eng zusammen. Das neue Universitätsstatut war jedenfalls „das erste in Freiheit selbst erarbeitete Grundsatzdokument seit mehr als 50 Jahren."[41] Der Umbau

---

41 Vollrath 2007 (FN 2), S. 55.

der „Strukturen" war selbst ein Prozess des Lernens von Akteuren, ihr Versuch einer Umkehr, eines Neuanfangs. Die Debatte um das Statut hatte den Beteiligten ermöglicht, sich über wichtige demokratische Regeln selbst bewusst zu werden und sie in einer öffentlichen Debatte gegeneinander auszustreiten. Demokratie kann nicht einfach als Import von Institutionen ablaufen, auch wenn das der Zeitgeist im vergangenen Jahrzehnt für Osteuropa allgemein nahegelegt hatte. Demokratie muss durch die Akteure akzeptiert und praktisch angeeignet werden. Sonst wird Demokratie nur imitiert, dient nur der Legitimation einer im Kern immer noch autoritären Herrschaft. Die Zuordnung neuer Personen zu bestimmten Ämtern durch Wahlen kann man relativ einfach implementieren, Demokratie als Ordnung der Partizipation und des Kompromisses unter den verschiedenen Interessengruppen hingegen bedarf der eigenen Anstrengungen, des Lernens der in einer Institution wirkenden Personen.

Die damalige Senatorin für Wissenschaft[42] in Berlin (West), Barbara Riedmüller, vertrat in dieser Frage ganz im vorherrschenden Geist der Zeit hingegen eine andere Meinung: „Die Wissenschaftssenatorin verwies auf das Hochschulrahmenrecht und das Berliner Hochschulgesetz, das solche Formen [wie die Viertelparität – D. S.] nicht vorsah. Mit dem Tag der deutschen Einheit am 3. Oktober würde dieses Recht auch Unter den Linden gelten, sagte sie. Das verstanden die Humboldtianer als feindseligen Akt gegen ihren Weg zur Demokratie."[43] Hier sind nach meinem Verständnis zwei aufeinanderprallende Werthaltungen jenes Jahres deutlich formuliert: Die Mehrheit der politischen Klasse der Bundesrepublik sah, nachdem aus ihrer Sicht die Entscheidung zugunsten einer schnellen Einheit gefallen war, alle eigenständigen Bemühungen von DDR-Eliten als überflüssiges Hindernis an, die DDR-Bürger hingegen sahen sich durch diese Haltung beständig in ihrem im Herbst 1989 erkämpften Recht auf freie Selbstgestaltung der eigenen Lebensbedingungen betrogen. Politiker und Medien der Bundesrepublik pflegten auch entsprechende Gesetzesinitiativen der neuen politischen Klasse der DDR in der Volkskammer üblicherweise als schädliche Verzögerung der deutschen Einheit oder gar als „Laienspieltheater" abzutun. [44]

---

42 In den Stadtstaaten Berlin, Hamburg und Bremen heißen die Minister der Landesregierung „Senatoren". In Deutschland sind die Landesregierungen weitgehend für die Universitäten zuständig.

43 Küpper 1993 (FN 10), S. 40.

44 Mit solchen Äußerungen tat sich damals häufig Bundesbildungsminister Möllemann (FDP)

Die damaligen Humboldt-Akteure selbst haben andere Erinnerungen. Ich habe einige von ihnen gefragt. Frank Hörnigk, der 1990 zum Dekan der Germanistik gewählt wurde, Delegierter des Großen Konzils war und Anfang der 1990er-Jahre Mitglied des wissenschaftlichen Senats der Universität, zeitweilig Sprecher der Professorenkurie, hat mir zur Frage des Konzils Folgendes erzählt: Die Aussage von Riedmüller aus dem Sommer 1990, dass sie nichts übernehmen würden vom neuen Statut der Universität, habe er als Drohung empfunden, aber doch an die Liberalität des Westens geglaubt. Man habe nicht glauben wollen, dass die Anstrengungen des Neuanfangs umsonst sein würden. Er betonte, dass die Reform der Humboldt-Universität als Prozess der Selbstverständigung ein Gefühl der Würde unter den Beteiligten möglich machte. „In Zeiten der Niederlage muss man sein Gesicht zeigen, sich kenntlich machen. Wie Luther ein Bäumchen pflanzen."[45]

Sven Vollrath, ein studentischer Akrivist der betreffenden Jahre an der Humboldt-Universität, erinnerte sich im Gespräch mit mir daran, dass die Debatte über das Statut der Universität ein „urdemokratischer Prozess" gewesen sei. Nach seiner Erinnerung verständigte man sich zunächst über unterschiedliche Auffassungen zu demokratischen Entscheidungsverfahren. Neue Personen seien in diesem Prozess erst bekannt geworden und hätten in den nächsten Jahren in den Selbstverwaltungsgremien der Universität eine wichtige Rolle gespielt. Er verwies u. a. auf die Professoren Frank Hörnigk und Klaus Hansen. Alles sei neu gewesen. Es habe in diesen Wochen an der Humboldt-Universität nach den Jahren der autoritären Praxis eine „grundlegende Sehnsucht nach Demokratie" geherrscht.[46] Dann kritisierte er mir gegenüber die von außen herangetragenen

---

hervor. So kritisierte er am 1. August heftig die DDR-Regierung und warf ihr vor, „durch immer neue Forderungen" den Einigungsvertrag zu gefährden. Er könne nur warnen, jetzt weiter „herumzukaspern" und „immer mehr draufzuladen" Auch der bayrische Innenminister Stoiber war ein energischer Gegner einer – wenn auch nur befristeten – Fortführung von DDR-Recht in der Frage der Abtreibung (vgl. Hannes Bahrmann/Christoph Links: *Chronik der Wende 2: Die DDR zwischen letzter Montags-Demonstration und erster freier Volkskammer-Wahl 19. Dezember 1989 bis 18. März 1990*, S. 287 f.) Im *Tagesspiegel* erinnerte Ilko-Sascha Kowalczuk daran, dass die DDR-Volkskammer im Westen als „Laienspieltheater" bezeichnet wurde (*Tagesspiegel* vom 25. 06. 2000, Beitrag „Mandat für Deutsche Einheit': Der Auftrag – die DDR abschaffen").

45 Aus einem Gespräch mit Frank Hörnigk am 28. April 2008 in der Humboldt-Universität.

46 Aus dem Gespräch mit Sven Vollrath, heute in der Verwaltung des Deutschen Bundestages als Leiter des Europareferates tätig, am 13. Februar 2008 in dessen Arbeitszimmer.

Erwartungen an die Möglichkeiten einer Erneuerung der Universität im Jahr 1990, die überzogen gewesen seien, die Rechtsgrundlagen für eine personelle Erneuerung hätten durch die letzte DDR-Regierung (de Maizière) aufgrund des zeitlichen Drucks durch die herannahende Einheit nicht mehr beschlossen werden können.

Rosemarie Will, die im April 1990 zur Dekanin der Rechtswissenschaft an der Humboldt-Universität gewählt wurde, hatte im Auftrag des Großen Konzils die Arbeitsgruppe zur Ausarbeitung des Universitätsstatuts geleitet. Sie war in diesem Jahr außerordentlich aktiv an der Neukonzipierung der Juraausbildung, wozu sie eng mit Kollegen aus der Bundesrepublik zusammenarbeitete. In jenen Jahren hat sie, wie sie mir im Gespräch erzählte, „in drei Jahren mehr gelernt als Westler in zehn Jahren."[47] R. Will hat das Große Konzil an der Universität ebenfalls in Erinnerung als einen Ort lebhafter Debatten, einer mitunter schmerzhaften Suche von Wissenschaftlern nach einem Neuanfang und der produktiven Suche nach Kompromissen.

Nun komme ich zur Erklärung der zwei Abkürzungen aus der Überschrift: „PSK" und „SBK" scheinen nahe beieinander zu liegen, sie bezeichnen jedoch genau die beiden Pole selbstbestimmte versus fremdbestimmte Erneuerung. Die PSK bezeichnet die „Personal- und Strukturkommissionen", die durch Beschluss des Konzils vom 13. Dezember 1990, auf Vorschlag der Studierenden hin, eingerichtet worden waren.[48] Die „Struktur- und Berufungskommissionen" (SBK) hingegen sind die Instrumente der Erneuerung unter der Bedingung der Entmachtung der universitären Selbstverwaltung, wie sie erstmals mit der „Abwicklung" der sogenannten „ideologiebelasteten" fünf Fächer[49] am 22. Dezember 1990 beschlossen wurden. Nachdem die Universität dagegen

---

47 So Rosemarie Will im Gespräch mit mir am 12. Februar 2008 in der ehemaligen Professorenmensa der Humboldt-Universität.

48 Sven Vollrath konnte sich bei meinem Gespräch am 13. Februar 2008 noch sehr gut daran erinnern, wie die Vertreter des Studentenrates bei einem Vorbereitungstreffen im Senatssaal gegen Anfang Dezember diese Idee entwickelten. Vollrath war vorher von einem Mitarbeiter der Berliner Wissenschaftsverwaltung, der ihn auf die Vorbereitung der „Abwicklungsbeschlüsse" innerhalb der Kultusministerkonferenz sowie auf die damit im Zusammenhang geäußerte Kritik am mangelnden Erneuerungswillen der Universität hingewiesen hatte, geraten worden, die Anstrengungen zur Selbsterneuerung der Universität zu verstärken.

49 Diese Terminologie stammt von den westdeutschen Bildungspolitikern, die diese Abwicklung beschlossen haben; es ist (in Berlin) von folgenden Fächern die Rede: Philosophie, Rechtswissenschaft, Pädagogik, Geschichte und Wirtschaftswissenschaft (vgl. Küpper 1993 [FN 10], S. 22).

geklagt und in zweiter Instanz gewonnen hatte[50], womit die Abwicklung dieser fünf Fächer für ungültig erklärt worden war, wurden im Juli 1991 mit dem „Ergänzungsgesetz" zum Berliner Hochschulgesetz *alle* Fächer der Universität neugeordnet.

Es waren also zwei gegensätzliche Arten der Erneuerung. Der Weg mithilfe der PSK hätte die Erneuerung der Universität als schmerzhafter Prozess der Auseinandersetzung unter dem vorhandenen Personal sein können, der andere Weg verlief unter der Dominanz der westdeutschen Akteure und war mit einer umfangreichen Aussortierung von früheren DDR-Wissenschaftlern und -Wissenschaftlerinnen verbunden. Vollrath fasst das Selbstverständnis der Humboldtianer in folgenden Satz: Erneuern verstanden viele Beschäftigte als „ein(en) Prozess, in dem die vorhandenen Menschen – natürlich mit Hilfe von außen – einen neuen Anfang finden. Kein Erneuerungsprozess ist ein Vorgang, in dem diese vorhandenen Menschen einfach ersetzt werden und die vorhandene Uni-

Besetzung der HUB.

50 Die Humboldt-Universität bekam mit ihrer Klage gegen die Abwicklung am 10. Juni 1991 vom Oberverwaltungsgericht Berlin Recht.

versität nur den Namen und die räumliche Hülse abgibt für ein Unternehmen, das auf die konkrete Auseinandersetzung mit der realen Geschichte dieses Landes glaubt verzichten zu können"[51].

In allen Universitäten der neuen Bundesländer fanden diese Prozesse einer externen Einflussnahme auf die Universitäten statt. Das besondere an der Entwicklung in Berlin war, dass die Humboldt-Universität sich gewehrt hatte: Der Rektor klagte dagegen, die Mitarbeiter und Studenten waren mobilisiert, es gab Protestkundgebungen, studentische Streiks und Demonstrationen. Nachdem am 10. Juni die „Abwicklung" ganzer Fachbereiche mit dem Ziel ihrer Neugründung für nichtig erklärt wurde, sah es eine kurze Zeit lang so aus, als ob sich die selbstbestimmte Erneuerung durchsetzen würde. Die Berliner Wissenschaftsverwaltung begann nach dem juristischen Erfolg der Universität erstmals mit den Gremien der selbstbestimmten Erneuerung, vor allem der Zentralen PSK (ZPSK), zu reden. Allerdings setzte sie parallel dazu im Landesparlament mit ihrer politischen Mehrheit von CDU und SPD durch, dass *alle* Fachbereiche, auch die Naturwissenschaften, Mathematik, Informatik, Medizin und Landwirtschaftswissenschaften durch externe Struktur- und Berufungskommissionen neugebildet werden mussten. Das wurde dadurch erreicht, dass alle vorhandenen Professoren und Dozenten ihrer Rechte in der akademischen Selbstverwaltung verlustig gingen. Sie wurden zu Hochschullehrern „alten Rechts"[52] gemacht. Damit waren faktisch alle Selbstverwaltungsgremien handlungsunfähig, alle demokratisch gewählten Leiter mit einem Schlag delegitimiert, denn keiner der an der Universität vorhandenen Professoren war mehr berechtigt, die Leitung eines Institutes oder eines Fachbereiches auszuüben. Nach Intervention der Universität wurde zumindest der Rektor als Person davon ausgenommen. Aber trotzdem gab es außer dem Rektor auf einen Schlag kein einziges handlungsfähiges Gremium mehr an der Humboldt-Universität. *Alle* Professorenstellen mussten nun ausgeschrieben werden. Nur so konnten die vorhandenen Hochschullehrer die Chance nutzen, wieder zu vollberechtigten Positionen als Professoren „neuen Rechtes" zu gelangen.

---

51 Vollrath zitiert an dieser Stelle die „Thesen zur Entwicklung der Humboldt-Universität, S. 2, in: Hochschulentwicklungsplanungen der HUB, Ablage II/1" (Vollrath 2007 [FN 2], S. 225 f.).

52 Das hieß wohl, (nur) nach dem Recht der DDR berufen, nicht nach den Regeln der Bundesrepublik. Allerdings galt das nicht für die Professoren aus dem „M-L-Grundlagenstudium", denn die waren ja im Mai 1990 abberufen worden.

Die SBKs als Organisationsform und Erneuerungsinstitution traten ihren Siegeszug an. Sie setzten sich aus sechs Professoren, einem Vertreter des Mittelbaus und einem Studentenvertreter zusammen. Von den acht waren zwar fünf aus der Humboldt-Universität, aber entscheidend waren die Professorenstimmen, und hier gab bei einem Patt die Stimme des Vorsitzenden (des Gründungsdekans), der immer aus den alten Bundesländern kam, den Ausschlag. Der Rektor hatte die Möglichkeit, bei der Auswahl der Gründungsdekane mitzureden, aber auch hier war der Wissenschaftssenator in der stärkeren Position, schon deshalb, weil ja auf jeden Fall der Vorsitzende der SBK aus den alten Bundesländern kommen musste. Von diesen „Gründungsdekanen" oder „Planungsbeauftragten" hing sehr viel ab. Wie sie ihren Auftrag verstanden, so wurde die Hauptrichtung der Arbeit gestaltet. In einigen Fällen, so in der SBK Geschichte, wo Gerhard A. Ritter aus München den Vorsitz führte, wurden keine der vorhandenen Hochschullehrer auf den ersten Platz von Listen gesetzt, auch wenn aus der Akademie der Wissenschaften der DDR zwei Wissenschaftler berufen wurden.[53] In anderen Fällen, wie in der Rechtswissenschaft, folgte der Planungsbeauftragte Hans Maier aus Frankfurt im Wesentlichen den Entscheidungen der natürlich formell ebenso entmachteten PSK dieses Fachbereiches, die von Rosemarie Will geleitet worden war. Hier wurden immerhin vier von 27 Professuren mit ehemaligen DDR-Professoren bzw. -Professorinnen besetzt. In den Sozialwissenschaften wurden durch die SBK unter dem Vorsitz des Soziologen Friedhelm Neidhardt[54] von den rund 55 evaluierten Wissenschaftlerinnen und Wissenschaftlern vier Hochschullehrer sowie dreizehn Mittelbauangehörigen den neu definierten Stellen zugewiesen, also ein knappes Drittel. Drei weiteren Mittelbauangehörigen wurde eine sogenannte Überhangstelle angeboten.[55] Damit wurden 35 Personen negativ evaluiert, darunter auch Michael Brie.[56]

---

53 Vgl. dazu Fritz Klein: *Drinnen und Draußen. Ein Historiker in der DDR. Erinnerungen*, Frankfurt: Fischer Taschenbuch Verlag 2001, S. 355.

54 Friedhelm Neidhardt kam vom Kölner Max-Planck-Institut, hatte am WZB zum Zeitpunkt der Gründung der SBK die Leitung des Bereiches „Öffentlichkeit und soziale Bewegungen" inne. Er wurde 1994 zum Direktor des WZB und darin Nachfolger des Soziologen Wolfgang Zapf.

55 Diese Zahlen entnehme ich meinen persönlichen Unterlagen als Vizedekan des Fachbereichs Sozialwissenschaften und Mitglied der SBK.

56 Michael Brie war im September 1990 noch durch den Minister für Wissenschaft der Regierung de Maizière, Meyer, zum Professor für Sozialphilosophie berufen worden. Ich halte Brie für einen der fähigsten Intellektuellen meiner Generation. Man kann seine Produktivität als freier

Gegen die letztgenannte Entscheidung erhob ich, der ich als einer von drei gewählten Vertretern der Gruppe der Humboldt-Hochschullehrer an der Arbeit der SBK teilnahm, zusammen mit Wilfried Ettl, dem gewählten Mittelbauvertreter der SBK, Einspruch und erläuterte diesen Widerspruch in einem Minderheitenvotum zu diesem Beschluss der SBK ausführlich.

Abschlussfeier für das Institut für interdisziplinäre Zivilisationsforschung an der Humboldt-Universität, Sommer 1991.
V. l. n. r.: Effi Böhlke, Frank Hörnigk, Rainer Land, Michael Brie.

Das Ergebnis wurde dann noch dadurch verschlechtert, dass zwei der vier positiv evaluierten Professoren schließlich – teilweise durch Druck aus den Reihen der Humboldt-Universität selbst, teils wegen des Drucks in den westlichen Medien – nur auf eine Überhangstelle gesetzt wurden, wodurch sie als Professoren „alten Rechts" galten und insofern nur eingeschränkte Rechte besaßen.[57] Aus diesen Erfahrungen heraus habe ich mich im Sommer 1992 in einem Schreiben an die inzwischen neugewählte Präsidentin der Humboldt-Universität Marlies Dürkop gewandt und das Konzept einer Durchmischung von Ost und West angesichts dieser Ergebnisse meinerseits für als gescheitert bezeichnet.

Wissenschaftler anhand seiner Publikationsliste seither nachprüfen: Er hat in der Deutschen Nationalbibliothek 27 Titel verzeichnet, davon 24 seit 1991. Ihm wurde im Herbst 1991 durch Mehrheitsvotum der SBK wegen eines „Mangels an Bedarf" gekündigt – angeblich sei er als Sozialphilosoph an einem Fachbereich Sozialwissenschaften nicht am richtigen Platz. Die Kontakte zum Ministerium für Staatssicherheit werden wohl eine Rolle gespielt haben, obwohl das alle westlichen Mitglieder der SBK – bis auf Klaus von Beyme – in der entsprechenden Sitzung der Kommission abgestritten haben.

57 Dieter Klein, der davon auch betroffen war, musste z. B. immer vor Beginn der Prüfungsperiode eine ausdrückliche Genehmigung der Professorenschaft einholen, dass er prüfungsberechtigt ist. Das war, auch wenn er sich dazu mir gegenüber nie äußerte, sicher eine entwürdigende Prozedur für einen Hochschullehrer, der immer sehr interessierte Studierende in großer Zahl in seinen Vorlesungen und Seminaren sitzen hatte.

Im neuen Fachbereich Sozialwissenschaften waren schließlich 17 Professuren „neuen Rechts" vorhanden, 14 davon waren mit Professoren aus den alten Bundesländern, eine mit einem Kollegen aus Österreich besetzt, dazu kamen 27 Mittelbaustellen, von denen die Hälfte mit „alten" Humboldtianern besetzt waren.

Was die Mittelbauangehörigen betrifft, muss noch auf einen wichtigen Umstand hingewiesen werden: Vorher hatten fast alle Wissenschaftler und Wissenschaftlerinnen dieser Gruppe einen unbefristeten Arbeitsvertrag an der Humboldt-Universität. Nach Ende der Neustrukturierung waren zwei von ihnen auf Dauerstellen angestellt, der Rest war befristet. Am ehesten blieb die Gruppe der technischen Mitarbeiterinnen stabil, ich freue mich bis heute, bekannte Gesichter zu sehen. Anders ist mein Gefühl bezüglich der Wissenschaftler: Meines Wissens haben nur zwei der befristeten Mitarbeiter in den nächsten anderthalb Jahrzehnten an einer anderen deutschen Universität eine Professur bekommen.[58] Unter den restlichen Mitarbeitern dieser Gruppe waren einige weitere begabte jüngere Wissenschaftlerinnen und Wissenschaftler, die sehr gute Voraussetzungen für eine Professur mitbrachten, aber es trotzdem nicht geschafft haben. Die meisten anderen haben sich bald eine berufliche Tätigkeit außerhalb der Universität suchen müssen. Einige haben einen Platz in der sogenannten „zweiten Wissenschaftskultur" Ostdeutschlands gefun-

Dieter Klein (Mitte), Wilfried Ettl, André Brie (mit Rücken zum Betrachter).

---

58 Eine junge promovierte Kollegin, die aus Dresden zu uns gekommen war, damals gar keine Stelle am Fachbereich innehatte und insofern auch nicht evaluiert werden konnte, die aber Anfang der Neunzigerjahre eine sehr gute Arbeit in einem Forschungsprojekt des Institutes für Zivilisationsforschung leistete, hat es 2005 ebenfalls auf eine Professur an der LMU München geschafft. Sie ist die dritte faktische Mittelbauangehörige, die Erfolg gehabt hat.

211

den, einem Bereich mit vielen sehr engagierten Forschern, aber prekären Finanzierungsbedingungen und einem deutlichen Defizit an öffentlicher Anerkennung.

Dieses insgesamt deprimierende Ergebnis war natürlich auch für mich Anlass nachzudenken, ob meine Entscheidung, an der Arbeit der SBK teilzunehmen, richtig war. Andere haben sich nicht beteiligen wollen, wie auch Frank Hörnigk, der seine Funktion als Dekan niederlegte, weil er sonst an der Arbeit der SBK hätte teilnehmen müssen. Er habe die Verantwortung für die Entlassungen nicht übernehmen wollen.[59] Ich habe mich damals auch moralisch erpresst gefühlt, besonders als mir klar wurde, dass man meine eigene fachliche Befähigung erst dann prüfen wollte, als die Überprüfung aller anderen Personen bereits abgeschlossen war. Trotzdem bin ich geblieben. Gerade diese Arbeit in der SBK ist unter ganz anderen strukturellen Bedingungen doch ähnlich der in den undemokratischen Strukturen der alten DDR vor 1989 gewesen: Wenn man unter solchen Bedingungen handelt, ist man in Strukturen eingebunden, die man nicht selbst verantwortet, und man trägt zwangsweise Verantwortung auch für Dinge, die man auf keinen Fall wollte. Auf der anderen Seite konnte ich durch aktives Engagement trotz des sehr eng gezogenen politischen Rahmens auch einige der Entscheidungen positiv beeinflussen. Es gibt keine andere universitäre Einrichtung, in der so viele DDR-Soziologen und -Politikwissenschaftler die Chance eines Neuanfangs bekommen haben wie an diesem Fachbereich der Humboldt-Universität. Daran habe ich eben auch meinen Anteil.

Am Ende stellte sich „die personelle Erneuerung als umfassender Austausch des ehemaligen HU-Personals dar".[60] Nach Berechnungen Vollraths haben zwischen Dezember 1989 und Ende 1997 83,6% der dauerhaft beschäftigte Wissenschaftler die Universität verlassen,[61] „16,4% der im Jahre 1989 beschäftigten HU-Mitglieder, d. h. 452 Personen, gehörten ihr auch noch im Jahr 1997 an." Besonders betroffen seien die Gruppen der ehemals unbefristeten

---

59 So Hörnigk im Gespräch mit mir am 28. April 2008.

60 Vollrath 2007 (FN 2), S. 386.

61 Sven Vollrath weist auf mögliche Mehrfachzählungen oder andere Fehlerquellen seiner Berechnungen im Einzelnen hin, vgl. Vollrath 2007 (FN 2), S. 386, Fußnote 1332. Meine eigenen Erfahrungen bestätigen die Größenordnung seiner Berechnung: Mehr als drei Viertel ihres ursprünglich vorhandenen Personals verließen die Humboldt-Universität.

Mitarbeiter und die der Dozenten gewesen, „sie mussten nicht wegen mangelnder Qualifikation oder Eignung ausscheiden, sondern wegen der Umstellung der Personalstruktur auf das bundesdeutsche System von C-Professorenstellen und einen zahlenmäßig schmalen unbefristeten akademischen Mittelbau." Aus der Gruppe aller Hochschullehrer verloren „644 von einst 782 Personen und damit 82,6 % ihre Position. Der größte Teil von ihnen ging aus evaluationsbedingten Gründen oder nutzte mehr oder weniger freiwillig den Weg in den Vorruhestand. Einen umfassenderen Personalwechsel hatte es in so kurzer Zeit in der Geschichte der HU zuvor nie gegeben."[62]

Darüber hinaus kam es auf der Ebene der Professorenschaft, der für das Profil und die demokratische Selbstverwaltung wichtigsten Einrichtung, zu einem charakteristischen Missverhältnis zwischen Professoren aus den alten und den neuen Bundesländern. Ende 1994 waren von den bis dahin 400 Berufenen zwar das Übergewicht der einen über die anderen nur scheinbar gering: 56 Prozent kamen aus dem Westen, 44 Prozent aus dem Osten, aber auf der Ebene der C4-Professoren, also der „Lehrstuhlinhaber", waren es schon 65 gegenüber nur 35 Prozent. Bei den weniger prestigeträchtigen C3-Positionen betrug das Verhältnis hingegen 45 zu 55 zugunsten des Ostens.[63] Diese Gesamtbilanz habe ich vor allem deshalb angeführt, damit nicht der falsche Eindruck entsteht, die geschilderte Entwicklung beträfe nur den Fachbereich des Autors.

Das politische Kernproblem, das mit dieser Weigerung der Bundesrepublik, die Erneuerung der Humboldt-Universität als selbstbestimmten Prozess ablaufen zu lassen, verbunden war, kommt jetzt erst: Der nötige Umbau der ostdeutschen Universitäten wäre eine gute Gelegenheit gewesen, in ganz Deutschland eine Reform der Universitäten einzuleiten. Diese Chance ist damals politisch vertan worden. Michael Daxner, der als westdeutscher Co-Vorsitzender die ZPSK der Humboldt-Universität leitete, hat dazu 1993 geschrieben: „Was für die westdeutschen Hochschulen zunehmend unerträglich wird ist zum unverrückbaren Maßstab der Restauration für die ostdeut-

---

62 Ebenda, S. 386 f. Siehe auch die ähnlichen Zahlen einer Studie des HoF Wittenberg für den Senator für Wissenschaft, Forschung und Kultur aus dem Jahre 2003 (unter dem Titel: „Die Ost-Berliner Wissenschaft im vereinigten Berlin"). Sie stehen dort auf S. 16 f. Siehe: http://www.berlin.de/imperia/md/content/senwfk/pdf-dateien/expertengutachten/ost_berlin_abschlussbericht.pdf [gelesen am 1. 5. 2008].
63 Siehe die Tabelle auf S. 386 in Vollrath 2007 (FN 2).

schen geworden."[64] Er formuliert eine weitreichende Utopie für die mögliche gesellschaftliche Rolle der erneuerten Universitäten: „Die Fragen der Zeit sind solche des Überlebens der Gattung, der Neuordnung unserer Verkehrsformen – im Wortsinn und übertragen, unseres Umgangs mit uns und der Natur. Die intellektuelle Bestimmung ist es, diesen Fragen zum Begriff und zur widerständigen Wissenschaft zu verhelfen und das heißt: die Öffentlichkeit ungefragt zu fordern, zu warnen, zu belehren – und ihre Bedürfnisse korrigierend zu reflektieren."[65] Befragt, warum damals eine solche Universitätsreform in Deutschland nicht durchgesetzt werden konnte, sagte er mir resigniert, in der DDR habe es überhaupt keine Konzeption einer Reform der Universität gegeben, in Westdeutschland dagegen zu viele verschiedene. Sein Vorschlag eines geänderten Hochschulrahmengesetzes, Mitte der Neunzigerjahre über Bündnis 90/Die Grünen eingebracht, sei in den Ausschüssen des Deutschen Bundestages versandet.[66]

---

64 Daxner 1993 (FN 16), S. 9. Ich verstehe das so, dass die Zustände an den westdeutschen Universitäten Ende der Achtzigerjahre aus seiner Sicht einer gründlichen Reform bedurft hätten, aber jene mangelhaften Zustände nunmehr auf die ostdeutschen Hochschulen übertragen wurden, mit konservierenden Rückwirkungen auch auf den Westen.

65 Ebenda, S. 11.

66 Aus einem Gespräch von mir mit Michael Daxner in Berlin am 2. Mai 2008, das im Restaurant „Adam" an der Friedrichstraße stattfand. Auch die erste Präsidentin der Universität, Marlies Dürkop, beklagte 1994 in einem Interview: Den Umstellungsprozess der HU erachte sie als viel zu schnell; sie bedaure, dass der HU kein Spielraum für Experimente gegeben worden sei „für Experimente, die mithelfen könnten bei der Reform des gesamten Hochschulsystems. Wir hätten eine Experimentierphase haben müssen"; „Eine Präsidentin kann natürlich nie besser sein als die Wissenschaftler", Interview mit Marlis Dürkop, in: *UnAufgefordert* Nr. 61 vom 14. November 1994, S. 13.

6. Lasst Manna regnen

Er ließ Manna auf sie regnen als Speise, er gab ihnen Brot vom Himmel.

Psalm 78,24

Das Jahr 1990 ist in anderer Weise als das Jahr 1989 mit großen Emotionen besetzt. Vier Mal haben die Bürgerinnen und Bürger der DDR gewählt, am 18. März die letzte Volkskammer der DDR, am 6. Mai fanden Kommunalwahlen statt. Der 14. Oktober sah – schon nach dem vollzogenen Beitritt zur Bundesrepublik – die Wahl der Parlamente der fünf neueingerichteten Länder der früheren DDR, schließlich nahmen wir am 2. Dezember erstmals an der Wahl zum Bundestag teil. Jedes Mal stimmte die bezeichnete Wählergruppe mehrheitlich für die Parteien, die sich vorbehaltlos für die deutsche Einheit erklärten. Man könnte meinen, damit sei die Einheit – seitens der Ostdeutschen jedenfalls – ausreichend legitimiert.

Über dem Jahr wehte die schwarz-rot-goldene Fahne ohne die Insignien der DDR, Hammer und Sichel, aber auch ohne das Symbol der „Schwerter zu Pflugscharen"[67]. Es war das letzte Jahr der DDR, in welchem sich die Bevölkerung ihrer alten Elite zwar entledigen konnte, aber gleichzeitig erwiesen sich in ihm die neuen DDR-Eliten ihrer Chance zur politischen Führung des Landes nicht gewachsen. Sie haben sogar drei Mal versagt: zuerst, als im April der Verfassungsentwurf des Runden Tisches durch die gerade demokratisch gewählten Abgeordneten der Volkskammer mehrheitlich ins Nirgendwo verbannt wurde; im Sommer 1990 bei den Verhandlungen der DDR-Regierung unter Lothar de Maizière mit der bundesdeutschen Elite über die deutsche Einheit, bei der es nur ausnahmsweise gelang, die Interessen der eigenen Bevölkerung zu verteidigen; schließlich im September, als Teile der neuen politischen Gruppen dabei mitgeholfen haben, dass die Kritik an den Herrschaftsmechanismen der DDR in den folgenden Jahren auf die Kritik an der

---

67 Nach dem Verfassungsentwurf des Runden Tisches sollte das Wappen der neuen DDR die traditionelle deutsche Fahne mit dem Symbol der unabhängigen DDR-Friedensbewegung der Achtzigerjahre sein, ein Mann, der ein Schwert in eine Pflugschar umschmiedet: Schwerter zu Pflugscharen. Der Art. 43 hatte folgenden Wortlaut: „Die Staatsflagge der Deutschen Demokratischen Republik trägt die Farben schwarz-rot-gold. Das Wappen des Staates ist die Darstellung des Mottos ‚Schwerter zu Pflugscharen'."

215

Staatssicherheit reduziert wurde. Das ist keine überzeugende Bilanz der neuen politischen Klasse der DDR, zu der natürlich auch die aus der SED stammenden Teile der neuen Elite gehörten.

Wenn ich ein insgesamt negatives Resümee ziehe, geht das nicht, ohne gleichzeitig einschränkend auf die Umstände zu verweisen, die nicht von denen verantwortet wurden, die 1990 als neue politische Klasse der DDR agierten. Zum einen hatten sie eine Last zu tragen, die ihnen durch die Versäumnisse der SED-Reformer in den Jahren vor 1989 aufgebürdet worden war. Ich bin mir in diesem Zusammenhang durchaus auch meiner eigenen Verantwortung für diese Verfehlungen meiner sozialen Gruppe bewusst. Hätten es die reformorientierten Teile der SED-Mitgliedschaft früher geschafft, durch ihre politischen Initiativen die Herrschaftsmechanismen der Diktatur der SED-Spitze lahmzulegen oder gar zu reformieren, dann hätte sich ähnlich wie in Polen oder Ungarn 1989/90 mehr politische Kompetenz in der Bevölkerung und auch innerhalb der neuen politischen Klasse entwickeln können. Darauf hat Rolf Henrich, einer der Mitbegründer des Neuen Forums, in einem 1998 geführten Gespräch zu Recht hingewiesen:

> Dadurch, dass alles so blitzartig zusammenbrach, gab es keine Möglichkeit, dass hier Konzepte und Personen hinreichend Profil gewinnen konnten. Wäre die Auseinandersetzung schon 1985 losgegangen, wären aus den 2 Mio. Parteimitgliedern […] diejenigen Leute hervorgegangen, die uns gerade im Herbst 1989 gefehlt haben.[68]

Zweitens gab es objektive Rahmenbedingungen, die jenes verantwortliche Entscheiden der DDR-Politiker im Jahr 1990 außerordentlich erschwerten: Es waren, zum einen, internationale Konstellationen, die einer eigenständigen erneuerten DDR keine längere zeitliche Perspektive erlaubten. Am 16. Juli gab

---

68 Seite 9 des Protokolls vom Gespräch mit R. Henrich am 20. 3. 1998 in „Der SED-Reformdiskurs in den achtziger Jahren", Archiv, Bestand Rolf Henrich. Ähnlich hatte Frank Bogisch, einer der Aktivisten der neugegründeten Sozialdemokratie in der DDR, in einem Interview im Jahr 1992 argumentiert, welches im Rahmen eines von mir und Rüdiger Kipke geleiteten Forschungsprojektes zur politischen Kultur der DDR-Volkskammer von 1990 geführt worden war. Er vertrat die Meinung: „Wenn es so etwas wie Bündnis '90 oder eine USPD fünf oder sechs Jahre früher gegeben hätte, dann hätte sich vielleicht so etwas wie ein politisches Schwergewicht im Prozess des Verhandelns mit der Bundesrepublik entwickeln können." Siehe die Abschrift des Interviews mit Frank Bogisch, Volkskammerabgeordneter für die SPD, geführt durch Michal Nelken, S. 8.

Gorbatschow in den Gesprächen im Kaukasus, deren entspannte Atmosphäre sich darin äußerte, dass sowohl der sowjetische Präsident als auch der deutsche Bundeskanzler in Strickjacken verhandelten, die DDR frei. Bis dahin hatte sich die Sowjetunion einer NATO-Mitgliedschaft des vereinigten Deutschland widersetzt.[69] Worin diese Nachgiebigkeit begründet lag, darüber soll hier nicht spekuliert werden; ich könnte den vorliegenden Erkenntnissen[70] auch nichts Neues hinzufügen. Und zum anderen existierten im Machtverhältnis zwischen den politischen Klassen der DDR und der Bundesrepublik krasse Disproportionen. Dabei ging es keineswegs nur um die sehr unterschiedliche wirtschaftliche Macht beider Führungsgruppen, sondern auch um den aktuellen politischen Einfluss der Bundesregierung auf die DDR-Bevölkerung. Mit dem Versprechen der DM, der schnellen Währungsunion, hatte die bundesdeutsche politische Klasse, hatte Helmut Kohl einen mächtigen Hebel der Beeinflussung der Stimmung einer unerfahrenen und durch Ängste getriebenen DDR-Bevölkerung in der Hand. Damit waren die neuen politischen Eliten von allen möglichen Seiten Getriebene, hatten nur wenig Spielraum für Entscheidungen. Dass es ihn aber gab, und damit natürlich eine politische Verantwortung der neuen DDR-Eliten für die Art und Weise der Vertretung der Interessen der DDR-Bevölkerung, das bleibt davon unbenommen.

---

69 Wolfgang Thierse, der in der Volkskammer 1990 als Stellvertretender Fraktionsvorsitzender der SPD wirkte, äußerte in einem Interview im Rahmen jenes Forschungsprojektes zur DDR-Volkskammer, Kohl habe von Gorbatschow auf diese Weise die deutsche Einheit „in den Schoß gelegt bekommen". Vorher sei man innerhalb der SPD der DDR noch von drei bis vier Jahren der Dauer eines politisch gestalteten Prozesses der Vereinigung beider deutscher Staaten ausgegangen, der zeitliche Rahmen des Vereinigungsprozesses habe sich mit dieser Entscheidung natürlich grundlegend gewandelt. Siehe die Abschrift des Tonbandinterviews, geführt durch Rüdiger Kipke, S. 5.

70 Alexander von Plato: *Die Vereinigung Deutschlands – ein weltpolitisches Machtspiel: Bush, Kohl, Gorbatschow und die geheimen Moskauer Protokolle*, Berlin 2002.

Eine Verfassung für die Abstellkammer

Zu den Versäumnissen der neuen DDR-Elite gehört die Missachtung der Verfassung des Runden Tisches durch die frei gewählte Volkskammer. Die Ausarbeitung einer solchen neuen Verfassung des Landes war bereits auf der ersten Sitzung des Zentralen Runden Tisches am 7. Dezember 1989 beschlossen worden. Die dazu eingesetzte Arbeitsgruppe schaffte es aber angesichts der vom 6. Mai auf den 18. März 1990 vorgezogenen Volkskammerwahlen nicht mehr, einen solchen Entwurf rechtzeitig am Runden Tisch zur Abstimmung zu stellen. Dieser stellte in den Tagen vor der Volkskammerwahl seine Tätigkeit ein. Auf seiner letzten Sitzung am 12. März 1990 wurden jedoch zumindest mit einer übergroßen Mehrheit – 32 von 38 abgegebenen Stimmen – „Gesichtspunkte für eine neue Verfassung" beschlossen, die folgende Festlegungen beinhalteten:[71]

1. Die vorgelegten und in Arbeit befindlichen Teile des Entwurfs der neuen Verfassung der DDR sollen von der Arbeitsgruppe zu einem Gesamtentwurf bearbeitet werden.

2. Der Runde Tisch beauftragt die Arbeitsgruppe, diesen Verfassungsentwurf im April 1990 der Öffentlichkeit zur Diskussion zu übergeben.

3. Der Runde Tisch empfiehlt der neugewählten Volkskammer, die Arbeitsgruppe Neue Verfassung der DDR dann in die Tätigkeit des zu bildenden Verfassungsausschusses einzubeziehen, wenn er die Ergebnisse der öffentlichen Verfassungsdiskussion auswertet.

4. Der Runde Tisch schlägt der neugewählten Volkskammer vor, für den 17. Juni 1990 einen Volksentscheid über die Verfassung der DDR und ein Ländereinrichtungsgesetz auszuschreiben.

5. Der Verfassungsentwurf des Runden Tisches ist in der Debatte um eine neue deutsche Verfassung, gemäß Präambel und Artikel 146 des Grundgesetzes der BRD einzubeziehen.

Die Gegenstimmen zu diesem Beschluss des Runden Tisches kamen von der CDU, der SPD und dem Demokratischen Aufbruch, die Vertreter der LDP (Liberaldemokratische Partei, vormals LDPD) enthielten sich. Der fertiggestellte Entwurf wurde dann in die erste Volkskammersitzung eingebracht. Die dort vertretene Mehrheit, durch die Wahlen am 18. März legitimiert, lehnte die Behandlung dieses Entwurf ab, wohl vor allem deshalb, weil man sich nicht für einen Beitritt nach Artikel 146 des Grundgesetzes, sondern nach seinem Artikel 23 entschieden hatte.

---

71 Gelesen in: http://www.glasnost.de/hist/trans/verfassentw.html [am 12. 4. 2008].

Ingrid Köppe, Sprecherin des „Neuen Forum" am Zentralen Runden Tisch der DDR in Berlin.

Der Unterschied war enorm: Im bisherigen Artikel 146 wurde die Vorläufig-
keit des Grundgesetzes betont und eine Volksabstimmung über eine nach der
deutschen Einheit ausgearbeitete deutsche Verfassung in Aussicht gestellt. Artikel 23 dagegen beinhaltete einfach die Möglichkeit, dass sich weitere deutsche
Länder der Bundesrepublik durch Beitritt anschließen könnten, wie es dann
auch geschah. Die politische Mehrheit der neuen Volkskammer aus CDU,
Demokratischem Aufbruch und DSU[72] sowie Liberalen (BFD) waren an
einer neuen Verfassung der DDR nicht mehr interessiert. Sie hielten sie im
Zuge der deutschen Einheit über den Beitritt zur Bundesrepublik schlichtweg
für überflüssig.

---

72 DSU: Deutsche Soziale Union, sie war eine mit Unterstützung der CSU besonders im Süden
    der DDR erfolgreiche Partei des Wahlbündnisses Allianz für Deutschland, das eine Mehrheit
    der Stimmen am 18. März erreichte. Sie waren mit dem Versprechen angetreten, den Beitritt
    schnell und nach Artikel 23 GG zu vollziehen. Der Bund Freier Demokraten (BFD), der 5,3
    Prozent der Stimmen und 21 Mandate bekam, war ein Bündnis aus der LDP, der DFP, also der
    Deutschen Forumspartei, im Januar als Abspaltung des Neuen Forum im Süden der DDR
    gegründet, und der neugegründeten Kleinpartei FDP der DDR. Die zwei Abgeordneten der
    NDPD (Nationaldemokratische Partei der DDR) schlossen sich der Fraktion des BFD an.

219

Zu dieser Verfassungsfrage betonte im Jahr 2005 der letzte DDR-Regierungs-chef Lothar de Maizière (LdM) in einem Interview für den *Freitag*:

Freitag: Wolfgang Ullmann[73] hat es immer wieder als den größten Fehler des Vereinigungs-prozesses bezeichnet, dass nicht eine neue Verfassung für das vereinigte Deutschland erar-beitet wurde.

LdM: Diese Auffassung teile ich nicht. Er sprach noch dazu immer von der Verfassung des Runden Tischs – die ist eine Legende. Der Runde Tisch, der einen Verfassungsausschuss ein-gerichtet hatte, hielt seine letzte Sitzung am 12. März 1990 ab, als der Verfassungsentwurf noch nicht fertig war, aber der Ausschuss wollte weiter arbeiten. Das konnte er tun, aber nicht mehr im Auftrag des Runden Tisches, der sich als ein Übergangsinstrument bis zu den ersten freien Wahlen betrachtete. Am 5. April, am Tag der Konstituierung der neuen Volks-kammer, wurde zwar ein Verfassungsentwurf vorgelegt, aber das war nicht mehr der Ent-wurf des Runden Tisches.

Freitag: Weshalb hat man sich dessen nicht bedient?

LdM: Wir hatten den Wahlkampf mit der Aussage geführt, Ziel ist die Herstellung der Einheit Deutschlands nach Artikel 23 des Grundgesetzes. Die Bündnis-Leute und die PDS haben pla-katiert: Kein Anschluss unter dieser Nummer – dazu die 23. Ich dachte: Woher nehmen wir 16 Millionen Ostdeutschen das Recht, den 62 Millionen Westdeutschen zu sagen, ihr müsst euer Grundgesetz, das ihr als die vornehmste Verfassung in der deutschen Geschichte anseht, ändern?[74]

Die Arbeitsgruppe „Verfassung" hatte, beauftragt von einer Mehrheit der Ver-treter des Zentralen Runden Tisches, nach dem 12. März eine moderne Ver-fassung ausgearbeitet. In dieser Arbeitsgruppe arbeiteten wichtige Vertreter der neuen Parteien und Bewegungen, so Tatiana Böhm vom Unabhängigen Frauen-verband, Richard Schröder, der spätere Fraktionsvorsitzende der SPD in der

---

73 Wolfgang Ullmann (1929–2004), Theologe, Dozent an kirchlichen Ausbildungsstätten, Mit-begründer von Demokratie Jetzt, Minister in der zweiten Regierung Modrow, Vizepräsident der letzten Volkskammer der DDR. Ullmann war in der Verfassungsdebatte in der ersten Hälfte der 1990er-Jahre in Deutschland als Abgeordneter des Bundestages und danach des Europa-parlaments führend tätig.

74 Siehe *Freitag*, 18. März 2005, „Angetreten, um sich selbst abzuschaffen", gelesen im Internet unter: http://www.freitag.de/2005/11/05110501.php [gelesen am 11. 4. 2008]. Mit dem Begriff „Bündnis-Leute" meint de Maizière das Bündnis 90, das zur Volkskammerwahl nur 2,9 % der Stimmen, aber angesichts der fehlenden Sperrklausel auch 12 Mandate errang.

Volkskammer, Wolfgang Ullmann, der Mitbegründer von Demokratie Jetzt, Wolfgang Templin, Mitbegründer der Initiative Frieden und Menschenrechte, Klaus Wolfram vom Sprecherrat des Neuen Forums, der eine sehr aktive Rolle in der Ausarbeitung des Textes spielte[75], Vera Wollenberger, eine der Gründerinnen der DDR-Grünen. Als Experten und Expertinnen nahm daran u. a. die Juristin Rosemarie Will, früher im Sozialismusprojekt der Humboldt-Universität tätig, teil, darüber hinaus waren weitere kritische DDR-Juristen wie Karl-Heinz Schöneburg und Bernd Graefrath dabei. Diese Arbeitsgruppe hatte weiterhin bekannte westdeutsche Juristen wie Ulrich K. Preuß (Bremen), Bernhard Schlink (Bonn) sowie Helmut Simon, Bundesverfassungsrichter a. D., eingeladen.

Am 4. April übergab die besagte Arbeitsgruppe des Runden Tisches den ausgearbeiteten und einstimmig verabschiedeten Entwurf an die neugewählte Volkskammer. In einem beigelegten Brief wurde die Überzeugung zum Ausdruck gebracht, „daß die Volkskammer der Inkraftsetzung dieses Verfassungsentwurfs der Beschlußfassung über verfassungsändernde Einzelgesetze den Vorzug gibt. Wir sind überzeugt, daß wir für die Probleme, denen sich unser Land gegenübersieht, sachgerechte und am Standard modernen Verfassungsdenkens orientierte Verfassungsregelungen gefunden haben."[76] Die Abgeordneten der Volkskammer konnten sich nicht zur ernsthaften Behandlung dieses Verfassungsentwurfs entschließen, das lässt sich im Protokoll der 3. Tagung der Volkskammer am 19. April nachlesen. Damals fand auf Antrag von Bündnis 90/Grüne eine Aktuelle Stunde zum Verfassungsentwurf des Runden Tisches statt. SPD, Bündnis '90/Grüne, PDS und einige kleiner Gruppierungen waren für eine Behandlung dieser Verfassung in der Volkskammer, sie plädierten für eine Debatte innerhalb der Bevölkerung.[77] Daraus wurde nichts. Diejenigen, die nach Artikel 23 des Grundgesetzes der Bundesrepublik beitreten wollten, sorgten dafür, dass sie in die Abstellkammer geriet.

75 So R. Will mir gegenüber in unserem Gespräch am 12. Februar 2008 in Berlin.
76 Brief der Arbeitsgruppe „Neue Verfassung der DDR" des Zentralen Runden Tisches am 4. 4. 1990, siehe den Wortlaut als Anhang zum Text der Verfassung auf folgender Website: http://www.glasnost.de/verfass/9004verfass.html [gelesen am 13. Mai 2008].
77 Vgl. die Reden von Gerd Poppe (Bündnis 90), Gerhard Riege (PDS), Hans Watzek (DBD), Richard Schröder und Susanne Seils (SPD) in der stenografischen Niederschrift der 3. Tagung der 10. Wahlperiode der Volkskammer der DDR, S. 51 ff.

Die Präambel der Verfassung, formuliert von der Schriftstellerin Christa Wolf, hätte so etwas wie das kurz gefasste Selbstverständnis der Eliten einer sich selbst erneuernden DDR werden können:

> Ausgehend von den humanistischen Traditionen, zu welchen die besten Frauen und Männer aller Schichten unseres Volkes beigetragen haben, eingedenk der Verantwortung aller Deutschen für ihre Geschichte und deren Folgen, gewillt, als friedliche, gleichberechtigte Partner in der Gemeinschaft der Völker zu leben, am Einigungsprozeß Europas beteiligt, in dessen Verlauf auch das deutsche Volk seine staatliche Einheit schaffen wird, überzeugt, daß die Möglichkeit zu selbstbestimmtem verantwortlichen Handeln höchste Freiheit ist, gründend auf der revolutionären Erneuerung, entschlossen, ein demokratisches und solidarisches Gemeinwesen zu entwickeln, das Würde und Freiheit des einzelnen sichert, gleiches Recht für alle gewährleistet, die Gleichstellung der Geschlechter verbürgt und unsere natürliche Umwelt schützt, geben sich die Bürgerinnen und Bürger der Deutschen Demokratischen Republik diese Verfassung.[78]

In der Verfassung hatten deren Autoren wichtige Artikel des deutschen Grundgesetzes übernommen, darüber hinaus wurden aber die seit 1949 erfolgte Rechtsentwicklung einschließlich der in einer sich erneuernden DDR entwickelten Vorstellungen von sozialer Gerechtigkeit besonders unterstrichen. In Artikel 25 (1) dieses Entwurfs einer neuen DDR-Verfassung wird ein Recht jedes Bürgers „auf angemessenen Wohnraum" betont, eine Räumung sei nur zulässig, wenn Ersatz zur Verfügung stehe. In Artikel 27 (1) wird das „Recht auf Arbeit oder Arbeitsförderung" festgeschrieben, das Recht auf Mitbestimmung in bedeutsamen Wirtschaftsunternehmen wird in Art. 28 betont, ausdrücklich wird es in Art. 31 dem Staat und den Kommunalverwaltungen gestattet, am Wirtschaftsleben mit eigenen Unternehmungen teilzunehmen. In Art. 32 heißt es, die „Nutzung des Bodens und der Gewässer ist in besonderem Maße den Interessen der Allgemeinheit und künftiger Generationen verpflichtet". Deshalb wird privates Bodeneigentum nur bis zu den Grenzen der ostdeutschen Bodenreform (also 100 ha) erlaubt. Sehr ausführlich wurden ausgehend von den Erfahrungen der Jahre vor dem Herbst 1989 auch die politischen Rechte ausformuliert, so die Informations-, Versammlungs- und Vereinigungsfreiheit (Art. 15–18). Die politische Funktion von Bürgerbewegungen

---

78 Den gesamten Text des Verfassungsentwurfes siehe im Internet: http://www.glasnost.de/verfass/9004verfass.html [gelesen am 14. 4. 2008].

im staatlichen Gemeinwesen DDR wird besonders unterstrichen (Art. 35). Das Streikrecht wird betont und Aussperrungen als Mittel des Arbeitskampfes werden nur unter bestimmten Bedingungen erlaubt (Art. 36). Weiterhin werden Volksbegehren und Volksentscheid verfassungsrechtlich geregelt (Art. 98). Als symbolischer Ausdruck der friedlichen Umwälzung des Herbstes wurde in Artikel 43 das Symbol der unabhängigen Friedensbewegung der DDR, eben jenes „Schwerter zu Pflugscharen", als Staatswappen vorgeschlagen.

Was politisch noch schwerer wiegt als das Verschwinden der Runde-Tisch-Verfassung in der Abstellkammer, ist die versäumte gesamtdeutsche Verfassungsdiskussion. Im Einigungsvertrag war zumindest, auf Vorschlag der DDR-Seite, in Artikel 5 die Empfehlung ausgesprochen worden, dass sich die „gesetzgebenden Körperschaften des vereinten Deutschland" innerhalb von zwei Jahren mit den im „Zusammenhang mit der deutschen Einigung aufgeworfenen Fragen zur Ergänzung oder Änderung des Grundgesetzes" befassen sollen. Dort wird die im Artikel 146 GG erwähnte Volksabstimmung über eine geänderte Verfassung ausdrücklich erwähnt.[79] Dass es dazu nicht gekommen ist, hatte dann allerdings die politische Mehrheit des 12. Bundestages (1990–1994) zu verantworten. Aus der Arbeit der Gemeinsamen Verfassungskommission von Bundestag und Bundesrat kamen nur kleinere Änderungen des Grundgesetzes zustande. Der Artikel 146 wurde gestrichen.

Die Nacht der irren Hoffnungen

Geld ist in modernen kapitalistischen Gesellschaften eine besondere Institution. Man merkt das schon daran, dass sich Alltagsgespräche häufig darum drehen, wie viel der oder jener verdient, ob das nicht zu viel oder zu wenig ist. Die Verfügung über Geld ist nicht selten das zentrale Merkmal des Erfolgs oder des

---

79   Siehe den Text von Artikel 5 im Einigungsvertrag in: *Die Verträge zur Einheit Deutschlands.* Beck-Texte im dtv, 2. Auflage, München 1992, S. 45 f. In einem von mir geführten Interview im Rahmen des bereits erwähnten Forschungsprojektes zur letzten DDR-Volkskammer wurde von Wolfgang Ullmann am 14. 8. 1992 darauf hingewiesen, dass dieser Punkt durch Bündnis 90/Grüne in Zusammenarbeit mit der SPD (nachdem diese aus der Regierung de Maizière ausgeschieden war) erfolgreich durchgesetzt werden konnte (Protokoll des betreffenden Gesprächs auf S. 11).

Misserfolgs – wie viel es ist, hat für das Prestige des Betreffenden eine große Bedeutung.

In der DDR spielte das Geld, wie in anderen staatssozialistischen Gesellschaften auch, eine weniger herausgehobene Rolle. Nicht, dass es nichts bedeutete. Als Student beispielsweise hatte man wenig Geld, aber die Preise von Grundbedarf und Mieten waren auch niedrig. Mir reichte das Stipendium, ich musste meinen Lebensunterhalt nicht erarbeiten. Wie jeder Student hatte ich unabhängig von meinen Eltern Anspruch auf ein Grundstipendium. In Berlin betrug es 205 Mark monatlich, in der übrigen Republik waren es 15 Mark weniger.

Nach Abschluss des Studiums verdiente ich wenig im Verhältnis zu einem Facharbeiter. Mein jüngerer Bruder verdiente als Haushandwerker in einem Großbetrieb so lange mehr Geld als ich, bis ich Dozent wurde. Da hatte ich bereits sechs Jahre gearbeitet, hatte meine Promotion und Habilitation abgeschlossen. Man konnte mit dem Geld weniger kaufen als im Westen. Geld allein nutzte einem noch nichts, weil es in den Geschäften wenig außerhalb der Palette der Grundnahrungsmittel und der Genussmittel Alkohol und Zigaretten gab. Man musste also außer Geld noch „Beziehungen" zum Handel oder aber Glück haben, wenn man einen Gegenstand erwerben wollte. Aber ohne ausreichend Geld gab es natürlich auch nichts. Die meisten sparten lange für einen Fernseher, eine Waschmaschine oder eine Urlaubsreise an den Balaton oder in die Hohe Tatra. Mit genügend Geld konnte man sogar auf dem geduldeten Schwarzmarkt ein Auto kaufen, ohne die üblichen 10 bis15 Jahre nach der Anmeldung darauf warten zu müssen. Selbst ein Eigenheim war käuflich zu erwerben. Aber sogar als Hochschullehrer verfügte ich für ein Eigenheim nicht über genügend finanzielle Mittel. Unsere Anmeldung auf einen PKW Trabant wäre 1990 dran gewesen. Ich habe zwar auf ihre Einlösung verzichtet, das Stück Papier jedoch aufgehoben.

Geld stellte im Sozialismus darüber hinaus ein Maß für die Arbeit und ihre Entlohnung zur Verfügung. In der späten DDR gab es Leistungsanreize auch für Angehörige der Intelligenz, den leistungsorientierten Zuschlag zum Gehalt bekam ich nur bei überdurchschnittlichen Leistungen. Wer wie viel Leistungszuschlag bekam, wurde ab Mitte der Achtzigerjahre einmal jährlich durch staatliche Leiter, Betriebsparteileitung und Gewerkschaften zusammen entschieden.

Das Geld in der DDR hatte offenkundig nicht alle Funktionen des kapitalistischen Geldes. Es war nicht geeignet, Produktionsmittel in größerem Umfang zu kaufen. Es war auch nicht in Devisen eintauschbar. Die DDR-Mark hatte für die Bevölkerung vor allem die Funktion, dem Erwerb von Konsumgütern zu dienen, gesetzt den Fall, jene tauchten oberhalb des Ladentisches auf.

Neben der „Mark der DDR" existierte seit den Siebzigerjahren eine zweite Währung in der DDR, sie wurde mit verschiedenen Namen bezeichnet, nach meiner Erinnerung auch als „Blaue Fliesen", nach der Farbe des Hundertmarkscheines. Diese Zweitwährung war die Deutsche Mark, die Währung der benachbarten Bundesrepublik. In ihren Besitz konnte man als DDR-Bürger über Schenkungen der eigenen bundesdeutschen Verwandten kommen. Einige Millionen DDR-Bürger hatten Verwandte in der Bundesrepublik. Ihre eigentliche ökonomische Wirksamkeit erwuchs der Deutschen Mark aber erst aus einer Entscheidung der SED-Führung, die „Intershops", eine spezielle Ladenkette, die ursprünglich die Westtouristen mit Westwaren versorgen sollte, für DDR-Bürger zu öffnen. 1974 wurde das Verbot des privaten Besitzes von Valuta, also von konvertierbaren Westwährungen, aufgehoben.[80] Knappe Waren und begehrte Dienstleistungen bekam man in den Achtzigerjahren eigentlich nur noch, wenn ein Teil des Preises in DM gezahlt wurde. Man konnte sich natürlich wie wir auch dazu entscheiden, auf solche Waren zu verzichten oder die Wohnung ohne Handwerker selbst zu renovieren. Die DM wurde in der Mangelgesellschaft zu einer zweiten, viel stärkeren Währung und wurde zum Zugang zu raren Handwerkerleistungen. Mit der DM war man in der späten DDR mehr.

Nachdem die SED-Führung in ihrer Devisennot die Währung des benachbarten deutschen Staates zu einer faktisch legalen zweiten Währung gemacht hatte, wurde diese zum Träger von irren Hoffnungen im letzten Jahr der DDR. In den vergangenen zehn Jahren hatte die DM so manches Familienproblem lösen können, nun schienen über die Einführung der DM als Landeswährung die sichtbar werdenden großen Wirtschaftsprobleme des Landes ebenso, quasi mit einem Schlag, lösbar zu werden. Die deutsche Einheit erschien vielen als der ideale Ausweg aus den wirtschaftlichen Schwierigkeiten der DDR. Eine zentrale Wahlkampflosung der DDR-CDU nahm im März 1990 diese Hoff-

---

80 Ab 1979 wurde Westgeld in den Intershops nur noch nach seinem Umtausch in ein DDR-internes Geld, die Forum-Schecks, entgegengenommen. 1990 wurden diese Forum-Schecks dann wieder in DM zurückgetauscht.

nung auf schnelle Erlösung auf: „Ja, besser leben!" Rationaler formuliert, schien das „Wirtschaftswunder Ludwig Erhards" von 1948 und den frühen Fünfzigerjahren den Weg zu weisen, den man problemlos, gestützt auf die Westmark und die wirtschaftlich führende Bundesrepublik, auch in der DDR gehen könnte. Einem Mythos war man allerdings auch in diesem Fall aufgesessen, wie aus jüngeren wirtschaftshistorischen Analysen ablesbar wird.[81]

Die politische Klasse der Bundesrepublik brachte die Verheißung der DM in den politischen Entscheidungsprozess dieses Frühjahres 1990 ein. Am 6. Februar 1990 hatte Bundeskanzler Kohl eine „Währungs- und Wirtschaftsunion" beider deutscher Staaten nach freien Wahlen in der DDR vorgeschlagen. Das bundesdeutsche Kabinett hatte diese Politik am nächsten Tag gebilligt. Verhandlungen mit der DDR-Regierung zu dieser zentralen politischen Frage hatte es vorher nicht gegeben. Zuvor bereits, ab Mitte Januar 1990, war Kohl von den im Dezember 1989 in Dresden vereinbarten wirtschaftlichen Maßnahmen mit Ministerpräsident Modrow abgerückt.[82] Kohl hatte offensichtlich den Eindruck bekommen, diese Übergangsregierung brauche man nicht mehr zu stützen. Es gab in der Bundesrepublik allerdings auch andere Stimmen, so die des Chefs der Bundesbank Karl Otto Pöhl, der wegen der möglichen Gefährdungen der Stabilität der DM sowie der negativen Folgen für die DDR-Wirtschaft dringend vor einer überstürzten Währungsunion gewarnt hatte.

Wenig später wurde in der Öffentlichkeit beider Staaten nur noch über die konkreten Bedingungen des Umtausches der DDR-Währung in die DM diskutiert. Wie sollten die öffentlichen Guthaben und Verbindlichkeiten bewertet werden? Wie sollte man mit den privaten Guthaben oder Krediten umgehen? Was sollte mit den Gehältern und Löhnen geschehen, sollen sie 1 zu 1 oder 1 zu 4 umgestellt werden? Ich erinnere mich, dass die übergroße Mehrheit zumindest der ostdeutschen Teilnehmer an den Debatten sich für einheitliche Umtauschsätze für öffentliche Vermögen und private Spareinlagen

---

81 Vgl. Jörg Roesler: *Die Wiederaufbaulüge der Bundesrepublik oder: wie sich die Neoliberalen ihre „Argumente" produzieren*, Berlin: Karl Dietz Verlag 2008. Hinter diesem reichlich ideologisch anmutenden Titel verbirgt sich eine interessante wirtschaftshistorische Studie zur frühen Bundesrepublik.

82 Hannes Bahrmann/Christoph Links: *Chronik der Wende 2: Die DDR zwischen letzter Montags-Demonstration und erster freier Volkskammer-Wahl 19. Dezember 1989 bis 18. März 1990*, Berlin 1995, S. 62.

aussprach. Die Bevölkerung war natürlich für den Erhalt ihrer Ersparnisse, also ein Umtauschverhältnis von 1 zu 1 zwischen Mark der DDR und DM. Auch die PDS zählte im Frühsommer zu den Befürwortern der 1-zu-1-Lösung, ohne in gleichem Maße die negativen Seiten dieser Währungsumstellung für die mittel- und langfristige volkswirtschaftliche Entwicklung zu erwähnen. Sie nährte die Vorstellung, es sei eine Frage irgendeiner sozialen „Gerechtigkeit", wie eine solche Währungsumstellung vorgenommen würde. Dabei ging es um die Frage, wie viel Öffnung zum Weltmarkt die bis dahin abgeschottete DDR-Wirtschaft ertragen kann. Und wichtiger als die Quote der Umstellung der Löhne und Gehälter der DDR-Bürger war doch, ob sie danach überhaupt noch Arbeitsplätze haben würden, auf denen sie ihr Geld durch eigene Arbeit verdienen könnten.

Das eigentliche Problem bestand sicher darin, dass durch die schlagartige Umstellung auf eine viel härtere Währung die ganze Volkswirtschaft von einem Tag auf den anderen ihrer Außen- und durch bestimmte Umstände zusätzlich eines großen Teils ihrer Binnenmärkte beraubt wurde. Die Umstellung bedeutete gegenüber den früheren Wirtschaftspartnern eine faktische Aufwertung auf das Vierfache gegenüber den früheren Konditionen. Keine einzige Wirtschaft hätte das wohl ausgehalten, schon gar nicht die angeschlagene DDR-Wirtschaft. Die bundesdeutsche Wirtschaft war nach dem Start der Wirtschaftsreformen unter Erhard Ende der 1940er-Jahre auch erst langsam gegenüber dem Weltmarkt geöffnet worden. Für die Liberalisierung des Außenhandels in den anderen Staatshandelswirtschaften Osteuropas ließ man sich ebenfalls bedeutend mehr Zeit als in der DDR im Sommer 1990.

In einem Gespräch machte mich Hans Misselwitz, der in der Regierung de Maizière für die SPD als Parlamentarischer Staatssekretär im Außenministerium tätig war, darauf aufmerksam, dass es im Mai und Juni 1990 verschiedene Versuche des Finanzministers Walter Romberg (SPD) gegeben hatte, auf das Problem der wegbrechenden Außenmärkte in Osteuropa angemessen zu reagieren. Immerhin realisierte die DDR ungefähr ein Drittel ihres BSP im Handel mit den osteuropäischen Nachbarstaaten des RGW (Rat für gegenseitige Wirtschaftshilfe). Romberg sondierte, ob es eine zeitlich befristete Fortsetzung dieser faktisch als Bartergeschäfte geführten Wirtschaftsbeziehungen geben könne. Dieses Vorhaben sei allerdings von der Bundesregierung boykottiert worden. Die DDR war mit dem Inkrafttreten der vereinbarten Währungsunion immer auf die Zustimmung der Bundesregierung angewiesen. Auch wurden bezogen auf diese Währungsunion innerhalb der SPD alternative Modelle für Konvertibilität und Stützung einer DDR-Übergangswährung diskutiert, ungefähr im Mai 1990 aber ad acta gelegt.[83]

Viele Argumente waren damals im Gebrauch, um die problematischen Folgen dieser Währungspolitik zu relativieren. So wurde behauptet, eine Verschiebung der Währungsunion hätte dazu geführt, dass noch mehr Bürgerinnen und Bürger der DDR als bisher über die offene Grenze das Land in Richtung Bundesrepublik verlassen hätten. Und tatsächlich erschallte auf den Montagdemonstrationen im Februar 1990 folgende Losung: „Kommt die D-Mark nicht nach hier – gehen wir zu ihr!" Allerdings ist die Frage, ob man nicht die anhaltende Flucht in den Westen hätte dadurch deutlich verlangsamen können, dass durch eine gemeinsame Vereinbarung beider Regierungen die bis dahin übliche automatische Einbürgerung und die damit verbundenen finanziellen Hilfen für die Flüchtlinge beendet worden wären. Der Kanzlerkandidat der SPD, Lafontaine, hatte es im Frühjahr 1990 vorgeschlagen. Das geschah aber nicht. Bis zum Beginn der Währungsunion am 1. Juli 1990 waren DDR-Bürger mit dem Wechsel in den Westen faktisch sofort auch Bürger der Bundesrepublik, bekamen nicht nur einen Pass, sondern zusätzliche Hilfen zur Wohnungsbeschaffung und für die Suche nach einem Arbeitsplatz: Sie bekamen Möbel- und Umzugshilfen zwischen 3.000 und 10.000 DM sowie Hilfe bei der Wohnungssuche; ihre Abschlüsse und akademische Grade wurden, vor Inkrafttreten des Einigungsvertrages, problemlos anerkannt.[84] Die Flucht aus der DDR wurde damit politisch durch die Bundesregierung begünstigt.

1989 gelangten durch genehmigte Ausreisen und Flucht insgesamt ca. 384.000 Bürger der DDR in die Bundesrepublik.[85] Im ersten Halbjahr, bis zur Abschaffung der Einbürgerungshilfen für DDR-Bürger, kamen noch einmal 191.000 Übersiedler.[86] Das Zugmittel finanzieller und organisatorischer Übersiedlungshilfen für ausreisewillige DDR-Bürger hätte man natürlich im

---

83 So Misselwitz in einem Gespräch mit mir am 21. Mai 2008 in Berlin.

84 Die Angaben stammen aus dem Buch von Konrad H. Jarausch: *Die unverhoffte Einheit 1989–1990*, Frankfurt: Suhrkamp 1995, S. 46.

85 Zur Zahl siehe Jürgen Ritter/Peter Joachim Lapp: *Die Grenze. Ein deutsches Bauwerk*, Berlin 1997, S. 167.

86 Siehe Zeno und Sabine Zimmerling: Neue Chronik DDR, 7./8. Folge (7. Mai bis 2. Oktober 1990), Berlin 1991, S. 124.

Interesse der Stabilisierung des zweiten deutschen Staates sehr viel früher abschaffen können. Man wollte seitens der Bundesregierung aber eine solche Stabilisierung der DDR offensichtlich nicht mehr.

Außerdem hätte man den Hunger der DDR-Bürger nach Devisen, der sich mit der nunmehr möglichen Reise- und Ausflugsmöglichkeit in den Westen verstärkte, auch dadurch befriedigen können, dass die DDR-Mark schrittweise konvertierbar gestaltet worden wäre, ohne sie aber sofort abzuschaffen. Die Wirtschaftsministerin in der Regierung Modrow, Christa Luft, plante eine solche Konvertierbarkeit ähnlich den Modellen aus anderen osteuropäischen Transformationsländern bis 1992.[87] Damit wären die DDR-Besucher im Westen nicht weiter wie bisher nur Bittsteller gewesen. In der alten DDR hatten Rentner und zunehmend auch andere, jüngere Personen in die Bundesrepublik reisen können, waren dort aber auf die Versorgung durch die Verwandten und das Begrüßungsgeld in Höhe von 100 Deutscher Mark pro Person und Jahr angewiesen. Von der eigenen Regierung bekamen die nur die Möglichkeit, vor einer Westreise einmal im Jahr 15 DM umzutauschen. Eine langsam eingerichtete konvertierbare DDR-Mark hätte sicher besser wirtschaftlich kontrolliert werden können. Darüber hinaus wäre sie für die Betriebe des eigenen Landes nicht so vernichtend gewesen wie die sofortige Übernahme der viel stärkeren DM.

Jedenfalls kam die Nacht der Währungsunion, die mir noch gut im Gedächtnis ist. Der 1. Juli 1990 war ein Sonntag. Mit dem Vertrag über die Einheit von Wirtschafts- und Währungsunion übernahm die Bundesbank des benachbarten Staates die Währungshoheit der DDR, und damit gab es die Möglichkeit einer eigenständigen Wirtschaftspolitik nicht mehr. Die Bevölkerung hatte Anträge auf die Umstellung der eigenen Spar- und Gehaltskonten auf DM gestellt. Die Regelung erlaubte den Umtausch von Sparguthaben bis zu einer Höhe von viertausend Mark im Verhältnis von 1 zu 1. Rentnern war dieses Umtauschverhältnis bis zu einer Höhe des Sparguthabens von sechstausend Mark erlaubt, Kinder und Jugendliche durften bis zu zweitausend Mark in diesem Verhältnis umstellen lassen. Größere Guthaben erfolgten im Verhältnis von 2 zu 1, wurden also halbiert. Allerdings wurde erklärt, dass nach

---

87 Vgl. Hannes Bahrmann/Christoph Links: *Chronik der Wende 2: Die DDR zwischen letzter Montags-Demonstration und erster freier Volkskammer-Wahl 19. Dezember 1989 bis 18. März 1990*, Berlin 1995, S. 100.

der Privatisierung des DDR-Staatsvermögens, der Betriebe und des Bodens ein Ausgleich an die Bürger für jene halbierten Guthaben gezahlt werden sollte. Das ist bekanntlich nie erfolgt, weil die Tätigkeit der Treuhand anstatt des erwarteten positiven Saldos aus dem Verkauf und der Sanierung der DDR-Wirtschaft 250 Mrd. DM Verluste erbrachte.

In bestimmten Zweigstellen von Banken konnte man bereits zu Mitternacht das neue Geld bekommen. In den letzten Tagen waren die Geschäfte Ostberlins ausgeräumt worden. Am Sonnabend gab es in unserer Kaufhalle im Wohngebiet im Wesentlichen nur noch „Spee", das Waschmittel aus Genthin, sowie Brot und wenige Grundnahrungsmittel. Alles Übrige war verschwunden. Ich hatte mir in den Buchhandlungen, die ebenfalls alles verkauften, was in ihren Lagern stand, für wenig Geld noch schöne Bücher gekauft. In der Nacht zum 1. Juli 1990 kam nicht nur die DM, sondern es entfielen auch die bisherigen Preisbindungen. Und, was wir erst später erfuhren, alle HO-Kaufhallen[88] Berlins waren zuvor an die Westberliner Handelskette Kaisers verkauft worden. Insofern gab es dann am Montag, als die Geschäfte geöffnet wurden, zwar volle Regale, aber alle gefüllt mit den Waren, die Kaisers gelistet hatte, und das zu den in Westberlin üblichen Preisen. Anfangs waren die Preise im Durchschnitt sogar ein wenig höher als im Westteil.[89]

In dieser Nacht saßen wir in unserer Wohnung in einem elfgeschossigen Neubaublock. Unsere Fenster gingen auf der einen Seite zu einem quadratischen Innenhof hinaus. In den umliegenden „Elfgeschossern" wohnten sicher ungefähr 5.000 Menschen. In Ostberlin war die Stimmung in den vergangenen Monaten anders als im Süden der DDR skeptischer gegenüber einer Politik der schnellen Einheit gewesen. An diesem Abend aber herrschte so etwas wie eine Silvesterstimmung mitten im Jahr. Um Mitternacht hörten wir, dass unsere Nachbarn Knaller und vereinzelt auch Raketen zündeten. Auf einem Balkon rief eine einzelne Stimme: „DDR, DDR …", aber sie wurde sofort übertönt durch einen nicht mehr ganz nüchternen Chor: „Deutschland, Deutschland!" Mir war ungemütlich zumute, ich hatte mich immer für den

---

88 HO war die Abkürzung der staatlichen Einzelhandelsorganisation der DDR, es hieß ausgeschrieben: „Handelsorganisation". Die HO war 1948 in der sowjetischen Besatzungszone als Konkurrenz zum privaten und genossenschaftlichen Einzelhandel gegründet worden. In den 1980er-Jahren waren in Berlin die meisten großen Lebensmittelläden („Kaufhallen") im Besitz des HO.

89 Meine Familie ging deshalb in den ersten Monaten in Westberlin einkaufen, um Geld zu sparen.

Zustand der Wirtschaft interessiert, mir schien die Währungsunion eine Gefahr für die Lebensfähigkeit der fragilen DDR-Betriebe zu sein. So beherrschte mich an diesem Abend eine eher düstere Stimmung. In dieser Nacht hatten wir für kurzfristige Vorteile der einzelnen Bürger unserer Wirtschaft insgesamt den entscheidenden Stoß versetzt. Das musste langfristig auch wieder bei jedem einzelnen Menschen ankommen.

Am Montag war ich zu Besuch bei einem Kollegen in Adlershof, am Rande von Berlin. Nach dem Ende der dienstlichen Unterredung ging ich in eine Kaufhalle auf der Dörpfeldstraße. Ich wollte mir einen Eindruck verschaffen, wollte die DDR-Produkte suchen, die noch im Angebot waren. Ich fand nicht einmal mehr das in den Vortagen so deutlich präsente Waschmittel aus Genthin. Selbst das abgepackte Brot kam aus dem Westen, so wie die Milch und das Mineralwasser. Da begriff ich, dass wir in den nächsten Wochen wohl viele unserer Arbeitsplätze selbst aufessen würden. Wenn die DDR-Konsumenten nur noch Westwaren kauften, dann nahmen sie damit an der Vernichtung ihrer eigenen Arbeitsplätze aktiv teil. Und sie taten das „reinen Herzens", also ohne zu wissen, was sie taten. Die politische DDR-Elite, einschließlich der reformierten PDS, hatte sie davon nicht abgehalten, ja nicht einmal überzeugend gewarnt. Die westdeutsche politische Klasse hatte ihrerseits offensichtlich mehrheitlich nur den eigenen Wahlerfolg bei den anstehenden Bundestagswahlen im Auge. Die Kosten dieser Seite der deutschen Vereinigung wurden noch lange kein Thema der öffentlichen Debatten.

Verhandlung der bundesdeutschen Eliten mit sich selbst

Zwischen der DDR und der Bundesrepublik Deutschland wurden nach der Volkskammerwahl zwei wichtige Verträge ausgehandelt, einmal der „Staatsvertrag über die Wirtschafts-, Währungs- und Sozialunion", der am 18. Mai 1990 unterschrieben wurde, zum anderen der „Einigungsvertrag", dem am 20. August die Abgeordneten beider Parlamente zustimmten und der am 31. August 1990 unterschrieben wurde. Am 23. August hatte die Volkskammer der DDR mit 294 gegen 62 Stimmen, und zwar gegen die der PDS, von Bündnis 90/Grüne sowie einigen weiteren Abgeordneten, den Beitritt der DDR zur Bundesrepublik nach Artikel 23 beschlossen, der am 3. Oktober 1990 erfol-

231

gen sollte. Mit dem Abschluss der „2+4"-Verhandlungen[90] in Moskau am 12. September wurde die deutsche Vereinigung am 3. Oktober auch völkerrechtlich abgesichert.

Seitens der DDR-Regierung waren die Verhandlungen über die beiden Staatsverträge durch den Staatssekretär im Ministerpräsidentenamt, Dr. Günther Krause, geführt worden. Über die Medien ist damals der Eindruck zweier sehr ungleicher Partner vermittelt worden. Wolfgang Schäuble, der Innenminister der Bundesrepublik, der vor allem für den wichtigeren zweiten Vertrag federführend war, schien eher mit sich selbst zu verhandeln.[91] Oder genauer gesagt, die meisten Auseinandersetzungen um diesen Vertrag wurden in der Bundesrepublik, zwischen deren Politikern und privaten Akteuren bzw. Interessenverbänden ausgetragen.

Auch wenn diese Einschätzung wohl angesichts der Machtasymmetrie zwischen beiden deutschen Staaten die Haupttendenz der damaligen Verhandlungen ausdrückt, so muss es doch irgendeinen Handlungsspielraum für die DDR-Regierung gegeben haben. Insofern ist auch nach der Verantwortung der demokratisch gewählten neuen DDR-Eliten für das Ergebnis der Verträge zu fragen.

Manches erklärt sich sicher aus den mangelnden politischen Erfahrungen der DDR-Akteure, darauf ist schon hingewiesen worden. Die Volkskammer und die letzte DDR-Regierung bestanden aus Menschen, die in der alten DDR in der Mehrheit wenig politische Verantwortung getragen und auch relativ selten administrative Leitungsfunktionen ausgeübt hatten. Das war wechselseitig bedingt durch die alte Machtstruktur, in der alle Entscheidungsmacht einzig in der SED-Spitze konzentriert gewesen war, sowie durch eine private Strategie vieler dieser Menschen, die in der alten DDR bewusst keine politische Verantwortung hatten übernehmen wollen. Außerdem waren im Herbst 1989 und im Winter 1990 vorwiegend solche Menschen für die Kandidatenlisten zu den Volkskammerwahlen ausgewählt worden, die möglichst wenig

---

90 Dabei waren die vier Siegermächte des 2. Weltkriegs und die beiden deutschen Regierungen. Es gab darüber hinaus Konsultationen mit der polnischen Regierung.

91 So Jürgen Habermas in einem Beitrag im Jahr 1995: „Jener Vertrag, den Herr Schäuble in Gestalt des Herrn Krause mit sich selbst abgeschlossen hat, mußte als Ersatz dienen für einen Gesellschaftsvertrag, den die Bürger zweier Staaten miteinander hätten aushandeln müssen" (zitiert bei Fritz Vilmar und Wolfgang Dümcke (Hrsg.): *Kolonialisierung der DDR. Kritische Analyse und Alternativen des Einigungsprozesses*, 3. Auflage, Münster: Agenda 1996, S. 242).

mit alten DDR-Strukturen zu tun hatten und insofern natürlich weniger über administrative Erfahrungen verfügten. Das galt am deutlichsten für Bündnis 90/Grüne und die SPD, war aber auch die Regel in den anderen Parteien, einschließlich der PDS. Nur 11 Abgeordnete waren bereits in der vorangegangenen Volkskammer als Abgeordnete gewesen, davon 5 aus der PDS. Die Berufsstruktur der Volkskammerabgeordneten vor ihrer Wahl unterschied sich deutlich von der Berufsstruktur der Abgeordneten des Deutschen Bundestages. Die größte Gruppe, 22 Prozent, waren Ingenieure, Angehörige von technischen Berufen. Dazu kamen noch 10 Prozent Naturwissenschaftler. 7 Prozent waren Theologen. Damit kamen zwei Fünftel der Abgeordneten aus üblicherweise politikfernen Berufen. Nur 17 Prozent waren dagegen Rechtswissenschaftler und Gesellschaftswissenschaftler; diese Gruppe war zudem in besonderem Maße in der PDS vertreten.

Trotzdem verfügten einige dieser Abgeordneten über wichtige praktische Erfahrungen im Umgang mit demokratischen Verfahren, da sie an der Arbeit der Synoden der evangelischen Kirchen in der DDR aktiv beteiligt gewesen waren.[92] Das galt vor allem für die Parteien Bündnis 90/Grüne, SPD und CDU. Zu diesen Abgeordneten mit Erfahrung aus der kirchlichen Demokratie zählten beispielsweise der Vizepräsident der Volkskammer Reinhard Höppner (SPD) und der DDR-Ministerpräsident Lothar de Maizière (CDU). Darüber hinaus hatten auch einige Abgeordnete der PDS während der letzten Monate im Prozess der Demokratisierung der SED Erfahrungen im Umgang mit demokratischen Regeln gesammelt.

Die Verhandlungen über die beiden Verträge zur deutschen Einheit zwischen beiden deutschen Staaten waren von einem ungeheuren Zeitdruck geprägt, der teilweise durch Politik und Medien verstärkt wurde.[93] Nicht alle Argumente, die damals diesen Mangel an Zeit begründen sollten, sind auch aus heutiger Sicht überzeugend. Das zentrale Argument etwa, es gäbe nur ein kleines Zeitfenster der deutschen Einheit, da sich innerhalb der sowjetischen

---

92 Siehe dazu genauer meine Publikation: „Die Volkskammer 1990 – Quellen ihrer politischen Kultur", veröffentlicht in der Reihe: *Beiträge zur Politik und Verwaltungswissenschaft*, hrsg. vom Institut für Politikwissenschaft der Universität Münster, 1991.

93 In den Interviews, die im Rahmen des eben erwähnten Forschungsprojektes zur letzten DDR-Volkskammer geführt wurden, wird von den befragten Akteuren des 41. Jahres der DDR immer wieder diese Zeitnot erwähnt.

Elite starke Gegenkräfte gegen Gorbatschow sammelten, erübrigt sich angesichts der ungeheuren Schwäche der Sowjetunion und ihres Zerfallsprozesses Anfang der 1990er-Jahre faktisch von selbst. Manche der im Westen Deutschlands damals geäußerten Argumente waren eher auf eine Schwächung der Versuche der neuen Elite zur eigenständigen Vertretung der Interessen von DDR-Bürgern gerichtet. Jene Versuche liefen offenkundig dem bundesdeutschen Zeitgeist zuwider, nach dem in der Bundesrepublik alles so bleiben sollte, wie es war. Sogar der Wahltermin zur nächsten Bundestagswahl galt – weil in Art. 39 GG festgeschrieben – als unaufhebbar[94], er galt als eisernes Argument gegen politische Bestrebungen aus der DDR, sich mehr Zeit für die Vereinigung und den Umbau der DDR zu lassen.

Schon im Mai 1990 wurde durch August Kamilli, damals einer der Stellvertretenden Vorsitzenden der SPD, öffentlich kritisiert, dass die Verhandlungen über den ersten Staatsvertrag zur Wirtschafts- und Währungsunion weitgehend ohne Einbeziehung der Volkskammer, des demokratisch gewählten letzten Parlaments der DDR, erfolgten. Immer wieder wurde beklagt, dass die wesentlichen Vorlagen für diesen Vertrag, wie später auch für den als Einigungsvertrag bekannten zweiten Staatsvertrag, direkt aus den Ministerien der Bundesrepublik kamen. Der Vertrag über die Wirtschafts-, Währungs- und Sozialunion wurde schließlich nur 3 Tage vor seiner Unterzeichnung erstmals am 18. Mai in den Fraktionen der Volkskammer beraten.[95] Die Parlamente stimmten dem Vertragswerk dann am 21. Juni endgültig zu.

Im Zusammenhang mit den Verhandlungen über die deutsche Einheit wurden in der DDR-Öffentlichkeit verschiedene Vorschläge diskutiert, die die Rechte von DDR-Bürgern und DDR-Betrieben sowie die Kulturinstitutionen der DDR hätten schützen sollen. Solche Vorschläge betrafen die nachrangige Behandlung von Rückgabeanträgen durch Bürger der BRD gegenüber Grund und Boden in der DDR, Maßnahmen zum Schutz landwirtschaftlicher Genossenschaften der DDR, die als landwirtschaftliche Gruppenbetriebe weiterge-

---

94 Es hätte einer Verfassungsänderung bedurft, ihn zu verschieben, aber warum eigentlich sollte angesichts des epochalen Ereignisses der Revolutionen in Osteuropa und der Vereinigung zweier vierzig Jahre lang unabhängiger Staaten das Grundgesetz in dieser Frage eines Wahlzeitraumes nicht veränderbar gewesen sein?

95 Die Angaben dieses Absatzes stützen sich auf Buch von Zeno und Sabine Zimmerling: *Neue Chronik DDR, 7./8. Folge (7. Mai bis 2. Oktober 1990)*, Berlin 1991, S. 10, 21, 32.

führt werden sollten, den Umgang mit den Altschulden von staatlichen Unternehmen, die Überführung des DDR-Fernsehen als Ganzes in Form eines dritten Programms in die ARD. Keiner dieser Vorschläge konnte in den Verhandlungen mit der Regierung der Bundesrepublik durchgesetzt werden.

Besonders schwerwiegend war die Orientierung in der Eigentumsfrage auf das Prinzip „Rückgabe vor Entschädigung".[96] Das Prinzip sollte mit Ausnahme der zwischen 1945 und der Gründung der DDR 1949 erfolgten Enteignungen gelten. Bei „Rückgabe vor Entschädigung" ging es in der Masse der danach auftretenden Streitfälle weniger um Betriebe, die enteignet worden waren, als um Häuser, die, nachdem deren vorherige Eigentümer in die Bundesrepublik übergesiedelt waren, jahrzehntelang von Bürgern der DDR genutzt worden waren. Nun forderten die früheren Eigentümer oder aber deren Erben ihre Häuser zurück. Damit waren in den nächsten Jahren viele Konflikte vorprogrammiert.[97]

In den Verhandlungen zum 2. Staatsvertrag, dem sogenannten „Einigungsvertrag", gelang es der DDR-Regierung zwar besser, gewisse Interessen ihrer Bürger durchzusetzen; so wurden die Ergebnisse der Bodenreform von 1946 festgeschrieben und Berufs- und akademische Abschlüsse dem Grade, wenn auch nicht immer dem Ausbildungsinhalt nach anerkannt. Das Problem der Anerkennung vieler DDR-Abschlüsse blieb allerdings erhalten, zum Teil damit begründet, dass die Ausbildungssysteme in beiden deutschen Staaten unterschiedlich strukturiert gewesen seien. Schon in Artikel 37 (1) wurde die Möglichkeit vorgesehen, dass die Gleichwertigkeit der Studienabschlüsse förmlich durch Prüfung festgestellt werden müsse. Dazu fasste im Oktober 1991 die Kultusministerkonferenz einen konkretisierenden Beschluss, in dem Folgendes formuliert wurde: „In einer Reihe von Studien- und Fachrichtungen allerdings, die in besonderer Weise durch staatliche Einflußnahmen auf das Wirtschafts- und Gesellschaftssystem der ehemaligen DDR ausgerichtet

---

96 Am 15. Juni 1990 wurde dazu zunächst eine „Gemeinsame Erklärung" der Bundesregierung und der Regierung der DDR abgegeben. Die Erklärung wurde dem Einigungsvertrag als Anlage III beigefügt.

97 Bei den Ämtern zur Regelung offener Vermögensfragen waren bis 1999 über eine Million Anträge eingegangen, mit denen über 2,3 Millionen Ansprüche auf Rückübertragung geltend gemacht wurden (vgl. Jutta Limbach: *Rechtliche Aspekte der deutschen Wiedervereinigung*, Friedrich Ebert Stiftung 1999, in: http://library.fes.de/fulltext/bueros/seoul/00517toc.htm [gelesen am 14. 5. 2008]).

235

waren, war die für eine Gleichstellung notwendige inhaltlich materielle Gleichwertigkeit nicht gegeben. Dies gilt insbesondere für die Wirtschafts- und Sozialwissenschaften sowie für Teile der Geschichte und der Philosophie. In diesen
Fällen konnte lediglich Niveaugleichheit mit einem Universitäts- oder Fach-
hochschulabschluß, nicht aber materielle Gleichwertigkeit im Sinne des Einigungsvertrages festgestellt werden."[98]

Für wenige andere Rechte von DDR-Bürgern bzw. -Bürgerinnen, die in
der Bundesrepublik so nicht oder nur in modifizierter Form gegeben waren,
etwa für die in der DDR geltende rechtliche Regelung von Schwangerschafts-
abbrüchen von 1972, galten für die Bevölkerung der „neuen Länder" Über-
gangsfristen, in diesem Fall bis Ende 1992, nach deren Ablauf im Bundestag
neu entschieden werden sollte. Die politischen Auseinandersetzungen nach
dem 3. Oktober 1990 sorgten im Fall des Rechtes auf Entscheidung der Frau-
en über Austragung oder Abbruch der Schwangerschaft dafür, dass einige der
Festlegungen des DDR-Rechts in der gesamten Bundesrepublik als geltendes
Recht eingeführt wurden. Das allerdings waren Ausnahmen. Meist blieb es bei
der Beibehaltung des geltenden bundesdeutschen Rechtes und seiner Übertragung auf die Bevölkerung Ostdeutschlands.

Bei der Verhandlung der beiden Staatsverträge hat die politische Klasse der
erneuerten DDR die Ungleichberechtigung der Bevölkerung nicht verhindern
können. Dafür trägt natürlich die letzte DDR-Regierung, die das Vertrauen
der Bürger und Bürgerinnen besaß, eine besondere Verantwortung. Wem hier
im Einzelnen die persönliche Verantwortung zuzurechnen ist, müssen die
Historiker noch feststellen. Günther Krause als hauptsächlicher Unterhändler
der DDR-Regierung trägt sicher einen deutlichen Anteil daran.[99] Den Rahmen ihres Handelns hatte allerdings die regierende bundesdeutsche Elite mit
ihrer Macht gesetzt.

---

98 Pressemitteilung der Sitzung der KMK am 10./11. Oktober 1991 in Dresden, in:
http://209.85.135.104/search?q=cache:9LrDnvYBUXMJ:www.akademie.org/modellpro-
jekt/sec1/kap1d.doc+Niveaugleichheit+von+Bildungsabschl%C3%BCssen&hl=de&ct=clnk&c
d=5&gl=at&client=firefox-a [am 14. 5. 2008 gelesen].

99 Günther Krause (*1953) hat Rechentechnik und Datenverarbeitung an der Hochschule für
Architektur und Bauwesen in Weimar studiert. Zwischen 1982 bis 1990 war er an der Inge-

Zweifelhafte Mitgift für das neue Deutschland

Eine der grundlegenden Institutionen der Diktatur war die nach innen gerichtete Geheimpolizei, die in den verschiedenen Ländern des Staatssozialismus
und zu unterschiedlichen Zeiten jeweils spezifische Namen hatte. In der DDR
hieß sie „Ministerium für Staatssicherheit", oder einfach „Staatssicherheit". Im
Volksmund hatte sie, je nach Temperament, unterschiedliche Bezeichnungen,
„Stasi", „Horch und Kuck" oder neutraler: die „Firma". Nach meiner Erinnerung nannten wir sie auch: „Konsum". Sie wurde bewitzelt, denn Witze waren
in den späten Jahren der DDR die übliche Währung einer selbstermächtigten
Quasi-Öffentlichkeit. Ich erinnere mich an einen Witz, sogar daran, wann ich
ihn das erste Mal hörte: Es war in den Siebzigerjahren. „Wie unterscheiden sich
die verschiedenen Völker in ihren spannungsreichen Spielen?", wurde gefragt.
„Die Russen spielen russisches Roulett, einer zielt mit einem Revolver auf die
Umstehenden und drückt ab, in der Trommel ist zwar nur eine Kugel, wann
die aber abgeschossen wird, weiß man nicht." So ging es für einige Völker weiter, für die DDR wurde schließlich das adäquate nationale Hasard wie folgt
beschrieben: „Fünf sitzen zusammen und erzählen politische Witze, einer
davon ist von der Staatssicherheit und schreibt sie auf." Lachen hilft die Furcht
zu überwinden, obwohl ich mich an ausgeprägte Angst nicht erinnern kann,
aber ich fühlte mich ja auch dem System zugehörig. Trotzdem hatte die Aura
des Geheimnisses, die diese Organisation umgab, ihre Wirkungen auch auf
diejenigen, die nicht ständig den polizeilichen Zugriff fürchten mussten.
    Diese im Ausmaß irrationale auf politische Gegner im Innern oder auf ein-

---

nieurhochschule Wismar als Dozent tätig. Er habilitierte sich 1987 an dieser Ingenieurhochschule. Aus den Medien konnte man 1990 dazu erfahren, dass das Hoch- und Fachschulmi-
nisteriums der DDR ausnahmsweise, für ihn persönlich, an der Ingenieurhochschule Wismar
das Habilitationsrecht eingerichtet worden hatte. Krause ist Mitglied der CDU und war in Bad
Doberan ehrenamtlich als Kreissekretär der CDU tätig. Mit seiner Tätigkeit als Parlamentarischer Staatssekretär beim Ministerpräsidenten de Maizière und als Unterhändler der deutschen
Einheit begann dann seine kurze, aber heftige Karriere in der deutschen Politik. Er war in der
Regierung Kohl zusammen mit vier weiteren DDR-Politikern nach dem 3. Oktober 1990 für
die CDU Minister für besondere Aufgaben sowie in der nachfolgenden Regierung Kohl bis Mai
1993 Verkehrsminister. Er musste wegen der sogenannten „Putzfrauenaffäre" gehen, da seine Putzfrau ungerechtfertig über Arbeitslosenhilfe für Langzeitarbeitslose alimentierte. Bis 1993
war er auch Landesvorsitzender der CDU Mecklenburg-Vorpommern. Nach dem erzwungenen Ausscheiden aus der Politik war er, nicht immer erfolgreich, als Unternehmer tätig.

fach in politischen Fragen nur Andersdenkende gerichtete Tätigkeit der Geheimpolizei war ein Grundübel des politischen Systems aller sozialistischen Staaten
des sowjetischen Osteuropa. Dieser Defekt wurzelte nicht in der besonderen
Stärke des Staatssozialismus, sondern in seiner historischen Schwäche. 1917 hatte
die sozialistische Bewegung in einem wirtschaftlich und kulturell nur mittel-
stark entwickelten Land gesiegt. Dieser Sieg wurde in einem mehrjährigen Bür-
gerkrieg errungen. Dazu war das zaristische Russland ein Staat mit polizeistaat-
lichen Traditionen. Die „Ochrana", so hieß die Geheimpolizei des Zaren, wurde
durch die Revolutionäre um Lenin faktisch kopiert, für die eigene Politik eingesetzt und vervollkommnet. Im Laufe der Stalin'schen Herrschaft übernahm
die Geheimpolizei dann alle Funktionen, die das politische System wegen der
extremen Zentralisierung der Macht an der Spitze und der fehlenden demokratischen Kontrollmechanismen nicht anders realisieren wollte oder konnte.
In der Stalin'schen Ausführung des Systems entzog sich die Geheimpolizei
immer mehr der Kontrolle durch jede Institution außer der des Generalsekretärs. In den Jahren des „Großen Terrors" (1936–1938) verstärkten sich die irra-
tionalen Züge dieser Geheimpolizei selbst aus der Perspektive der politischen
Oberschicht. Ein großer Teil der sowjetischen Armeeführung wurde umge-
bracht. Das produzierte Anfang der 1940er-Jahre erhebliche militärische
Schwächen. Die Angehörigen der politischen Elite dezimierten sich gegenseitig.
Die Angst vor der Auslieferung an die Staatssicherheit beherrschte alles. Nach
Stalins Tod wurde dann versucht, die Arbeit der Geheimpolizei zumindest der
Parteiführung insgesamt unterzuordnen.

In der DDR war das Ministerium für Staatssicherheit größtenteils einer
Kontrolle durch die SED-Führung insgesamt unterworfen, auch wenn es unter
Honecker eine privilegierte Beziehung zwischen dem Minister Mielke und dem
Parteiführer gab. Offene Gewalt gegen Andersdenkende wurde durch die
Staatssicherheit vor allem in den Fünfzigerjahren ausgeübt. In den Siebziger-
und Achtzigerjahren wurde der Wechsel zu diffizileren Methoden vollzogen.
Dabei wurde aber die Zahl der Mitarbeiter des Ministeriums für Staatssicher-
heit wesentlich vergrößert. In dem Maße, in dem es zu einer gewissen Öffnung
der DDR nach außen und zu einer Liberalisierung des Alltags kam, vergrößer-
te sich das Bemühen, jede potenziell eigenständige Regung der Gesellschaft im
Innern in den Griff zu bekommen. Der Minister für Staatssicherheit Mielke
erklärte intern, man wolle über jeden DDR-Bürger wissen, wie er zum Staat

stehe; das verbarg sich hinter der von ihm häufig gestellten Frage: „Wer ist wer?" Dazu sollten alle möglichen Informationen gesammelt werden, die Telefone und der Postverkehr der Bürger, vor allem natürlich in das „kapitalistische Ausland", wurden überwacht. Im Oktober 1989 hatte das Ministerium für Staatssicherheit seinen höchsten Personalstand erreicht, es gab ca. 91.000 Angestellte – 1971 waren es noch 45.000 gewesen. Von ihnen wurden „inoffizielle Mitarbeiter" (IM) geführt, die meist schriftlich zur Verschwiegenheit verpflichtet wurden. 1988, dem letzten Jahr, zu dem offizielle Daten vorliegen, gab es ca. 175.000 IMs verschiedener Kategorien, wovon knapp 4.000 als IMB (als „Inoffizielle Mitarbeiter zur Bearbeitung im Verdacht der Feindtätigkeit stehender Personen") für die unmittelbare Bearbeitung von Oppositionellen eingesetzt wurden.[100] Dazu kamen in den letzten Jahren als spezielle Beauftragte die „Offiziere im besonderen Einsatz" (OibE)[101].

Die Vergrößerung der Behörde hatte ihre Ursache in der Sicherheitsdoktrin, im Sicherheitswahn der SED-Führung, welcher durch ihre Isolierung von der Bevölkerung noch weiter geschürt wurde. Dadurch wiederum entstanden vielfältige Ängste in der Bevölkerung, die auf realen Erfahrungen des Einflusses der Staatssicherheit auf Alltag und Berufstätigkeit beruhten, aber natürlich durch die Geheimniskrämerei dieses Ministeriums noch gefördert wurden.

Die SED-Führung selbst bemühte sich um eine gewisse Abschwächung der Entfremdung zwischen Staatssicherheit und Bevölkerung, man sorgte etwa für die wiederholte Auffrischung der Revolutionsromantik aus den Zeiten der Oktoberrevolution, indem man die entsprechenden Filme zeigte, in denen natürlich auch „Tschekisten"[102] auftauchten, an der Seite des Guten und im

---

100 Helmut Müller-Enbergs: „Garanten äußerer und innerer Sicherheit", in: Matthias Judt (Hrsg.): *DDR-Geschichte in Dokumenten. Beschlüsse, Berichte, interne Materialien, Alltagszeugnisse*, Berlin: Ch. Links 1997, S. 431–492, hier S. 439, sowie den Begriff „Inoffizieller Mitarbeiter" im Internet DDR-Lexikon: http://www.ddr-wissen.de/wiki/ddr.pl?Inoffizielle_Mitarbeiter_ des_ MfS [aufgerufen am 12. Mai 2008].

101 Bei den OibE handelte es sich um hauptamtliche Mitarbeiter der Staatssicherheit, die auch von ihr bezahlt wurden. Sie saßen an – aus Sicht des Ministeriums für Staatssicherheit – besonders sicherheitsrelevanten Stellen des Staatsapparates. Sie stellten eine weitere Kontrollstruktur dar, zusätzlich zu den sowieso reichlich vorhandenen Institutionen der Kontrolle.

102 Tschekisten sind die Mitarbeiter der „Tscheka", jene Bezeichnung stellt eine Abkürzung für (auf Deutsch) „Außerordentliche Kommission" dar; auch davon gibt es noch eine Langform, die auf Deutsch heißt: „Außerordentliche Allrussische Kommission zur Bekämpfung von Konterrevolution, Spekulation und Sabotage".

Kampf gegen den Gegner. Ich erinnere mich an eine Serie des DDR-Fernsehens, „Das unsichtbare Visier", in der die DDR-Auslandsaufklärung in einem spannenden Film vorgestellt wurde. Da dort Armin Mueller-Stahl, ein brillanter Schauspieler, den Haupthelden Achim Detjen aus der DDR-Aufklärung (HVA[103]) spielte, der einen Bösewicht in der weiten Welt verfolgte, schaute man gerne zu.

Im Jahr 1989 war das Thema Staatssicherheit spätestens ab Anfang Dezember öffentlich stark präsent. Schon vorher hatte es eine kritische Stimmung der Geheimpolizei gegenüber gegeben. Auf der Demonstration am 4. November in Berlin wurden Transparente getragen, auf denen gefordert wurde: „Stasi in die Produktion!" Das war eine typische DDR-Forderung: „In die Produktion" waren in der Vergangenheit oft aufmüpfige Intellektuelle geschickt worden, es war in der DDR eine Art milder Strafe. Nun griff das Volk das auf und wendete es gegen die eigenen Machthaber.

Die Lage innerhalb der Staatssicherheit selbst war im Herbst 1989 von einer ähnlichen Dynamik wie in anderen Teilen der DDR-Dienstklasse geprägt. Es gab ebenfalls eine rasch zunehmende interne Ausdifferenzierung, die mit zum Teil heftigen Auseinandersetzungen zwischen Offizieren mit unterschiedlichen politischen Vorstellungen verbunden war. Wir hatten im Herbst 1989 vermutet, dass sich eine solche Auseinandersetzung entwickeln und dass Markus Wolf darin eine positive Rolle spielen würde. Naturgemäß drang wenig nach außen und auch bis heute wurde noch wenig darüber publiziert. Ich zitiere im Folgenden aus einem solchen Dokument der internen Auseinandersetzung. Es handelt sich um die Stichpunkte des SED-Parteisekretärs einer Kreisdienststelle des Ministeriums für Staatssicherheit aus dem Bezirk Gera (Thüringen), den er für eine Parteileitungssitzung am 13. 11. 1989[104] geschrieben hat:

---

103 HVA heißt ausgeschrieben: „Hauptverwaltung Aufklärung". Diese war der Teil des Ministeriums für Staatssicherheit, der die nach außen gerichtete Arbeit organisierte. Chef der HVA bis 1986 war Markus Wolf.

104 An diesem Tag fand am Nachmittag der blamable Auftritt Mielkes vor laufenden Fernsehkameras in der Volkskammer statt, aber das Papier ist offensichtlich vorher geschrieben worden.

Analyse der Lage: Wodurch gekennzeichnet?

Grundübel: Fortführung des Stalinismus in der DDR (und in allen sozialistischen Ländern), dessen Denkweise insbesondere durch solche Gedanken wie:

– „innere Probleme werden durch das Werben des Feindes von außen hervorgerufen"

– „Verschärfung des KK [Klassenkampfes – D. S.] im Innern bei weiterer Entwicklung des Sozialismus"

charakterisiert wird;

Genauso falsch ist die These „jeder Andersdenkende = Feind".

Bisher ausschließlich administrative Durchsetzung der führenden Rolle der Partei durch schematisches Besetzen der Führungspositionen durch deren Mitglieder!

Wirkliche Erneuerung nur möglich, wenn radikal mit dem Stalinismus aufgeräumt wird, […]

– Neues Denken war bei uns nur außenpolitisch erlaubt, jeder Denkansatz innenpolitisch wurde im Keim erstickt – auch durch uns.

Ablehnende Haltung der Mehrheit der Bevölkerung gegen MfS – als Teil der allgemeinen Vertrauenskrise: wir alle müssen uns schnellstens von den alten Denkweisen verabschieden, vor allem die, die in leitenden Funktionen sind.

Wer das nicht kann, muß Hut nehmen!

Ziel für Sonderparteitag aber auch Bezirksleitungen und Kreisleitungen:

– die führende Rolle muß erkämpft werden und darf nicht administriert werden

– breite Entfaltung der Demokratie auch durch neue Gesetze (keine Verordnungen) zu Medien, Wahlen, Vereinigungen, Meinung, Versammlung u. a.

– Es wird zur Rehabilitierung von Walter Janka, Robert Havemann und anderen kommen.

Was bedeutet das für das MfS?

Das MfS in seiner jetzigen Form darf es nicht mehr geben, es hätte es so nie geben dürfen!

– dieses Eingeständnis muß öffentlich gemacht werden, als Ausgangspunkt für weitere Offenlegungen:

 *Kontrolle durch öffentliche Organe (Staatsanwalt, Volksvertretungen),

 *öffentliche Diskussion um Inhalt der Arbeit des MfS und Neugestaltung mit öffentlicher Anerkennung spezieller Bereiche die nicht öffentlich gemacht werden können,

 *Jedes Verschleiern der eigentlichen Absichten vermeiden,

 *wirkliche Info in den Vordergrund stellen,

 *radikale Wende der Info-Tätigkeit (erkannte Sachverhalte in die Medien u. ä.)

Ausarbeitung eines Gesetzes über die Arbeit des MfS ähnlich Volkspolizei-Gesetz.

– MfS-Einrichtung des Staates, auch offen für alle staatstragenden Parteien.

– zukünftige Aufgaben: Kampf gegen Verbrechen, Bürokratie, Korruption, ähnlich KGB

241

[Komitee der Staatssicherheit, die sowjetische Staatssicherheit – D. S.], [...]

– Garantien für berechtigte Interessen ihrer Mitarbeiter

*realistische Aus- und Weiterbildung, Schulung

*Komplex der materiellen und finanziellen Probleme

*Schaffung von Interessenvertretungen für die persönlichen Belange der Mitarbeiter.[105]

Soweit dieser Beleg für die bisher wenig untersuchten internen Wandlungsprozesse, die es innerhalb des Ministeriums für Staatssicherheit im Herbst 1989 gegeben hat.[106]

Wie sahen nun die Vorschläge des Sozialismusprojektes an der Humboldt-Universität zum Thema aus? Vorab gesagt, es lässt sich nicht übersehen, dass seine Initiatoren im Unterschied zur Masse der Bevölkerung kein besonderes Spannungsverhältnis zu diesem speziellen Teil des Machtapparates hatten. Das lag aber nicht an einem inoffiziellen Auftragsverhältnis des MfS zu einigen aus unserer Gruppe, wie uns mitunter nach 1990 unterstellt wurde.[107] In einem Buch über die DDR-Staatssicherheit im Jahr 1989 findet sich zu dieser Annahme folgendes Gegenargument: „Soweit IM-Tätigkeit bewußt mit Teilhabe am Projekt Sozialismustheorie verbunden wurde, war das Vorhaben noch etwas anspruchsvoller: den geheimdienstlichen Apparat zur Beeinflussung des SED-Apparates zu nutzen. [...] Das zweite vorher genannte Motiv, die Absi-

---

105 Mir wurde dieser Text im Sommer 2007 durch den Verfasser, den ich persönlich kenne, zur Verfügung gestellt, als ich ihm von meinem Plan erzählte, eine Geschichte des Endes der DDR aus Sicht der DDR-Intelligenz zu schreiben.

106 Die einzige mir bekannte Ausnahme ist die Analyse von Walter Süß, der auf Auseinandersetzungen innerhalb des MfS im Herbst 1989, insbesondere nach der Ablösung von Mielke und der Umbildung in das Amt für Nationale Sicherheit, hingewiesen hat (Walter Süß: *Staatssicherheit am Ende: Warum es den Mächtigen 1989 nicht gelang, eine Revolution zu verhindern*, Berlin 1999, S. 515 ff; auf S. 517 ist von einer Gegenwehr der Generalität gegen „kritische Geister unter den MfS-Angehörigen" die Rede, auf S. 527 von einem Protestschreiben der Parteiorganisation der Hauptabteilung IX). Aufschlussreich ist auch seine Schilderung der Auseinandersetzungen innerhalb der SED-Organisation des Ministeriums in der zweiten Novemberhälfte in der Sitzung der Kreisleitung des Ministeriums am 18. 11. (ebenda, S. 588 ff.). In der Bezirksbehörde Gera (der auch die Kreisdienststelle, aus der jener Parteisekretär kommt, zugeordnet war) der Staatssicherheit gab es offensichtlich Mitte November bereits weitere politische Proteste, so protestierte der SED-Parteisekretär der Kreisdienststelle Jena öffentlich gegen den Chef der Bezirksbehörde General Dangrieß (ebenda, S. 629).

107 Stefan Wolle hat in einem seiner Bücher (*Die heile Welt der Diktatur*, Berlin 1998, S. 340) eine solche These formuliert. Seine Unterstellungen stützen sich sicherlich darauf, dass sich Michael Brie Anfang November 1990 gegenüber Studenten und dann auch den Selbstverwaltungseinrichtungen der Humboldt-Universität gegenüber als früherer IM offenbarte. In dem schon

cherung eigener Freiräume, mag sogar ein Stück erfolgreich gewesen sein – selbst wenn nur virtuelle Rückendeckung den Mut einzelner beflügelt hat."[108]

Unsere Herangehensweise an dieses Thema war im Kern, erstens, darin begründet, dass wir als Teil der reformorientierten Intelligenz des Landes den Staat DDR nicht abschaffen, sondern ihn erneuern und demokratisieren wollten. Zweitens wirkte darüber hinaus auch bei uns die Tabuisierung des Themas Staatssicherheit innerhalb großer Teile der DDR-Intelligenz. Von diesem verbreiteten Tabu konnten wir uns nicht befreien, so kam es zu einem deutlichen Defizit an Reformvorstellungen bezüglich der Tätigkeit der DDR-Geheimpolizei.

Meines Wissens gibt es seitens des Sozialismusprojektes nur ein einziges Papier zu dem Thema Umbau der Arbeitsweise der Sicherheitsorgane. Es wurde am 24. 10. 1989 geschrieben und stammt von mir. Wenn man es heute, mit dem Abstand von fast 20 Jahren und im Licht der Erfahrung des Endes der DDR, durchliest, treten seine Schwachstellen deutlich hervor. Aber auch schon Ende 1989 waren mir seine Mängel bewusst, deshalb wurde es nicht in die beiden damals veröffentlichten Broschüren des Dietz-Verlages mit Texten unseres Forschungsprojektes aufgenommen.[109]

Dieser Text trägt den Titel „Überlegungen zu einer Reform der Sicherheitskräfte" und steht in der Reihe von Materialien, die wir im Eigenverlag der Humboldt-Universität in einer Auflagenhöhe von 400 Exemplaren unter dem Titel *Beiträge zur Sozialismusdiskussion – wissenschaftliche Diskussion aktueller*

---

zitierten Buch von Walter Süß (FN 106) kann man auf S. 481 lesen, dass auch Jürgen Jünger als IM verpflichtet gewesen war. Er war dazu vom MfS, nachdem seine Beteiligung an einem illegalen Zirkel zur Kritik der SED aufgeflogen war, erpresst worden. 1992 wurde öffentlich, dass André Brie für das MfS inoffiziell tätig gewesen war. Innerhalb unserer Gruppe sprachen wir erst im Spätsommer 1990, auf Initiative von Michael Brie, über unsere Erfahrungen mit dem MfS. Süß diskutiert die von Wolle formulierte Annahme einer Fernsteuerung durch das MfS ausführlich und mit großem Einfühlungsvermögen in die damalige innere Welt von DDR-Intellektuellen. Er verweist darauf, dass die Zusammenarbeit von SED-Reformern mit der Staatssicherheit jedenfalls keine Fernsteuerung durch das MfS bedeutet hat, denn zwischen der Politik der Spitze des MfS und unserer Gruppe bestand eine deutliche Differenz (siehe dazu seinen Verweis auf das gespannte Verhältnis von André Brie zu seinem Führungsoffizier, S. 484).

108 Süß 1999 (FN 106), S. 481–82.

109 Die erste Broschüre (*Sozialismus in der Diskussion 1*) enthielt die 2. Fassung der Studie zur Gesellschaftsstrategie vom Sommer 1989, die zweite Broschüre dieser Reihe enthielt neun Texte, darunter zwei, an denen ich mitgearbeitet hatte.

Politik Anfang Dezember veröffentlichten. Ich hatte ihn vorher wahrscheinlich in der Gruppe diskutiert. Ich erinnere mich, dass ich ihn nach der Fertigstellung mit einigen Personen besprach, die ich persönlich kannte und die Einsicht in die praktischen Probleme der Sicherheitspolitik der SED hatten, so mit Michael Schwarz, einem Major der NVA, der damals an der Militärpolitischen Hochschule in Berlin-Grünau als Dozent arbeitete und bei mir an der Universität seine Habilitation schrieb, sowie mit dem schon erwähnten Bekannten aus einer Kreisdienststelle des Ministeriums für Staatssicherheit.

Die wesentlichen Positionen meines 5-Seiten-Papiers sind die folgenden: Ich begann damit, dass vor allem in einigen Großstädten ein „gestörtes Verhältnis von Teilen der Bevölkerung [...] zu den Sicherheitskräften" sichtbar geworden sei, das sich an der Forderung nach Aufklärung des Einsatzes von Gewalt am 7./8.10. gezeigt habe (S. 1). Ich erwähnte das für viele sehr beunruhigende Gefühl, „ständig überwacht zu werden" (S. 1). Der Kern des Problems sei ein veraltetes Verständnis von der politischen Macht als der eigentlich zentralen revolutionären Errungenschaft, die mit allen Mitteln aufrechterhalten werden müsse. Politische Macht dürfe aber nicht mehr sein als ein „Mittel zur Realisierung sozialistischen Fortschritts" (S. 1). Von dieser Grundeinschätzung abgeleitet wurden Sofortmaßnahmen und eine grundlegende Reform der Sicherheitskräfte gefordert. Als Sofortmaßnahmen wurden der unverzügliche Beginn einer öffentlichen Untersuchung des Handelns der Sicherheitskräfte am 7./8. Oktober und die Legalisierung der neuen Gruppen verlangt (das Neue Forum wurde explizit erwähnt), weiterhin sollten die Paragrafen des Strafgesetzbuches, die sich auf den Bereich der politischen Willensbildung der Bevölkerung beziehen, außer Kraft gesetzt werden (S. 2–3). Im Teil zu den erforderlichen grundsätzlicheren Reformen steht dann nicht mehr sehr viel mich heute noch Überzeugendes: Die ausschließliche Kontrolle durch die SED-Führung über die Arbeit der Sicherheitskräfte müsse kurzfristig ergänzt bzw. mittelfristig ersetzt werden durch deren Kontrolle durch die Volksvertretungen, die Rechtsvorschriften für Polizei und die Arbeit des Ministeriums für Staatssicherheit müssten überarbeitet werden, in den Sicherheitsorganen schien mir eine gewerkschaftliche Vertretung der Interessen der Mitarbeiter unerlässlich zu sein[110].

---

110 In Armee, Polizei und Staatssicherheit der DDR war eine gewerkschaftliche Interessenvertretung der Angehörigen bis zu diesem Zeitpunkt nicht zugelassen.

Weiterhin mahnte ich eine andere Öffentlichkeitsarbeit an, eine radikale Wende in der Informationstätigkeit.

Ich war damals nicht der Auffassung, die Arbeit der Staatssicherheit müsse völlig eingestellt werden, aus meiner Sicht waren die Sicherheitsdienste Teil der üblichen staatlichen Machtausübung, der nur eben in der DDR und anderen sozialistischen Staaten völlig aus dem Ruder gelaufen war und sich der demokratischen Kontrolle auf Grundlage eines falschen Machtkonzeptes entzogen hatte.

Die akuten Unrechtserfahrungen vieler Bürger der DDR mit der Staatssicherheit, die durch diese Form der Herrschaft erzeugten Ängste, die vielfältigen Willkürakte und Eingriffe in das Leben von Bürgern habe ich damals aber nicht ausreichend bedacht. Mir war damals auch nicht ausreichend klar, dass sich in der Organisation der Arbeit der DDR-Staatssicherheit ein Grundübel des politischen Systems insgesamt symbolisierte: Gerade die Menschen, die eine politische Reform der DDR wollten, wurden durch die Bespitzelung und Destruktionstätigkeit bestimmter Abteilungen des Ministeriums für Staatssicherheit daran gehindert, ihre Positionen öffentlich zu vertreten und auszustreiten. Dadurch mangelte es der alten DDR an einer für die Demokratie so sehr erforderlichen Fähigkeit zur Selbstorganisation, und es gelang den potenziell handlungsfähigen Kräften vor dem Herbst 1989 nicht, die erforderliche Kompetenz für ein selbstbestimmtes und koordiniertes politisches Handeln auszubilden. Die Demokratieunerfahrenheit und die mangelnde politische Kompetenz der DDR-Bürger und ihrer Politiker gegenüber der politischen Klasse der Bundesrepublik, die die wirtschaftlichen Ungleichgewichte zwischen beiden Staaten zusätzlich zu Lasten der DDR verstärkten, sind ein direktes Ergebnis des Kontrollwahns der SED-Führung in der alten DDR.[111]

In meinen Texten und denen anderer aus dem Umkreis des Sozialismusprojektes an der Humboldt-Universität im Herbst 1989 habe ich nach noch-

---

111 Am 18. Januar 1990, beeindruckt durch die Proteste der neuen politischen Gruppen und der Bevölkerung gegen die Staatssicherheit im neuen Gewand des Amtes für Nationale Sicherheit, konnte ich dann, klüger geworden, in der *Berliner Zeitung* schreiben: „Der angestrebte Zweck verkehrte sich schon frühzeitig: der Staat der Werktätigen sollte sicher sein, schließlich jedoch schützte die Staatssicherheit die Macht vor dem eigenen Volk." Dieter Segert: „Der Stalinismus hat tausend Gesichter. Die Strukturen der Macht und die Muster des Handelns", in: *Berliner Zeitung*, 18. 1. 1990, S. 9.

maligem Lesen keine weiter gehenden konkreten Politikvorschläge zur Reform der Arbeit der Staatssicherheit gefunden. In den Texten wird zwar ein grundlegender Modellwechsel des Sozialismus und damit verbunden die Reform des gesamten politischen Systems als dringend erforderlich begründet, wobei ausdrücklich kritisiert wurde, dass die „Errungenschaften der bürgerlichen Demokratie als Teil des zivilisatorischen Fortschritts bisher zu wenig beachtet wurden".

Es werden weiterhin die gesetzliche Sicherung der politischen Grundrechte, die Stärkung der Volksvertretungen gegenüber der Verwaltung, Rechtsstaatlichkeit und eine neue Verfassung, die sich eher an der von 1949 als an der von 1974 zu orientieren habe, zu den zentralen Aufgaben einer politischen Reform erklärt. Auf die Staatssicherheit, die Institution, die die politische Selbstorganisation der Bevölkerung strukturell verhindert hatte, wird aber nicht eingegangen.[112]

Im Oktober entwickelten wir in verschiedenen Papieren weitere Vorschläge. So formulierte ich am 17. Oktober 1989 ein Konzept für eine grundlegende Demokratisierung der SED. Die SED sollte ihrer politischen Führungsverantwortung für eine Übergangsphase gerecht werden, dabei müsse sie aber ihre administrative Art der Führung überwinden. In einem Text vom 24. Oktober hatten wir auf die aus unserer Sicht nötige Vorbereitung freier Wahlen in der DDR hingewiesen. Zwei Tage später, am 26.Oktober, verlangten R. Will und ich in einem Antrag an die SED-Kreisaktivtagung an der Humboldt-Universität die Schaffung von rechtstaatlichen Garantien der politischen Rechte der Bürger, „um die Entfremdung von politischer Führung und Teilen der Werktätigen dauerhaft zu überwinden". Alles das waren weitreichende Forderungen. Die Omnipotenz der Staatssicherheit jedoch spielte in diesen Texten nicht die ihr zukommende Rolle. In unserem Papier über einen „Dritten Weg für die DDR" (25. 11.) hatte beispielsweise die Medienfreiheit einen prominenten Platz, die Angst der Bevölkerung vor der Stasi wurde aber nicht einmal erwähnt.

Ausgehend von dieser Übersicht[113] muss ich eingestehen: Zur Umgestaltung der Arbeit der Staatssicherheit und der Polizei verfügte unsere Gruppe im

---

112 Siehe in der Studie zur Gesellschaftsstrategie des SED (ein Text des Sozialismusprojektes vom Juli in 1. Fassung und Anfang Oktober in 2. Fassung), die im Rotbuchverlag Berlin unter der Fassung: *Das Umbaupapier [DDR]. Argumente gegen die Wiedervereinigung* 1990 veröffentlicht wurde, die Seiten des Abschnittes 4.3., besonders die hier zitierten S. 113, 114, 115, 116, 125.

113 Die entsprechenden Positionen sind nachlesbar in *Sozialismus in der Diskussion 2*, Berlin 1990, S. 21, 69 f., 72 ff.

Herbst 1989 über keine den Erfordernissen des Herbstes 1989 angemessene Konzeption.

Anfang Dezember spitzte sich DDR-weit die Lage deutlich zu. Angesichts der begonnenen Aktenvernichtungen innerhalb der Staatssicherheit, die seit Antritt der Regierung Modrow am 17. 11. nun Amt für Nationale Sicherheit hieß, demonstrierte man in einigen südlichen Orten der DDR nicht mehr nur vor den Toren der entsprechenden Ämter, sondern drängte hinein. Das geschah während der Montagsdemonstrationen am 4. Dezember[114], als die Autorität der SED-Führung gerade einen Tiefpunkt erreicht hatte. Einen Tag vorher war das im November gerade neu gewählte Politbüro zurückgetreten und es hatte sich ein Arbeitsausschuss der SED als provisorische Leitung gebildet.

Wer reagierte auf diese Besetzungen der Ämter? Häufig kam es in den betreffenden Orten zu Sicherheitspartnerschaften zwischen Bürgern und Volkspolizei, die die Ämter für Nationale Sicherheit besetzten und die Akten sicherten. Zur Bildung von entsprechenden Bürgerkomitees riefen am 5. 12. Christa Wolf und Konrad Weiß[115] auf. Einige Mitglieder des Arbeitsausschusses der SED zur Vorbereitung des Sonderparteitages, Dieter Klein und Gregor Gysi waren darunter, beteiligten sich an dieser Initiative.[116]

Der Zentrale Runde Tisch, der je zur Hälfte aus Vertretern der neuen Gruppierungen und der alten Parteien bestand, fasste auf seiner ersten Sitzung am 7. Dezember 1989 einen „Beschluss zur Rechtsstaatlichkeit", in dem die Regierung aufgefordert wurde, das Amt für Nationale Sicherheit (AfNS) aufzulösen. Man hatte offensichtlich die Befürchtung, dass es nach den Besetzungen der vorangegangenen Tage zu neuen Aktionen käme, die diesmal

---

114 David Gill/Ulrich Schröter: *Das Ministerium für Staatssicherheit. Anatomie des Mielke-Imperiums*, Berlin: Rowohlt 1991, S. 178. Bahrmann und Links sehen in Ihrer Wendechronik (*Chronik der Wende*, Berlin 1994) auf S. 168 hingegen den 5. 12. als entscheidenden Tag an, an dem in Suhl und Erfurt die Ämter besetzt werden.

115 Konrad Weiß (*1942), Dokumentarfilmregisseur, schrieb in DDR-Samizdatzeitschriften u. a. über den aufkommenden Rechtsradikalismus. Mitarbeit in der „Aktion Sühnezeichen". Im September 1989 Erstunterzeichner des Gründungsaufrufs von Demokratie jetzt (DJ), er war Erstunterzeichner des Aufrufs „Für unser Land", war Vertreter von DJ am Zentralen Runden Tisch und von März bis Oktober 1990 Abgeordneter der demokratische gewählten DDR-Volkskammer.

116 Thomas Falkner: „Von der Sozialistischen Einheitspartei Deutschlands zur sozialistischen Partei in Deutschland", in: Stefan Bollinger: *Das letzte Jahr der DDR. Zwischen Revolution und Selbstaufgabe*, Berlin 2005, S. 183–206, hier S. 197.

gewaltsam eskalieren könnten. Der Beschluss wurde einstimmig gefasst, also auch unter Mitwirkung der Vertreter der SED in diesem Gremium.[117]

Innerhalb der Staatsicherheit gab es zu diesem Zeitpunkt ebenfalls Machtkämpfe und Bestrebungen zur Umgestaltung. Am 5. Dezember 1989 war das Leitungsgremium des Amtes für Nationale Sicherheit geschlossen zurückgetreten, nachdem Truppen des Wachregiments Felix Dzierzynski das Gebäude umstellt hatten.[118] Es konnte nicht so weitergehen wie bisher, aber wie genau die Zukunft dieser Einrichtung aussehen sollte, war offen.

Vor allem war damals die Frage ungeklärt, wie zukünftig mit dem Erbe des Ministeriums für Staatssicherheit umgegangen werden sollte, mit seinen tonnenschweren Aktenbergen, mit den Erinnerungen der Menschen an die Verdächtigungen, Beleidigungen, Zurücksetzungen und direkten Repressalien; aber offen war auch, was mit seinen zehntausenden Mitarbeitern geschehen sollte.

Nach längerem Zögern entschloss sich die Regierung Modrow nicht nur, die direkte Nachfolgeeinrichtung des Ministeriums für Staatssicherheit, das Amt für nationale Sicherheit, aufzulösen, sondern auch, vor den Volkskammerwahlen, die damals noch für Mai 1990 geplant waren, keinen Neuaufbau einer Geheimpolizei anzustreben. Die Zahl der Beschäftigten wurde dramatisch reduziert. Der Regierungsbeauftragte für die Auflösung des AfNS sprach am 8. Januar von 25.000 Personen, die bereits in andere Beschäftigungsverhältnisse umgesetzt worden waren, alle Kreisdienststellen seien geschlossen, die Waffen in Verwahrung genommen worden.[119]

Am 12. Januar beschloss die Volkskammer auf Initiative der Regierung Modrow, bis zur Parlamentswahl am 6. Mai keinen Neuaufbau eines Sicherheitsdienstes mehr anzustreben. Die Besetzung der Zentrale der früheren Staatssicherheit in Berlin-Lichtenberg nach einer Demonstration am 15. Januar

---

117 Siehe die Website des Beauftragten für den Umgang mit den Unterlagen der ehemaligen Staatssicherheit zum Grundwissen MfS/DDR-Geschichte, die Stasi im Jahr 1989, dabei den Eintrag vom 7. 12. 1989: http://www.bstu.bund.de/cln_029/nn_898186/DE/MfS-DDR-Geschichte/Revolutionskalender/Dezember-1989/Dokumentenseiten/07-Dezember__e/07__dez__e__text.html__nnn=true [gelesen am 12. 4. 2008].

118 Bahrmann/Links 1994 (FN 44), S. 168. Das Wachregiment des MfS diente der Bewachung von Einrichtungen der DDR-Regierung und der SED-Führung. Es umfasste ca. 12.000 Mitarbeiter, meist Soldaten auf Zeit, die sich für drei Jahre verpflichtet hatten.

119 Gill/Schröter 1991 (FN 114), S. 180.

1990 gab dem Prozess eine neue Dramatik. Die Auflösung der Hauptverwaltung Aufklärung erfolgte gemäß einem Beschluss der Arbeitsgruppe Sicherheit des Runden Tisches am 23. Februar auf eigene Regie, vor allem um die Quellen im früheren Operationsgebiet zu schützen. Am 26. Februar wurde vom Runden Tisch auf Vorschlag der Arbeitsgruppe Sicherheit und der Arbeitsgruppe Recht beschlossen, die elektronischen Datenträger des MfS zu löschen, um künftigen Missbrauch dieser sensiblen Informationen zu verhindern.[120]

Nach den Wahlen am 18. März 1990 und dem einsetzenden Einheitssog wurde über den Umgang mit den Akten und dem Erbe der Staatssicherheit weiter diskutiert. Immer stärker wurde das Bestreben, diese Akten als wichtiges Mittel nicht nur zur Rehabilitierung bzw. Bestrafung heranzuziehen, sondern sie als Material einer Aufarbeitung der Geschichte der DDR zu nutzen. Die Art des Umgangs mit ihnen wurde zu einem wichtigen Streitpunkt im Prozess der Erstellung des Einigungsvertrages zwischen der DDR und der Bundesrepublik Deutschland. Darüber soll abschließend berichtet werden.

Das zentrale Problem war, wie zukünftig mit den angesammelten umfangreichen Aktenbeständen umgegangen werden sollte: „Sollte alles sofort und ohne Einschränkung jedermann zugängig gemacht werden? War es besser, zunächst alles unter Verschluss zu halten, oder wäre es am besten, alles zu vernichten, da dieses Material unter verfassungswidrigen Bedingungen zusammengetragen worden war und folglich im rechtsstaatlichen Sinn keine Beweiskraft haben konnte?" Auch die Lagerung der Akten, zentral oder dezentral, spielte eine Rolle.[121] Während das westdeutsche Innenministerium sich für eine zentrale Lagerung, organisiert durch das Bundesarchiv der Bundesrepublik Deutschland in Karlsruhe, und eine differenzierte Vernichtung der betreffenden Akten aussprach, wollte die Kommission der DDR-Regierung eine dezentrale Lagerung der Akten des Ministeriums für Staatssicherheit auf dem Gebiet der neuen Bundesländer und deren breiteste Zugänglichkeit.[122]

---

120 Siehe die Website des Beauftragten für den Umgang mit den Unterlagen der ehemaligen Staatssicherheit zum Grundwissen MfS/DDR-Geschichte, die Stasi im Januar 1990: http://www.bstu.bund.de/nn_824422/DE/MfS-DDR-Geschichte/Revolutionskalender/Januar-1990/Januar-1990__node.html__nnn=true [gelesen am 12. 4. 2008].

121 Jene damals öffentlich debattierten Fragen entnehme ich aus Gill/Schröter 1991 (FN 114), S. 285.

122 Ebenda, S. 286 f.

Die grundlegende Motivation derjenigen Teile der neuen politischen Elite, die sich am Ende der DDR noch einmal mit einer großen Anstrengung jenen Problemen zuwandten, scheint in Folgendem bestanden zu haben[123]: Die Unterlagen des Ministeriums für Staatssicherheit, besonders in ihrem Teil der personenbezogenen Akten, enthielten viele sensible Daten über einen größeren Teil der Bevölkerung der DDR, welche man in der deutschen Einheit nicht unkontrolliert in die Hände eines anderen Geheimdienstes geben wollte. Diese Akteure wollten außerdem die Akten für die Zwecke der Rehabilitierung von Opfern des DDR-Machtapparates nutzen; jener Prozess sollte von Personen ihres Vertrauens kontrolliert werden. Schließlich war man wohl immer noch der Meinung, die Offiziere der Staatssicherheit hätten einen Teil ihrer Macht auch nach der Auflösung der entsprechenden Institution behalten. Man wollte die Abrechnung mit diesem Teil des Machtapparates, für den auch nach dem Dezember 1989 angesichts der sich überstürzenden politischen Ereignisse nur wenig Zeit gewesen war, möglichst unter eigener Regie zu Ende führen. Diese letzte Zielsetzung ist zwar angesichts der zentralen Rolle dieses Herrschaftsinstruments verständlich, aber die damalige Befürchtung, Teile jenes Apparates seien immer noch aktiv und würden im Untergrund arbeiten, scheint mir aus retrospektiver Sicht weit übertrieben zu sein.

Als im Entwurf des Einigungsvertrages die oben formulierte Position der westdeutschen Regierung Eingang gefunden hatte, besetzten Vertreter der neuen politischen Gruppen am 4. September 1990 einige Räume des zentralen Archivs des Ministeriums für Staatsicherheit der DDR in Berlin. Es kam zu einer öffentlichen Auseinandersetzung, auch zwischen den Parteien der Volkskammer, in deren Gefolge der Einigungsvertrag geändert wurde. Am 18. September wurde zusätzlich vom westdeutschen Innenminister Schäuble und von Staatssekretär Krause eine Regierungsvereinbarung unterzeichnet, in der die Bedeutung eines angemessenen Ausgleichs zwischen politischer, historischer und juristischer Aufarbeitung und der Sicherung der Rechte von Betroffenen betont wurde. Betroffenen wurde darin ein Auskunftsrecht eingeräumt.[124] Zum Chef der neuen Behörde, die den Umgang mit den Akten administrieren

---

123 Ich beziehe mich hier auf ein Gespräch mit Hans Misselwitz am 21. Mai 2008 in Berlin, der mich an die Zielsetzungen der Angehörigen der neuen politischen Gruppen eindringlich erinnert hat.

124 Gill/Schröter 1991 (FN 114), S. 289 f.

sollte, wurde noch durch die DDR-Volkskammer der frühere Rostocker Pastor Joachim Gauck bestimmt. Er blieb zwei Amtsperioden an der Spitze der vom Volksmund und in der Medienöffentlichkeit nach ihm benannten Behörde. Ende 1991 wurde mit einem in den Medien als „Stasi-Unterlagengesetz" bezeichneten Gesetzesbeschluss die rechtliche Grundlage für die private und wissenschaftliche Akteneinsicht sowie für die Regelanfrage für Angestellte im öffentlichen Dienst geschaffen.[125]

Die Auseinandersetzung der neuen politischen Gruppen in der DDR um den Ort der Lagerung und den Umgang mit den Akten der Staatssicherheit hatte nicht zuletzt zum Ziel, sich die eigene Geschichte nicht durch die politische Klasse der Bundesrepublik enteignen zu lassen. Die daran Beteiligten – darunter waren so wichtige Akteurinnen und Akteure der Revolution des Herbstes 1989 wie Bärbel Bohley, Reinhard Schult und Ingrid Köppen – verliehen ihren Forderungen besonderes Gewicht, indem sie in einen Hungerstreik traten. In gewissem Maße war das ein letzter Einsatz von Angehörigen der neuen politischen Gruppen der DDR angesichts ihrer Machtlosigkeit bei anderen politischen Aufgaben: Die überstürzte deutsche Einheit war von den nicht mit bundesdeutschen Parteien verbundenen oppositionellen DDR-Gruppen mit Sorge verfolgt worden. Bei den Wahlen am 18. März 1990 hatten sie alle zusammen nur wenige Stimmen gewinnen können. Daran hatte sich gezeigt, dass ihre politischen Präferenzen zu diesem Zeitpunkt schon nicht mehr die der Mehrheitsbevölkerung waren.[126] So wollten sie wenigstens „Herr der Akten" bleiben.

Das erwies sich jedoch als hoher Einsatz mit zweifelhaftem Ergebnis. Man wollte jenes Machtmittel der alten SED-Führung endgültig aufheben, welches die Demokratie und Freiheit behindert hatte. Die darauf aufbauende Gesetzgebung, besonders das Stasi-Unterlagengesetz von Ende 1991, schuf aber die Grundlage für neue Unfreiheiten und Begrenzungen der Demokratie. Die

---

125 Das Gesetz hat den offiziellen Namen: „Gesetz über die Unterlagen des Staatssicherheitsdienstes der ehemaligen Deutschen Demokratischen Republik", die Liste der Gesetzesänderungen zwischen 1991 und der heute gültigen Fassung von 2006 ist lang. Siehe genauer die diesbezüglichen Angaben auf der Website der „Birthler-Behörde": http://www.bstu.bund.de/nn_712108/DE/Behoerde/Rechtsgrundlagen/StUG/stug__node.html__nnn=true [aufgerufen am 16. 5. 2008].

126 Bündnis 90/Grüne und Unabhängiger Frauenverband sowie die Vereinigte Linke hatten zusammen nur 5,1 Prozent der Stimmen erhalten. Nur diejenigen unter den Oppositionellen, die sich der CDU oder der SPD angeschlossen hatten, konnten einen Wahlerfolg verbuchen.

Aktenberge des Ministeriums für Staatssicherheit der DDR wurden seitdem vielfach dazu genutzt, um mit der DDR verbundene Personen im vereinten Deutschland zu delegitimieren. Besonders die ersten Jahre nach der Aktenöffnung herrschte teilweise eine politische Hysterie, die selbst durch die teilweise dramatischen Geschichten über den Verrat von Spitzeln gegenüber Freunden und engen Verwandten nicht gerechtfertigt werden kann. Rolf Henrich, einer der Begründer des Neuen Forums, äußerte zum Problem der Debatte über die Staatssicherheit später Folgendes: „Aber dann ging die Stasi-Debatte los, und es wurde nicht konzeptionell, sondern nur noch moralisch argumentiert – damit hat man sozusagen das schöpferische Potential der DDR stillgelegt und ausgesteuert."[127] Die Verantwortung der neuen politischen Gruppen für diese Situation bestehe darin, dass „sie andauernd Moral mit Politik verwechselt" hätten[128].

Nacheinander wurden fast alle wichtigen DDR-Politiker des 41. Jahres der Zusammenarbeit mit dem Ministerium für Staatssicherheit verdächtigt, angefangen von denen, die tatsächlich von der Staatssicherheit engagiert worden waren, wie Wolfgang Schnur (Vorsitzender des Demokratischen Aufbruchs), Ibrahim Böhme (Vorsitzender der SPD) und Martin Kirchner (Generalsekretär der CDU), bis hin zu anderen, von denen bis heute weder alle Tatsachen noch die wirkliche Bedeutung ihrer möglichen Zusammenarbeit mit der Staatssicherheit eindeutig geklärt sind. Das Letztere betrifft so wichtige Politiker wie Lothar de Maizière (CDU), Manfred Stolpe (SPD) und Gregor Gysi (PDS). Die Debatten über die angeblichen oder tatsächlichen Kontakte von Schriftstellern oder Schauspielern der DDR mit dem Ministerium für Staatssicherheit sind ebenfalls Legion.

Angesichts der vielen „Fälle" von aufgedeckter Mitarbeit ist es verwunderlich, warum so wenig darüber nachgedacht oder gestritten wurde, dass von allen möglichen Mitgliedschaften und Aktivitäten in der DDR einzig die Bereitschaft, mit dem Ministerium für Staatssicherheit zusammenzuarbeiten, zu einem zentralen Moment der sozialen und beruflichen Disqualifikation geworden ist. Der Staat hatte ja vielfältige weitere Institutionen, in denen die

---

127 Siehe in den archivierten Unterlagen des schon zitierten Forschungsprojektes „Der SED-Reformdiskurs in den achtziger Jahren", Bestand Henrich, das Gespräch mit Rolf Henrich vom 20. März 1998, dort auf S. 11.

128 Ebenda.

Bürger mitarbeiten mussten, wenn sie eine berufliche Karriere durchlaufen wollten, mal abgesehen von den Menschen, die sich der Politik der SED inhaltlich verbunden fühlten. Warum wurden die vielfältigen Motive und Bedingungen für eine Mitarbeit in anderen politischen Organisationen, vor allem in der staatstragenden SED, nicht ebenso thematisiert wie die Zusammenarbeit mit dem MfS? Bürgermeister, Schuldirektoren, Institutsdirektoren an Universitäten, Kombinatsleiter, Offiziere der NVA, SED-Funktionäre hatten alle Verantwortung getragen. Wie war es mit den verantwortlichen Funktionären der Blockparteien auf verschiedenen staatlichen Ebenen, die alle mit der SED zusammenarbeiteten?

Selbst Egon Krenz versuchte ab einem bestimmten Moment des Verfalls der Macht, der Staatssicherheit jene Verantwortung zuzuschieben, die er als Mitglied der alten Führung eindeutig selbst zu tragen hatte. Das Ministerium für Staatssicherheit wurde schon zu Beginn des 41. Jahres der DDR, nach meiner Beobachtung ab November 1989, zum Sündenbock für verfehlte Politiken gemacht.[129] Im vereinigten Deutschland kamen dann weitere Gründe dazu, die diese Art von Mystifizierung einer bestimmten politischen Institution und der Zusammenarbeit mit ihr aufrechterhielten und vertieften.

Der politische Effekt solcher Verdächtigungen lässt sich zumindest in Fällen wie dem Folgenden feststellen: Als Stefan Heym auf der Liste der PDS 1994 zum Alterspräsidenten des Deutschen Bundestages wurde und es drohte, dass er die übliche Eröffnungsrede halten würde, tauchte kurz vorher irgendein „Beweis" für seine Kontakte zum MfS auf, der sich allerdings schnell wieder in nichts auflöste. Man wollte offensichtlich erreichen, dass Heym diskreditiert und er seine Aufgabe, als Alterspräsident die Legislaturperiode zu eröffnen, niederlegen würde. Allein der Verdacht einer Zusammenarbeit mit der Staatssicherheit entband offensichtlich in der damaligen politischen Atmo-

---

129 Ich habe mich mit diesem Thema relativ frühzeitig auseinandergesetzt (Dieter Segert: „The State, the Stasi and the People: The Debate about the Past and the Difficulties in Reformulating Collective Identities", in: *The Journal of Communist Studies*, 3/1993, S. 202–215, hier S. 204). Ich habe dabei besonders auf die Entwicklung von Ende November 1989 bis Anfang 1990 hingewiesen: „At a very early stage the new leaders of the SED with Egon Krenz at the helm attempt to blame the MfS for the crisis in state-run socialism." Allerdings ist es kein Zufall, dass ich für diese Auseinandersetzung eine britische und keine deutsche Zeitschrift wählte, mein Eindruck zu jener Zeit war, dass die deutsche Debatte vom Unwillen, anderen Argumenten als denen des „Mainstreams" zuzuhören, bestimmt wurde.

sphäre die Journalisten von ihrer Pflicht, differenziert und angemessen zu argumentieren.[130]

Die allgemeine politische Folge der Vielzahl solcher Enthüllungen einer ehemaligen inoffiziellen Mitarbeit beim Ministerium für Staatssicherheit oder aber jener Verdächtigungen einer solchen inoffiziellen Kooperation ist jedenfalls bald nach Beginn der Öffnung der Akten 1992 deutlich geworden: Mit ihnen wurden negative Stereotype über die DDR-Geschichte befördert und die erforderliche differenzierte Debatte über das politische System der DDR blockiert. Auf diesem Feld wirkten viele Interessen: Mitunter wurde einfach versucht, mit dem Verweis auf mögliche geheimdienstliche Zusammenarbeit während der Zeit vor 1989 politische Konkurrenten für ein aktuelles politisches Amt zu erledigen. Das Ziel der hungerstreikenden DDR-Bürgerrechtler vom September 1990 wurde durch die spätere Instrumentalisierung der Stasi geradezu konterkariert. Ihr scheinbarer Sieg, was den Umgang mit den Akten des Ministeriums für Staatssicherheit betrifft, wendete sich gegen ihr eigentliches Anliegen hinsichtlich des Umgangs mit der DDR-Geschichte. Er wurde zu einer zweifelhaften Mitgift für die Politik im vereinigten Deutschland, die bis heute ihre vergiftenden Wirkungen zeigt.

In der öffentlichen Debatte der letzten Jahre wurde diese Tendenz des Umgangs mit den Akten der Staatssicherheit von verschiedener Seite kritisiert. Im Februar 2005 stellte der Willy-Brandt-Kreis[131] zur Zukunft der Gauck- bzw. Birthler-Behörde fest:

> Die Behörde war von Anfang an nicht als neutrale wissenschaftliche Einrichtung angelegt, sondern hatte eine politische Zweckbestimmung.[132] Wie der damals zuständige Ministerial-

---

130 An dieser Episode zeigte sich noch ein anderer Zug der damaligen Kultur der politischen Klasse. Als Heym, dieser bekannte Schriftsteller, der als jüdischer Emigrant Deutschland in den Dreißigerjahren verlassen und als Offizier der amerikanischen Armee es 1945 wieder betreten hatte, die Wahlperiode des Bundestag als Alterspräsident eröffnen wollte und zum Rednerpult ging, zog die Fraktion der CDU/CSU geschlossen aus. Das war eine rheinische Provinzposse ohne Gespür für politische Würde.

131 Die Stellungnahme ist u. a. durch die Westdeutschen Egon Bahr, Peter Brandt und Peter Bender sowie die Ostdeutschen Friedrich Schorlemmer, Hans Misselwitz und Edelbert Richter unterschrieben worden. Die entsprechende Stellungnahme des Brandt-Kreises lässt sich auf der Website der Ostberliner Havemann-Gesellschaft abrufen: http://www.havemann-gesellschaft.de/info208.htm [gelesen am 12. 4. 2008].

132 Walter Süß, der heute als wissenschaftlicher Mitarbeiter der Gauck-Behörde arbeitet, hat auf

dirigent im Bundesinnenministerium erklärte, hatte der Sonderbeauftragte den Sonderauf-
trag, die DDR zu delegitimieren. […] Damit begann eine auf ostdeutsche Repressionsge-
schichte eingeengte, selektive Geschichtsschreibung, die nicht nur Alltagsgeschichte aus-
blendete, sondern auch Forschungsvorhaben, die nicht die gewünschte Delegitimierung
erbrachten, unter den Tisch fallen ließen […] Immer wieder hat die Behörde „Personen der
Zeitgeschichte" demontiert, die sich dem herrschenden Zeitgeist nicht gebeugt haben, während einstige IM, die sich jetzt opportun äußern, in Ruhe gelassen wurden. Dieser von der
Behörde ausgeübte politische Anpassungsdruck lag nicht im Interesse von Demokratie. […]
Wir brauchen eine differenzierte Aufarbeitung von Geschichte, die auch die westdeutsche
Parallelgeschichte nicht ausblenden darf, weil sich nur in der Gesamtsicht Aktionen und Reaktionen erklären lassen. Wir befürworten die zukünftige Überführung des Aktenbestandes
unter die Obhut des Bundesarchivs, das eine hohe Gewähr für einen sachgemäßen Umgang
mit diesen Unterlagen bietet. Es ist selbstverständlich, dass ein geregelter Zugang für Betroffene und Historiker weiterhin möglich sein muss.

Diese Einsicht greift inzwischen um sich, und es ist zu hoffen, dass mit dem
Fortfall der „Regelanfrage" und der Überführung der Akten ins Bundesarchiv
in einigen Jahren auch eine sachliche Debatte über das gesamte politische System der DDR, die gesellschaftlichen Zwänge und Loyalitäten sowie die seit
1990 vorherrschende Art der Geschichtspolitik gegenüber der DDR-
Geschichte möglich werden wird.

Der Geburtsfehler der deutschen Einheit nach Art. 23

Die Versäumnisse der politischen Klasse der Bundesrepublik und die Schwäche der neuen politischen Führungsgruppen der DDR hatten zu dieser überstürzten Form der deutschen Einheit mittels Übertragung eines fertigen Insti-
tutionensystems geführt. Der Artikel 23, der die Fiktion einer Weiterexistenz
Deutschlands nach Gründung beider deutscher Staaten aufrechterhielt, ließ
keine Möglichkeit der Gestaltung der deutschen Einheit; der Weg einer Syn-

meine Frage zu dieser Aussage des Brandt-Kreises kritisch bemerkt, dass damit die eigentliche,
durch den Gesetzgeber festgelegte Aufgabe der Behörde überhaupt falsch dargestellt worden sei:
„Die BStU war überhaupt nie als wissenschaftliche Einrichtung gedacht, sondern vor allem als
Archiv und als Aufarbeitungsinstitution, die den von der Stasi Verfolgten ‚ihre' Akten zugänglich macht und Überprüfungen durchführt" (in einer E-Mail an mich vom 24. 4. 2008).

these der Erfahrungen von 41 Jahren anderer Gesellschaftsentwicklung nach Art. 146 Grundgesetz wurde ausgeschlagen. Dieser Geburtsfehler des vereinten Deutschland zog weitere Probleme nach sich. Die Schlagworte von Kanzler Helmut Kohl sind ein Beleg für den Geist, der sich in Deutschland damals ausbreitete: Die Einheit sollte „aus der Portokasse bezahlbar" werden und bald wurden „blühende Landschaften" im Osten prophezeit.[133]

Es entstand auch viel Neues auf diesem Weg, die verfallenen Innenstädte der Klein- und Mittelstädte der DDR wurden Geschichte, die Straßen wurden erneuert, jeder hatte bald ein eigenes Telefon, und wir DDR-Bürger konnten in die große Welt reisen. Nur der Preis dafür war ebenfalls sehr hoch: Millionen Ostdeutsche verloren ihre Arbeit, die in der Arbeitsgesellschaft DDR in vieler Hinsicht für das Leben der Menschen zentral gewesen war. Ihr Selbstbewusstsein wurde durch die Art der DDR-Geschichtsdarstellung ernsthaft beschädigt.

Genauso schwerwiegend aber war, dass der Veränderungsbedarf der alten Bundesrepublik auf Eis gelegt wurde. So wurden die DDR-Polikliniken durch das veraltete System privater Ärzte und ihrer Interessenverbände abgelöst. Die Einheitsschule bis zur 10. Klasse wurde durch das konservative gegliederte Schulsystem ersetzt. Selbst eine begründete Kritik an der Abwicklung von sozialen und Bildungseinrichtungen der DDR wurde unmöglich, weil die Kritiker immer in die Nähe zur „zweiten Diktatur in Deutschland" gerückt wurden, einem – wie es zu formulieren üblich wurde – „Unrechtsstaat." Das Totschlagargument lautete: Wollt ihr den „Unrechtsstaat" wiederhaben? Wollte irgendjemand auch nur in die Nähe dessen gerückt werden? Selbst die Kritiker der restlosen Beseitigung aller DDR-Erfindungen in der Bundesrepublik

---

133 Das Schlagwort, „die Einheit könne aus der Portokasse bezahlt werden", wurde im Nachhinein 1999 von dem Bundespräsidenten Johannes Rau kritisiert, siehe seine Rede auf den Feierlichkeiten am 3. 10. 1999, auf: http://www.sachsen.de/de/bf/reden_und_interviews/reden00/10-R.htm [gelesen am 15. 4. 2008]. Die „blühenden Landschaften" wurden von Helmut Kohl erstmals in einer Rede am 1. Juli 1990 verwendet, in der er den folgenden Satz verwendete: „Durch eine gemeinsame Anstrengung wird es uns gelingen, Mecklenburg-Vorpommern und Sachsen-Anhalt, Brandenburg, Sachsen und Thüringen schon bald wieder in *blühende Landschaften* zu verwandeln, in denen es sich zu leben und zu arbeiten lohnt" (siehe dazu: http://de.wikipedia.org/wiki/Bl%C3%BChende_Landschaften [gelesen am 15. 4. 2008]). Charakteristisch ist, von der DDR war hier nicht die Rede, und die genannten Länder existierten in dieser Zeit noch gar nicht. Das Ländereinführungsgesetz wurde erst am 22. Juli 1990 durch die Volkskammer beschlossen.

beugten sich, in der Regel, dem Zeitgeist. Es ist recht schwer, gegen den Sturm zu pissen!

Mich erfüllt kein Zorn, sondern Trauer. Heute ist der missratene Prozess der Einheit wie auch das letzte Jahr der DDR unwiederbringlich Geschichte. Im Interesse der Erkenntnis des Alternativcharakters jeglicher Geschichte lohnt es sich dennoch, auf der Möglichkeit anderer politischer Entscheidungen zwischen dem 18. März 1990, den Wahlen zur Volkskammer, und dem 3. Oktober 1990, dem Tag der deutschen Vereinigung, zu bestehen. Nur hätte es einer größeren Distanz der politischen Klasse der Bundesrepublik bedurft, einer größeren Zurückhaltung auf ihrer Seite aus Achtung des demokratischen Neuanfangs. Richard von Weizsäcker hatte in seiner Weihnachtsansprache 1989 gerade dazu aufgerufen:

> Wir haben allen Grund, den Deutschen in der DDR mit wahrer Achtung zu begegnen. Dazu gehört es, ihnen nicht ungebeten dreinzureden, sondern ihre Sorgen ernst zu nehmen und ihnen den Raum und die Zeit zu lassen, die sie brauchen, um ihren Weg zu erkennen. Nach jahrzehntelangem erzwungenem Schweigen muß sich der freie Wille des Volkes selbst finden, das ist schwer genug. [...] Sie suchen nach einem Leistungsgedanken, der die Lasten und Früchte der Arbeit so human und solidarisch wie möglich aufteilen läßt. Ihre Bewegung zielt auf die Freiheit. Jeder weiß, daß es bald gelingen muß, einen erfahrbaren Zusammenhang von Freiheit und wirtschaftlichem Aufschwung herzustellen. Das geht nicht ohne ein nüchternes Augenmaß und ohne Geduld. Davon haben sich die beiden Regierungschefs bei ihrem Treffen in Dresden verantwortlich leiten lassen. Das ist ein gutes Zeichen für alle.[134]

Die verschiedenen Fraktionen der neuen politischen Klasse der DDR in ihrem 41. Jahr hätten sich ihrerseits stärker auf die eigene Kraft und die Möglichkeit einer Kooperation untereinander besinnen müssen, damit die Möglichkeit eines anderen politischen Weges in die gemeinsame deutsche und europäische Zukunft beider deutscher Gesellschaften eine Chance hätte bekommen können. Dazu allerdings hätten sie die gegenseitige Fremdheit überwinden müssen, die

---

134 Weihnachtsansprache des Bundespräsidenten Richard von Weizsäcker, Bericht in der SZ vom 23. 12. 1989 [gelesen am 15. 4. 2008 auf: http://www.2plus4.de/chronik.php3?date_value= 24.12.89&sort=000-000; als Quelle wird der Bericht der SZ vom 23. 12. 1989 angegeben]. Was Weihnachten 1989 noch nicht klar war: Schon Mitte Januar sollte sich die Regierung Kohl entscheiden, keine Rücksicht mehr auf die innere Entwicklung in der DDR zu nehmen und die deutsche Einheit mit allen Mitteln zu forcieren.

Mit diesem Slogan warben die vereinigten Berliner Verkehrsbetriebe 1991 für sich, wobei er exemplarisch stehen könnte für den Gang der deutschen Einheit insgesamt. Der Osten brachte scheinbar nichts in die Einheit ein, der Westen blieb, wie er war: Aus BVB (Ostberlin) und BVG (Westberlin) wurde nach der Zusammenführung nichts als nur die BVG.

aus unterschiedlichen Sozialisationen innerhalb verschiedener sozialer Milieus der DDR erwuchsen. Rainer Land und Ralf Possekel haben in ihrer Studie *Namenlose Stimmen waren uns voraus. Politische Diskurse von Intellektuellen aus der DDR* (Bochum 1994) diese verschiedenen Handlungsstrategien und Weltverständnisse der beiden Reformgruppen der späten DDR nachgewiesen. Das sind, wie ich zugeben muss, wohl doch recht viele Voraussetzungen. Aber wenn man nicht generell an eine solche Möglichkeit zu alternativem Handeln glaubt, wozu sollte man sich denn dann heute um die Gestaltung von Politik bemühen, wo wir doch immer noch geradezu von „Sachzwängen" umzingelt sind und so kein wirklicher Spielraum für Alternativen gegeben scheint?

258

7. Die Geburt Ostdeutschlands

Wo liegt eigentlich Ostdeutschland? Historisch könnte der Osten Deutschlands eher in der Gegend von Königsberg oder Breslau vermutet werden. Günter Gaus hat deshalb auch von „Mitteldeutschland" geschrieben, als er die
DDR-Bevölkerung und ihre deutschen Traditionen meinte.[135] Im Jahr 1990
verstärkte sich eher die Identität der DDR-Bürger als Deutsche, die in der
Bundesrepublik angekommen waren. Auf einmal aber, schon recht früh nach
dem 3. Oktober 1990, kam in den „Neuen Ländern", wie die ehemalige DDR
in den Medien hauptsächlich benannt wurde, das Gefühl auf, Bürger zweiter
Klasse zu sein. Da in dieser Zeit die eigene Vergangenheit in jenem untergegangenen Staat DDR so dunkel schien, suchte man sich als Sachse oder Mecklenburger im gemeinsamen Deutschland zu trösten. Was jedoch machte man
damit, dass die Westdeutschen einen dennoch als eine eigene Gruppe wahrnahmen, in einen gemeinsamen Topf steckten? Selbst wenn man nicht alles
Übel der DDR und ihr „schweres Erbe", von dem auf einmal die Rede ging,
„der Partei" zuordnete, was sollte man mit dem machen, was einen von den
„Bürgern erster Klasse" im Westen unterschied? Im Vergleich mit den anderen
Deutschen beobachteten die Neubundesbürger auch Positives, man stellte
seine Vorzüge nicht so sehr heraus, war mehr auf Kooperation als auf Konkurrenz mit dem Nachbarn fixiert. Wie sollte das Spezifische benannt werden,
mit dem man sich einerseits gegenüber dem Erbe des SED-Staates abgrenzen
konnte, andererseits von den Altbundesbürgern unterschied?

   In dieser Situation wurden Ostdeutschland und seine Bürger, die Ostdeutschen, erfunden.[136] Man konnte sich abgekürzt auch als „Ossi" bezeichnen. „Ossis" kontra „Wessis", damit schien vieles erklärt. Und dieses Etikett
fand die Zustimmung vieler in Deutschland.

---

135 Siehe Günter Gaus: *Wo Deutschland liegt. Eine Ortsbestimmung*, Hamburg: Hoffmann & Campe 1983. Sein Mitteldeutschland war das „Land der kleinen Leute", und das war eine „Nischengesellschaft". Es ist sicher nicht identisch mit meinem Land, das sich eher als das Produkt der
   DDR-Intelligenz bezeichnen lässt, ihr gescheiterter Versuch eines besseren Deutschland.
136 Das war zuerst ein Gefühl der Menschen, dann eine Erfindung der Medien, aber auch Wissenschaftler waren beteiligt, so etwa Wolfgang Engler mit seinem erfolgreichen Buch *Die Ostdeutschen*
   (Berlin: Aufbau-Verlag 1999), das durch die Friedrich-Ebert-Stiftung als „Politisches Buch 2000"
   ausgezeichnet wurde.

259

Auf dem Weg vom „glücklichsten Volk der Welt" zu Bürgern
erster und zweiter Klasse

Walter Momper, im November 1989 Regierender Bürgermeister von Berlin (West), erklärte die Deutschen kurz nach dem Mauerfall zum „glücklichsten Volk der Welt" und traf damit sicher die Stimmung jener Tage. Nicht viel mehr als ein Jahr darauf betrachteten sich ostdeutsche Jugendliche mehrheitlich als „Bürger zweiter Klasse", womit ein qualitativer Unterschied zu den Bürgern der alten Bundesrepublik ausgemacht wurde, die als solche „erster Klasse" galten.[137] Dieser Trend war bereits Ende 1990 spürbar, als 85 Prozent der Bevölkerung der noch ganz jungen „neuen Bundesländer" sich als „Bürger zweiter Klasse" identifizierten.[138] Wie ist dieser Absturz zu deuten? Was war hier passiert?

Ich will vor der Deutung noch eine einzelne Meinung aus einem Besucherbuch zu einer Ausstellung im Deutschen Historischen Museum zitieren: „Wie gerne würde ich wieder ein Pionier sein, fröhlich zum Appell gehen. Ich finds scheiße, daß es die Mauer nicht mehr gibt. Es gab auch schlechte Seiten am Osten, aber es hatte wenigstens jeder eine Arbeit. Der Westen war zwar immer schön zu Ostzeiten, aber es war ein Reinfall. Was haben die Leute davon (die, die die Mauer nicht haben wollten), die meisten haben keine Arbeit und keine Wohnung mehr. Aber trotz allem: ich bin und bleibe ein vollblütiger Ossi, Martin S. 13 Jahre".[139]

Der interessanteste Teil dieses Eintrags eines Dreizehnjährigen ist aus meiner Sicht der Satz: „Der Westen war zwar immer schön zu Ostzeiten, aber es war ein Reinfall." Das ist ein authentischer Ausdruck, der repräsentativ für eine damals verbreitete Stimmung ist. Er zeigt, wie die heutige Enttäuschung auf

---

137 Die Emnid-Umfrage im Auftrag des *Spiegel* (Ostdeutsche zu Politik, Parteien, Politikern und aktuellen Themen) vom Januar 1991 wird durch Britte Buriel zitiert (in ihrem Buch: *Rechtsextremismus Jugendlicher in der DDR und den neuen Bundesländern 1982–1998*, Hamburg/Münster: LIT 2002, S. 161): 86 Prozent der befragten 18–29 Jahre alten Jugendlichen hätten sich als „Bürger 2. Klasse" gefühlt.

138 Darauf wird durch Rudolf Woderich in einem Beitrag aus dem Juni 1999 (S. 5) hingewiesen. Siehe den Text in: http://www.biss-online.de/download/ostdeutsche_identitaeten.pdf

139 Rosmarie Beier: *Die Besucherbücher der Ausstellung „Lebensstationen in Deutschland" als Spiegel der mentalen Lage der Nation (Ausstellung im Zeughaus Berlin, 26. März–15. Juni 1993)*, in: http://www.dhm.de/ausstellungen/lebensstationen/gwu_1.htm (das Zitat ist aus Teil 4 des Textes).

bestimmten überspannten Erwartungen der DDR-Bürger in der späten DDR gegenüber einem Beitritt zum reichen Nachbarn Westdeutschland aufbaut. Ich habe über jene schrillen Illusionen bereits mit Blick auf die Nacht der Währungsunion geschrieben. Ansonsten dürfte der Ruf nach der Wiedererrichtung der Mauer in der ostdeutschen Bevölkerung damals wie heute kaum stärker verbreitet sein als in der westdeutschen. In der *Süddeutschen Zeitung* wurden am 1. 10. 2007 die Ergebnisse einer Umfrage veröffentlicht, aus der deutlich wurde, dass sich in der Gegenwart lediglich 19 Prozent der Westdeutschen und auch nur 21 Prozent der Ostdeutschen die Mauer zurückwünschen.[140]

Über die Bedeutung jener Selbsteinschätzung der Ostdeutschen als „Bürger 2. Klasse" ist wissenschaftlich diskutiert worden. Eine Position lautete: Es handle sich um eine sehr suggestive Einschätzung, die teilweise durch die Meinungsforscher selbst vorgegeben worden sei.[141] Ich stimme auch der Einschätzung zu, dass die Bedeutungen, die mit jenem Stereotyp verbunden sind, sowohl innerhalb bestimmter Gruppen der Bevölkerung als auch im Verlaufe der Zeit wechselten.[142] Aber dass solche Selbstzuordnungen überhaupt politisch relevant sind, ist unbestritten. Mich interessiert nun vor allem, auf Grundlage welcher Erfahrungen sie im Prozess der deutschen Einheit entstanden sind. Die Ostdeutschen haben sich als Ostdeutsche zuerst praktisch entdeckt, zeitlich danach entstand der öffentliche Diskurs darüber.[143]

Bereits sehr früh hat der ostdeutsche Soziologe Thomas Koch in Umfragedaten eine außerordentlich interessante Wende in der Selbstwahrnehmung der

---

140 Der Beitrag unter der Überschrift „Jeder fünfte wünscht sich die Mauer zurück" in der Online-Ausgabe der Zeitung veröffentlicht, siehe http://www.sueddeutsche.de/deutschland/artikel/956/135692/ [gelesen am 15. Mai 2008].

141 So Detlef Pollack in einem Beitrag für die Beilage der Wochenzeitschrift *Das Parlament (Aus Politik und Zeitgeschichte* [APuZ] B40/2000) unter dem Titel „Wirtschaftlicher, sozialer und mentaler Wandel in Ostdeutschland" gelesen in: http://www.bpb.de/publikationen/B8VCUJ,4,0,Wirtschaftlicher_sozialer_und_mentaler_Wandel_in_Ostdeutschland.html

142 Wolfgang Brunner/Dieter Walz: „Die Selbstidentifikation der Ostdeutschen 1990–1997", in: Heiner Meulemann (Hrsg.): *Werte und Nationalität im vereinigten Deutschland*, Opladen: Leske + Budrich 1998, S. 229–250.

143 Der öffentliche Diskurs darüber hat wichtige Impulse durch zwei Bücher von Wolfgang Engler erhalten, zunächst durch sein Buch: „Die Ostdeutschen: Kunde von einem verlorenen Land, Berlin: Aufbau-Verlag 1999. Danach veröffentlichte er noch ein zweites Buch: „Die Ostdeutschen als Avantgarde", Berlin: Aufbau-Verlag 2002.

Ostdeutschen ausgemacht. Ich bringe hier eine Tabelle aus seinem Beitrag aus dem Jahre 1993, der auf einer Tagung der Landeszentrale Brandenburg für politische Bildung gehalten wurde.[144]

„Ostdeutsche Identität"

Frage: Fühlen Sie sich im Allgemeinen mehr als Deutscher oder als Ost-deutscher*? (Zahlen in Prozent)

| | 1990 (März) | 1992 (Januar) | 1992, davon | |
			Männer	Frauen
Eher als Deutscher	61	35	41	30
Eher als Ostdeutscher	32	60	56	63
Unentschieden	7	5	3	5
Summe	100	100	100	100

*Im März 1990 lautete die Frage: … eher als Deutscher oder eher als Bürger der DDR?
(Quelle: Noelle-Neumann/Köcher 1993: 486145, Zahl der Befragten n=1000)

Natürlich ist es nicht unproblematisch, die erfragte „DDR-Identität" im Umfeld der Wahlen zur letzten DDR-Volkskammer am 18. März mit der Identität des „Ostdeutschen" im Jahr 1992 gleichzusetzen. Aber ungeachtet der Frage, ob sich die in Zahlen ausgedrückte Gewichtung des Sachverhaltes so übernehmen lässt, geht es an dieser Stelle eher um eine Tendenz, nämlich darum, dass die Gewissheit, „Deutsche/r" zu sein, erheblich schwindet. Aus den bei Koch zitierten weiteren Umfragedaten geht hervor, dass die Deutung der eigenen Identität als Ostdeutsche am stärksten bei den mittleren Jahrgängen (30–59 Jahre) verbreitet ist, aber in allen Altersgruppen von Erwachsenen ist sie stark ausgeprägt. Zur Kurzformel für diese Identität wurde der Begriff

---

144 Die Beiträge der Tagung wurden in einem Protokollband der Landeszentrale für politische Bildung unter dem Titel *Die real-existierende postsozialistische Gesellschaft. Chancen und Hindernisse für eine demokratische politische Kultur* (Potsdam 1994) veröffentlicht. Der Beitrag von Koch trägt den Titel: „Die DDR ist passé, aber die Zeiten des naiven Beitritts auch.' Von der Renaissance des ostdeutschen Wir- und Selbstbewußtseins" und findet sich dort S. 161–175.

„Ossi". Sein Gegenstück, der „Wessi", war ursprünglich in Westberlin *vor* dem Mauerfall als Fremdzuschreibung nur für die Westdeutschen im Gegensatz zu den Westberlinern im Gebrauch.

Koch zitiert noch eine Umfrage von „emnid" aus dem Jahr 1993, in der nach deutschen regionalen Identitäten und ihrer Verbreitung unter Ost- und Westdeutschen gefragt wurde. Während nach dieser Umfrage 54 Prozent der befragten Bürger der neuen Bundesländer sich vorwiegend als Ostdeutsche identifizierten und 45 Prozent als Deutsche, unterschieden sich die Bürger der alten Bundesländer in ihrem Antwortverhalten signifikant. Nur 18 Prozent nahmen sich vor allem als Westdeutsche wahr, 81 Prozent dagegen überwiegend als Deutsche.

Warum entstand Anfang der 1990er-Jahre in den beigetretenen Ländern der ehemaligen DDR dieses spezifische „Wir-Bewusstsein" als Ostdeutsche? Da es sich bei diesem Buch um eine Interpretation des letzten Jahres der DDR und des Beginns der deutschen Vereinigung handelt, will ich ausgehend von dieser Perspektive eine Deutung versuchen. Sicher sind solche Umfrageergebnisse Resultat möglicherweise sehr diffuser Ursachenfelder. Je nach den persönlichen und familiären Erfahrungen mit der deutschen Einheit stellt sich eine andere Bewertung dieser Jahre ein. Es gab Einheitsgewinner und Einheitsverlierer als soziale Gruppen und als Individuen.

Warum wurde diese übergreifende ostdeutsche Identität, warum wurde „Ostdeutschland" geboren? Es handelt sich nach meiner Interpretation einerseits um eine Rekonstruktion eines DDR-Bewusstseins, das aber in verschiedener Weise selektiv ist,[146] andererseits um eine Reflexion der Erfahrungen des

---

145 E. Noelle-Neumann/R. Köcher (Hrsg.): *Allensbacher Jahrbuch der Demoskopie 1984/92*, Bd. 9, München et al. 1993.

146 Dieses selektive Bewusstsein klammert bei verschiedenen Gruppen von ehemaligen DDR-Bürgern Verschiedenes aus. Dorothee Wierling hat das zutreffend zusammengefasst: „Dass die DDR ein legitimer Versuch war, dass sich in ihren sogenannten Nischen ein authentisches Leben führen ließ, dass ‚nicht alles schlecht war' in der DDR: Das sind nicht nur Schlagworte, die den immer noch überwiegend westdeutschen Historikern entgegengehalten werden. Die DDR wird in ihren Geschichten insofern neu erfunden, als sie weitgehend entpolitisiert erscheint; vermieden werden vor allem Erzählungen über die Ängste, Kompromisse und Kränkungen, denen man ausgesetzt war, die Langeweile, die Anstrengungen des Alltags und die Rücksichtslosigkeit im Kampf um wirklich Begehrtes wie Westgeld und Reisekaderstatus. Andererseits erfindet auch die von einigen Historikern gestaltete Geschichte eine DDR, die von den Zeitzeugen nicht wiedererkannt wird. Sie erscheint ihnen überpolitisiert, weiß wenig über die

263

Prozesses der deutschen Einheit, der in seinen wirtschaftlichen, sozialen und kulturellen Konsequenzen relativ schnell die Lebensumstände sehr vieler Bürgerinnen und Bürger der neuen Bundesländer betraf.[147]

„Ostdeutschland" wurde geboren, als die Hoffnungen auf den glücklichen Ausgang des Wandels der DDR im 41. Jahr erkennbar gescheitert waren und ersetzt wurden durch den Glauben an eine irgendwie als Naturkonstante angenommene „nationale Solidarität" der Westdeutschen. Das neue Geld, die Reisefreiheit für alle, die neuen politischen Freiheiten, die die meisten sehr wohl schätzten, konnten nicht über neue Ängste hinweghelfen, die sich gleich nach der deutschen Einheit breitmachten. Die Arbeitslosigkeit stieg Anfang 1991 relativ schnell an, auch wenn zu Beginn eine großzügige Kurzarbeitsregelung den Effekt etwas verzögerte. Viele Angestellte im öffentlichen Dienst – in der DDR hatte das staatliche Verwaltung geheißen – befanden sich gleich nach dem 3. Oktober in der sogenannten „Warteschleife", die ebenfalls im Nichts der Arbeitslosigkeit endete. In vielen Betrieben wurden Frauen zuerst entlassen, weil die Männer in Entscheidungspositionen schnell lernten, dass ein konservatives Familienbild die vorrangige Freisetzung der Frauen zumindest scheinbar legitimieren konnte. Und alles war von dem Schock der völligen Veränderung des Alltags begleitet. Buchstäblich alles war neu: Arbeitsrecht, Versicherungen, Steuerrecht, das Preissystem, die Warenwelt. Erwachsene erlitten einen Absturz auf das Kenntnisniveau von Kindern. Die herrschende Kultur der alten Bundesrepublik breitete sich mit den Rechtsregeln und den parallel dazu einströmenden westdeutschen Eliten aus, und die ehemaligen DDR-Bürger fühlten sich bald „fremd im eigenen Land."

Das Verlustgefühl, dass sich vor allem bei der ehemaligen DDR-Reformintelligenz ausbreitete, hat Volker Braun im Sommer 1990 in ein Gedicht gefasst. Es hat den Titel „Das Eigentum".[148]

---

alltäglichen Strategien der Aushandlung, wenig über das Scheitern der Herrschaft im Alltag, wenig über Eigensinn und verborgene Spielräume." Dorothee Wierling: „Lob der Uneindeutigkeit. Zeitzeugenschaft und Deutungskonflikte nach dem Ende der DDR", in: *Blätter für deutsche und internationale Politik* 2008/3, S. 102–113, hier S. 106.

147 So Hans Misselwitz in: „DDR – geschlossene Gesellschaft und offenes Erbe", in: W. Weidenfeld (Hrsg.): *Deutschland. Eine Nation – doppelte Geschichte*, Köln: Verlag Wissenschaft und Politik 1993, S. 103–112, hier S. 111.

148 Volker Braun: „Das Eigentum", in: *Die Zickzackbrücke. Ein Abrißkalender*, Halle 1992, S. 84.

Da bin ich noch: mein Land geht in den Westen.

KRIEG DEN HÜTTEN, FRIEDE DEN PALÄSTEN.

Ich selber habe ihm den Tritt versetzt.

[…]

Und unverständlich wird mein ganzer Text.

Was ich niemals besaß, wird mir entrissen.

Was ich nicht lebte, werd ich ewig missen.

[…]

Ich will für diese wasserfallartigen Veränderungen des Alltags der Bürger und Bürgerinnen der neuen Bundesländer ein paar Zahlen bringen:

Aus dem Zustand der dauerhaften Vollbeschäftigung, in dem die Betriebe wegen Mangels an Arbeitskräften in gewissem Maße durch die Beschäftigten unter Druck gesetzt werden konnten, stürzten die Ostdeutschen in eine Situation drohender bzw. realer Arbeitslosigkeit. 1990 bis 1997 gingen mindestens 3,2 Millionen der ursprünglich 9,7 Millionen Arbeitsplätze verloren. Diese Entwicklung vollzog sich in einem relativ kurzen Zeitraum. Schon im vierten Quartal 1991 waren eine Million Menschen, ca. 12 Prozent, in den neuen Bundesländern arbeitslos, dazu kamen noch einmal 1,1 Millionen Kurzzeitbeschäftigte, die in Betrieben arbeiteten, deren wirtschaftliches Ende bereits abzusehen war. Insofern betrug die Zahl derer, die in ihrer gegebenen Beschäftigung ohne Perspektive waren, über ein Fünftel der ostdeutschen Beschäftigten. Regional und nach Wirtschaftszweigen konnte die Situation noch viel dramatischer aussehen. In der Landwirtschaft gingen beispielsweise 75 Prozent der Arbeitsplätze verloren.

Dazu kam eine große Gruppe älterer Arbeitender, die durch umfassende Vorruhestandsregelungen aus dem Arbeitsleben ausschieden. Zeitweise war es möglich, bereits ab 55 Jahren in den Vorruhestand zu gehen. Von 1990 bis 1993 waren das 840.000 Personen.[149] Teile der „Aufbaugeneration" der DDR, vor allem die mit der SED verbundenen Gruppen, hatten zudem den Verlust des Gemeinwesens, des „eigenen Staates" zu verkraften, was vielen schwerfiel. In den gesellschaftlichen Transformationsprozessen gab es soziale Auf- und Abstiege. Allerdings war die Zahl der Gruppen, die relativ zur Gesamtbevöl-

---

149 Angaben nach Thomas Gensicke: *Die neuen Bundesbürger. Eine Transformation ohne Integration*, Opladen: Westdeutscher Verlag 1998, S. 30 ff.

kerung einen sozialen Abstieg erlebten, erheblich. Zu diesen Gruppen gehörten unter anderem die Industriearbeiter und die Landarbeiter, deren auf körperlicher Leistung beruhende Arbeit an Relevanz verlor. Die DDR Losung: „Ich bin Arbeiter – wer ist mehr?" drehte sich geradezu um: „Ich bin Arbeiter – wer ist weniger?"[150] Darüber hinaus gehörten viele Frauen, vor allem aber die Gruppe der alleinerziehenden Mütter, die in der DDR größer war als in der Bundesrepublik, zu den Vereinigungsverlierern. So schreibt der Soziologe Geißler: „[I]nsbesondere arbeitslos gewordene Mütter, Alleinerziehende und ältere Frauen finden nur schwer wieder Arbeit. Alleinerziehende Mütter gehören zu den ‚neuen Risikogruppen' in Ostdeutschland, die in besonderem Maße von Armut bedroht sind."[151]

Die wirtschaftlichen Veränderungen und der damit einhergehende soziale Wandel waren außerdem mit dem Ausschwärmen westdeutscher Unternehmer in die neuen Märkte verbunden, wobei es nicht selten zu unseriösem Geschäftsgebaren kam. Es wurde sicher begünstigt durch die ungewöhnlich niedrige Kompetenz der Kunden, ihre Unerfahrenheit. Jeder Ostdeutsche konnte in jenen Jahren aus seiner Bekanntschaft oder Verwandtschaft von einem oder mehreren Fällen erzählen, in denen jemand um sein Geld betrogen, durch unlautere Verträge über den Tisch gezogen worden ist. Der Kultursoziologe Gries sprach von einer „wüsten Marktsozialisation", die die Ostdeutschen durch allzu flinke Händler, unseriöse Autoverkäufer, findige Versicherungsvertreter erfahren hätten.[152]

Die Folge der vielen Neuheiten, des Verlustes der zuvor gegebenen sozialen Sicherheit, der Verunsicherung von Identitäten waren Ängste verschiedenster Art. Die Angst um den Arbeitsplatz stieg sehr schnell auf den ersten Platz der Sorgen der Ostdeutschen. Ein besonders deutlicher Ausdruck der mentalen Überforderung und der sozialen Verunsicherung war die Halbierung der Geburtenrate in Ostdeutschland zwischen 1990 und 1992. Einen solchen

---

150 Siehe Wolfgang Nethövel: „‚Ich bin Arbeiter – wer ist weniger?' In Ostdeutschland überlagert die Angst, den Arbeitsplatz zu verlieren, alles", in: *Frankfurter Rundschau* vom 9. Juli 1993, S. 10.
151 Rainer Geißler: *Die Sozialstruktur Deutschlands. Ein Studienbuch zur Entwicklung im geteilten und vereinten Deutschland*, Opladen: Westdeutscher Verlag 1992, S. 262.
152 Siehe dazu Rainer Gries: „Der Geschmack der Heimat. Bausteine zu einer Mentalitätsgeschichte der Ostprodukte nach der Wende", in: *Deutschland Archiv* 27 (1994, Heft 10), S. 1041–1058, hier S. 1045.

Rückgang hatte es in der deutschen Gesellschaft vorher nicht gegeben, nicht einmal in Zeiten von Kriegen.[153]

Als Letztes soll noch erwähnt werden, dass die Ostdeutschen die sozialen Unsicherheiten und die nicht eingelösten Versprechungen Helmut Kohls von „blühenden Landschaften" nicht bloß für sich in die Selbsteinschätzung, im neuen Deutschland „Bürger zweiter Klasse" zu sein, übersetzten. Sie wurden darin auch durch die Politik der Treuhandgesellschaft bestärkt, die ostdeutsche Unternehmen auf eine sehr praktische Weise abwertete. Ihnen wurden nur geringe Chancen bei der Privatisierung der vormaligen „volkseigenen" Betriebe eingeräumt: „Von den bis Ende 1994 durch die Treuhand privatisierten Unternehmen gingen 65,5 Prozent an westdeutsche, 5,5, Prozent an ausländische und 38,5 Prozent an ostdeutsche Käufer. Wenn man allerdings noch das wirtschaftliche Gewicht (Beschäftigtenzahl und zugesagte Investitionen) der Unternehmen berücksichtigt, dann stellen sich die Verhältnisse wie folgt dar: 85 Prozent an Westdeutsche, 10 Prozent an Ausländer, 5 Prozent an Ostdeutsche".[154]

Seelischer Ausnahmezustand und erzwungene Identitätsverleugnung

Christa Wolf sprach bereits im Januar 1990 von einem „seelischen Ausnahmezustand" der DDR-Bevölkerung.[155] Ein anderer DDR-Intellektueller, der

---

153 Vgl. u. a. Dirk Konietzka/Michaela Kreienfeld vom Max-Planck-Institut für demografische Forschung, Rostock: „Geburtenentwicklung und Familienformen nach der Wiedervereinigung Deutschlands", in: *Jahrbuch der Max-Plack-Gesellschaft* 2004, S. 127–131, hier S. 128, gelesen am 8. Mai 2008 in: http://www.mpg.de/bilderBerichteDokumente/dokumentation/jahrbuch/2004/demografische_forschung/forschungsSchwerpunkt/pdf.pdf

154 Jörg Roesler: „Hauptsache privatisiert", in: Stefan Bollinger (Hrsg.): *Das letzte Jahr der DDR. Zwischen Revolution und Selbstaufgabe*, Berlin 2004, S. 480–497, hier S. 492.

155 Aus der Dankesrede für die Verleihung der Ehrendoktorwürde der Universität Hildesheim wird berichtet, Wolf habe erklärt, ihre Hoffnung auf eine „evolutionäre Erneuerung" des Landes sei enttäuscht worden. Der Aufbruch sei offenbar zu spät gekommen. Nun sei den Menschen die dringend notwendige Besinnungspause nicht vergönnt. In einem „extremen seelischen Ausnahmezustand müssen wir über eine Zukunft entscheiden, die wir nicht bedenken können". Die Entscheidungen standen in diesem Jahr gleich vier Mal an. Demokratie benötigt aber auch geistig souveräne Bürger und eine gewisse Möglichkeit, die eigene Lage zu bedenken. Diese Möglichkeit war 1990 kaum gegeben. Vgl. Hannes Bahrmann/Christoph Links: *Chronik der*

Psychologe Hans-Dieter Schmidt von der Humboldt-Universität, formulierte in einem Rückblick 1997 die ab 1990 entstandene Gefahr so: Es habe eine „Nötigung zur Identitätsverleugnung" gegeben. Wer aber „als ostdeutscher Bundesbürger seine in DDR-Zeiten mitgeprägte Identität zerstört […], der ist eher geneigt, die nach 1990 ihm oktroyierten Verhältnisse kritiklos zu akzeptieren oder wenigstens achselzuckend hinzunehmen."[156] Anders gesagt, wer seine Biografie und die bisher geltenden Werte selbst radikal verleugnet, wie das massenhaft ab 1990 in der späten DDR und den neuen Bundesländern geschah, der verfällt der Subalternität, der dauernden Anpassung an die von anderen diktierten Verhältnisse.

Diese beiden Diagnosen stehen meiner eigenen Interpretation der Auswirkung des atemberaubenden Wandels der sozialen Verhältnisse in der DDR auf die Gemütslage meiner Mitbürger nahe. Ich selbst habe mühsam versucht, mich in einer Weise zu orientieren, die mir die Aufrechterhaltung meiner Handlungsfähigkeit ermöglichen sollte. Dazu musste ich ein neues Verhältnis zu meiner Biografie gewinnen, ohne mich dabei aber über frühere Versäumnisse und Niederlagen hinwegzutäuschen.

Ich habe während eines Aufenthalts in England an der Universität in Bath im Herbst 1992 meine Erfahrungen in reflexiven Texten zu verarbeiten versucht. Einen davon will ich hier abgekürzt wiedergeben, als Beispiel für die Schwierigkeiten, mit denen viele zu ringen hatten, und als Zeugnis für meinen Versuch, wieder Boden unter die Füße zu bekommen.

Tradition und Identität (1992)

An einem Sonntag besuchte ich von Bath[157] kommend Bristol, Hafenstadt an der Avonmündung, Bischofsstadt. Die Stadt hat eine große Geschichte, die

---

Wende 2: Die DDR zwischen letzter Montags-Demonstration und erster freier Volkskammer-Wahl 19. Dezember 1989 bis 18. März 1990, Berlin 1995, S. 93.

156 Siehe Hans-Dieter Schmidt: *Texte zwischen Ja und Nein: Selbstbefragung eines DDR-Psychologen*, Bielefeld 1997, S. 112.

157 Ich war im letzten Trimester 1992 zu einer Kurzzeitdozentur an die Universität Bath gekommen. In diesen drei Monaten hielt ich am „Institut für Moderne Sprachen und Europäische Studien" Seminare und Vorlesungen zum Thema des deutschen politischen Systems, der deutschen Verfassungsgeschichte seit 1871 und der politischen Geschichte beider deutscher Staaten seit 1945.

natürlich von Ambivalenzen nicht frei ist. Den Reichtum der letzten Jahrhunderte vor der industriellen Revolution erwarb die Stadt im Sklavenhandel zwischen Afrika und den nordamerikanischen Kolonien Englands. Heute ist von dem architektonischen Ausdruck vergangenen Reichtums, einer interessanten Innenstadt mit reichgeschmückten Häusern, nicht viel übriggeblieben, da die Stadt im zweiten Weltkrieg (wie andere südenglische Städte ebenfalls) durch deutsche Bomberangriffe stark zerstört worden ist. […]

Wie in anderen englischen Städten gibt es auch in Bristol viele Denkmäler. Eins davon hat sich in mein Gedächtnis eingegraben. Ein kleiner, etwas rundlicher und auch nicht sehr alt dargestellter Herr mit einem Zylinder – der typischen Kopfbedeckung des viktorianischen Zeitalters – auf dem Kopf schaut unternehmungslustig in die Welt. Sein beeindruckender Name: Isambard Kingdom Brunel. Die gusseiserne Statue befindet sich in der Nähe des Hafens und blickt auf ehemalige Lagerhallen, in denen heute Pubs und Geschäfte untergebracht sind.

Wer war dieser Mensch? In der „Oxford History of Britain" fand ich, dass er von 1806 bis 1859 lebte, als universell gebildet galt und außerordentlich unternehmungslustig war. Er war ein Pionier des stürmischen Zeitalters der industriellen Revolution, in dem England für ein Jahrhundert zur führenden Weltmacht wurde. Eines seiner vielen technischen und unternehmerischen Projekte, mit denen er bei seinen Zeitgenossen Bewunderung ebenso wie Entsetzen erregte, war der Bau des ersten schraubengetriebenen Eisenschiffs der Welt, der „Great Britain", welche mit sechs Masten und Segeln ausgerüstet am 19. Juli 1843 in Bristol zu Wasser gelassen wurde. Heute liegt es im Hafen und ist als Museum eingerichtet. Ein weiteres Projekt war die Eisenbahnstrecke von London in den Westen des Landes, die nicht nur für damalige Maßstäbe recht lang war, sondern für deren Bau auch der damals längste Eisenbahntunnel der Welt gebaut werden musste. An den Denkmälern kann man deutlich ablesen, was für England sehr wichtig und auch schmerzlich ist: das Land hat auch schon bessere Zeiten gesehen.

Die Geschichte ist für England generell wichtig. England lebt in seiner Geschichte und holt sich daraus einen großen Teil seiner Identität. Der konzentrierte politische Ausdruck dessen ist die Existenz der britischen Monarchie, des Königshauses, als politische Institution und moralische Instanz. Ein großer Teil des zentralen London wird durch die königlichen Parks und

269

Schlösser eingenommen. Die königliche Leibgarde, das Windsor-Castle, einer der Wohnsitze der Königin und der größten Schlösser der Welt, die Eröffnungen der Parlamentsperiode durch die Königin – das alles ist englische Folklore und doch mehr als das. Die Briten nehmen die Monarchie ernst. […] Ich vermute, dass die Existenz der Monarchie dem Staat wegen ihrer tiefen Verwurzelung in der Geschichte eine gewisse geschichtliche Würde verleiht. Die Legitimität der staatlichen Macht wird so zusätzlich durch Tradition geheiligt.

Das ist bis jetzt Bestandteil des britischen Grundkonsenses gewesen, oberhalb dessen erst der Wettbewerb der beiden stärksten Parteien um die Regierungsmacht stattfand. Vielleicht hat das auch etwas mit der Erfahrung der blutigen Zeit des Bürgerkriegs und der Revolution im 17. Jahrhundert zu tun, an deren Beginn der König geköpft wurde, und die schließlich durch die Wiedereinrichtung der Monarchie wieder in normale Zeiten hinübergeleitet wurde. Dass jetzt über die Institution der Monarchie begonnen wurde nachzudenken, zeugt von einer untergründigen Krise dieser politischen Identität der britischen Gesellschaft und lässt für die nächsten Jahre Turbulenzen vorausahnen.

Stabile kollektive Identitäten spielen in vielfältiger Art und Weise in jeder Gesellschaft, nicht nur der englischen, eine Rolle. Die Aufweichung der Identität der DDR begleitete den politischen Untergang dieses Gemeinwesens. Zunächst schien es dabei so, als ob die Menschen ihr bisheriges Selbstverständnis als DDR-Bürger leicht dadurch kompensieren könnten, dass sie sich als Angehörige der größeren deutschen Nation und der neu entstehenden Länder verstehen. Schon bald danach, gekoppelt an den Zusammenbruch der wirtschaftlichen Tätigkeit in den neuen Ländern, zeigten sich ernsthafte Identitätsprobleme. Das in der Bundesrepublik vorherrschende Verständnis der deutschen Nation ist in spezifischer Weise an die Geschichte der Spaltung seit 1949 gebunden. Es lässt sich im Nachhinein von den DDR-Bürgern nur bei völliger Neuinterpretation ihrer bisherigen Geschichte und ihrer bisherigen Biographien anzeignen […] Die Losung: „Wir sind ein Volk!", die auf den Montagsdemonstrationen in Leipzig ab Mitte November 1989 herausgerufen wurde, war mit der Utopie verbunden, allein aufgrund einer gemeinsamen nationalen Herkunft könne es so etwas wie ein Gleichziehen mit der alten Bundesrepublik geben. Als ob Wohlstand den Menschen nach ihrer nationalen Zugehörigkeit durch Gott gegeben würde!

Diese Utopie scheiterte als zweite, nachdem die von einer demokratisierten DDR sich bereits als unrealisierbar erweisen hatte. Nun sollte man über

270

andere Möglichkeiten einer Neubestimmung der Identität der Ostdeutschen nachdenken. Der Erwerb einer neuen kollektiven Identität ist jedenfalls schwieriger, als von den Leipziger Demonstranten im Winter des Wendejahres gedacht. Zu ihr gehören die Erkenntnis und konsensuale Bewertung der Lebensleistung der Aufbaugeneration der DDR und der Leistungen ihrer Nachfolgegenerationen ebenso wie die Befestigung der einmal erworbenen Gewissheiten durch Symbole, symbolische Handlungen und Rituale. Diese Schwierigkeiten zeigen sich auch in den Aufgeregtheiten der nun schon seit der Vereinigung andauernden Diskussionen über Opfer und Täter, über Begünstigte und Benachteiligte des alten Regimes und über die Stasi-Verwicklungen bestimmter Personen.

In Bristol habe ich eine weitere alltägliche Form der Bekräftigung der eigenen kollektiven Identität als Gruppe, von persönlicher Würde und Ehre ihrer Mitglieder, beobachtet. Als ich aus der im 14. Jahrhundert begonnenen Kathedrale der Stadt kam, traf ich auf einige gut angezogene alte Herren, die alle auf der linken Brustseite Orden trugen, die einen mehr, die anderen weniger, in beeindruckender Weise ordentlich ausgerichtet, bunt und glänzend. Sie trugen Schlipse, die verschiedene Zeichnungen aufwiesen, auf die von ihnen absolvierte Universität hinweisend. Man sah ihnen an, dass sie festlich gestimmt waren. In der Nähe sammelten sich Musiker in rot-weißen Uniformen. Nach einigen Minuten hatte sich eine Marschformation gebildet und dann ging es los. Vorne die Kapelle, danach sechs oder acht Fahnen, dann zwei Herren in schottischer Nationaltracht, schließlich etwa zwanzig würdige alte Herren in schnellem Schritt hinterher. Zum Schluss einige begleitende Personen, auch Frauen. Was mag der Anlass sein, der gewürdigt wird? Dem Alter nach könnte es sich um Veteranen der britischen Armee aus dem zweiten Weltkrieg gehandelt haben.

Ungeachtet verschiedener Anlässe, die Formen bleiben dieselben. In England so wie in der, nun untergegangenen, Sowjetunion und der, ihr schon einige Zeit vorausgeeilten, DDR. Vielleicht handelt es sich bei solcherart Aufmarsch und Zurschaustellungen von Lebensleistungen ja auch um anthropologische Konstanten. Am Ende des Lebens mit seinen vielen Unwägbarkeiten, dem kaum rekonstruierbaren und erklärbaren persönlichen Auf und Ab, gibt die öffentliche, ritualisierte Anerkennung von Leistungen den Überlebenden der Kämpfe eine gewisse Befriedigung. Die Achtung des Alters auf der Grundlage der vorherigen Lebensleistung ist eine geradezu biblische Sitte.

271

Und in unserer Zeit, die durch den Glauben an den Fortschritt immer noch geprägt ist, muss man vielleicht hinzusetzen: das, was immer wieder, unter ganz unterschiedlichen sozialen Bedingungen, entsteht, könnte doch ein wirklich tiefes, und deshalb zu respektierendes menschliches Bedürfnis sein. Trost auch für die Tatsache des schließlichen Endes jeglichen Lebens im Tode.

Wenn es so sein sollte, dass diese Zeremonien erst in zweiter Linie in politischer Herrschaft wurzeln und ihre tiefere Grundlage im Bedürfnis der sterblichen Menschen nach sozialem Halt, den öffentliche Anerkennung zu geben vermag, dann sollte man die Tragik von Generationen wahrnehmen können, denen aufgrund gesellschaftlicher Umbrüche solche Art Befriedigung nicht gegeben ist. Mir fallen Männer des gleichen Alters wie die in Bristol aufmarschierenden Engländer ein, die im Osten nun vor den Trümmern dessen stehen, was sie für ihr Lebenswerk hielten. Die russischen Soldaten und Offiziere, die sich am 9. Mai immer so voller Stolz getroffen hatten. Oder die Generation meines Vaters, die aus dem verlorenen Kriege 1945 heimgekehrt, ihre Würde und ihr Glück im Aufbau jenes anderen deutschen Staates wiederzufinden suchte. Sie können nach dem Ende der DDR ihr menschliches Bedürfnis nach gemeinsamer Erinnerung an das selbstgeschaffene Werk im Alter kaum mehr befriedigen.

Dieses Vorführen des eigenen Stolzes, der öffentlichen Anerkennung der Leistungen seiner Generation, fehlt allen, die den Zusammenbruch der DDR-Gesellschaft überlebten. Wir sollten versuchen, unsere Kritik an ihrem gescheiterten Lebenswerk so vorzutragen, dass ihre Würde nicht noch weiter beschädigt wird. Das aber ist offensichtlich schwierig, wenn wie in Deutschland nach dem Fall des eisernen Vorhangs zwei kollektive Identitäten zusammenkommen, die sich in der Vergangenheit immer gegeneinander definiert haben. Das Selbstwertgefühl der Sieger scheint ohne die Herabwürdigung der Verlierer nicht auskommen zu können.

Warum sollte man andere Geschichten erzählen?

Was also ist jetzt zu tun? 1992 hatte ich mir mit meinen Geschichten selbst Mut zugesprochen, nach einer Grundlage gesucht, auf der ich erneut handlungsfähig werden konnte. Seitdem ist viel Wasser die Moldau hinuntergeflossen, von der Brecht schrieb, dass an ihrem Grunde die Steine wandern; ein Sinnbild für die sich ändernden Zeiten. Seit meinem Aufenthalt in England haben sich die Zeiten erneut erheblich geändert. Die Ostdeutschen aber sind geblieben. Ich formuliere zum Schluss drei Vorschläge, welche mir Schlussfolgerungen aus meiner Erzählung einer anderen Geschichte vom Ende der DDR zu sein scheinen. Diese Vorschläge sind als Teil der öffentlichen Debatte zu lesen. Ich bitte meine Leser nicht zu erwarten, dass ich alternative Politiken entwickle. Mir geht es eher um eine Arbeit auf dem Vorhof von Politik, um geänderte Interpretationen, die ihrerseits den Weg zu neuen politischen Entscheidungen öffnen können.

Zum einen bleibt es sicher wichtig, anderen seine authentischen Geschichten zu erzählen. Unser Geschichtsbewusstsein öffnet oder aber verstellt den Blick auf die Möglichkeiten der Gegenwart. Verschiedenartige Geschichten machen andere Arten von Hoffnung möglich. Auch meine Geschichten, die in einer bestimmten Gruppe der DDR-Intelligenz wurzeln, sollten ihren Platz im Geschichtsbild der Jahre 1989/90 bekommen. Noch wird die deutsche Geschichte nach dem 2. Weltkrieg zu sehr aus der westdeutschen Perspektive der „Achtundsechziger" oder der ihrer damaligen Gegner präsentiert. Die Museen und die Schulbücher sind mit diesen einseitigen Geschichtserzählungen gefüllt. Es wäre an der Zeit, sie zu ergänzen und dadurch zu korrigieren.

Dabei geht es nicht nur um die „vergessenen Akteure" des Jahres 1989 und des 41. Jahres der DDR aus den Reihen der Mitgliedschaft der SED. Es gibt auch andere versunkene geschichtliche Erfahrungen, die ebenfalls zu heben wären. Auch die Erzählungen der Angehörigen der damals neuen politischen Gruppen in der DDR müssen zur Kenntnis genommen werden. Jene Personen werden heute mitunter als „ehemalige Bürgerrechtler" bezeichnet. Das deutet schon in fataler Weise auf den ihnen vom deutschen Mainstream zugewiesenen Platz hin. Das Adjektiv „ehemalig" meint: die DDR-Bürgerrechtler haben ihre Aufgabe im Kampf gegen jene „zweite Diktatur" gehabt, nun werden sie musealisiert. Ihre Geschichten sind zu diesem Zweck auf die Perspektive der deutschen Einheit hin umgeschrieben worden. Auch hier wirkte die schon erwähnte „Nötigung zur Identitätsverleugnung". Die deutsche Einheit war auch für die meisten Menschen dieser politischen Gruppe nicht das ursprüngliche Ziel gewesen. Es ging ihnen mehrheitlich um einen „Dritten Weg" jenseits von real existierendem Kapitalismus und Staatssozialismus sowjetischer Prägung.[158] Ich will jedoch die

---

158 Vgl. dazu Christof Geisel: *Auf der Suche nach einem dritten Weg. Das politische Selbstverständnis der DDR-Opposition in den 80er Jahren*, Berlin: Linksverlag 2005.

Einheitlichkeit der DDR-Dissidenten meinerseits nicht überbetonen. Nicht alle haben sich später als „Ehemalige" politisch einhegen lassen. Mich würde interessieren, wie sie als Ostdeutsche ihre politische Marginalisierung sowie ihre Instrumentalisierung für die Zwecke einer konservativen Geschichtspolitik in den Neunzigerjahren heute reflektieren. Auch die kritischen Stimmen in jenen politischen Gruppen müssten hörbarer werden. Damit ergäbe sich auch endlich die Chance, aus jener banalen „Opfer-Täter-Mitläufer"-Erzählstruktur über die Geschichte der DDR auszubrechen, die sich in den vergangenen zwei Jahrzehnten wie Mehltau über unser soziales Gedächtnis gelegt hat. Soweit mein erster Vorschlag.

Es sind, zweitens, nicht nur Ostdeutsche, die mit dem historischen Abstand von zwei Jahrzehnten ihre historischen Erfahrungen auf neue Art erzählen könnten. Wenn man auf das Jahr 1990 zurückblickt, so gibt es auch Westdeutsche, die etwas anderes als die deutsche Einheit in der dann realisierten Variante wollten. Ich weiß nicht, ob sie sich heute noch als „Linke" bezeichnen würden, damals waren sie es. Wie erzählen also diese westdeutschen Linken die unglaubliche Story des Herbstes 1989 und des darauffolgenden Jahres der DDR sowie der alten Bundesrepublik? Dominiert in ihren Geschichten immer noch die Empörung über das naive Nationalgefühl der Bürger einer späten DDR, für die sie nicht mehr als das abschätzige Symbol der „Zonen-Gabi im Glück", in der Hand eine geschälte Gurke als Ersatzbanane[159], übrig hatten? Otto Schily, der ehemalige Grüne, hat das Copyright für die Verbindung dieser Tropenfrucht mit der DDR-Bevölkerung, ich erinnere mich an seine Geste am Abend der Volkskammerwahl vom 18. März 1990.

Ironie und Spott verbargen aber ein wichtigeres Problem: Viele westdeutsche Linke pflegten zur Bevölkerung der DDR und ihren politischen und kulturellen Eliten damals eine historisch vorgeprägte Distanz. Sie haben sich der Delegitimierung der verschiedenen Gruppen der DDR-Bevölkerung durch die herrschende politische Elite der Bundesrepublik nicht entgegengestellt. Sie unterstützten auch nicht energisch deren Ziele einer gründlichen Verfassungsdebatte nach dem 3. Oktober 1990.

Es gibt mehrere Phasen der Reflexion der deutschen Einheit durch jene Mehrheit der westdeutschen Linken, die mit der Einheit Deutschlands nichts zu tun haben wollte. Zunächst erinnerte man sich, dass man im Unterschied

---

159 Das ist ein bekanntes Coverbild des Satiremagazins *Titanic* zum Thema deutsche Einheit.

zur Vätergeneration schon lange die Idee jenes deutsch-deutschen Zusammenschlusses aufgegeben hatte, niemand hätte wohl sagen wollen, dass jetzt „zusammenwächst, was zusammengehört". Die Linke kannte dieses Gefühl von Brandt, Kohl und Genscher nicht, konnte damit nichts anfangen. Als die offizielle Geschichtspolitik der Delegitimierung der DDR in vollem Gange war, Anfang der 1990er-Jahre, wollte man wohl auch zu den „Siegern der Geschichte" gehören und betonte, man habe schon immer unter Sozialismus etwas anderes verstanden als das, was in der DDR ablief. Damit wurde einerseits die authentische Position der „Neuen Linken", der Achtundsechziger, reproduziert, die tatsächlich nie den sowjetischen Sozialismus für erstrebenswert hielten. Andererseits hatte diese Position aber auch charakteristische blinde Flecken. Verdrängt wurde, dass es in den späten Sechziger- und den Siebzigerjahren bei den Linken der alten Bundesrepublik sehr wohl partielle Gemeinsamkeiten mit der Politik der DDR gegeben hatte: die Ablehnung kapitalistischer Wirtschaftsstrukturen, die Kritik der imperialistischen Machtpolitik der USA in Vietnam, den Versuch, aus den Verbrechen des deutschen Nationalsozialismus Lehren zu ziehen.

Die Distanz zur DDR nach 1989 hatte bei einem Teil der westdeutschen Linken darüber hinaus allerdings eine sehr spezielle Wurzel, die später nicht immer präsent war. Für die Anhänger des chinesischen oder albanischen Sozialismus in den bekannten K-Gruppen der Siebzigerjahre existierte eine ritualisierte Feindschaft gegenüber dem „sowjetischen Revisionismus". Nur diese Gruppe innerhalb der westdeutschen Linken konnte sagen: „Wir haben diese DDR-Diktatur immer abgelehnt". Nur, sie haben natürlich auch jene alte Bundesrepublik nicht gewollt. Die Basis ihrer Kritik war die Unterstützung der damaligen undemokratischen Regime in China und in Albanien. Das haben sie nach 1990 diskret verschwiegen. So konnten sie jedenfalls in Einklang mit der von den Konservativen dominierten Geschichtspolitik gegen den „SED-Staat" zu Felde ziehen[160], ohne sich dabei von ihrer früheren Identität als Maoisten oder Anhänger Enver Hoxhas wirklich zu distanzieren.

Insofern scheint mir, dass es zwanzig Jahre nach 1989 an der Zeit wäre, dass auch jemand aus diesem Lager der westdeutschen Linken über seine Erfah-

---

160 Ich meine damit speziell den „Forschungsverbund SED-Staat" an der Freien Universität Berlin und einige seiner westdeutschen Mitglieder.

rungen im Prozess der deutschen Einheit und die damit verbundenen Einsichten schreibt. Das war auch bei ihnen verbunden mit tiefen Identitätsbrüchen und Verletzungen. Als man 1989 meinte, es sei Zeit für die Rücknahme dieser „konservativen Wende" von 1982, die durch Kanzler Kohl und die CDU/FDP-Koalition verkörpert wurde, kam deren Renaissance in Gestalt von weiteren acht Jahren „Einheitskanzler". Und 1998 wurde das Rot-Grüne-Projekt zwar doch noch zur Wirklichkeit, aber es führte zu einem Abschied von mancherlei Idealen.[161] Grund zur kritischen Reflexion gäbe es insofern auch bei den westdeutschen Linken genug.

Schließlich, drittens, scheint mir die Einsicht, die deutsche Einheit habe nicht nur im Osten Verlierer gehabt, sehr wichtig zu sein. Viele „Wohlstandskinder der alten Bundesrepublik" haben ebenfalls verloren.[162] Die Entgegensetzung Ost- und Westdeutsche, „Wessis" versus „Ossis", verdeckt diese Tatsache. Natürlich sind sowohl Gewinner der deutschen Einheit wie auch ihre Verlierer in beiden deutschen Teilgesellschaften zu suchen. Das gegenseitige Ausspielen von Ostdeutschen und Westdeutschen war nun lange genug ein Instrument einiger Politiker, mit dem sie die Entsolidarisierung in der deutschen Bevölkerung vorangetrieben haben. Es wird Zeit, die Lage differenzierter zu betrachten.

Es geht aber um mehr als nur um ein deutsches Problem. Die deutsche Einheit kann nur dann in einen adäquaten Kontext hineingestellt werden, wenn man sich auf einen Vergleich zwischen Ostdeutschland und Osteuropa besinnt. Damit meine ich nun aber nicht die übliche Apologie der herrschenden Politik gegenüber Ostdeutschland, die sich im Spruch äußert: „Wenn ihr Ostdeutschen mit eurer Situation unzufrieden seid, dann vergleicht doch eure

---

161 Ich will hier nur an die Mitwirkung an der NATO-Intervention in Serbien erinnern, die innerhalb von Bündnis 90/Die Grünen zu erheblichen Spannungen führte.

162 Ich habe diese These aus einem Text des Germanisten Roger Fornoff entnommen, den ich kürzlich im Internet gelesen habe und der wahrscheinlich aus dem Jahr 2003 stammt. Sie wurde in Heft 24 der Zeitschrift *Glossen* des Dickinson College in Carlisle/PA abgedruckt. Von diesem Beitrag zitiere ich hier die letzten drei Sätze: „Jede Fusion, sei sie politischer oder ökonomischer Natur, hat ihre Verlierer. Inzwischen wissen wir, daß es gerade die deutsch-deutsche Staatsfusion von 1989 war, die besonders viele Verlierer produziert hat. Den Wohlstandskindern der alten Bundesrepublik geht langsam auf, daß nicht nur ihre schlecht angezogenen Verwandten aus dem Osten zu ihnen gehören, sondern auch sie selbst." Roger Fornoff: „‚Jede Fusion hat ihre Verlierer'. Über Popliteratur, Mauerfall und die politische Lethargie der Generation Golf", in: http://www.dickinson.edu/glossen/heft24/fusion.html [gelesen am 14. 5. 2008].

Lage mal mit der in Osteuropa!" Dahinter steht die Behauptung, es gehe den Ostdeutschen doch nach 1990 soviel besser als den Osteuropäern.

Das ist so richtig im Detail, wie es im Großen falsch ist. Das durchschnittliche Realeinkommen der Ostdeutschen hat in der Tat keinen Inflationsschock erleiden müssen wie dasjenige der Bevölkerungen der anderen Länder des ehemaligen osteuropäischen Staatssozialismus. Die Ostdeutschen haben ihre Sparguthaben aus sozialistischer Zeit bewahren können. Allerdings geschah das um den Verlust der Freiheit, für die eigene Zukunft verantwortlich zu sein. Die Ostdeutschen wurden alimentiert und gleichzeitig politisch entmündigt. Die ostdeutsche Gesellschaft wurde seitens der westdeutschen sozial überschichtet. Die Positionseliten in den ostdeutschen Ländern kommen seit den ersten Jahren der deutschen Einheit zu großen Teilen aus den westdeutschen Bundesländern, das betrifft die Politik, das Justizwesen, die Wirtschaft, den akademischen Bereich und die Sicherheitsorgane. Daran hat sich bis in die jüngste Gegenwart nichts geändert. Aus einer Untersuchung aus dem Jahr 2004 geht hervor: Alle Intendanten des öffentlich-rechtlichen Rundfunks im Osten kommen aus dem Westen; bei den regionalen Tageszeitungen besitzen immerhin knapp 40 Prozent der Chefredakteure eine DDR- bzw. ostdeutsche Biografie, ebenso 4 der 19 Rektoren von Universitäten in den neuen Bundesländern, aber beispielsweise kein einziger General oder Oberst der Bundeswehr von 2004 hatte seinen Geburtsort in der DDR, und unter 9 Vorsitzenden von Gewerkschaftsverbänden gab es nur einen, der eine Ostbiografie hat. Nur 3 Prozent der Vorsitzenden Richter kommen nicht aus dem Westen.[163]

Mit meinem Hinweis auf einen Vergleich mit Osteuropa meine ich also nicht diese Behauptung, die Ostdeutschen seien durch die deutsche Einheit privilegiert worden. Es geht mir darum, eine richtige politische Perspektive für eine soziale Bilanz der deutschen Einheit zu formulieren. Die deutsche Entwicklung seit 1990 lässt sich nur ernsthaft verstehen, wenn man sie in die gleichzeitig weltweit vollzogene Wende hin zu einer „globalisierten Weltwirt-

---

163 Diese Angaben sind dem Bericht des Mitteldeutschen Rundfunks entnommen, der unter der Überschrift: „Ostdeutsche Eliten dünn gesät" veröffentlicht wurde. Die Daten stammen aus einer Sendung des Magazins *Umschau* aus dem Jahr 2004. Aufgerufen am 15. 5. 2008 unter der Adresse: http://209.85.135.104/search?q=cache:R0qSJbJ1yeYJ:www.mdr.de/umschau/1658103.html+Ostdeutsche+Eliten+d%C3%BCnn+ges%C3%A4t&hl=de&ct=clnk&cd=1&gl=at&client=firefox-a

schaft" einordnet. In Osteuropa hat die Globalisierung ungebremst durch wohlfahrtsstaatliche Schutzmechanismen die Wirtschaft und die Gesellschaft verändert. Insofern kann man in jenen Gesellschaften Osteuropas ähnlich wie in Ostdeutschland auch die möglichen Gefährdungen der Zukunft des kontinentaleuropäischen Modells des Kapitalismus erkennen.[164]

Wenn man diese Perspektive einnimmt, dann wird sichtbar, dass es gegenwärtig nicht allein um einen Ausgleich zwischen Ost- und Westdeutschen geht, nicht nur um so etwas wie „nationale Solidarität" und Handeln auf der Ebene des Nationalstaates. Ein Programm „Aufbau Ost, Teil III" ist wichtig, aber es kann nur ein Teil einer umfassenderen Lösung sein. Die deutsche Problemsituation ist nämlich Teil einer Politik auf europäischer Ebene, im Rahmen zunächst der Europäischen Union. Dort geht es um die Verteidigung beziehungsweise einen zeitgemäßen Ausbau der Solidarität innerhalb der EU, um die nachhaltige Stärkung des kontinentaleuropäischen Sozialmodells in allen ihren Mitgliedsländern. Auf dieser Ebene erscheinen die akuten Probleme Ostdeutschlands nicht mehr nur als Ergebnis einer deutschen Sonderentwicklung. Sicher, die nationalstaatliche Ebene und der Ausgleich zwischen den verschiedenen deutschen Teilgesellschaften bleiben wichtig. Aber eine nachhaltige Lösung auch der deutsch-deutschen Probleme lässt sich nur auf der Ebene einer gewandelten Europäischen Union finden. Dazu muss sich die EU allerdings selbst wandeln. Sie darf sich nicht mehr nur zur Verteidigung der „Freiheiten des Binnenmarktes" verstehen, sondern müsste ein Modell einer europäischen Gesellschaft zu verwirklichen versuchen, in der politische Freiheit und sozialer Ausgleich immer wieder zu einer zeitgemäßen Einheit zusammengefügt werden.

Die verfehlte deutsche Einheit würde aus dieser Perspektive nicht allein mehr als ein Problem der ost- oder der westdeutschen Verlierer erscheinen. Die Überwindung ihrer negativen Folgen wäre als Teil des Kampfes um Entwicklungschancen und politische Teilhabe für jeden europäischen Bürger sowie gegen Entsolidarisierung in Europa zu sehen. So wie die Westdeutschen vom Wandel in Ostdeutschland direkt betroffen waren, so sind es auch die Westeuropäer durch die Entwicklung in Osteuropa.

---

164 Siehe zu dieser Debatte genauer die Analyse von Michael Ehrke: *Das neue Europa: Ökonomie, Politik und Gesellschaft des postkommunistischen Kapitalismus*, Bonn: Internationale Politikanalyse, Friedrich-Ebert-Stiftung, 2004.

Für jene dringend nötige politische Wende reicht es natürlich nicht aus, sich seine „anderen Geschichten" zu erzählen. Hierfür sind praktische Veränderungen großen Ausmaßes nötig, ein hartnäckiger, ausdauernder Kampf, dessen Orte und Zeiten sowie Akteure erst noch gefunden oder genauer: erfunden werden müssen. Das Anliegen meines Buches war sehr viel bescheidener. Ich wollte von einem wichtigen früheren Kampf von Teilen der DDR-Intelligenz um politische Gestaltung ihres Landes und den Ursachen seiner Niederlage erzählen, und zwar deshalb, weil er in den vergangenen zwei Jahrzehnten zu Unrecht verdrängt wurde. Mein Erinnern hatte allerdings sein Ziel im Heute: Denn wer nicht mit seiner Vergangenheit klar kommt, dem fehlt auch das Selbstvertrauen, das nötig ist, um an die Veränderbarkeit seiner Gegenwart zuerst zu glauben und dann gemeinsam mit anderen dafür zu streiten.

Meine Hoffnung ist insofern, meine Erzählungen aus dem „41. Jahr" haben bei möglichst vielen Leserinnen und Lesern dazu beitragen können, den Mut zum eigenen Erzählen und Reflektieren ihrer Lebenswahrheiten zu finden. Mehr sollte man sich von Geschichtserzählungen wohl nicht erwarten.

Personenregister

283

Bildnachweis

Schutzumschlag: Bundesarchiv Koblenz

Bundesarchiv Koblenz:
    S. 81, 109, 111, 129, 131, 219

Archiv der Humboldt-Universität Berlin:
    S. 62, 191, 194, 207

Robert Michel, Berlin: S. 37

Alle übrigen Fotos stammen aus dem Privatarchiv des Autors.

Manfred Wilke

Der SED-Staat. Geschichte und Nachwirkungen.

Gesammelte Schriften.

Zu seinem 65.Geburtstag zu-

sammengestellt und herausge-

geben von Hans-Joachim Veen.

Redaktion: Daniela Ruge

2006. X, 339 S. Br.

ISBN 978-3-412-36005-4

Das wissenschaftliche Werk Manfred Wilkes ist seit Jahrzehnten auf das Engste mit der deutschen Teilung und dem wiedervereinten Deutschland verbunden. Anlässlich seines 65. Geburtstages werden mit diesem Band Person und Werk Manfred Wilkes mit einer Auswahl seiner Aufsätze zu Realität und Überwindung der SED-Diktatur aus den Jahren 1991 bis 2005 gewürdigt. Das Themenspektrum reicht von den Anfängen der frühen DDR bis zur SED-Interventionspolitik gegen die ostmitteleuropäischen Demokratiebewegungen in Prag 1968 und Polen 1980/81. Wilke zeigt die Entwicklung zur demokratischen Revolution 1989/90 bis zum Umgang mit den SED- und MfS-Akten nach der Wiedervereinigung auf und beschäftigt sich zudem mit der Frage, wie zukünftig an den Kommunismus erinnert wird. Breit verstreut veröffentlichte Aufsätze werden hier erstmals zusammengefasst und durch ein Interview mit dem Autor sowie durch bislang unveröffentlichte Beiträge ergänzt.

„Hans-Joachim Veen ist es gelungen, das Werk zur SED-Forschung gut

zu präsentieren. Wilke ging es stets um die Einheit Deutschlands als

souveränem Nationalstaat. Vom SED-Staat bleiben nur Geschichte und

Nachwirkungen – ihnen hat sich Wilke höchst lesenswert gewidmet."

Rheinischer Merkur

WIESINGERSTRASSE 1, A-1010 WIEN, TELEFON (+43 1) 3302427, FAX 3302432

WIEN KÖLN WEIMAR

Angelika Kampfer
Übergänge
Von der DDR zur
Bundesrepublik
Deutschland

2006. 27 x 24 cm.
112 S. Geb.
ISBN 978-3-205-77546-5

Die Kinder und Jugendlichen, die nach 1990 geboren wurden,
kennen die DDR nicht mehr, sie haben sie nicht mehr erlebt, die
Mauer nicht mehr gesehen, und sie wissen nur aus den Erzählungen der Eltern oder Großeltern, aus dem Geschichtsunter-
richt, aus Filmen oder auch von Fotografien, wie es vor dem
Fall der Mauer gewesen sein mag. Wie fremd diese Welt „DDR
1989" schon geworden ist, zeigt die erste Reihe der Fotografien
von Angelika Kampfer und Ewald Hentze. Gleich nach dem
Fall der Mauer sind die beiden aufgebrochen, um Menschen
– Kinder, Frauen und Männer an ihren Arbeitsplätzen, in den
Kindergärten und Betrieben – in einem Staat zu fotografieren,
von dem jeder wusste, dass es ihn bald nicht mehr geben oder
sich ein fundamentaler Wandel in ihm vollziehen würde. 1992
machten sich Angelika Kampfer und Ewald Hentze erneut auf,
um dieselben Menschen noch einmal zu fotografieren. In den
zwei Jahren hatte sich Vieles verändert. Mit dem Arbeiter- und
Bauernstaat scheint sich auch einer ihrer großen Protagonisten –
der Arbeiter – von der Bühne verabschiedet zu haben. 2004 hat
die Fotografin noch einmal Fotoreisen gemacht. Die 1989 fest-
gehaltenen Räume erinnern in großen Teilen noch an das frühe
20. Jahrhundert. Die überlebenden Fabriken sind seitdem mo-
dernisiert, neue Handwerksbetriebe errichtet, die Schulen sind
saniert worden. Es entstand in der kurzen Zeit von 15 Jahren die
aufgeräumte Welt der Angestellten, der sauberen Arbeitsplätze,
es entstand eine durchrationalisierte Welt, in der man zurecht
kommt – manche viel besser als früher, andere weniger.

Wiesingerstrasse 1, 1010 Wien, Telefon (01) 330 24 27-0, Fax 330 24 32

Zwischen Plan und Pleite

Erlebnisberichte aus der Arbeitswelt der DDR

Hg. von Friedrich Thießen.

2001. XIV, 350 S. mit 15 s/w-Abb. auf 8 Tafeln. Br.

ISBN 948-3-412-04401-5

Spröde Statistiken oder trockene Analysen vermitteln ein unzureichendes Bild von der Arbeitswelt der DDR. Wie sah der Alltag in den Betrieben jenseits der Fünfjahres- und der Volkswirtschaftspläne, der offiziellen Schönfärberei und der lärmenden Siegesmeldungen von der »Produktionsfront« aus? Welchen Herausforderungen sahen sich die Menschen ausgesetzt, die die allgegenwärtigen staatlichen Planvorgaben umsetzen mussten? Wie nutzten sie vorhandene Freiräume und konnten so mit Fleiß und Findigkeit zu oft beeindruckenden Ergebnissen kommen? Was waren andererseits die inneren Gründe, die das System scheitern ließen und den Staat in den Bankrott trieben? Zur Beantwortung dieser Fragen kommen 50 Zeitzeugen zu Wort, die über ihre täglichen Erlebnisse in den Betrieben der DDR erzählen. Ihre Berichte decken alle Wirtschaftsbereiche ab und stammen aus allen Ebenen der betrieblichen Hierarchie: vom Arbeiter und der Kellnerin bis zum Kombinatsdirektor, zum Spitzenwissenschaftler oder Vizepräsidenten der Staatsbank. Aus der Summe der subjektiven Erfahrungen entsteht so ein authentisches Gesamtbild des DDR-Wirtschaftssystems von innen.

Christopher Hausmann

Biographisches Handbuch der 10. Volkskammer der DDR (1990)

2000. LXXXVI, 258 S. mit 401 s/w-Abb. Geb.

ISBN 948-3-412-02597-7

Wien Köln Weimar

Wiesingerstrasse 1, A-1010 Wien, Telefon (+43 1) 3302427, Fax 3302432